Privatautonome Gestaltung der Vorstandshaftung

Europäische Hochschulschriften

European University Studies

Publications Universitaires Européennes

Reihe II **Rechtswissenschaft**

Series II Law

Série II Droit

Band/Volume **5725**

Kilian Konstantin Eßwein

Privatautonome Gestaltung der Vorstandshaftung

PL ACADEMIC RESEARCH

Bibliografische Information der Deutschen Nationalbibliothek
Die Deutsche Nationalbibliothek verzeichnet diese Publikation in der Deutschen Nationalbibliografie; detaillierte bibliografische Daten sind im Internet über http://dnb.d-nb.de abrufbar.

Zugl.: München, Univ., Diss., 2014

Gedruckt auf alterungsbeständigem,
säurefreiem Papier.

D 19
ISSN 0531-7312
ISBN 978-3-631-66073-7 (Print)
E-ISBN 978-3-653-05451-4 (E-Book)
DOI 10.3726/978-3-653-05451-4

PL Academic Research ist ein Imprint der Peter Lang GmbH.
Peter Lang – Frankfurt am Main · Bern · Bruxelles · New York · Oxford · Warszawa · Wien

Diese Publikation wurde begutachtet.

www.peterlang.com

Meinen Eltern

Vorwort

Die vorliegende Dissertation wurde im Sommersemester 2014 bei der Juristischen Fakultät der Ludwig-Maximilians-Universität München eingereicht. Sie ist im Rahmen meiner Mitarbeit am Max-Planck-Institut für Steuerrecht und Öffentliche Finanzen unter der Betreuung von Prof. Dr. Dr. h.c. Wolfgang Schön entstanden. Das Manuskript ist damit im Wesentlichen auf dem Stand April 2014. Aufgrund der Lebhaftigkeit der Diskussion im Hinblick auf den 70. Deutschen Juristentag, dessen wirtschaftsrechtliche Abteilung sich mit den Fragen der Organhaftung beschäftigte, erfolgte eine Aktualisierung der Literaturnachweise, die somit im Wesentlichen auf dem Stand Januar 2015 sind. Hingewiesen sei auf die Dissertation von Philipp Scholz („Die existenzvernichtende Haftung von Vorstandsmitgliedern in der Aktiengesellschaft"), die für die vorliegende Auflage keine Berücksichtigung mehr finden konnte.

Mein Doktorvater Prof. Dr. Dr. h.c. Wolfgang Schön hat mich ermutigt, mich einem so aktuellen Thema zu widmen, das – wie sich zeigte – während der Zeit der Bearbeitung noch deutlich an Fahrt aufnahm. Dafür und für sein offenes Ohr, wenn es um Zweifel oder Unsicherheiten ging sowie die großen Freiheiten, die mir gelassen wurden, bedanke ich mich sehr herzlich.

Herrn Prof. Dr. Mathias Habersack danke ich herzlichst für die schnelle Erstellung des Zweitgutachtens.

Meinen hoch geschätzten Kollegen und Freunden Philip Goj, Lukas Assmann, Matthias Ringer, Georg Langheld und Yasmin Holm danke ich für den intensiven Gedankenaustausch, die wertvollen Anregungen und Fragen sowie die Unterstützung bei der Fertigstellung der Arbeit.

Die Erstellung dieser Arbeit wäre schließlich ohne die Unterstützung meiner Familie und Freunde nicht denkbar gewesen. Danken möchte ich hier vor allem meinem Bruder Jakob Eßwein und meiner wunderbaren Frau Manuela, die mich stets ermutigt hat, an mich zu glauben. Den größten persönlichen Dank schulde ich meinen Eltern, Sibylle und Klaus Eßwein, die mich in meinem Leben auf jede erdenkliche Art gefördert, stets Anteil genommen haben und immer an mich glauben. Ihnen ist diese Arbeit gewidmet.

Inhaltsübersicht

Inhaltsverzeichnis

Einleitung und Themenstellung

A. Einleitung

Die Thematik der Verantwortung und Verantwortlichkeit von Geschäftsleitern hat in den letzten Jahren – nicht zuletzt aufgrund einer stetigen Zunahme der Diskussion um gute und richtige *Corporate Governance* – deutlich an Bedeutung gewonnen. Besonders in den Fokus gerückt sind dabei Vorstände von Aktiengesellschaften. Hier hat sich die Wahrnehmung in der Öffentlichkeit über die letzten Jahre deutlich gewandelt, wozu die Entwicklungen an den Finanzmärkten einen nicht unerheblichen Beitrag geleistet haben dürften.[1] Die Rechtsprechung des BGH zu ARAG/Garmenbeck[2] hat auch in Fachkreisen die Diskussion um die Risiken geschäftsleitender Tätigkeiten angefacht.[3] Davor stellte die Organhaftung – gerade auch im Bereich des Aktienrechts – einen deutlich weniger prominenten Bereich des Kapitalgesellschaftsrechts dar.

Mittlerweile werden die Rufe nach einem strengeren Haftungsregime für Vorstände immer lauter.[4] Anknüpfungspunkt für diese Forderungen sind indes häufig Sachverhalte, in denen sich erst im Nachhinein erwies, dass eine unternehmerische Entscheidung nicht sinnvoll, ein Plan nicht gut war, sich Erwartungen nicht realisierten, oder aber auch die Schadensentstehung einen kaum vorhersehbaren Verlauf nahm.[5] Teilweise waren es auch unbedachte Äußerungen von Vorständen, die massive Schadensersatzforderungen gegen die Gesellschaft nach sich zogen, was dann wiederum zu Regressforderungen im Innenverhältnis führte.[6]

---

1 Hölters in Hölters, AktG, 2. Aufl. 2014, § 93 Rn. 24; Peltzer, FS Hoffmann-Becking, 2013, S. 861.

2 BGHZ 135, 244.

3 Hölters in Hölters, AktG, 2. Aufl. 2014, § 93 Rn. 24: „Das Klima hat sich […] grundlegend gewandelt."; auch Hopt, ZIP 2013, 1793 sieht diese Entwicklung.

4 Spindler in MüKoAktG, 4. Aufl. 2014, § 93 Rn. 4: „Trend zur persönlichen Haftung".

5 Grunewald, AG 2013, 813: „Oftmals geht es lediglich um leicht fahrlässiges Verhalten".

6 Beispielhaft kann hier der Komplex Kirch/Breuer genannt werden. Peltzer, FS Hoffmann-Becking, 2013, S. 861, 863 sieht in der „allenfalls als ungeschickt zu bezeichnenden Äußerung" Breuers tendenziell keinen Grund für eine volle Haftung (Fn. 12: „[…] derartiges Missverhältnis zwischen kaum vorwerfbarem Verhalten und existenzvernichtender Rechtsfolge […]"), ordnet den Fall in Fn. 12 aber anders ein, weil es sich um Außenhaftung handele und mithin kein „besonderes Rechtsverhältnis" bestehe. Dies greift aber insoweit zu kurz, als im Regressfall, der ja gerade die

Das für diese Fälle maßgebliche Haftungsregime des § 93 AktG war schon immer streng ausgestaltet. Durch das UMAG hat sich die Haftungssituation zulasten der Vorstände nochmals erheblich verschärft.[7] Trifft einen Vorstand die aus der Binnenhaftung resultierende Schadensersatzpflicht, so sind die Folgen für ihn in der Regel desaströs, weil die Haftungsvolumina aufgrund ihres wirtschaftlichen Kontexts die Leistungsfähigkeit selbst eines (ehemaligen) Spitzenverdieners bei Weitem übersteigen.[8] Umgekehrt kann aber in der Aktiengesellschaft nicht in Abrede gestellt werden, dass aufgrund der fremdorganschaftlichen Leitung die Androhung einer spürbaren Haftung für Fehlverhalten des Leitungsorgans an sich nicht hinwegzudenken ist.[9] Gleichwohl: „Verhaltenssteuerung hat mit der Vernichtung potentieller Schädiger nichts zu tun [...].“[10]

Daher wird auch das Bedürfnis gesehen, die teils unverhältnismäßigen Haftungsfolgen abzufedern und einer der Situation angemessenen Lösung zuzuführen.[11] Das Aktienrecht bietet einen Regelungsrahmen, der den Beteiligten *prima facie* wenig Gestaltungsfreiraum lässt. Die Gründe hierfür sind vielfältiger Natur und werden zum Teil nicht einheitlich definiert. Der Grundsatz der Satzungsstrenge nach § 23 Abs. 5 AktG ist nur ein Teilaspekt. Auch bei den speziellen Vorschriften des Aktiengesetzes finden sich immer wieder Ge- oder Verbote, die eine freie Gestaltung des für die jeweilige Fragestellung maßgeblichen Regelungsrahmens auszuschließen, einzuschränken oder zumindest zu determinieren scheinen.

Insofern bestehen – vor allem aufgrund des dogmatisch kompliziert ausgestalteten aktienrechtlichen Regelungsgeflechts – erhebliche Unsicherheiten, welche Gestaltungen im Bereich der Vorstandshaftung *de lege lata* zulässig sind.

Innenhaftung zum Gegenstand hat, wiederum Platz für die Berücksichtigung der Sonderbeziehung zwischen Gesellschaft und Organ wäre. Vgl. zu den insoweit vorgeschlagenen Lösungswegen unten 7. Teil.

7 Koch, ZGR 35 (2006) 769, 791.

8 So wird zu Recht von einem „existenzbedrohende[n] Risiko“ gesprochen, Rieger, FS Peltzer, 2001, S. 339, 351; ähnlich Peltzer, FS Hadding, 2004, S. 593, 599; ders., FS Hoffmann-Becking, 2013, S. 861, 863.

9 Druey, FS Zöllner, 1998, S. 129, 131.

10 Wagner, AcP 206 (2006) 352, 457.

11 Etwa Koch, AG 2012, 429. Für die einzelnen Lösungsansätze *de lege ferenda* siehe unten 7. Teil.

B. Fragestellung und Eingrenzung des Themas

Im Kern der Untersuchung wird es um die Frage gehen, unter welchen Voraussetzungen Gestaltungen mit Bezug zur Vorstandshaftung möglich sind, wobei es im Rahmen dieser Untersuchung keineswegs um die Aufarbeitung aller Problemlagen gehen soll.[12] Vielmehr werden wirtschaftlich und tatsächlich interessante sowie häufig auftretende Fragestellungen einer eingehenden Untersuchung zugeführt.

Der Begriff der Vorstandshaftung kann weit verstanden werden, insbesondere hinsichtlich der möglichen Anspruchsgrundlagen und der damit einhergehenden Haftungskonstellationen. Die vorliegende Arbeit beschränkt sich allerdings auf eine Untersuchung der Gestaltbarkeit der Binnenhaftung aus § 93 Abs. 2 AktG. Sie ist die zentrale Haftungsnorm, die allerdings auch für andere Fälle der Haftung Aussagekraft haben kann.

Im Zentrum steht die These, dass in einem derart dichten Regelungsgeflecht wie dem Aktienrecht Gestaltungen möglicherweise gerade deshalb zulässig sein können, weil sie die Schutzzwecke des Regelungsgeflechts gleichwertig zur gesetzlichen Regelung effektuieren bzw. diesen zumindest nicht widersprechen. Immer muss die Gestaltung mit den Normzwecken des Regelungsrahmens in Einklang zu bringen sein. Damit hat zunächst eine Analyse derjenigen Wertungen, die dem System der Vorstandshaftung zugrunde liegen, zu erfolgen. Die Ergebnisse werden die Grundlage bilden, um im Anschluss daran einzelne Gestaltungsansätze auf ihre Zulässigkeit hin zu untersuchen.

Neben der Untersuchung der einzelnen Gestaltungsansätze ist es Ziel der Arbeit, Erkenntnisse für eine rechtspolitische Diskussion um die sachgerechte Ausgestaltung der Vorstandshaftung zu gewinnen.

C. Gedanklicher Ansatz und Gang der Darstellung

Für die Analyse der Gestaltbarkeit wird – wie bereits angedeutet – ein telosgeleiteter Ansatz gewählt. Abgesehen davon, dass bei jeder Rechtsanwendung die Subsumtion immer die jeweilige Regelungsintention des Gesetzgebers vor Augen haben muss, kann darüber hinaus möglicherweise gezeigt werden, dass einzelnen Gestaltungsansätzen sogar die Chance innewohnt, bestehende Regelungsziele besser zu erreichen, als dies aufgrund der gesetzlichen Regelungen der Fall ist.

---

12 Zur Einschränkbarkeit der Haftung eines Geschäftsführers einer GmbH etwa Fleischer, BB 2011, 2435.

Vor diesem Hintergrund soll hier ein systembasierter Ansatz gewählt werden: Nach einer Untersuchung der Privatautonomie im Gesellschaftsrecht (Teil 1) werden zunächst die Grundlagen und Legitimationen der Vorstandshaftung analysiert (Teil 2) und es wird der Versuch unternommen, das bestehende Regelungsgeflecht vorsichtig in Einklang mit ökonomischen Erwägungen zu bringen (Teil 3). Die ökonomischen Erkenntnisse werden immer wieder Argumentationsmaterial liefern.

Sodann wird der Versuch einer (Neu-) Interpretation der für Gestaltungen der Organhaftung sehr bedeutenden Vorschrift des § 93 Abs. 4 S. 3 AktG gewagt (Teil 4). Ausgehend davon und von den Grundlagen der Organhaftung werden im Anschluss daran einige Gestaltungsansätze auf ihre Zulässigkeit hin untersucht (Teil 5). Es wird sich indes zeigen, dass das bestehende Regelungsgeflecht wortlautbedingt Grenzen setzt, die *de lege lata* unüberwindbar sind. Demnach werden in der Arbeit – nach einem rechtsvergleichenden Blick in das Gesellschaftsrecht des US Bundesstaates Delaware (Teil 6) – rechtspolitische Schlussfolgerungen gezogen und ein eigener Regelungsentwurf entwickelt (Teil 7).

1. Teil. Privatautonomie und Freiheit der Gestaltung

Bevor auf die Gestaltungsfreiheit im Gesellschaftsrecht eingegangen wird, soll kurz vergegenwärtigt werden, welche Bedeutung der Grundsatz der Privatautonomie im allgemeinen Zivilrecht hat.

A. Privatautonomie im Zivilrecht

Die in Art. 2 Abs. 1 GG begründete Privatautonomie garantiert, dass jeder seine Geschicke selbst regeln darf.[13] Neben der Abschlussfreiheit ist die Freiheit der inhaltlichen Gestaltung Teil der Privatautonomie.[14] Grundannahme ist dabei die Selbstbestimmtheit des Individuums.[15] Sie fußt auf der Prämisse, dass die Akteure gleichrangig sind.[16] Somit kann sich aus der Gewährleistung der Privatautonomie auch eine Schutzpflicht des Staates ergeben, bei Ungleichheiten Schutzmechanismen zur Wiederherstellung des Gleichgewichts bereitzustellen.[17] So bestehen bereits im allgemeinen Zivilrecht zahlreiche Schranken, um auffällige Missverhältnisse von Leistung und Gegenleistung zu vermeiden.[18]

B. Privatautonomie - Gesellschaftsautonomie

Es ist zu klären, inwieweit diese allgemein bestehende Gestaltungsfreiheit als Teil der Privatautonomie auch im Gesellschaftsrecht gilt. Denn davon wird abhängen, welche gestalterischen Möglichkeiten sich auftun, will man auf die Vorstandshaftung Einfluss nehmen.

---

13 Di Fabio in Maunz/Dürig, Grundgesetz, 67. Ergänzungslieferung 2013, Art. 2 Rn. 101; Jarass in Jarass/Pieroth, GG, 12. Aufl. 2012, Art. 2 Rn. 4.

14 Di Fabio in Maunz/Dürig, Grundgesetz, 67. Ergänzungslieferung 2013, Art. 2 Rn. 101 f.

15 Di Fabio in Maunz/Dürig, Grundgesetz, 67. Ergänzungslieferung 2013, Art. 2 Rn. 105.

16 BVerfG, NJW 1996, 2021.

17 BVerfG, NJW 1996, 2021; Di Fabio in Maunz/Dürig, Grundgesetz, 67. Ergänzungslieferung 2013, Art. 2 Rn. 107.

18 Vgl. etwa Roth/Schubert in MüKoBGB, 6. Aufl. 2012, § 242 Rn. 464.

I. Gesellschaftsrechtliche Gestaltungsfreiheit

1. Grundsatz

Verfassungsrechtlich ergibt sich die Freiheit der Gesellschafter, Gestaltungen zu treffen, aus Art. 9 Abs. 1 GG.[19] Hingegen ist hier nicht auf den (subsidiären) Art. 2 Abs. 1 GG abzustellen, weil dieser nur insoweit gilt, als nicht speziellere Grundrechte einschlägig sind.[20]

§§ 109 und 161 Abs. 2 HGB zeigen, dass in der offenen Handelsgesellschaft und Kommanditgesellschaft als Personengesellschaften Gestaltungsfreiheit besteht, denn das Rechtsverhältnis richtet sich *„zunächst nach dem Gesellschaftsvertrage“*.[21] Auch im GmbH-Recht besteht weitgehend Privatautonomie, die Gestaltung des Gesellschaftsvertrages ist also – abgesehen von den in § 3 GmbHG genannten Pflichtbestandteilen – grundsätzlich frei, vgl. § 3 Abs. 2 Alt. 2 GmbHG.[22] Systematisch gesehen ist der Verein die Grundform der Körperschaften.[23] So kann zur Beantwortung spezialgesetzlich ungeklärter Fragen wegen der Strukturähnlichkeiten von Kapitalgesellschaften mit dem Verein auf Prinzipien und Regelungen zum Verein rekurriert werden.[24] Der Verein ist indes im BGB geregelt. Er wird damit dem Regelungsregime und den Prinzipien des Zivilrechts unterworfen.[25] Daraus ergibt sich, dass auch diese Materie dem Privatrecht zuzuordnen ist und mithin auch hier die Privatautonomie gilt.[26]

Der numerus clausus der Gesellschaftsformen[27] steht der Annahme der Gestaltungsfreiheit nicht prinzipiell entgegen: Wird bei der Wahl der Gesellschaftsform die (Wahl-) freiheit eingeschränkt, so wird daran das Regel-Ausnahme-Verhältnis zwischen grundsätzlicher Freiheit und ausnahmsweiser

---

19 Wiedemann, ZGR Sonderheft 13, 1998, S. 5, 6; Scholz in Maunz/Dürig, Grundgesetz, 67. Ergänzungslieferung 2013, Art. 9 Rn. 68 f. und 84; Jarass in Jarass/Pieroth, GG, 12. Aufl. 2012, Art. 9 Rn. 6; Bauer in Dreier, GG, 2. Aufl. 2004, Art. 9 Rn. 44; Reul, DNotZ 2007, 184, 187.

20 Reul, DNotZ 2007, 184, 186.

21 Vgl. etwa Kindler in Koller/Roth/Morck, HGB, 8. Aufl. 2015, § 109 Rn. 1; Pleßke, Die Satzungsstrenge im Aktienrecht, 2007, S. 11.

22 Wicke in Wicke, GmbHG, 2. Aufl. 2011, § 3 Rn. 28; Pleßke, Die Satzungsstrenge im Aktienrecht, 2007, S. 11.

23 Heider in MüKoAktG, 3. Aufl. 2008, § 1 Rn. 14; Windbichler, Gesellschaftsrecht, 23. Aufl. 2013, § 1 Rn. 4.

24 Allgemein Raiser/Veil, Recht der Kapitalgesellschaften, 5. Aufl. 2010, S. 9.

25 Hey, Freie Gestaltung, 2004, S. 5.

26 Hey, Freie Gestaltung, 2004, S. 5.

27 Vgl. hierzu etwa Windbichler, Gesellschaftsrecht, 23. Aufl. 2013, § 1 Rn. 5.

Einschränkung offenbar.[28] Der numerus clausus ist nicht die von vornherein zur Verfügung gestellte Palette an Gestaltungsmöglichkeiten, sondern reduziert die prinzipiell unbegrenzte Gestaltungsfreiheit auf die Möglichkeit, zwischen flexiblen Typen zu wählen. Sowohl bei der Wahl des Typus als auch bei der näheren Ausgestaltung bleibt ein weiter Gestaltungsspielraum bestehen.[29]

Es kann also an dieser Stelle festgehalten werden, dass auch das Gesellschaftsrecht als Teil des Privatrechts grundsätzlich die Gestaltung der Verhältnisse in der Gesellschaft den Parteien überlässt.[30] Das Prinzip der Gestaltungsfreiheit als Teil der Privatautonomie bleibt grundsätzlich bestehen. Die gesellschaftsrechtliche Freiheit, mittels des Gesellschaftsvertrages zu gestalten, wird auch als Satzungsautonomie bezeichnet.[31]

2. Schranken

Aber auch im Gesellschaftsrecht existieren Schranken, es besteht also keine grenzenlose Gestaltungsfreiheit. Über die Grenzen der allgemeinen Normen der §§ 134, 138 BGB hinaus können sich spezifisch gesellschaftsrechtliche Probleme stellen, die eine Beschränkung der Privatautonomie im Gesellschaftsrecht rechtfertigen[32].[33] Allgemein gesprochen wird es sich hier häufig um Belange des Gläubiger-, Anleger-, Arbeitnehmer-, oder Kapitalmarktschutzes handeln.[34]

II. Aktienrechtliche Gestaltungsfreiheit

Auch das Aktienrecht ist Teil des Vertragsrechts.[35] Insofern müssten die allgemeinen Prinzipien des Vertragsrechts, also die Abschluss- und Gestaltungsfreiheit auch hier gelten. Es wird aber auch gesagt, dass hinsichtlich der

---

28 Vgl. allgemein auch Wiedemann, ZGR Sonderheft 13, 1998, S. 5, 6.

29 Windbichler, Gesellschaftsrecht, 23. Aufl. 2013, § 4 Rn. 1.

30 Vgl. Pleßke, Die Satzungsstrenge im Aktienrecht, 2007, S. 12.

31 Wicke in Wicke, GmbHG, 2. Aufl. 2011, § 3 Rn. 28; Mertens, ZGR 23 (1994) 426, 439.

32 Vgl. zur Rechtfertigungsbedürftigkeit von Einschränkungen, Wiedemann, ZGR Sonderheft 13, 1998, S. 5, 6.

33 Pleßke, Die Satzungsstrenge im Aktienrecht, 2007, S. 17.

34 Wiedemann, ZGR Sonderheft 13, 1998, S. 5, 7; ihm folgend Pleßke, Die Satzungsstrenge im Aktienrecht, 2007, S. 17; noch allgemeiner gefasst bei Scholz in Maunz/Dürig, Grundgesetz, 67. Ergänzungslieferung 2013, Art. 9 Rn. 69, wobei hier limitierende Regelungen als Ausgestaltung der Vereinigungsfreiheit gesehen werden.

35 Hirte, ZGR Sonderheft 13, 1998, S. 61, 65.

Gestaltungsmöglichkeiten eine „eiserne Klammer"[36] um die Aktiengesellschaft liegt. Teils wird von einer „Absage an das Prinzip der Vertragsfreiheit"[37] gesprochen. Der Grund für diese Aussagen wird zu klären und kritisch zu hinterfragen sein. Denn Limitierungen der grundsätzlich bestehenden Freiheit bedürften der Rechtfertigung.

Zunächst ist zu klären, mittels welcher Instrumente Gestaltungsfreiheit potentiell ausgeübt werden könnte. Sodann muss untersucht werden, ob bei den jeweiligen Gestaltungsmitteln (bereits abstrakte) Grenzen bestehen. Diese Grenzen bedürfen ihrerseits einer Rechtfertigung. Nur soweit die Rechtfertigung geht, kann indes die grenzweisende Norm Geltung beanspruchen.

1. Satzung, schuldrechtliche Nebenabrede und Individualvertrag

Es bestehen verschiedene Instrumente, mittels derer Gestaltungen in der Aktiengesellschaft prinzipiell denkbar sind. In erster Linie ist hierbei die Satzung der Aktiengesellschaft zu nennen. Sie ermöglicht – in gewissen Grenzen[38] – Anpassungen der Gesellschaft an die Bedürfnisse der Satzungsgeber. Sie kommt also als Instrument privatautonomer Gestaltung in Betracht.[39] Daneben ist das Instrument sogenannter satzungsergänzender Nebenabreden[40] als Mittel zur Gestaltung denkbar.[41] Dies sind Vereinbarungen, die die Aktionäre vor oder bei Gründung oder aber auch zu einem späteren Zeitpunkt treffen.[42] Sie sind gerade nicht Bestandteil der Satzung und regeln die Rechtbeziehungen der Gesellschafter untereinander oder zur Gesellschaft.[43] Weiters ist vorstellbar, auf die

---

36 Mertens, ZGR 23 (1994) 426 und 427, der aber zugleich darauf hinweist, dass das Problem auch mit der Vielzahl der durch § 23 Abs. 5 AktG für zwingend erklärten Normen zu tun hat. Vgl. dazu und zu den strukturellen Gründen unten.

37 Barz in GroßKommAktG, 3. Aufl. (1970), § 23 Anm. 18.

38 Dazu sogleich.

39 Für organisatorische Gestaltungen ist die Satzung das Mittel der Wahl, Pleßke, Die Satzungsstrenge im Aktienrecht, 2007, S. 12. Gleichwohl wird sich zeigen, dass dies nicht für alle Gestaltungen gleichermaßen gilt. Im Bereich der Vorstandshaftung sind individualvertragliche Abreden in ihrer Wichtigkeit nicht zu unterschätzen.

40 Teils auch als schuldrechtliche Nebenabreden bezeichnet, vgl. Seibt in Schmidt/Lutter, AktG, 2. Aufl. 2010, § 23 Rn. 64.

41 Dieses Instrument aktienrechtlicher Gestaltung wird im Folgenden nicht weiter vertieft.

42 Pentz in MüKoAktG, 3. Aufl. 2008, § 23 Rn. 187; Seibt in Schmidt/Lutter, AktG, 2. Aufl. 2010, § 23 Rn. 64.

43 Seibt in Schmidt/Lutter, AktG, 2. Aufl. 2010, § 23 Rn. 64; Pentz in MüKoAktG, 3. Aufl. 2008, § 23 Rn. 187.

Rechtsbeziehungen in der Aktiengesellschaft vermittels des Abschlusses von Individualverträgen Einfluss zu nehmen.

a) Die Notwendigkeit der Differenzierung

Für die Untersuchung privatautonomer Gestaltungsmöglichkeiten bei der Vorstandshaftung soll zwischen den Instrumenten „Individualvertrag“ und „Satzung“ differenziert werden. Dies ist bereits deshalb notwendig, weil jeweils unterschiedliche Grenzen für Gestaltungen mittels der einzelnen Instrumente bestehen. Nur wenn die individuellen Grenzen und ihre jeweilige Legitimation herausgearbeitet sind, kann untersucht werden, welche Gestaltungsfreiräume für die Beteiligten verbleiben.

Ein weiterer Grund liegt in der möglicherweise unterschiedlichen Operabilität und damit Praktikabilität.[44] Kann mit einem leichter operablen Instrument dieselbe Wirkung wie mit einem schwererfälligen erzielt werden, so wird die Wahl auf das leichtergängige fallen.

b) Abgrenzung der Gestaltungsinstrumente

In § 2 des AktG wird der Gesellschaftsvertrag der Aktiengesellschaft als Satzung definiert. In § 23 AktG wird vorgeschrieben, wie die Satzung festzustellen ist.[45] Die Satzung ist die Grundlage der Gesellschaft und regelt innere Organisation und Aufbau der Aktiengesellschaft.[46] Sie betrifft damit auch die Rechtsstellung der Vorstandsmitglieder.

Es ist aber auch denkbar, mittels Individualverträgen aktienrechtlich relevante Fragestellungen zu regeln. In Bezug auf die Organhaftung ist hier etwa an den Anstellungsvertrag[47] des Vorstands oder an zusätzlich getroffene Abreden zwischen der Gesellschaft und dem Vorstand zu denken.

---

44 So ist die Änderung von satzungsergänzenden Nebenabreden etwa flexibler möglich als eine Satzungsänderung und auch das Fehlen von Publizitätspflichten kann Anreiz sein, vgl. Pentz in MüKoAktG, 3. Aufl. 2008, § 23 Rn. 189.

45 Hierbei ist die Feststellung der Akt der Errichtung der Satzung, wobei zu unterscheiden ist, ob eine Ein- oder Mehrpersonengründung vorliegt, vgl. dazu Seibt in Schmidt/Lutter, AktG, 2. Aufl. 2010, § 23 Rn. 11.

46 Seibt in Schmidt/Lutter, AktG, 2. Aufl. 2010, § 23 Rn. 2; Pentz in MüKoAktG, 3. Aufl. 2008, § 23 Rn. 37.

47 Dieser ist von dem organschaftlichen Akt der Bestellung zu unterscheiden und ist als Dienst- bzw. Geschäftsbesorgungsvertrag zu qualifizieren, vgl. Raiser/Veil, Recht der Kapitalgesellschaften, 5. Aufl. 2010, S. 129.

2. *Die Satzung als Mittel aktienrechtlicher Gestaltung*

Als erstes soll die Satzung als aktienrechtliches Mittel zur Gestaltung der Vorstandshaftung untersucht werden. Sie wird von den Gründern „festgestellt“[48], vgl. §§ 2, 23 Abs. 1 S. 1 AktG. Mit ihr können die Gesellschafter die Gesellschaft ihren Bedürfnissen anpassen, also organisatorisch tätig werden.[49]

a) Rechtsnatur der Satzung

Nachdem § 2 AktG den „Gesellschaftsvertrag“ als Satzung legaldefiniert, könnte die Satzung schlicht als Vertrag mit – entsprechend der Gründerzahl – mehreren Parteien zu qualifizieren sein. Die Rechtsnatur der Satzung ist indes nicht unumstritten.[50] Von der Rechtsnatur der Satzung und ihren Bestandteilen können aber für die Gestaltungsansätze wichtige Implikationen ausgehen. So wird es etwa eine Rolle spielen, welche Beteiligten unter welchen Bedingungen an die Satzung gebunden sind.[51]

Mittlerweile kann als herrschende Meinung zugrunde gelegt werden, dass die Satzung ein Rechtsgeschäft sui generis ist, welches neben schuldrechtlichen auch organisationsrechtliche Wirkungen hat (modifizierte Normtheorie).[52] Das bedeutet, dass die Satzung zwar als Vertrag zwischen mehreren Beteiligten[53] zustande kommt, also festgestellt wird, dass sie sich dann aber insoweit

---

48 Die Feststellung ist die Einigung über den Gesellschaftsvertrag, § 2 AktG, Pentz in MüKoAktG, 3. Aufl. 2008, § 23 Rn. 10.

49 Pleßke, Die Satzungsstrenge im Aktienrecht, 2007, S. 12 f.

50 Jauernig in Jauernig, BGB, 15. Aufl. 2014, § 25 Rn. 2.

51 Siehe dazu unten etwa im Zusammenhang mit der Verankerung von Schiedsvereinbarungen in Satzungen.

52 Limmer in Spindler/Stilz, AktG, 2. Aufl. 2010, § 23 Rn. 3; Solveen in Hölters, AktG, 2. Aufl. 2014, § 23 Rn. 3; Koch in Hüffer, AktG, 11. Aufl. 2014, § 23 Rn. 7; Pentz in MüKoAktG, 3. Aufl. 2008, § 23 Rn. 10; Ulmer, FS Werner, 1984, S. 911, 912; etwas anders Röhricht in GroßKommAktG, 4. Aufl. (1996), § 23 Rn. 6, 7, der argumentiert, dass die vertragliche Komponente ab Eintragung ins Handelsregister völlig zurücktritt, die Satzung also nur objektiv-rechtlichen Charakter hat; für die reine Normtheorie Reuter in MüKoBGB, 6. Aufl. 2012, § 25 Rn. 18; für die Rechtsanwendung führt der Streit nicht weiter, vgl. Petrikowski, Satzungsstrenge contra Gestaltungsfreiheit, 2009, S. 18 und Limmer in Spindler/Stilz, AktG, 2. Aufl. 2010, § 23 Rn. 3: „Unterschiede in der praktischen Rechtsanwendung relativ gering“.

53 Zur Einpersonengründung etwa Röhricht in GroßKommAktG, 4. Aufl. (1996), § 23 Rn. 7 und Pentz in MüKoAktG, 3. Aufl. 2008, § 23 Rn. 11: es liegt dann naturgemäß kein Vertrag, sondern eine einseitige Erklärung des Gründers vor, der Errichtungsakt.

verselbständigt, als sie auch nicht an der Errichtung beteiligte Dritte bindet, also objektives Recht wird.[54]

b) Bestandteile der Satzung

Es sind verschiedene Arten von Satzungsinhalten denkbar. So wird zwangsläufig der Mindestinhalt gemäß den Vorgaben in § 23 AktG geregelt sein. Es sind aber weitere Bestandteile denkbar, da nicht von vornherein ausgeschlossen ist, auch andere Bestimmungen aufzunehmen. Diese sind zu kategorisieren. Für die folgende Darstellung wird der sogenannte formale Satzungsbegriff zugrunde gelegt. Danach sind alle Bestandteile der Satzung, die gemäß § 23 Abs. 1 S. 1 AktG im Rahmen der notariellen Beurkundung festgestellt werden, „die Satzung".[55]

i) Korporative Satzungsbestandteile

Zunächst gibt es korporative oder auch materielle Satzungsbestandteile. Das sind die Bestandteile der Satzung, bei denen die oben genannte objektive Wirkung eintritt, bei denen also eine Loslösung von den regelnden Personen eintritt, sodass etwa auch künftige Aktionäre bzw. Gläubiger gebunden sind.[56] Aufgrund ihres organisationsrechtlichen Charakters binden solche Bestimmungen auch die Organe der Gesellschaft, also auch den Vorstand.[57]

Aus der Perspektive der Wirkungen trifft das zu, führt allerdings dann nicht weiter, wenn gerade geklärt werden muss, wer alles an eine Bestimmung gebunden ist.[58] Denn der korporative Charakter beruht nicht auf dem Ergebnis, sondern muss sich aus der Norm selbst ergeben. Andernfalls ist die Definition

---

54 Dörner in Schulze u.a., BGB, 8. Aufl. 2014, § 25 Rn. 6; Koch in Hüffer, AktG, 11. Aufl. 2014, § 23 Rn. 7.

55 Limmer in Spindler/Stilz, AktG, 2. Aufl. 2010, § 23 Rn. 4; Solveen in Hölters, AktG, 2. Aufl. 2014, § 23 Rn. 3; Wiesner in Münchener Hdb. des Gesellschaftsrechts, Bd. 4, 3. Aufl. 2007, § 6 Rn. 1; unklar insoweit Pleßke, Die Satzungsstrenge im Aktienrecht, 2007, S. 14.

56 Pentz in MüKoAktG, 3. Aufl. 2008, § 23 Rn. 40; Limmer in Spindler/Stilz, AktG, Aufl. 2010, § 23 Rn. 4; Koch in Hüffer, AktG, 11. Aufl. 2014, § 23 Rn. 3 und 7; Solveen in Hölters, AktG, 2. Aufl. 2014, § 23 Rn. 4; Arnold in KölnerKommAktG, 3. Aufl. 2010, § 23 Rn. 13 f.; BGHZ 123, 347 Tz. 13 (Tz. nach juris).

57 Hölters in Hölters, AktG, 2. Aufl. 2014, § 93 Rn. 345; Riegger/Wilske, ZGR 39 (2010) 733, 742 (jeweils für eine Schiedsklausel).

58 Röhricht in GroßKommAktG, 4. Aufl. (1996), § 23 Rn. 10.

zirkulär, weil das Ergebnis (die Bindung anderer als der am Abschluss Beteiligten) als Voraussetzung herangezogen wird.[59]

Es muss also in Fällen, bei denen gerade unklar ist, ob der Satzungsbestandteil auch etwa für Gläubiger und neu hinzukommende Aktionäre gilt, aus der Norm selbst erkennbar sein, dass sie diese Wirkungen haben soll.[60] Die Intention der Satzungsgeber ist maßgeblich.[61] Notfalls muss die Zuordnung unter Zuhilfenahme von Fallgruppen geschehen.[62] Trifft die Bestimmung gesellschaftsspezifisch-organisatorische Anordnungen, geht es also um die innere Organisation der Gesellschaft, so ist sie korporativer Natur.[63]

Zu den korporativen Bestimmungen zählen etwa die in § 23 Abs. 3 und 4 AktG genannten Bestimmungen, also die Ausgestaltung der Aktien, die Höhe des Grundkapitals und die Regelungen über den Vorstand.[64] Ebenso ist es in der Regel mit „ergänzenden" Be-stimmungen im Sinne des § 23 Abs. 5 S. 2 AktG.[65] Somit lässt sich sagen, dass Gestaltungsansätze, die die Position der Organe (also auch des Vorstands) betreffen, korporativer Natur sein werden.[66]

Würde man also Bestimmungen betreffend die Haftung[67] des Vorstands in der Satzung treffen, so dürften diese – vorbehaltlich ihrer Zulässigkeit – zumindest dann als korporative, also materielle Satzungsbestandteile zu klassifizieren sein, wenn die Bindung auch zukünftiger Aktionäre und sonstiger Beteiligter gewollt ist. Zugleich wird der Wunsch der Satzungsgeber dahin gehen, Vorstände unabhängig von ihrer individualvertraglichen Einwilligung an die Satzungsregeln gebunden zu sehen.

59 In diese Richtung Röhricht in GroßKommAktG, 4. Aufl. (1996), § 23 Rn. 10; Arnold in KölnerKommAktG, 3. Aufl. 2010, § 23 Rn. 13.
60 Röhricht in GroßKommAktG, 4. Aufl. (1996), § 23 Rn. 10.
61 Noack, Gesellschaftervereinbarungen bei Kapitalgesellschaften, 1994, S. 63.
62 Röhricht in GroßKommAktG, 4. Aufl. (1996), § 23 Rn. 11.
63 Pentz in MüKoAktG, 3. Aufl. 2008, § 23 Rn. 40; Seibt in Schmidt/Lutter, AktG, 2. Aufl. 2010, § 23 Rn. 5; Röhricht in GroßKommAktG, 4. Aufl. (1996), § 23 Rn. 14.
64 Arnold in KölnerKommAktG, 3. Aufl. 2010, § 23 Rn. 14; Pleßke, Die Satzungsstrenge im Aktienrecht, 2007, S. 14.
65 Seibt in Schmidt/Lutter, AktG, 2. Aufl. 2010, § 23 Rn. 5; Solveen in Hölters, AktG, 2. Aufl. 2014, § 23 Rn. 4; Noack, Gesellschaftervereinbarungen bei Kapitalgesellschaften, 1994, S. 63.
66 Röhricht in GroßKommAktG, 4. Aufl. (1996), § 23 Rn. 14.
67 Bzw. ihre Durchsetzung.

ii) Nicht-korporative Satzungsbestandteile

Von den korporativen sind die sogenannten nicht-korporativen oder auch „unechten" Satzungsbestandteile zu unterscheiden. Das sind solche, bei denen sich entweder bereits aus dem Willen der Satzungsgeber ergibt, dass eine korporative Wirkung nicht intendiert ist,[68] oder aber solche, die mit korporativer Wirkung nicht geregelt werden können.[69] Trotz des Umstands, dass diese unechten Satzungsbestandteile in der Satzung stehen[70], haben sie also nicht die Wirkung, dass auch an der Satzungsfeststellung unbeteiligte Dritte daran gebunden sind.[71] Vielmehr sind grundsätzlich nur die an der Feststellung Beteiligten gebunden.[72]

iii) Indifferente Satzungsbestandteile

Sodann gibt es noch Bestimmungen, die zwar korporative Wirkungen haben können, aber nicht müssen. Bei diesen sog. „indifferenten Satzungsbestimmungen"[73] ist der Parteiwille maßgeblich.[74] Die Satzungsgeber können bei dieser Kategorie also wählen, ob sie korporative Wirkung erreichen möchten oder nicht.[75] Kautelarjuristisch ist hier also darauf zu achten, dass der Wille der Parteien, korporative Wirkung zu erlangen, aus der Bestimmung hervorgeht. Richtigerweise muss aber der Tatsache, dass eine Bestimmung in die Satzung aufgenommen wurde, indizielle Bedeutung für eine intendierte korporative Wirkung beigemessen werden.[76]

Nachfolgend wird bei der Untersuchung satzungsmäßiger Regelungen von korporativer Wirkung bzw. angestrebter korporativer Wirkung ausgegangen.

---

68 So wohl auch Noack, Gesellschaftervereinbarungen bei Kapitalgesellschaften, 1994, S. 63 sowie Raiser/Veil, Recht der Kapitalgesellschaften, 5. Aufl. 2010, S. 485.

69 Röhricht in GroßKommAkt, 4. Aufl. (1996), § 23 Rn. 21; Noack, Gesellschaftervereinbarungen bei Kapitalgesellschaften, 1994, S. 64.

70 Dies beruht auf dem formalen Satzungsbegriff, vgl. oben 1. Teil.B.II.2.b).

71 Seibt in Schmidt/Lutter, AktG, 2. Aufl. 2010, § 23 Rn. 6.

72 Damit eignet sich diese Art von Satzungsbestandteilen weniger für die Gestaltung der Vorstandshaftung, kann doch eine Bindung nur der an der Vereinbarung Beteiligten auch im Wege des Individualvertrages erreicht werden besteht überdies gerade keine korporative Wirkung, die auch die Organe erfasst.

73 Pentz in MüKoAktG, 3. Aufl. 2008, § 23 Rn. 43; Seibt in Schmidt/Lutter, AktG, 2. Aufl. 2010, § 23 Rn. 8.

74 Noack, Gesellschaftervereinbarungen bei Kapitalgesellschaften, 1994, S. 64.

75 Seibt in Schmidt/Lutter, AktG, 2. Aufl. 2010, § 23 Rn. 8; Pleßke, Die Satzungsstrenge im Aktienrecht, 2007, S. 14.

76 Noack, Gesellschaftervereinbarungen bei Kapitalgesellschaften, 1994, S. 64.; Pentz in MüKoAktG, 3. Aufl. 2008, § 23 Rn. 45.

c) Realisierung der Privatautonomie in der AG bei satzungsmäßigen Bestimmungen – Gesellschaftsautonomie

Geht man von der korporativen Wirkungsweise von (materiellen) Satzungsbestimmungen aus, so sind durchaus Konstellationen denkbar, in denen der Einzelne möglicherweise an Satzungsinhalte gebunden ist, denen er nicht zugestimmt hat und im Rahmen eines Individualvertrages auch nicht zustimmen würde. Er würde also „gegen seinen Willen“ gebunden.[77] Deshalb soll im Folgenden untersucht werden, in welcher Weise Privatautonomie in Bezug auf Satzungsbestimmungen realisiert wird. Dabei sind unterschiedliche Situationen zu beleuchten: Zum einen ist an die Situation der Errichtung der Gesellschaft zu denken, also die Schaffung der Satzung. Zum anderen ist an die Situation zu denken, in der die bestehende Satzung geändert wird.

i) Satzungserrichtung

Ausgehend von der modifizierten Normtheorie[78] wird die Satzung als Vertrag errichtet. Daher greifen auch die für den Vertragsschluss geltenden allgemeinen Regeln des BGB,[79] tritt eine Bindungswirkung nur gegenüber den an der Errichtung Beteiligten ein.[80] Vorbehaltlich spezieller inhaltlicher Grenzen[81] bestehen also keine Besonderheiten betreffs der privatautonomen Gestaltungsmöglichkeiten gegenüber herkömmlichen Verträgen.

ii) Satzungsänderung

Anders ist dies bei der Satzungsänderung. Die Satzungsänderung bedarf eines Beschlusses der Hauptversammlung, vgl. § 179 Abs. 1 S. 1 AktG. Grundsätzlich ist für einen satzungsändernden Beschluss eine Mehrheit von mindestens drei Vierteln des bei der Beschlussfassung vertretenen Grundkapitals erforderlich, § 179 Abs. 2 S. 1 AktG.

---

77 Besondere Relevanz wird dies nachfolgend bei der Vernankerung von Schiedsabreden haben.

78 Vgl. oben 1. Teil.B.II.2.a).

79 Limmer in Spindler/Stilz, AktG, 2. Aufl. 2010, § 23 Rn. 3.

80 Erst mit Entstehung löst sich die Satzung vom Willen der Gründer und bindet dann auch an der Gründung unbeteiligte Dritte, Koch in Hüffer, AktG, 11. Aufl. 2014, § 23 Rn. 7.

81 Dazu sogleich.

Der Aktionär übt dabei in der Hauptversammlung durch Abgabe seiner Stimme seine Gestaltungsbefugnisse aus.[82] Das Stimmrecht ist das wichtigste seiner Verwaltungsrechte; es resultiert aus seiner Stellung als Aktionär.[83] Durch Teilnahme an der Abstimmung sowie Abstimmung in die eine oder andere Richtung nimmt der Aktionär Einfluss im Rahmen der ihm grundsätzlich zustehenden Rechte, nämlich entsprechend seiner Beteiligung.[84] Die Entscheidung, ob er abstimmt und wie er abstimmt, ist ihm völlig freigestellt.[85]

(1) Privatautonomie und Mehrheitsprinzip

Gerade wegen des grundsätzlich geltenden Mehrheitsprinzips stellt sich dann aber die Frage nach dem Verhältnis zur Privatautonomie, so wie sie bei gewöhnlichen Vertragsschlüssen besteht. Hintergrund ist der Umstand, dass der einzelne Aktionär aufgrund der normativen Wirkung der Satzung an Bestimmungen, gegen deren Einführung er gestimmt hat, gebunden sein kann. Im Folgenden soll daher dargestellt werden, wie das Mehrheitsprinzip und die Privatautonomie zueinander stehen.

(a) Das Mehrheitsprinzip und seine Rechtfertigung

Das Mehrheitsprinzip ist das Grundprinzip der kapitalgesellschaftsrechtlichen Willensbildung.[86] Anders ist es hingegen im Personengesellschaftsrecht, wo das Einstimmigkeitsprinzip die Regel darstellt.[87] Es lässt sich also sagen, dass mit Abnahme der persönlichen Bindung zwischen den Gesellschaftern und der damit einhergehenden Verpflichtungen das Einstimmigkeitsprinzip weniger

---

82 In diese Richtung wohl Hey, Freie Gestaltung, 2004, S. 194; Solveen in Hölters, AktG, 2. Aufl. 2014, § 12 Rn. 2.

83 Heider in MüKoAktG, 3. Aufl. 2008, § 12 Rn. 5.

84 Vatter in Spindler/Stilz, AktG, 2. Aufl. 2010, § 12 Rn. 1.

85 Zur Zulässigkeit von Stimmbindungsverträgen und ihren Schranken, vgl. etwa Rieckers in Spindler/Stilz, AktG, 2. Aufl. 2010, § 136 Rn. 48 ff.

86 Allgemein für den Verband Beckmann, Statutarische Schiedsklauseln, 2006, S. 134 f. und 141; Fastrich, Funktionales Rechtsdenken, 2001, S. 15; für die Satzungsänderung Dreiviertelmehrheit, §§ 53 Abs. 2 S. 1 GmbHG, 179 Abs. 2 S. 1 AktG.

87 Fastrich, Funktionales Rechtsdenken, 2001, S. 15; hierzu und zur Frage der Etablierung von Mehrheitsherrschaft in der Personengesellschaft Westermann, AcP 175 (1975) 375, 417 f.; rechtstatsächlich wird auch in Personengesellschaften verstärkt das Mehrheitsprinzip gewählt, vgl. Hirte, Kapitalgesellschaftsrecht, 7. Aufl. 2012, Rn. 1.15; die Zulässigkeit dessen ist zugleich Beleg für die auch rechtsgeschäftliche Legitimation des Mehrheitsprinzips, vgl. Beckmann, Statutarische Schiedsklauseln, 2006, S. 143.

gerechtfertigt ist.[88] Mehr noch: Zur Aufrechterhaltung der Handlungsfähigkeit der Gesellschaft ist das Mehrheitsprinzip sogar stark förderlich.[89]

In den Vordergrund rücken andere Elemente zur Sicherung der eigenverantwortlichen Handlungsmöglichkeit.[90] So besteht im Recht der Körperschaften die Möglichkeit, durch Austritt bzw. Veräußerung der Anteile einer Bindung an per Mehrheitsentscheid zustande gekommene Beschlüsse zu entgehen. Dabei sichert die Möglichkeit zur Veräußerung von Anteilen die Freiwilligkeit der Unterwerfung unter das Mehrheitsprinzip ebenso wie die vereinsrechtliche Möglichkeit zum Austritt.[91]

Der Gesellschafter unterwirft sich diesem System der Willensbildung: Ist er bereits an der Gründung beteiligt, so geht in seinem Beteiligungswillen die Erkenntnis auf, dass – vorbehaltlich besonderer Regelungen – ein Überstimmtwerden möglich ist.[92] Tritt er der Gesellschaft später bei, so ist ihm bewusst, dass die Mitgliedschaft in einer Kapitalgesellschaft die Unterwerfung unter das Mehrheitsprinzip mit sich bringt[93] und daher für ihn eine Bindung an Entscheidungen entstehen kann, zu denen er nicht beigetragen hat, weil er sich entweder enthalten oder dagegen gestimmt hat. Das Mehrheitsprinzip ist also Teil jeder Mitgliedschaft.[94]

(b) Das Mehrheitsprinzip als Fortsetzung der Privatautonomie

Die besondere Art der kollektiven Willensbildung durch Mehrheitsprinzip ist damit die verbandsspezifische Fortsetzung der Privatautonomie, weil als Akt privatautonomer Gestaltung nicht nur die individuelle Interaktion zwischen

88 Der Aktionär trägt das Haftungsrisiko auch nur bis zur Höhe seiner Beteiligung, der Personengesellschafter haftet – bis auf den Kommanditisten – unbegrenzt.

89 Beckmann, Statutarische Schiedsklauseln, 2006, S. 146; Wandrey, Materielle Beschlusskontrolle, 2012, S. 14, 24; Entwurf eines Gesetzes, betreffend die KGaA und AG (1884), abgedruckt in ZGR Sonderheft 4, 1985, S. 464; rechtfertigen lässt sich das Mehrheitsprinzip überdies mit einer grundsätzlichen Interessengleichrichtung aller Anteilseigner, Fastrich, Funktionales Rechtsdenken, 2011, S. 20 f.

90 Vgl. allgemein Hey, Freie Gestaltung, 2004, S. 243 ff. und insbes. zur Sicherung der Selbstbestimmung durch Kündigungsrechte, S. 256 ff.; zweifelnd insoweit Beckmann, Statutarische Schiedsklauseln, 2006, S. 147.

91 U. Haas, SchiedsVZ 2007, 1, 7.

92 Für den Verein Beckmann, Statutarische Schiedsklauseln, 2006, S. 142 und allgemein für Körperschaften S. 148.

93 Für den Verein Beckmann, Statutarische Schiedsklauseln, 2006, S. 142.

94 Beckmann, Statutarische Schiedsklauseln, 2006, S. 141; zur verfassungsrechtlichen Rechtfertigung etwa Raiser/Veil, Recht der Kapitalgesellschaften, 5. Aufl. 2010, S. 40.

Verkehrsteilnehmern in Frage kommt, sondern auch andere Formen zur privatautonomen Betätigung möglich sind.[95]

Hat das Mehrheitsprinzip demnach seinen Ursprung in der vertraglichen Übereinkunft der Mitglieder, ist es nur folgerichtig, es als Fortführung der privatautonomen Betätigungsmöglichkeiten zu sehen.[96]

(2) Das Verhältnis von Mehrheitserfordernis zu Beschlussinhalt

Von der Frage des grundsätzlichen Beschlussmodus ist die Frage zu trennen, welchen Inhalt der Beschluss haben darf.[97] Es ist nämlich gerade nicht so, dass jeder Gesellschafter von vornherein jedem erdenklichen Beschlussinhalt zugestimmt hat und nur dadurch die Geltung eines Mehrheitsbeschlusses für alle Gesellschafter legitimiert werden kann.[98] Insoweit kann im Rahmen der einzelnen satzungsmäßigen Bestimmung zu überprüfen sein, ob eine Zustimmung aller Gesellschafter ausnahmsweise aufgrund des anstehenden Beschlussgegenstandes erforderlich ist.[99] Darüber hinaus besteht hinsichtlich des Beschlussinhalts die Möglichkeit materieller Beschlusskontrolle.[100]

(3) Verhältnis von Mehrheitserfordernis zur Satzungsstrenge, § 23 Abs. 5 AktG

Auch nach dem hier zugrunde gelegten Verständnis der Satzungsstrenge gemäß § 23 Abs. 5 AktG[101] und ihrem Telos ist ein derartiges Verständnis, wonach die Zulässigkeit von Mehrheitsentscheidungen die Regel ist, angezeigt. Die Satzungsstrenge gewährleistet ein bestimmtes Schutzniveau bereits durch die Frage

95 Martens, AcP 188 (1988) 113, 155; Beckmann, Statutarische Schiedsklauseln, 2006, S. 141 sieht darin eine Ausprägung der Privatautonomie.

96 Vgl. dazu soeben und Beckmann, Statutarische Schiedsklauseln, 2006, S. 143.

97 Diese Trennung vollzieht so klar Beckmann, Statutarische Schiedsklauseln, 2006, S. 141 und 144.

98 Zutreffend Beckmann, Statutarische Schiedsklauseln, 2006, S. 145.

99 Vgl. Beckmann, Statutarische Schiedsklauseln, 2006, S. 148; vgl. Haberstock/Greitemann in Hölters, AktG, 2. Aufl. 2014, § 179 Rn. 43 ff.

100 Ihre Notwendigkeit ergibt sich gerade aus den Grenzen der Legitimation des Mehrheitsprinzips: Nur soweit der Interessengleichlauf zwischen den Aktionären besteht, gilt die Richtigkeitsgewähr für den jeweiligen Beschluss. Dort aber, wo dies infolge Interessenüberlagerungen bei einzelnen Aktionären nicht mehr gilt, setzt die Beschlusskontrolle ein, Wandrey, Materielle Beschlusskontrolle, 2012, S. 28. Vertieft hierzu Wandrey, Materielle Beschlusskontrolle, 2012; vertiefend aber auch kritisch zur Beschlusskontrolle auch Fastrich, Funktionales Rechtsdenken, 2001, S. 15 ff.

101 Vgl. dazu sogleich.

nach dem an sich zulässigen Inhalt einer Satzung.[102] Dadurch wird sichergestellt, dass für den Aktionär keine korporativen Bindungswirkungen bezüglich Bestimmungen, die wegen ihres Inhalts eigentlich individueller Zustimmung bedürften, entstehen. Freilich entbindet dies nicht von der Prüfung, ob die gemäß § 23 Abs. 5 AktG zulässige Regelung gleichwohl der Zustimmung aller Aktionäre aus anderen, nicht durch das AktG geregelten, Gründen bedarf. Die Gesellschafter sind sich aber der Möglichkeit, überstimmt zu werden und daher auch in ihnen wichtigen Bereichen nicht ihrem eigenen Willen entsprechend handeln zu können bzw. bestimmten Pflichten zu unterliegen, zu jedem Zeitpunkt bewusst. Die Möglichkeit, die Gesellschaft durch Veräußerung der Anteile zu verlassen, stellt jedenfalls einen Aspekt dar, der im Rahmen einer Inhaltskontrolle hohe Anforderungen an einen ausnahmsweise doch das Einstimmigkeitserfordernis begründenden Beschlussgegenstand rechtfertigt.

d) Grenzen: Das Prinzip der Satzungsstrenge

Entscheidend ist, welche Grenzen der Satzungsautonomie inhaltlich gesetzt sind. Denn Gestaltungen sind nur möglich, soweit nicht allgemeine oder spezielle Grenzen gezogen werden. Die für die satzungsmäßigen Gestaltungsmöglichkeiten wichtigste Norm ist § 23 Abs. 5 AktG, der die sog. Satzungsstrenge positiviert. Dieser lautet:

> *„Die Satzung kann von den Vorschriften dieses Gesetzes nur abweichen, wenn es ausdrücklich zugelassen ist. Ergänzende Bestimmungen der Satzung sind zulässig, es sei denn, dass dieses Gesetz eine abschließende Regelung enthält.“*

Im Folgenden wird nach kurzer Auseinandersetzung mit dem geschichtlichen Hintergrund der Norm untersucht, welche Auswirkungen § 23 Abs. 5 AktG hat. Stellt sie eine Limitierung der Gestaltungsfreiheit dar, so bedarf die Norm eines ihre Limitierungswirkung rechtfertigenden Zwecks. An diesem Schutzzweck wird sich messen lassen müssen, ob das Verständnis bzw. die Handhabung des § 23 Abs. 5 AktG zutrifft oder einer Korrektur bedarf.

i) Historischer Hintergrund

§ 23 Abs. 5 AktG wurde erstmals durch das Aktiengesetz 1965 eingeführt, wobei er inhaltlich keine Neuerung bringen, sondern nur die rechtliche Lage nach damals herrschender Lehre klarstellen sollte.[103]

---

102 Vgl. zur Legitimation und Konturierung der Satzungsstrenge sogleich.

103 Begründung RegE AktG 1965, abgedruckt bei Kropff, Aktiengesetz, S. 43 f.; Arnold in KölnerKommAktG, 3. Aufl. 2011, § 23 Rn. 1; Pentz in MüKoAktG, 3. Aufl. 2008,

Bereits im Jahre 1901 hatte das Reichsgericht entschieden: „*Aus dem Gesetz ist nicht zu entnehmen, daß es andere Fälle des unfreiwilligen Ausscheidens von Aktionären der Bestimmung durch den Gesellschaftsvertrag hat überlassen wollen. Weder das alte noch das neue Handelsgesetzbuch bestimmt für die Aktiengesellschaft, wie für die offene Handelsgesellschaft, daß das Rechtsverhältnis der Aktionäre zu der Aktiengesellschaft sich zunächst nach dem Gesellschaftsvertrage richte. Die Vorschriften über die Rechtsverhältnisse der Gesellschafter und der Aktiengesellschaft sind vielmehr dispositiver Natur nur soweit, als das Gesetz es ausdrücklich zulässt [...].*"[104]

Im Jahre 1907 dann stellte das Reichsgericht fest: „*Das Handelsgesetzbuch sagt nicht, daß für die Rechtsverhältnisse der Aktiengesellschaft an erster Stelle der Gesellschaftsvertrag maßgebend sei, wie dies grundsätzlich für die offene Handelsgesellschaft, die Gesellschaft m.b.H. und die Genossenschaft gilt. Für die Aktiengesellschaft entscheidet vielmehr an erster Stelle das Gesetz, der Gesellschaftsvertrag nur insoweit, als das Gesetz auf ihn verweist, ihm abändernde oder ergänzende Bestimmungen überlässt, [...]. Überall, wo in dem Abschnitt über die Aktiengesellschaft dem Gesellschaftsvertrage keine ergänzende oder abändernde Macht eingeräumt ist, sind die Vorschriften des Abschnitts als absolute anzusehen, die durch den Gesellschaftsvertrag weder ergänzt, noch abgeändert werden können.*"[105]

Als weniger zwingend sah das Reichsgericht die aktienrechtlichen Vorschriften 1928: „*Neben diesen Erwägungen bleibt noch immer die Frage offen, ob das Gesetz eine solche Ausgestaltung des Aktienrechts überhaupt gestattet. Diese Frage ist aber mit dem Berufungsgericht zu bejahen.[...] Der hier getroffenen Regelung, wonach die Auslosung nicht zum Untergang der Aktienrechte, sondern nur zu ihrem Übergang auf eine andere Person führen soll, stehen aber keine aktienrechtlichen Bedenken entgegen, [...]. Eine Gefährdung der Gläubiger der Beklagten ist dadurch ausgeschlossen, daß die Einlösung nicht aus Mitteln der Gesellschaft, sondern aus dem vom Staat gebildeten Fonds geschieht, daß also das Grundkapital nicht angetastet werden kann. Es liegt auch kein Verstoß gegen den Grundsatz vor, daß alle Aktionäre gleich zu behandeln sind und daß Umstände, die nur in den persönlichen Verhältnissen des einzelnen Aktionärs liegen, nicht zur Entziehung der Aktienrechte führen können.*"[106]

---

§ 23 Rn. 1; vertiefend zum historischen Hintergrund Pleßke, Die Satzungsstrenge im Aktienrecht, 2007, S. 34 ff.

104 RGZ 49, 77, 80.

105 RGZ 65, 91, 92.

106 RGZ 120, 177, 180.

In Bezug auf die Neueinführung von § 23 Abs. 5 AktG ist aber zu bedenken, dass gleichzeitig mit dieser „klarstellenden“ Einführung der Satzungsstrenge das Aktienrecht generell eine Erhöhung der Regelungsdichte erfahren hat.[107] Die Aussage, die Positivierung der Satzungsstrenge bringe keine Neuerungen mit sich, wurde also relativiert durch den Effekt, dass nunmehr viele (dann ja zwingende) Normen hinzutraten, sodass sich das Gewicht von Ergänzungen zu Abweichungen verschob.[108]

In dem Urteil von 1901 zeigt sich, dass das Reichsgericht vom zwingenden Charakter der Regelungen über die Aktiengesellschaft allein deshalb ausging, weil keine Bestimmung wie zur offenen Handelsgesellschaft existierte, die besagte, dass sich das Rechtsverhältnis zunächst nach dem Gesellschaftsvertrage richtet.[109]

Das Fehlen einer solchen Bestimmung ist indes nicht Hinweis genug für die Bildung eines solchen Umkehrschlusses. Das Reichsgericht hätte sich überdies mit der Frage beschäftigen müssen, ob die Regelung zur offenen Handelsgesellschaft konstituierend wirkt. Denn wirkte sie nur deklaratorisch, würde also ihr Fehlen an der prinzipiellen Gestaltungshoheit der Gesellschafter nichts ändern, so wäre der Umkehrschluss auf die Aktiengesellschaft darauf nicht zu stützen.[110] So geht das Gericht indes implizit davon aus, dass die gesellschaftsrechtlichen Regelungen – vorbehaltlich einer positivierten Ausnahme – allesamt zwingender Natur sind.[111] Das aber steht in diametralem Widerspruch zu der prinzipiellen Vertragsfreiheit gerade auch im Gesellschaftsrecht.[112]

1907 wurde diese These als gegeben genommen und gewissermaßen perpetuiert, indem sie als Grundsatz formuliert wurde.[113] 1928 formuliert das Gericht, als sei eine zwingende Wirkung nicht gegeben.[114] Grenzen stellen danach nur allgemeinere Schutzgüter wie der Gläubigerschutz dar. Obwohl durch die Klägerin

107 Luther, Freundesgabe Hengeler, 1972, S. 167, 169.

108 Luther, Freundesgabe Hengeler, 1972, S. 167, 169 f.

109 Pleßke, Die Satzungsstrenge im Aktienrecht, 2007, S. 40.

110 Zutreffend Pleßke, Die Satzungsstrenge im Aktienrecht, 2007, S. 41; vgl. zur Rechtsfigur des Umkehrschlusses sowie dem Erfordernis der Auslegung Larenz/Canaris, Methodenlehre, 3. Aufl. 1995, S. 209.

111 Pleßke, Die Satzungsstrenge im Aktienrecht, 2007, S. 40.

112 Vgl. dazu bereits oben 1. Teil.B.I. und Pleßke, Die Satzungsstrenge im Aktienrecht, 2007, S. 40.

113 Ähnlich Pleßke, Die Satzungsstrenge im Aktienrecht, 2007, S. 41 f.

114 Pleßke, Die Satzungsstrenge im Aktienrecht, 2007, S. 42.

auf das erste Urteil aus dem Jahre 1901 hingewiesen, argumentiert das Gericht einzig, das Urteil aus 1901 betreffe einen anderen Fall.[115]

Die Satzungsstrenge wurde vom Reichsgericht also als These aufgestellt. Die Urteile analysieren jedoch nicht, welche Schutzzwecke ein derartiges Prinzip tragen könnten.[116]

ii) Legitimation der Satzungsstrenge

Bei der Bestimmung des Normzwecks stellt sich das strukturelle Problem, dass § 23 Abs. 5 AktG eine allgemeine Norm ist, die besondere Normen für zwingend erklärt. Es ist also nicht möglich, auf einen konkreten Schutzzweck einer besonderen Norm zu sehen. Vielmehr muss zur Legitimation einer solchen allgemeinen Norm der gemeinsame Nenner aller besonderen Normen oder aber eine übergeordnete Wertung, die den zwingenden Charakter aller besonderen Normen gebietet, gefunden werden. Im Folgenden werden die für § 23 Abs. 5 AktG diskutierten Schutzzwecke dargestellt und jeweils im Anschluss einer kritischen Analyse unterzogen.

(1) Kapitalmarktbezogene Legitimation

Teils wird angenommen, die Satzungsstrenge leiste Kapitalmarktschutz. Indem die Bandbreite möglicher Satzungsgestaltungen gering gehalten wird, weil das Aktienrecht aufgrund der Satzungsstrenge meist zwingend ist, soll ein gewisser Standardisierungseffekt eintreten.[117] Dadurch werde das Funktionieren des Kapitalmarkts gewährleistet,[118] denn die Standardisierung bringe eine Reduktion von Transaktionskosten mit sich.[119] Wegen der Standardisierungswirkung müssten Anleger sich nämlich über viele potentiell in einer Satzung geregelte Fragestellungen keine Gedanken[120] machen,[121] also auch keine kostenintensiven

---

115 RGZ 120, 177, 180 f.; Pleßke, Die Satzungsstrenge im Aktienrecht, 2007, S. 42.

116 Siehe dazu im Folgenden.

117 Röhricht in GroßKommAktG, 4. Aufl. (1996), § 23 Rn. 167; Arnold in KölnerKommAktG, 3. Aufl. 2011, § 23 Rn. 130.

118 Limmer in Spindler/Stilz, AktG, 2. Aufl. 2010, § 23 Rn. 28; Pentz in MüKoAktG, 3. Aufl. 2008, § 23 Rn. 150.

119 Arnold in KölnerKommAktG, 3. Aufl. 2011, § 23 Rn. 130.

120 „Gütesiegel", Eckert/Grechenig/Stremitzer in Kalss (Hrsg.), Vorstandshaftung in 15 europäischen Ländern, 2005, S. 95, 122, die auf S. 121 aber die transaktionskostenminimierende Wirkung offen lassen; zu dem damit in Verbindung stehenden Vertrauensschutz für Anleger sogleich.

121 Pentz in MüKoAktG, 3. Aufl. 2008, § 23 Rn. 150.

Nachforschungen anstellen bzw. Beratungen in Anspruch nehmen.[122] Danach wird also letztlich die Verkehrsfähigkeit der Aktie sichergestellt.[123]

(2) Kritik an der kapitalmarktbezogenen Legitimation

Im Folgenden wird untersucht, ob dieser Legitimationsansatz trägt. Dafür werden die bedeutendsten Argumentationslinien der Kritik an der kapitalmarktbezogenen Legitimation gewürdigt. Auf diese Weise wird sich zeigen, inwieweit die kapitalmarktbezogene Rechtfertigung des § 23 Abs. 5 AktG überzeugen kann.

(a) Selbstregulierung des Marktes?

Die Kritik an der kapitalmarktbezogenen Legitimation geht dahin, dass – einen funktionierenden Markt unterstellt[124] – dieser sich weitgehend selbst regeln könne, eine zwingende Ausgestaltung des Aktienrechts mithin unnötig sei.[125] Der Mangel an Flexibilität versperre dem Wettbewerb nach der besten Satzungsgestaltung den Weg.[126] Bestünde kein derartiges Reglement, würde sich der Anleger – ausreichende Information vorausgesetzt[127] – selbst ein Bild über die Sinnhaftigkeit und Risiken einer Satzungsbestimmung machen und das von ihr ausgehende Risiko preislich adäquat honorieren.[128] Denn er würde als *homo oeconomicus* rational handeln.[129] Selbst wenn der Kleinaktionär nicht in der Lage sei, sich selbst eine Meinung über den „richtigen" Preis zu bilden, so werde gleichwohl am Markt der Preis gefunden, der der jeweiligen Satzungsgestaltung Rechnung trägt, weil auch größere, professionelle Marktteilnehmer am

---

122 Röhricht in GroßKommAktG, 4. Aufl. (1996), § 23 Rn. 167.

123 Koch in Hüffer, AktG, 11. Aufl. 2014, § 23 Rn. 1.

124 Das setzt aber sowohl Informationseffizienz als auch rationales Handeln voraus, vgl. Mülbert, Aktiengesellschaft, Unternehmensgruppe und Kapitalmarkt, 2. Aufl. 1996, S. 129; vor allem letzteres muss im Hinblick auf die Finanzkrise 2007 bezweifelt werden, da sich hier gewissermaßen ein „Herdentrieb" entwickelte, völlig undurchdrungene Produkte zu erwerben, vgl. auch unten.

125 Hirte, ZGR Sonderheft 13, 1998, 61, 79, 82 und passim.; Eidenmüller, JZ 2001, 1041, 1046.

126 Hey, Freie Gestaltung, 2004, S. 174; Mertens, ZGR 23 (1994) 426, 428 und 441; Hirte, ZGR Sonderheft 13, 1998, S. 61, 82: „[...]und damit dem Satzungsgeber die Freiheit der Suche nach gleichwertigen Alternativen nimmt."

127 Teils wird auch darauf abgestellt, dass sich im Marktpreis nur alle im Markt verfügbaren Informationen niederschlagen müssen, die Information also nicht jedem einzelnen Teilnehmer zur Verfügung stehen muss, vgl. Spindler, AG 1998, 53, 61.

128 Eidenmüller, JZ 2001, 1041, 1046; Spindler, AG 2013, 889, 904.

129 Eidenmüller, JZ 2001, 1041, 1042.

Preisfindungsprozess beteiligt seien.[130] Ferner würden sich über Informationsdienstleister und -intermediäre neue Informationsquellen auftun.[131]

Dem ist nur eingeschränkt zuzustimmen. Die Finanzmarktkrise der Jahre 2007, 2008 ist Beleg dafür, dass Marktteilnehmer, seien sie auch noch so professionell, keineswegs Risiken richtig bewerten, geschweige denn bepreisen.[132] Zwar ging es hier nicht um Aktien als Anlageform, doch wurden enorme Risiken in Finanzprodukten weitergereicht,[133] ohne dass der Markt sich selbst reguliert hätte. Gerade die behauptete Verlässlichkeit von Informationsbeschaffungs- und -bewertungsdienstleistern dürfte vor diesem Hintergrund in Frage zu stellen sein. Denn Ratingagenturen blieben angesichts der Einträglichkeit der Bewertung überdies keineswegs neutral.[134] Die Macht der die Produkte modellierenden Banken führte sogar dazu, dass Ratingagenturen bei der Modellierung mitwirkten[135] bzw. zumindest wohlwollende Bewertungen vergaben.[136]

Darüber hinaus bewahrheitet sich die Annahme vom stets rational handelnden Marktteilnehmer[137] nicht.[138] Elemente wie Opportunismus, Machtstreben und Herdentrieb sind in diesen Modellen bislang nur unvollständig berücksichtigt,[139] dürften aber in der Praxis nicht nur eine untergeordnete Rolle spielen.[140] Zwar kommt es gerade nicht auf das Verhalten nur einzelner an, entscheidend ist wegen des abstrahierenden Charakters dieses markttheoretischen Modells vielmehr das Verhalten von Gruppen, sodass das Modell auch

---

130 Spindler, AG 1998, 53, 61, 69; Easterbrook/Fischel, 1998, S. 18 f.; Eidenmüller, JZ 2001, 1041, 1046.

131 Spindler, AG 1998, 53, 61, 62; Eidenmüller, JZ 2001, 1046.

132 In diese Richtung auch Habersack, AG 2009, 1, 8 in Fn. 85 differenzierend bzgl. institutioneller Investoren; ebenso Spindler, AG 2008, 598, 601.

133 Haug in Schimansky/Bunte/Lwowsky, Bankrechts-Handbuch, 4. Aufl. 2011, § 133a Rn. 2; Stadler, Der Markt hat nicht immer recht, 2011, S. 22.

134 Stadler, Der Markt hat nicht immer recht, 2011, S. 80.

135 White in Friedman (Hrsg.), What caused the financial crisis, 2011, S. 228, 233.

136 White in Friedman (Hrsg.), What caused the financial crisis, 2011, S. 228, 235; Stadler, Der Markt hat nicht immer recht, 2011, S. 80.

137 Vgl. dazu Mülbert, Aktiengesellschaft, Unternehmensgruppe und Kapitalmarkt, 2. Aufl. 1996, S. 129; Eidenmüller, JZ 2001, 1041, 1042.

138 So i.E. auch Döge/Jobst, BKR 2010, 136, 143.

139 Stadler, Der Markt hat nicht immer recht, 2011, S. 124.

140 Döge/Jobst, BKR 2010, 136, 143 und Fn. 100; diese Faktoren werden auch von Spindler, AG 1998, 53, 66 diskutiert, jedoch kommt Spindler zu dem Schluss, dass die Effizienz des Kapitalmarkts gleichwohl nicht grundlegend in Frage zu stellen ist.

dann funktioniert, wenn sich ein Teil der Gruppe irrational verhält.[141] Dass sich aber ganze Gruppen irrational verhalten können, zeigte sich gerade im Rahmen der Finanzkrise: Es entwickelte sich ein Herdentrieb, der dazu führte, dass fast niemand mehr sein Tun in Frage stellte, obwohl Zweifel vorhanden waren.[142]

Es ist auch zu bezweifeln, dass gerade geringere Modifikationen einer Satzung im Markt ihren Niederschlag finden.[143] Denn zum einen wird die Tragweite einer Satzungsgestaltung vielleicht nur in einer speziellen Situation und unter Umständen im Zusammenspiel mit einer anderen Bestimmung offenbar.[144] Das aber bringt erhebliche Prognoseprobleme mit sich. Anders gesagt ist es fraglich, ob der Markt für jede dem Anschein nach auch kleinere Modifikation einen adäquaten Preis findet. Ist aber das Ausbleiben von adäquaten Bewertungen durch den Markt nicht auszuschließen, so lässt sich daraus folgern, dass ein Mindestmaß an Vergleichbarkeit durch den Gesetzgeber sichergestellt werden muss.[145]

Umgekehrt aber ist der Aspekt, dass Anleger durch die zwingende Ausgestaltung des Aktienrechts von der Einholung von Informationen befreit würden – sofern man eine Kausalität hierfür unterstellt[146] – in gewisser Weise eine

---

141 Eidenmüller, JZ 2001, 1041, 1042; diesen Aspekt blendet Schäfer, NJW 2008, 2536, 2539 aus, indem er auf die Kenntnis eines jeden Anlegers abstellt.

142 Prof. Garicano, director of research an der London school of economics wurde 2008 von der Queen gefragt, warum niemand die Krise habe kommen sehen („Why did nobody notice it?") und antwortete: „At every stage, someone was relying on somebody else and everyone thought they were doing the right thing.", abgedruckt bei Stadler, Der Markt hat nicht immer recht, 2011, S. 119 (Fn. 92), online unter http://www.telegraph.co.uk/news/uknews/theroyalfamily/3386353/The-Queen-asks-why-no-one-saw-the-credit-crunch-coming.html, zuletzt abgerufen am 01.02.2013.

143 Döge/Jobst, BKR 2010, 136, 143; generell zweifelnd Schäfer, NJW 2008, 2536, 2538 f.; Spindler, AG 1998, 53, 66 f. kommt zu dem Ergebnis, dass manche Satzungsgestaltungen sehr wohl Niederschlag im Preis finden und dass deshalb nicht von vornherein auszuschließen ist, dass auch andere Gestaltungen sich im Preis widerspiegeln. Stellt man hingegen darauf ab, dass manche Satzungsgestaltungen evtl. als irrelevant eingestuft werden, so bleibt außer Betracht, dass die Relevanz mancher Bestimmungen schlicht verkannt wird.

144 Einen ähnlichen Aspekt diskutiert auch Spindler, AG 1998, 53, 61. Zu diesem Aspekt auch Hirte, ZGR Sonderheft 13, 1998, S. 61, 76.

145 Döge/Jobst, BKR 2010, 136, 143 attestieren dem Markt Überforderung.

146 Das wiederum ist keineswegs zwingend: die Ereignisse der letzten Jahre zeigten, dass eine Vielzahl von Anlegern auch große Summen in Finanzprodukte investierte, von denen sie keinerlei Ahnung hatten, vgl. bereits oben. Informiert sich der

„self-fulfilling prophecy", also die Vorhersage eines Erfolges, wobei die Vorhersage selbst den Erfolgseintritt bedingt. Wird dem Anleger vermittelt, sich um gewisse Fragestellungen nicht kümmern zu müssen, so tut er es auch nicht.[147] Ein dahingehendes Verständnis der Satzungsstrenge kann also bei der Suche der die Norm legitimierenden Wertungen und Notwendigkeiten schwerlich überzeugen. Überdies hat auch der graue Kapitalmarkt[148] stets an finanzieller Bedeutung zugenommen, auf dem der Anleger trotz des Wissens um seine eigene Unkenntnis auch nicht davor zurückschreckte, sein Geld zu investieren.[149]

In diesem Zusammenhang ist zu bedenken, dass zumindest Großanleger sowie die oben genannten Informationsintermediäre die Möglichkeit haben, die verfügbaren Informationen zutreffend zu bewerten und der Bewertung nach zu handeln. Insofern ist auch ihre Schutzwürdigkeit reduziert, da sie grundsätzlich eigenverantwortliche Teilnehmer am Wirtschaftsleben sind und diese Eigenverantwortung auch tatsächlich wahrnehmen können. Sie müssen also weniger vor sich selbst geschützt werden als nicht versierte Kleinanleger.

Es ergibt sich also ein differenziertes Bild: Die kapitalmarktbezogene Rechtfertigung hat insoweit ihre Berechtigung, als sie der Satzungsstrenge die Absicherung eines „gemeinsamen Nenners" beimisst. Dieser hat im Sinne einer „Präventivnorm"[150] gerade auch die Funktion, kleinere, weniger prominente Satzungsgestaltungen bzw. solche, denen infolge von Fehleinschätzungen zu geringe Bedeutung beigemessen wird, zu blockieren. Angesichts der Allgemeingültigkeit des § 23 Abs. 5 AktG darf aber nicht übersehen werden, dass ihr Schutzzweck niemals in die zumindest teilweise erforderliche Kongruenz mit dem Schutzzweck spezieller Normen des AktG zu bringen sein wird. Auf dieses strukturelle Problem wird zurückzukommen sein.

Anleger aber auch an anderer Stelle nicht ausreichend, muss bezweifelt werden, dass die Satzungsstrenge der Grund für das Unterlassen von Informationseinholung ist. Vielmehr wird es eine generelle Gleichgültigkeit bzw. Naivität, gepaart mit der Zuversicht, es werde alles gut gehen und im Scheiternsfalle trete schon jemand für den Schaden ein, sein.

147 Ein ähnliches Argument liefert Petrikowski, Satzungsstrenge contra Gestaltungsfreiheit, 2009, S. 118 hinsichtlich der Gläubiger, die eine ausreichende Eigensicherung im Vertrauen auf gesetzliche Regelungen vernachlässigen.

148 Vgl. dazu Buck-Heeb, Kapitalmarktrecht, 6. Aufl. 2013, S. 26.

149 Wobei auch hier zu bedenken ist, dass erhebliche Verluste eingefahren werden, gerade weil die Teilnehmer die Komplexität teils nicht durchschauen.

150 Hirte, ZGR Sonderheft 13, 1998, S. 61, 77.

(b) Börsenferne Aktiengesellschaft

Teils wird angeführt, die kapitalmarktbezogene Legitimation versage im Falle einer börsenfernen Aktiengesellschaft, weil sich hier das Problem der Fungibilität basierend auf der Standardisierung des „Produkts" Aktie nicht stelle.[151] Weil die Satzungsstrenge bei derartiger Legitimation als kapitalmarktrechtliche Norm aufgefasst wird, wird teils auch die richtige Verortung des Prinzips bezweifelt und eine Verankerung im Kapitalmarktrecht gefordert[152] bzw., ähnlich wie etwa im amerikanischen Recht, eine Disziplinierung der Satzungsgeber durch Börsenzulassungsvoraussetzungen diskutiert[153].

Das ist insoweit zutreffend, als bei einer börsenfernen Aktiengesellschaft die Funktionalität des Kapitalmarktes *per se* nicht geschützt werden muss.[154] Gleichwohl verbleibt die Gefahr, die aus fehlender Standardisierung resultiert.[155] Denn auch die nicht börsennotierte AG kann eine Vielzahl von Anteilseignern haben. Es tritt hier also der Anlegerschutz[156] in Gestalt des Vertrauensschutzes deutlicher in den Vordergrund. Das wird auch durch ihre potentielle Eignung zur Börsenzulassung gerechtfertigt. Insofern ist die AG Rechtsform deutscher Kapitalgesellschaften mit dem potentiell höchsten Seriositätsgrad[157] strengeren Reglementarien zu unterwerfen als beispielsweise die GmbH. Die Wahlfreiheit hinsichtlich der Rechtsform rechtfertigt an dieser Stelle durchaus den teilweise als zu streng empfundenen Regelungsrahmen.

---

151 Pleßke, Die Satzungsstrenge im Aktienrecht, 2007, S. 53; i.E. wohl auch Spindler, AG 1998, 53, 65.

152 Hey, Freie Gestaltung, 2004, S. 174; in diese Richtung auch Grundmann, Europäisches Gesellschaftsrecht, 2. Aufl. 2011, Rn. 373; indes wird dabei zu erwägen sein, die Trennlinie nicht anhand der Börsennotierung, sondern anhand der Kapitalmarktorientierung vorzunehmen, vgl. dazu Döge/Jobst, BKR 2010, 136, 141, 144.

153 Kritisch dazu Spindler, AG 1998, 53, 67 f.

154 Vgl. aber zu der Differenzierung zwischen Börsennotierung und Kapitalmarktorientierung Döge/Jobst, BKR 2010, 136 ff., die gegen die Differenzierung nach der Börsennotierung und für eine Differenzierung nach der Kapitalmarktorientierung sind.

155 Arnold in KölnerKommAktG, 3. Aufl. 2011, § 23 Rn. 134 betont richtigerweise, dass bei Deregulierung der nicht börsennotierten AG der Übergang zur börsennotierten AG unnötig erschwert würde.

156 Zu seiner genauen Konturierung vgl. sogleich.

157 Vgl. zu der uneingeschränkten Richtigkeit dieser Wertung sogleich.

(3) Anlegerschutz

Teils wird auch vertreten, der Grundsatz der Satzungsstrenge diene primär dem Anlegerschutz.[158] Wiederum wird betont, dass sich der Aktionär infolge der engen Bindungen, denen die Satzungsgeber unterliegen, sicher sein kann, in der Satzung keine bösen Überraschungen zu finden.[159] Der Anlegerschutz geht insoweit also im Kapitalmarktschutz auf, da er eine Vorstufe des Kapitalmarktschutzes ist.[160]

Die Kritik geht dahin, dass die Annahme vom Schutz der Anleger in Ermangelung eines Durchsetzungsinstrumentariums für außenstehende, potentielle Aktionäre wenig überzeugt.[161] Als Bestandteil des Schutzes der Kapitalmarktfunktionalität sei § 23 Abs. 5 AktG daher ungeeignet.[162]

Dem ist jedoch entgegenzusetzen, dass § 23 Abs. 5 AktG gerade auch durch die korporative Wirkung überhaupt erst nötig wird.[163] Nur weil die Satzung so eine große Tragweite entfaltet, bedarf es auch einer gewissen Beschneidung der Gestaltungsmöglichkeiten. Gerade weil zukünftige Aktionäre gebunden werden, müssen sie auch einen Mindestschutz vorfinden können.

Anlegerschutz in dieser Form ist letztlich eine Form des Vertrauensschutzes, denn es wird die Kehrseite der Standardisierung, das Vertrauen hierauf, geschützt.[164]

(4) Gläubigerschutz

Teils wird als die strengen Bindungen des § 23 Abs. 5 AktG legitimierende Wertung auch der Gläubigerschutz gesehen.[165] Das geht Hand in Hand mit der Argumentation, das Ansehen und das Vertrauen in die Seriosität der Rechtsform

---

158 Etwa Solveen in Hölters, AktG, 2. Aufl. 2014, § 23 Rn. 29; Schäfer, NJW 2008, 2536, 2537.

159 Röhricht in GroßKommAktG, 4. Aufl. (1996), § 23 Rn. 167; Pleßke, Die Satzungsstrenge im Aktienrecht, 2007, S. 48.

160 Pleßke, Die Satzungsstrenge im Aktienrecht, 2007, S. 49.

161 Hirte, ZGR Sonderheft 13, 1998, S. 61, 77 f.

162 Hirte, ZGR Sonderheft 13, 1998, S. 61, 79.

163 Vgl. Pentz in MüKoAktG, 3. Aufl. 2008, § 23 Rn. 150.

164 Röhricht in GroßKommAktG, 4. Aufl. (1996), § 23 Rn. 167.

165 Koch in Hüffer, AktG, 11. Aufl. 2014, § 23 Rn. 34; allgemein zum Gläubigerschutz als Grund für gesellschaftsrechtliche Beschränkungen Wiedemann, ZGR Sonderheft 13, 1998, S. 5, 7, der aber zwischen Standardisierung und Haftungsfonds als gläubigerschützende Elemente unterscheidet.

Aktiengesellschaft seien letztlich auf die geringen Gestaltungsfreiräume und damit auf das Prinzip der Satzungsstrenge zurückzuführen.[166]

Dem ist jedoch entgegenzuhalten, dass Gläubigerschutz im Kapitalgesellschaftsrecht grundsätzlich anders vermittelt wird. So ist als Korrelat zur Verweisung der Gläubiger auf das Gesellschaftsvermögen als Haftungsmasse dieses strengen Kapitalaufbringungs- und -erhaltungsvorschriften unterworfen.[167] Rechnungslegungsvorschriften leisten ebenfalls ihren Beitrag, weil so der Geschäftsleitung die finanzielle Lage der Gesellschaft vor Augen geführt wird.[168] Die Organhaftung kann – neben anderen – die wichtige Funktion des Gläubigerschutzes haben.[169] Die Insolvenzantragspflicht gemäß § 15a InsO effektuiert das Ziel des § 1 InsO, also die gleichmäßige Gläubigerbefriedigung. Es sind also gerade die speziellen Normen, die in eine gläubigerschützende Richtung weisen. Das zeigt auch ein Vergleich zur GmbH, die nicht im Korsett des § 23 Abs. 5 AktG steckt:[170] bei ihr ist Gläubigerschutz ebenso bezweckt und vorhanden, obwohl eine Regelung wie § 23 Abs. 5 AktG fehlt.[171]

Zwar ist die Aktiengesellschaft in ihrem Ansehen, insbesondere ihrer Kreditwürdigkeit, höher angesiedelt als etwa die GmbH. Doch hat dies auch eine Kehrseite: Die Aktiengesellschaft war lange Zeit aufgrund ihrer mangelnden Flexibilität wenig attraktiv.[172] Das Ansehen wird also teuer erkauft. Letztlich dürfte das zumindest teils auch darauf zurückzuführen sein, dass der höhere Gründungsaufwand bei von vornherein geplantem unseriösem Gebaren

---

166 Dazu auch im Rahmen der Rechtssicherheits-Argumentation.

167 Bungeroth in MüKoAktG, 3. Aufl. 2008, Vorb. 53a Rn. 46; Solveen in Hölters, AktG, 2. Aufl. 2014, § 1 Rn. 23. Vgl. zum Hintergrund Merkt, AG 2003, 126. Diese Regeln sind – selbsterklärend und insoweit auch nicht auf eine Norm vergleichbar § 23 Abs. 5 AktG angewiesen – auch im GmbH-Recht zwingend, vgl. Wicke, GmbHG, 2. Aufl. 2011, Einl. Rn. 8.

168 Windbichler, Gesellschaftsrecht, 23. Aufl. 2013, § 31 Rn. 5; Petrikowski, Satzungsstrenge contra Gestaltungsfreiheit, 2009, S. 110, der überdies noch darauf hinweist, dass durch die Publizität weiterer Gläubigerschutz entsteht, da der potentielle Gläubiger sich über die Finanzlage der Gesellschaft informieren kann.

169 Zu den genauen Konturierungen eines so vermittelten Gläubigerschutzes vgl. unten.

170 Vgl. dazu etwa J. Mayer in MüKoGmbHG, 2. Aufl. 2015, § 2 Rn. 13.

171 Petrikowski, Satzungsstrenge contra Gestaltungsfreiheit, 2009, S. 112.

172 Hey, Freie Gestaltung, 2004, S. 176; jahrzehntelang existierten zwischen zwei- und dreitausend Aktiengesellschaften, ab den 90er Jahren Anstieg auf über 10.000 Ende des Jahres 2000, vgl. Ulmer, AcP 202 (2002) 143, 144.

abschreckend wirkt.[173] Die Entwicklungen der letzten Jahre haben aber gezeigt, dass die Rechtsform allenfalls Indiz für die Seriosität einer Unternehmung sein kann. Aktiengesellschaften sind keineswegs frei von unternehmerischem Fehlverhalten. Die stetige Zunahme der Diskussion um eine gute *Corporate Governance* ist eindeutiger Beleg hierfür.

Es kann also festgehalten werden, dass Gläubigerschutz durch § 23 Abs. 5 AktG allenfalls mittelbar[174] und nur als ein Faktor unter vielen gewährleistet wird. Sein mittelbarer Beitrag kann darin erblickt werden, dass er unmittelbar wirkende Normen des Gläubigerschutzes für zwingend erklärt.[175] Nachdem dies aber generell die Wirkungsweise von § 23 Abs. 5 AktG ist, kann dem kein eigenständiges Gewicht beigemessen werden.[176]

(5) Rechtssicherheit

Teils wird auch angenommen, § 23 Abs. 5 AktG diene der Rechtssicherheit.[177] Indem die Normen des AktG pauschal für zwingend erklärt werden, sollen Zweifel bei der Interpretation der einzelnen Normen ausbleiben.[178] Es ist demnach von vornherein klar, dass die spezielle aktienrechtliche Norm zwingend ist. Auch wird betont, durch den zwingenden Charakter des Aktienrechts verbinde die Allgemeinheit mit dieser Gesellschaftsform Rechtssicherheit, schenke ihr also mehr Vertrauen.[179]

Es soll nicht bestritten werden, dass eine Norm wie § 23 Abs. 5 AktG geeignet ist, Zweifel bezüglich der Dispositivität einer Norm auszuräumen. Gerade im Hinblick auf § 23 Abs. 5 AktG ist aber zu bedenken, dass innerhalb der Norm eine Vielzahl von Streitigkeiten über die Auslegung und damit über ihre Wirkung besteht. Weil § 23 Abs. 5 AktG als allgemeine Norm ausgestaltet

---

173 Petrikowski, Satzungsstrenge contra Gestaltungsfreiheit, 2009, S. 88.

174 Petrikowski, Satzungsstrenge contra Gestaltungsfreiheit, 2009, S. 111, 118.

175 In diese Richtung auch Petrikowski, Satzungsstrenge contra Gestaltungsfreiheit, 2009, S. 118 und passim., der einen weiteren, sehr beachtlichen Aspekt herausarbeitet: in Bezug auf den Gläubigerschutz kann die Satzungsstrenge mit ihrer Standardisierungswirkung sogar zu Vernachlässigung der Eigensicherung bei Kreditvergabe an die AG führen, weil auf einen vermeintlichen Schutz vertraut wird.

176 Petrikowski, Satzungsstrenge contra Gestaltungsfreiheit, 2009, S. 118; zum Verhältnis des § 23 Abs. 5 AktG zu speziellen Normen, vgl. unten.

177 Röhricht in GroßKommAktG, 4. Aufl. (1996), § 23 Rn. 167; Geßler, FS M. Luther, 1976, S. 69, 71 f.

178 Geßler, FS M. Luther, 1976, S. 69, 71.

179 Nodoushani, NZG 2008, 452, 453.

ist, strahlen diese Unsicherheiten auf alle speziellen Normen, die vermeintlich rechtssicher für zwingend erklärt werden sollen, aus.

Auch muss letztlich doch bei der speziellen Norm angesetzt werden, um zu überprüfen, ob sich die Aussage des § 23 Abs. 5 AktG denn nun bewahrheitet.[180] Der Schein der Rechtssicherheit trügt also, mehr noch: Die kategoriale Behauptung, eine Prüfung bei der speziellen Norm erübrige sich, führt in die Irre. Eben weil letztlich doch bei der besonderen Norm angesetzt wird, wird das Vertrauen in § 23 Abs. 5 AktG enttäuscht.

Die Facette der Rechtssicherheit kann § 23 Abs. 5 AktG also nicht alleine legitimieren. Denn es findet nur eine Verlagerung der Rechtsunsicherheiten statt. Hinzu kommen weitere Unsicherheiten, die aus der Allgemeinheit der Norm resultieren. Bezogen auf die Rechtssicherheit wirkt § 23 Abs. 5 AktG also nicht erhöhend.

(6) Systematische Einbettung

Ein gewichtiges Argument, das für alle Schutzzwecke gleichermaßen zu bedenken ist, ist der Umstand, dass es sich bei § 23 Abs. 5 AktG um eine allgemeine Norm handelt, die besondere Normen für zwingend erklärt.[181] Kennt man den Schutzzweck dieser Norm und untersucht sodann den Schutzzweck einer besonderen Norm, die § 23 Abs. 5 AktG für zwingend erklärt, so muss man diese beiden Schutzzwecke zunächst auseinander halten.[182] Zwar kann und muss bei der Suche nach dem Telos der besonderen Norm berücksichtigt werden, dass ihre zwingende Geltung angeordnet ist. *Warum* (das entspricht dem Schutzzweck des § 23 Abs. 5 AktG) das so ist, ist hingegen für die Ermittlung des spezialgesetzlichen Schutzzwecks bei einem Aufbau wie dem des AktG nicht unmittelbar relevant. Denn die zwingende Wirkung einer Norm wird – anders als an vielen anderen Stellen im Zivilrecht – nicht durch ihren eigenen Zweck selbst vorgegeben, sondern ist – in konsequenter Fortführung des gegebenen

180 Dafür in Ausnahmefällen etwa Röhricht in GroßKommAktG, 4. Aufl. (1996), § 23 Rn. 174.

181 Hirte, ZGR Sonderheft 13, 1998, S. 61, 82; Petrikowski, Satzungsstrenge contra Gestaltungsfreiheit, 2009, S. 53, 73, 87, 111 und passim legt sehr ähnliche strukturelle Annahmen zugrunde und bezeichnet dies als mittelbare Wirkungsweise der Satzungsstrenge. Unmittelbare Schutzwirkung liegt demnach bei § 23 Abs. 5 AktG vor, wenn § 23 Abs. 5 AktG selbst gewisse Ziele verfolgt, Petrikowski, Satzungsstrenge contra Gestaltungsfreiheit, 2009, S. 75.

182 Ähnlich Hirte, ZGR Sonderheft 13, 1998, S. 61, 82; wohl anders Petrikowski, Satzungsstrenge contra Gestaltungsfreiheit, 2009, S. 53.

gesetzessystematischen Kontexts – durch § 23 Abs. 5 AktG vorbestimmt. Es treten also letztlich zwei Schutzzwecke *nebeneinander*.

Dies lässt sich anhand des folgenden Beispiels illustrieren: Angenommen, die spezielle Norm dient dem Gläubigerschutz[183]. § 23 Abs. 5 AktG hingegen, der die spezielle Norm für zwingend erklärt, dient nicht dem Gläubigerschutz,[184] sondern effektuiert für die Funktionsfähigkeit des Kapitalmarktes einen Standard.[185] Der Kapitalmarktschutz beinhaltet als Vorstufe Anlegerschutz, weil gewisse Gestaltungen, die für den Anleger nicht verständlich wären, ausgefiltert werden. Es ist für den (potentiellen) Anleger zunächst aber egal, ob die Gestaltung, die in der Satzung enthalten ist, gläubigerschützend ist oder nicht. Denn er ist nicht Gläubiger. Die Schutzzwecke von allgemeiner und besonderer Norm können also, müssen aber nicht identisch sein.

Damit wird offenbar, dass in einer solchen Situation auch § 23 Abs. 5 AktG nicht den Anspruch erheben kann, dass die spezielle gläubigerschützende Norm zwingend ist.[186] Denn ausgehend vom Normzweck des Kapitalmarktschutzes und des darin enthaltenen Anlegerschutzes ist das irrelevant. Anders gesagt: Solange § 23 Abs. 5 AktG nicht gläubigerschützend ist, kann aus ihm nicht folgen, dass gläubigerschützende Normen zwingend sind, weil diese nicht (auch) einen mit § 23 Abs. 5 AktG kongruenten Schutzzweck haben. Allenfalls aus der Standardisierungswirkung ließe sich dann eine – im vorliegenden Beispiel aber äußerst schwache – Legitimation entnehmen.

Daraus folgt für den umgekehrten Fall der Kongruenz der Schutzzwecke, dass § 23 Abs. 5 AktG nur als „kleinster gemeinsame Nenner" angesehen werden darf, weil ansonsten der spezielleren Norm teils ihr eigenständiger Schutzzweck abgesprochen werden müsste.

Das Problem bei der gesamten Diskussion um den Schutzzweck des § 23 Abs. 5 AktG liegt also darin, dass er eine Vielzahl von Normen (aus Gründen des kapitalmarktbezogen motivierten) Vertrauensschutzes für zwingend erklärt, wobei all diese Normen unterschiedliche Zwecke verfolgen. Geht eine spezielle Norm aber nicht in die Schutzrichtung des § 23 Abs. 5 AktG, kommt es zu einem Widerspruch, weil dann eine Norm zwingend sein soll, deren zwingender

---

183 Eine Wertung, die in Ermangelung des § 23 Abs. 5 AktG der speziellen Norm aus sich selbst heraus die Qualifikation als zwingend einbringen würde, vgl. etwa für explizite Fälle §§ 123 Abs. 3 und 128 S. 2 HGB.

184 Vgl. dazu bereits oben 1. Teil.B.II.2.d)ii)(4).

185 Vgl. dazu bereits oben 1. Teil.B.II.2.d)ii)(8).

186 Ähnlich in Bezug auf das Zusammenspiel von allgemeiner und besonderer Norm, Hirte, ZGR Sonderheft 13, 1998, S. 61, 82.

Charakter aber nicht aus § 23 Abs. 5 AktG folgen kann. Der zwingende Charakter muss in diesem Fall aus der Norm selbst gezogen werden, denn diese Norm trägt nichts zur Erreichung des von § 23 Abs. 5 AktG angestrebten Zwecks bei.

Daraus folgt dann aber, dass § 23 Abs. 5 AktG nicht die weite Bedeutung zukommen kann, die ihr teils beigemessen wird.[187]

(7) Relevanz des Schutzzwecks der besonderen Normen?

Ein weiterer Aspekt, der bei der Ermittlung des Schutzzwecks von § 23 Abs. 5 AktG auffällt, ist die (bereits angesprochene) Vielzahl der ihm beigelegten Schutzzwecke. Vom Anlegerschutz über den Kapitalmarktschutz finden sich Gläubiger-, Allgemeinheits-, Arbeitnehmer-, sowie Rechtssicherheitsschutz als Zweck der Norm. Da mithin fast alle aktienrechtlich denkbaren Schutzzwecke und damit die Folgen der Norm legitimierenden Wertungen vertreten sind, stellt sich die Frage, wie die Vielzahl dieser Wertungen einer Norm beigemessen werden kann.

Auch hier spielt die systematische Stellung des § 23 Abs. 5 AktG eine gewichtige Rolle. Die Literatur nimmt anscheinend teils eine „Ausstrahlungswirkung" der besonderen Normen und deren Schutzzwecken auf § 23 Abs. 5 AktG an. Nur so lässt sich die große Bandbreite der § 23 Abs. 5 AktG beigemessenen Legitimationen erklären. Untersucht man hingegen § 23 Abs. 5 AktG vollkommen isoliert und fragt nach seinem *unmittelbaren* Schutzzweck, so treten einige Zwecke völlig zurück. Diese stehen nämlich nur *mittelbar*[188] mit § 23 Abs. 5 AktG in Verbindung, weil § 23 Abs. 5 AktG eben eine Norm ist, die andere Normen (mit deren jeweiligem Schutzzweck) für zwingend erklärt.

(8) Fazit

Der Schutzzweck der Satzungsstrenge geht also dahin, einen gewissen Standard zu etablieren, um das Funktionieren des Kapitalmarktes sicherzustellen. Die Satzungsstrenge erreicht diesen Schutz aber weniger dadurch, dass sie die einzelnen Teilnehmer schützt, indem sie sie aus ihrer Eigenverantwortung entlässt, sondern vielmehr durch die schlichte Etablierung eines Standards, weil andernfalls die adäquate Bewertung satzungsmäßiger Gestaltungen durch den Markt gefährdet wäre.

187 Vgl. i.E. Hirte, ZGR Sonderheft 13, 1998, S. 61, 82.

188 Vgl. dazu bereits oben und Petrikowski, Satzungsstrenge contra Gestaltungsfreiheit, 2009, S. 53 und passim.

Dieser Standard ist – ähnlich wie in den §§ 305 ff. BGB verankert – ein Mindeststandard. Er wird konturiert durch die aktienrechtlichen Grundprinzipien.[189] Damit kommt der Satzungsstrenge teleologisch die Funktion ähnlich § 307 Abs. 2 Nr. 1 BGB zu.[190] Sie kann aber als widerlegliche Vermutung verstanden werden. Dies trägt dem Befund Rechnung, dass an sich zwingende Normen ohnehin individuell auf ihren zwingenden Charakter hin untersucht werden. Damit ergibt sich letztlich eine Zweistufigkeit der Prüfung: Grundsätzlich folgt der zwingende Charakter besonderer Vorschriften des AktG aus § 23 Abs. 5 AktG. Beeinträchtigt die jeweilige Gestaltung nicht diesen Mindestschutz, ist § 23 Abs. 5 AktG widerlegt. Damit ist auf zweiter Stufe die besondere Norm auf ihre normimmanenten Gründe für einen zwingenden Charakter zu untersuchen.

Auch bei börsenfernen Aktiengesellschaften behält die Satzungsstrenge in der oben genannten Dimension ihren Geltungsanspruch.[191] Denn sie bietet Vertrauensschutz dahingehend, dass ein gewisser, an den aktienrechtlichen Wertungen auszurichtender Mindeststandard gegeben ist. Darüber hinausgehender Anlegerschutz bedarf der Verortung in der jeweiligen speziellen Norm.

Als „Nebeneffekt“ wird durch den immer gewährten Vertrauensschutz das Ansehen der Rechtsform Aktiengesellschaft gestärkt.

iii) Abweichungen und Ergänzungen

§ 23 Abs. 5 AktG unterscheidet in Satz 1 und 2 zwischen „Abweichungen“ und „Ergänzungen“. Während eine Abweichung gemäß § 23 Abs. 5 S. 1 AktG nur möglich ist, wenn dies ausdrücklich zugelassen ist, ist gemäß § 23 Abs. 5 S. 2 AktG eine Ergänzung zulässig, es sei denn, es besteht eine abschließende Regelung im Gesetz. Es muss also differenziert werden, sollen Gestaltungen auf ihre Zulässigkeit untersucht werden.

---

189 In diese Richtung Hirte, ZGR Sonderheft 13, 1998, S. 61, 83.

190 I.E. ähnlich Hirte, ZGR Sonderheft 13, 1998, S. 61, 82, der aber deutlich weitergehende Folgerungen daraus herleitet, vgl. ders., S. 83 f. Diese gehen zu weit, weil zu starke Selbstregelungskräfte des Marktes angenommen werden. Der Charakter einer Mindestschutznorm beruht demnach nach hier vertretener Auffassung alleine auf ihrer systematischen Stellung und den daraus resultierenden strukturellen Begrenzungen möglicher Normzwecke.

191 Für eine Trennung von kapitalmarktorientierter und kapitalmarktferner Aktiengesellschaft Pleßke, Die Satzungsstrenge im Aktienrecht, 2007.

(1) Abweichung durch die Satzung

Die Abweichung durch die Satzung bedarf ausdrücklicher Zulassung, § 23 Abs. 5 S. 1 AktG. Eine *Abweichung* liegt vor, wenn eine Bestimmung etwas anderes regelt als das Gesetz in dieser Frage anordnet.[192] Dabei geht es um korporative Bestimmungen, für bloß formelle Satzungsbestimmungen gilt das Abweichungsverbot hingegen nicht.[193] Dies lässt sich mit dem oben gefundenen Vertrauensschutz für potentielle Aktionäre erklären. Nur durch korporative Bestimmungen werden sie gebunden, bloß formelle Satzungsbestandteile hingegen binden sie nicht. Insoweit ist auch kein Vertrauensschutz erforderlich. Erfasst sind nur Abweichungen von den Vorschriften *des Aktiengesetzes*, denn § 23 Abs. 5 S. 1 AktG spricht von „den Vorschriften *dieses* Gesetzes".[194] Abweichungen von anderen Gesetzen unterfallen also nicht der Norm. Schließlich muss die Abweichung „ausdrücklich zugelassen" sein, § 23 Abs. 5 S. 1 AktG. Das bedeutet, dass sich deutlich – notfalls ist das durch Auslegung zu ermitteln – aus dem Wortlaut ergeben muss, dass eine Abweichung gestattet ist.[195] Nicht hingegen kann vom Schweigen des Gesetzes auf eine Abweichungsbefugnis geschlossen werden.[196]

Teils wird erwogen, Korrekturen an den Stellen zuzulassen, bei denen ersichtlich ist, dass eine zwingende Regelung nicht intendiert war, die aber gleichwohl keine ausdrückliche Zulassung von Abweichungen enthalten.[197] Dem ist dahingehend zuzustimmen, dass der zwingende Charakter der Norm nur so weit Geltung beanspruchen kann, als dies auch teleologisch bezweckt wird.[198] Es zeigt

---

192 Solveen in Hölters, AktG, 2. Aufl. 2014, § 23 Rn. 30; Arnold in KölnerKommAktG, 3. Aufl. 2011, § 23 Rn. 137; Pentz in MüKoAktG, 3. Aufl. 2008, § 23 Rn. 152; Röhricht in GroßKommAktG, 4. Aufl. (1996), § 23 Rn. 168; Geßler, FS M. Luther, 1976, S. 69, 73.

193 Arnold in KölnerKommAktG, 3. Aufl. 2011, § 23 Rn. 136.

194 Arnold in KölnerKommAktG, 3. Aufl. 2011, § 23 Rn. 136.

195 Limmer in Spindler/Stilz, AktG, 2. Aufl. 2010, § 23 Rn. 29.

196 Koch in Hüffer, AktG, 11. Aufl. 2014, § 23 Rn. 35; Arnold in KölnerKommAktG, 3. Aufl. 2011, § 23 Rn. 138. Hingegen ist beim Schweigen des Gesetzes zu einer Frage stets zu prüfen, ob das Gesetz abschließend ist: ist dies der Fall, ist auch eine Ergänzung unzulässig, vgl. Geßler, FS M. Luther, 1976, S. 69, 73 f.; Luther, Freundesgabe Hengeler, 1972, S. 167, 171, 177.

197 Röhricht in GroßKommAktG, 4. Aufl. (1996), § 23 Rn. 174.

198 Gleiches folgt letztlich aus der umgekehrten Situation, in der formal eine Abweichung zulässig wäre, manche Abweichungen aber dem Telos der speziellen Norm zuwiderliefen, vgl. Pentz in MüKoAktG, 3. Aufl. 2008, § 23 Rn. 154. Auch in dieser Konstellation zeigt sich, dass maßgeblich doch letztlich die spezielle Norm ist, der Satzungsstrenge also allenfalls Indizwirkung zukommt.

aber auch das strukturelle Problem der zwingenden Ausgestaltung des Aktienrechts durch § 23 Abs. 5 AktG.[199]

(2) Ergänzung durch die Satzung

Demgegenüber ist die Ergänzung durch die Satzung zulässig, es sei denn, dass dieses Gesetz[200] eine abschließende Regelung enthält, § 23 Abs. 5 S. 2 AktG.

„Satzung" meint auch hier wieder korporative Bestimmungen, also Satzungsbestandteile im materiellen Sinne.[201] Nebenabreden beziehungsweise andere Bestimmungen, die keine korporative Wirkung haben, fallen nicht darunter. Als eine Ergänzung wird eine Regelung verstanden, die Fragen betrifft, die im AktG nicht geregelt sind oder die aktiengesetzliche Regelungen fortführt.[202] Entscheidend ist, dass die ergänzende Regelung die aktiengesetzliche Bestimmung grundsätzlich unberührt lässt.[203] Erforderlich ist also eine Regelungslücke im Aktiengesetz, die vermittels Ergänzung ausgefüllt wird.[204] Eine abschließende Regelung ist der Ausnahmefall, wie sich bereits an der Formulierung „es sei denn" in § 23 Abs. 5 S. 2 AktG zeigt.[205] Ob eine abschließende Regelung vorliegt, ist durch Auslegung zu ermitteln.[206] Richtigerweise sind Ergänzungen dann innerhalb der allgemeinen Gesetze zulässig.[207] Erforderlich ist gerade nicht, dass das AktG einen Rahmen vorgibt,[208] innerhalb dessen Gestaltungen zulässig

---

199 Dazu bereits oben 1. Teil.B.II.2.d)ii)(7).

200 Scil.: das Aktiengesetz; das ergibt sich auch dem Zusammenspiel mit § 23 Abs. 5 S. 1 AktG, vgl. Luther, Freundesgabe Hengeler, 1972, S. 167, 171.

201 Arnold in KölnerKommAktG, 3. Aufl. 2011, § 23 Rn. 149.

202 Röhricht in GroßKommAktG, 4. Aufl. (1996), § 23 Rn. 186; Arnold in KölnerKommAktG, 3. Aufl. 2010, § 23 Rn. 149; Solveen in Hölters, AktG, 2. Aufl. 2014, § 23 Rn. 31; Pentz in MüKoAktG, 3. Aufl. 2008, § 23 Rn. 157; Geßler, FS M. Luther, 1976, S. 69, 73.

203 Koch in Hüffer, AktG, 11. Aufl. 2014, § 23 Rn. 37.

204 Röhricht in GroßKommAkt, 4. Aufl. (1996), § 23 Rn. 186; Geßler, FS M. Luther, 1976, S. 69, 74.

205 Solveen in Hölters, AktG, 2. Aufl. 2014, § 23 Rn. 31.

206 Körber in Bürgers/Körber, AktG, 3. Aufl. 2014, § 23 Rn. 42; Arnold in KölnerKommAktG, 3. Aufl. 2011, § 23 Rn. 149.

207 H.M., etwa Arnold in KölnerKommAktG, 3. Aufl. 2011, § 23 Rn. 150; Pentz in MüKoAktG, 3. Aufl. 2008, § 23 Rn. 159.

208 So aber Mertens in KölnerKommAktG, 2. Aufl. 1996, Vorb. § 76 Rn. 12.

sind.[209] Dies wäre eine Verkennung des Regel-Ausnahme-Verhältnisses von Satzungsautonomie und ihren Beschränkungen.[210]

e) Zusammenfassung

Die Satzung der Aktiengesellschaft hat weiterreichende Wirkungen als ein normaler Vertrag. Mit ihren korporativen Bestandteilen kann sie auch neu hinzutretende Aktionäre binden. Solche Satzungsbestandteile binden grundsätzlich auch diejenigen Aktionäre, die bei einer Satzungsänderung dissentierten. Diese Wirkungen machen es bei einer dem Grunde nach wenig personalistisch ausgerichteten Gesellschaftsform erforderlich, einen Mindeststandard vorzugeben, der ein gewisses Schutzniveau gewährleistet. Diesem Umstand trägt § 23 Abs. 5 AktG generell Rechnung.

In seinen Wirkungen ist § 23 Abs. 5 AktG vor dem Hintergrund der im Privatrecht grundsätzlich bestehenden Gestaltungsfreiheit zu sehen. Dementsprechend ist § 23 Abs. 5 AktG eine Ausnahme von der grundsätzlich bestehenden Satzungsautonomie. Daraus folgt, dass Satzungsautonomie besteht, soweit § 23 Abs. 5 AktG keine Beschränkungen enthält.

3. *Individualvertrag als Mittel aktienrechtlicher Gestaltung*

Denkbar als Mittel zur Gestaltung der Vorstandshaftung ist auch der Individualvertrag, vor allem der Anstellungsvertrag des Vorstandsmitglieds. Dieser ist – wegen der Rechtspersonalität der Aktiengesellschaft, § 1 Abs. 1 S. 1 AktG – mit der Gesellschaft selbst, vertreten durch den Aufsichtsrat, § 112 S. 1 AktG, zu schließen.[211] Die Bindungswirkungen des Vertrages beruhen auf dem Konsens der Parteien. Eine vom (gegenwärtigen) Willen der Beteiligten unabhängige Bindungswirkung wie bei satzungsmäßigen Bestimmungen, die kraft ihrer korporativen Wirkung den Vorstand alleine aufgrund seiner Position binden können, besteht beim Individualvertrag freilich nicht.

---

209 Arnold in KölnerKommAktG, 3. Aufl. 2011, § 23 Rn. 150; Geßler, FS M. Luther, 1976, 69, 76.

210 Vgl. Geßler, FS M. Luther, 1976, 69, 76.

211 Die AG wird auch gegenüber dem bereits ausgeschiedenen Vorstand vom Aufsichtsrat und nicht vom (neuen) Vorstand vertreten, Koch in Hüffer, AktG, 11. Aufl. 2014, § 112 Rn. 2; Habersack in MüKoAktG, 3. Aufl. 2008, § 112 Rn. 12.

Der Individualvertrag setzt damit auf der schuldrechtlichen Ebene der Rechtsbeziehungen zwischen Organ und Kapitalgesellschaft an.[212] Grenzen der individualvertraglich bestehenden Freiheit ergeben sich in mehrfacher Hinsicht. Nicht maßgeblich sind die Aussagen des § 23 Abs. 5 AktG, weil dieser bereits seinem Wortlaut nach nur satzungsmäßige Bestimmungen erfasst und in besonderem Maße dem Umstand Rechnung trägt, dass eine Vielzahl von (potentiellen) Aktionären prinzipiell allein aufgrund ihrer Mitgliedschaft gebunden werden können.[213] Beim Individualvertrag zwischen Vorstand und Aktiengesellschaft besteht diese Risikolage nicht. Zwar ist für den Aktionär durchaus von Interesse, wie die konkrete Ausgestaltung der individuellen Rechtsbeziehungen zwischen Vorstand und Aktiengesellschaft aussieht, sodass argumentiert werden könnte, es bestehe insoweit eine ähnliche Interessenlage wie im Falle satzungsmäßiger Bestimmungen. Die Situation ist indes deutlich anders gelagert. Der Aktionär ist aufgrund der Relativität der Schuldverhältnisse an individualvertragliche Vereinbarungen zwischen Vorstand und Gesellschaft nicht gebunden. Sie wirken sich auf seine Position allenfalls mittelbar aus. Damit ist § 23 Abs. 5 AktG auch teleologisch nicht einschlägig. Die Anwendung des § 23 Abs. 5 AktG wäre damit letztlich eine Vermengung der beiden zu trennenden Ebenen korporativer und schuldrechtlicher Bindungen.

Limitierend können hingegen die speziellen Normen des Aktienrechts wirken.[214] Aus ihnen werden sich im Einzelfall geschriebene oder ungeschriebene Grenzen entnehmen lassen. Auch die allgemeinen Grenzen vertraglicher Gestaltungsfreiheit sind zu beachten.

C. Zusammenfassung

Das Kapitalgesellschaftsrecht ist Teil des Privatrechts. Damit gilt auch im Kapitalgesellschaftsrecht grundsätzlich die Privatautonomie. Ist das Recht der Gesellschaft, ihre Belange eigenverantwortlich zu gestalten, gemeint, so spricht man auch von Gesellschaftsautonomie. Als Gestaltungsmittel kommen verschiedene Instrumente in Frage, wobei die Satzung als Organisationsstatut der Kapitalgesellschaft bedeutendes Gestaltungsmittel für eine Reihe von Gestaltungsansätzen

212 So die Trennungstheorie, vgl. dazu etwa Koch in Hüffer, AktG, 11. Aufl. 2014, § 84 Rn. 2; Fleischer in Spindler/Stilz, AktG, 2. Aufl. 2010, § 84 Rn. 7; Spindler in MüKo-AktG, 3. Aufl. 2008, § 84 Rn. 10.

213 Etwa Solveen in Hölters, AktG, 2. Aufl. 2014, § 23 Rn. 29.

214 Demgemäß werden die Grenzen auch im Rahmen der individualvertraglichen Gestaltungsansätze behandelt.

ist. Anders als im Recht der GmbH bestehen bei der Aktiengesellschaft allerdings erhebliche Einschränkungen durch das Prinzip der Satzungsstrenge. Aber auch der „klassische“ Vertrag zwischen Organ und Gesellschaft bietet sich für eine Reihe von Gestaltungsansätzen – gerade im Bereich der Vorstandshaftung – an. Hier bestehen – abgesehen von den allgemeinen zivilrechtlichen Beschränkungen der Vertragsfreiheit – keine abstrakten Grenzen. Vielmehr können spezifisch aktienrechtliche Wertungen diese Verträge beeinflussen.

2. Teil. Vorstandshaftung

Nachdem das allgemeine Regelungsgefüge hinsichtlich der Gestaltungsfreiheit im Aktienrecht dargestellt wurde, muss nunmehr die gewissermaßen zweite Säule der hier anzustellenden Untersuchung, die Vorstandshaftung, beleuchtet werden. Im Folgenden ist also auf die Systematik und die Teleologie der Vorstandshaftung einzugehen.

Die Haftung des Vorstands kann sich aus verschiedenartigen Tatbeständen und Normen ergeben.[215] Strukturell muss zwischen der Haftung gegenüber der Gesellschaft und der Haftung gegenüber Dritten unterschieden werden.

Im Folgenden soll die Haftung des Vorstands aus § 93 AktG einer näheren Untersuchung zugeführt werden. Zunächst muss eine Analyse der Strukturen erfolgen, denn die Entscheidung für bestimmte Haftungsstrukturen gibt eventuell Hinweise bei der Suche nach dem Stellenwert der im Anschluss daran zu untersuchenden Schutzzwecke. Das folgt bereits daraus, dass aus der Aktivlegitimation der jeweiligen Haftungsnorm erkennbar ist, wer unmittelbar geschützt werden soll. Sie besagt aber nicht zwingend, dass der Aktivlegitimierte alleine geschützt werden soll.

A. Allgemeiner Hintergrund und Struktur der Vorstandshaftung

Der Vorstand hat eine dem Treuhänder ähnliche Position.[216] Er ist verpflichtet, fremde Vermögensinteressen wahrzunehmen und fremdes Vermögen zu verwalten, muss sein Handeln an fremden Interessen ausrichten und darf keine eigennützigen Zwecke oder die Interessen Dritter verfolgen.[217]

---

215 Vgl. zu einer groben Kategorisierung und einer anschließenden Vertiefung der vielfältigen Haftungsrisiken eines Vorstands, Dahnz/Grimminger, Manager und ihr Berufsrisiko, 2007, S. 141 ff.

216 Teils wird er auch als treuhänderisch gebunden bezeichnet, vgl. etwa BGHZ 129, 30 Tz. 10 (Tz. nach juris); Fleischer in Handbuch des Vorstandsrechts, 2006, S. 287; Hopt in GroßKommAktG, 4. Aufl. (1999), § 93 Rn. 12; Schneider, FS Werner, 1984, S. 795, 807. Es dürfte stimmiger sein, nur eine dem Treuhandverhältnis nahe Konstellation anzunehmen, denn der Vorstand hat ein Leitungsermessen gemäß § 76 Abs. 1 AktG und ist grundsätzlich nur der AG gegenüber verantwortlich.

217 Fleischer in Handbuch des Vorstandsrechts, 2006, S. 287; Spindler in MüKoAktG, 3. Aufl. 2008, § 76 Rn. 30; Reese, DStR 1995, 532, 535.

Die gesetzliche Ausgestaltung der Haftungsstrukturen spiegelt wider, welcher Stellenwert diesen unterschiedlichen Interessen im Gesetzgebungsprozess eingeräumt wurde. Denn die Art und Weise, auf die bestimmte potentiell Geschädigte schadlos gehalten werden, kann höchst unterschiedlich ausfallen. So ist ein direkter Schutz oder auch ein indirekter, mittelbarer Schutz möglich.

I. Unterteilung der Norm, § 93 Abs. 2 und 3 AktG

Vorab muss die Struktur der Norm im Hinblick auf die Haftung geklärt werden.

§ 93 Abs. 2 S. 1 AktG besagt: *„Vorstandsmitglieder, die ihre Pflichten verletzen, sind der Gesellschaft zum Ersatz des daraus entstehenden Schadens als Gesamtschuldner verpflichtet."* § 93 Abs. 3 AktG nennt in seinen Nrn. 1–9 Verhaltensweisen, die „namentlich", vgl. § 93 Abs. 3 AktG, zum Ersatz verpflichten.

§ 93 Abs. 2 S. 1 AktG enthält also die Generalklausel der Organhaftung, die dann durch die Aufzählung in § 93 Abs. 3 AktG und die anderen gesetzlichen Pflichten konkretisiert wird.[218] Für die weitere Untersuchung des Schutzzwecks kann daher generell auf § 93 Abs. 2 S. 1 AktG als Grundnorm abgestellt werden.

II. Binnenhaftung

§ 93 Abs. 2 S. 1 AktG besagt, dass Vorstandsmitglieder, die ihre Pflichten verletzen, der Gesellschaft zum Ersatz des daraus entstehenden Schadens verpflichtet sind. Dies ist eine eigenständige, aus der Amtsstellung des Vorstands resultierende Anspruchsgrundlage, die das dem Kapitalgesellschaftsrecht innewohnende Prinzip der Innenhaftung statuiert.[219] Die Tatsache, dass es sich um eine Innenhaftung handelt, wurzelt darin, dass hier organschaftliche Pflichten abgesichert werden.[220]

III. Haftungskanalisierung auf die Gesellschaft

In erster Linie ist das Prinzip der Binnenhaftung, das auch als „Haftungskanalisierung zu Gunsten der Gesellschaft"[221] bezeichnet wird, die logische Folge daraus, dass die Kapitalgesellschaft als eigenständige Rechtspersönlichkeit, vgl. § 1

218 Fleischer in Spindler/Stilz, AktG, 2. Aufl. 2010, § 93 Rn. 256 f.

219 Fleischer in Handbuch des Vorstandsrechts, 2006, S. 329.

220 Fleischer, ZGR 33 (2004) 437, 440 f.; Fleischer in Handbuch des Vorstandsrechts, 2006, S. 329.

221 Grigoleit, Gesellschafterhaftung für interne Einflussnahme im Recht der GmbH, 2006, S. 197.

Abs. 1 S. 1 AktG, dem Vorstand „gegenübersteht".[222] Dann ist es nur folgerichtig, der Gesellschaft auch Ansprüche, die ihr Vermögen schützen[223], zuzuweisen.

Die Binnenhaftung hat zugleich den Zweck, den Schutz vor Entwertung des Gesellschaftsvermögens auf die Gesellschaft zu bündeln.[224] Dies hat sowohl aus Sicht der Aktionäre, als auch aus Sicht der Gläubiger der Gesellschaft Vorteile: Aus Sicht der Aktionäre wird ein Beitrag zu ihrer Gleichbehandlung geleistet, weil die mittelbare Schädigung der Aktionäre durch Entwertung ihrer Anteile gleichmäßig kompensiert wird.[225] Aus der Sicht der Gläubiger ist die Haftungskanalisierung zu begrüßen, weil die Binnenhaftung im Insolvenzfall gewissermaßen „Sammelfunktion" hat. § 1 S. 1 InsO sieht als das von der Zwangsvollstreckung abweichende Primärziel des Insolvenzverfahrens eine gleichmäßige Gläubigerbefriedigung vor.[226] Anders als im Bereich der Zwangsvollstreckung soll es also gerade kein „Windhundrennen" um das Recht des ersten Zugriffs zwischen den Gläubigern geben.[227] Durch die primäre Liquidation in das Gesellschaftsvermögen und die erst anschließende Verteilung in Einklang mit dem Prinzip des § 1 S. 1 InsO wird das verhindert. Im Insolvenzfall hat die Haftungskanalisierung für beide Gruppen Vorteile: Der Insolvenzverwalter ist dann als Prozessstandschafter zur Geltendmachung von Ansprüchen der Gesellschaft legitimiert. Er kann wegen seiner zentralen und mächtigen Stellung deutlich besser als etwa die einzelnen Aktionäre bzw. Gläubiger beurteilen, ob ein Haftungsfall gegeben ist oder nicht.[228]

Ein weiterer Aspekt, der für das gesetzliche Modell der Binnenhaftung streitet, ist die Absicherung des Leitungsorgans gegen „Störfaktoren". Die Aktiengesellschaft wird als juristische Person handlungsfähig durch ihre Organe. Wären diese allerdings ständig Klagen von Aktionären oder Gläubigern ausgesetzt,

---

222 Zwar macht er sie als Organ erst handlungsfähig, doch ist er nicht Voraussetzung für ihre Existenz.

223 Dies gilt unabhängig davon, ob der Schutz des Gesellschaftsvermögens letztlich (auch) dem Schutz weiterer Beteiligter dient.

224 Grigoleit, Gesellschafterhaftung für interne Einflussnahme im Recht der GmbH, 2006, S. 197.

225 Hommelhoff, ZGR Sonderheft 4, 1985, S. 72.

226 Fleischer in Handbuch des Vorstandsrechts, 2006, S. 329; K. Schmidt, JZ 1985, 301, 303; Grigoleit, Gesellschafterhaftung für interne Einflussnahme im Recht der GmbH, 2006, S. 197.

227 Grigoleit, Gesellschafterhaftung für interne Einflussnahme im Recht der GmbH, 2006, S. 197.

228 Grigoleit, Gesellschafterhaftung für interne Einflussnahme im Recht der GmbH, 2006, S. 197.

so wäre die Aktiengesellschaft infolge des Verlusts eines handlungsfähigen Vorstands selbst gelähmt.[229] Letztlich wäre also nur schwer abzuschätzen, ob der Vorstand dann noch die oben erwähnte Pflichtenbindung, stets und ausschließlich im Interesse der Gesellschaft zu handeln, umsetzen könnte. Denn die Nachteile angedrohter Klagen sind durchaus als (missbräuchliches) „Steuerungsinstrument" denkbar.

IV. Die Business Judgement Rule

Betrachtet man den Regelungsrahmen der Vorstandshaftung, um der Frage nachzugehen, welche Gestaltungsmöglichkeiten bei der Haftung bestehen, so ist auch § 93 Abs. 1 S. 2 AktG, der die sog. Business Judgement Rule statuiert, in den Blick zu nehmen. Denn es ist gerade diese Regelung, die den Vorstand vor unverhältnismäßigen Haftungsrisiken schützen soll.[230] An dieser Stelle soll keine Analyse der Richtigkeit der Regelung und ihres Umfangs erfolgen. Vielmehr soll herausgestellt werden, weshalb sich trotz Existenz der Business Judgement Rule Gestaltungsbedarf bei der Vorstandshaftung ergeben kann.

Die Business Judgement Rule soll bewirken, dass im Bereich unternehmerischer Entscheidungen die Androhung der Haftung gem. § 93 Abs. 2 AktG keine abschreckende bzw. lähmende Wirkung entfaltet.[231] Schon zur Zeit des AktG 1937 war dem Gesetzgeber klar, dass dem Vorstand durch die Haftungsandrohung nicht „jeder Mut zur Tat"[232] genommen werden darf.[233] Nun regelt der durch das UMAG eingeführte § 93 Abs. 1 S. 2 AktG:[234] *„Eine Pflichtverletzung liegt nicht vor, wenn das Vorstandsmitglied bei einer unternehmerischen*

---

229 Spindler in Handbuch des Vorstandsrechts, 2006, S. 387.

230 Fleischer in Spindler/Stilz, AktG, 2. Aufl. 2010, § 93 Rn. 60; hierzu jüngst etwa Paefgen, AG 2014, 554, 560 ff.; Hasselbach/Ebbinghaus, AG 2014, 873 (zur Anwendung bei unklarer Rechtslage); Löbbe/Fischbach, AG 2014, 717 (zur Anwendung bei Kollegialentscheidungen).

231 Spindler in MüKoAktG, 4. Aufl. 2014, § 93 Rn. 36; Fleischer in Spindler/Stilz, AktG, 2. Aufl. 2010, § 93 Rn. 60.

232 Begründung zu § 84 AktG 1937, Dt. Reichsanzeiger und Preuß. Staatsanzeiger 1937, Nr. 28 S. 4.

233 Begründung zu § 84 AktG 1937, Dt. Reichsanzeiger und Preuß. Staatsanzeiger 1937, Nr. 28 S. 4.

234 Die Prinzipien waren im Wesentlichen bereits zuvor richterrechtlich anerkannt, sodass in der Kodifikation teils nur eine Klarstellung erblickt wird, vgl. etwa Dauner-Lieb in Henssler/Strohn, Gesellschaftsrecht, 2. Aufl. 2014, AktG, § 93 Rn. 18; Hölters in Hölters, AktG, 2. Aufl. 2014, § 93 Rn. 29; Spindler in MükoAktG, 4. Aufl. 2014, § 93 Rn. 36.

Entscheidung vernünftigerweise annehmen durfte, auf der Grundlage angemessener Information zum Wohle der Gesellschaft zu handeln."

Gleichwohl gibt es viele Risiken, in die Haftung zu geraten:[235] Zum einen ist der Vorstand für das Vorliegen der Voraussetzungen von § 93 Abs. 1 S. 2 AktG beweispflichtig.[236] Kann er also eine der Voraussetzungen nicht beweisen, haftet er.[237] Weiterhin gibt es eine Reihe von Entscheidungen, die nicht rein „unternehmerischer Natur", gleichwohl aber mit erheblichen prognostischen Unsicherheiten verbunden sind.[238] Keine Anwendung findet die Business Judgement Rule von auch vornherein bei gebundenen Entscheidungen[239] oder bei Verletzung der Legalitätspflicht[240]. *Peltzer* weist überdies darauf hin, dass Fehler bei Routineentscheidungen nicht von der Regelung aufgefangen werden können.[241] Auch das Ziel der Norm, Rückschaufehler durch das Gericht zu verhindern, wird teils verfehlt.[242] Letztlich werden auch immer wieder Unsicherheiten[243] bestehen bei der Frage, ob der Vorstand auf der „Grundlage angemessener Information" gehandelt hat.[244]

---

235 Zum begrenzten Nutzen der Business Judgment Rule jüngst Habersack, ZHR 177 (2013) 782, 797 ff.

236 Ritter in Schüppen/Schaub, MüAnw.Hdb. AktG, 2. Aufl. 2010, § 24 Rn. 46; Bachmann, ZHR 177 (2013) 1, 7.

237 Zur Verdeutlichung der Schwierigkeit, den Nachweis vollkommen pflichtgerechten Verhaltens zu führen, gerade auch wenn es um „nachgelagerte Ebenen" pflichtgemäßen Verhaltens geht, taugt das Beispiel, welche Anforderungen an einen Geschäftsleiter im Rahmen der Plausibilitätkontrolle von *ex ante* zur Haftungsvermeidung in Auftrag gegebenen Gutachten von Spezialisten gestellt werden, vgl. Strohn, ZHR 176 (2012) 137, 141 f.

238 Bachmann, ZHR 177 (2013) 1, 8; zur Schwierigkeit der Abgrenzung durch diesen Begriff etwa Spindler in MüKoAktG, 4. Aufl. 2014, § 93 Rn. 41 f.

239 Dauner-Lieb in Henssler/Strohn, Gesellschaftsrecht, 2. Aufl. 2014, AktG, § 93 Rn. 21.

240 Auch hier verbleiben indes Unsicherheiten in der Abgrenzung, Spindler in MüKoAktG, 4. Aufl. 2014, § 93 Rn. 45; jüngst umfassend Bicker, AG 2014, 8.

241 Peltzer in Wellhöfer/Peltzer/Müller, Die Haftung, 2008, § 24 Rn. 22.

242 Bachmann, ZHR 177 (2013) 1, 4 f.

243 „Wanderung auf dem Grat, den man [...] nicht weiter zuspitzen sollte", Bachmann, ZHR 177 (2013) 1, 7.

244 Sehr weitgehend der erste Leitsatz in BGH NJW 2008, 3361; ablehnend Bachmann, ZHR 177 (2013) 1, 3, der aber darauf hinweist, dass die Entscheidung noch zur alten Rechtslage erging, in der die Business Judgement Rule noch nicht kodifiziert war; ebenso Fleischer in Spindler/Stilz, AktG, 2. Aufl. 2010, § 93 Rn. 75; zur Auslegung des Begriffs allgemein etwa Dauner-Lieb in Henssler/Strohn, Gesellschaftsrecht, 2. Aufl. 2014, AktG, § 93 Rn. 22; kritisch Peltzer, FS Hoffmann-Becking, 2013, S. 861,

Es kann also festgehalten werden, dass sich trotz Existenz der Business Judgement Rule immer wieder Fälle finden werden, in denen der Vorstand für entstandene Schäden haftet. Demgemäß bleibt das Bedürfnis, die Haftung gestalten zu können.

V. Der grundsätzlich zwingende Charakter der Vorstandshaftung

Nach allgemeiner Meinung ist die Vorstandshaftung[245] zwingender Natur.[246] Damit können beispielsweise der Sorgfaltsmaßstab oder etwa der Maximalbetrag der Haftung *de lege lata* nicht durch die Satzung oder den Anstellungsvertrag modifiziert werden.[247]

Der zwingende Charakter wird teils aus der eigenverantwortlichen Stellung (§ 76 Abs. 1 AktG) des Vorstands hergeleitet.[248] Aber auch der gläubigerschützende Charakter der Vorstandshaftung, der sich aus § 93 Abs. 5 AktG entnehmen lässt, wird als Grund für den zwingenden Charakter gesehen.[249] Geht es um satzungsmäßige Modifikationen, wird zudem auf § 23 Abs. 5 AktG abgestellt.[250]

866; zur Frage, wie die Informationsgrundlage hergestellt wird, Spindler in MüKoAktG, 4. Aufl. 2014, § 93 Rn. 48 ff.

245 Anders ist dies nach h. M. in der GmbH. Die Haftung der Geschäftsführer ist – soweit nicht etwa der Gläubigerschutz anderes gebietet – disponibel, etwa Haas/Ziemons in Michalski, GmbHG, 2. Aufl. 2010, § 43 Rn. 9 f.; Fleischer in MüKoGmbHG, 1. Aufl. 2012, § 43 Rn. 301 m. w. N. zum Meinungsstand.

246 Absolut h. M., etwa Hölters in Hölters, AktG, 2. Aufl. 2014, § 93 Rn. 11 ff.; Fleischer in Spindler/Stilz, AktG, 2. Aufl. 2010, § 93 Rn. 3; Spindler in MüKoAktG, 4. Aufl. 2014, § 93 Rn. 11 und 27; Schnabel/Lücke in Lücke/Schaub, Vorstand der AG, 2. Aufl. 2010, § 6 Rn. 42; für die Zulässigkeit von Verschärfungen des Haftungsmaßstabs aber Arnold in Marsch-Barner/Schäfer. Hdb. börsennotierte AG, 3. Aufl. 2014, § 22 Rn. 3; differenzierend (hinsichtlich anstellungsvertraglicher Verschärfung) Schmidt in Heidel, AktG, 4. Aufl. 2014, § 93 Rn. 5; der Zulässigkeit einer Haftungsmilderung de *lege ferenda* zugeneigt Krieger/Sailer-Coceani in Schmidt/Lutter, AktG, 2. Aufl. 2010, § 93 Rn. 3; zuletzt Habersack, ZHR 177 (2013) 782, 794.

247 Etwa Spindler in MüKoAktG, 4. Aufl. 2014, § 93 Rn. 27 f.; Hopt in GroßKommAktG, 4. Aufl. (1999), § 93 Rn. 24; Geßler, FS M. Luther, 1976, 69, 84.

248 Spindler in MüKoAktG, 4. Aufl. 2014, § 93 Rn. 27.

249 Etwa Spindler in MüKoAktG, 4. Aufl. 2014, § 93 Rn. 27.

250 Etwa Hölters in Hölters, AktG, 2. Aufl. 2014, § 93 Rn. 11; Fleischer in Spindler/Stilz, AktG, 2. Aufl. 2010, § 93 Rn. 3.

Der so hergeleitete zwingende Charakter bezieht sich aber nur auf die Voraussetzungen der Binnenhaftung, also etwa den Sorgfaltsmaßstab oder die gesetzliche Verteilung der Beweislast[251].[252]

Ist der Anspruch erst einmal entstanden, so ergibt sich die Reichweite des zwingenden Charakters nicht nur aus den oben genannten Gründen. Ansonsten wäre § 93 Abs. 4 S. 3 AktG, der Verzicht und Vergleich über die Haftung erheblich erschwert, überflüssig.[253] Die Existenz von § 93 Abs. 4 S. 3 AktG zeigt damit auch, dass jenseits der Haftungsvoraussetzungen tendenziell eher von einem dispositiven Charakter ausgegangen wird. Der Anspruch soll eben nur unter bestimmten Voraussetzungen disponibel sein.

Freilich sind Überschneidungen denkbar. So ließe sich beispielsweise die Unzulässigkeit eines Haftungsverzichts im Voraus sowohl auf den zwingenden Charakter der Vorstandshaftung an sich, als auch auf das explizite Verbot eines Verzichts gemäß § 93 Abs. 4 S. 3 AktG stützen.[254]

Damit kann bereits an dieser Stelle gesagt werden, dass im Bereich der Vorstandshaftung Gestaltungen eher möglich sind, je weniger sie den „Kernbereich" der Anspruchsentstehung betreffen. Aber auch für den Kernbereich werden die eben angedeuteten Begründungen für den zwingenden Charakter einer kritischen Prüfung zu unterziehen sein.

B. Funktionen der Vorstandshaftung

Im Zivilrecht, zu dem auch das Aktienrecht zu rechnen ist,[255] sind verschiedene Funktionen einer vermögensmäßigen Haftung anerkannt. Im Vordergrund stehen die Kompensations- und die Steuerungsfunktion. Daher soll im Folgenden untersucht werden, welche Rollen diesen Zwecksetzungen im Fall der aktienrechtlichen Vorstandshaftung zukommen.[256]

---

251 Zur sachlichen Richtigkeit und der Frage einer teleologischen Reduktion bei nicht mehr im Amt befindlichen Vorständen siehe unten.

252 Zum zwingenden Charakter der Beweislastverteilung Spindler in MüKoAktG, 4. Aufl. 2014, § 93 Rn. 189.

253 Zum Verständnis des § 93 Abs. 4 S. 3 AktG und seiner Reichweite siehe unten.

254 In diese Richtung wohl Schneider, FS Werner, 1984, S. 795, 803; ähnlich Reese, DStR 1995, 532, 535 f.; Ek, Haftungsrisiken, 2. Aufl. 2010, S. 134.

255 Siehe oben 1. Teil.B.II.

256 Umfassend dazu jüngst Wagner, ZHR 178 (2014) 227 ff.

I. Kompensationsfunktion

Einer der zentralen Schutzzwecke der vermögensmäßigen Haftung gemäß § 93 Abs. 2 AktG ist es, Kompensation für erlittene Vermögenseinbußen sicherzustellen.[257] Die Gesellschaft soll also vermittels der Binnenhaftung des Vorstands schadlos gehalten werden.

An dieser Stelle muss aber gefragt werden, wer eigentlich in den Schutzbereich der Haftungsnorm einbezogen ist. Die Gesellschaft selbst ist zwar Anspruchsinhaberin.[258] Berücksichtigt man aber den treuhänderischen Charakter des Tätigwerdens des Vorstands sowie die Gründe der Entscheidung für eine Binnenhaftung, insbesondere den der gleichmäßigen Gläubigerbefriedigung im Insolvenzfall[259], so zeigt sich, dass eine differenzierte Betrachtung vonnöten ist. Nur so kann eine detailgesteuerte Ausrichtung von Gestaltungen an den die Grenzen definierenden Schutzzwecken erfolgen.

1. *Aktiengesellschaft*

Anspruchsinhaberin ist die Aktiengesellschaft, § 93 Abs. 2 S. 1 AktG. Dieser besagt, dass Vorstandsmitglieder *der Gesellschaft* zum Ersatz des aus einer Pflichtverletzung resultierenden Schadens verpflichtet sind. Das unmittelbare Ziel ist es also, das Vermögen der Gesellschaft wieder aufzufüllen.[260] Angesichts der Gründe für die Entscheidung zugunsten einer Binnenhaftung[261] kann es dabei aber nicht sein Bewenden haben. Denn die Binnenhaftung als strukturelle Entscheidung resultiert zumindest teilweise aus potentiell zu schützenden Belangen anderer Beteiligter als der Gesellschaft selbst. Die Gesellschaft als juristisches Gebilde, geschaffen von ihren Gründern (vgl. § 2 AktG), ist kein reiner Selbstzweck. Daraus folgt aber, dass die Existenz der Vorstandshaftung nicht allein mit der Schadloshaltung der Gesellschaft selbst gerechtfertigt werden kann. Vielmehr kann sie Teil eines Schutzkonzepts sein, welches unter Berücksichtigung der Gründe für eine Binnenhaftung mittelbaren Schutz gewährt.

---

257 Goette, FS 50 Jahre BGH, 2000, S. 123, 124; Hopt in GroßKommAktG, 4. Aufl. (1999), § 93 Rn. 11; Thomas, Haftungsfreistellung von Organmitgliedern, 2010, S. 120.

258 Siehe oben 2. Teil.A.III.

259 Siehe oben 2. Teil.A.III.

260 Hopt in GroßKommAktG, 4. Aufl. (1999), § 93 Rn. 11; Pammler, Die gesellschaftsfinanzierte D&O-Versicherung, 2006, S. 52.

261 Siehe dazu oben 2. Teil.A.III.

2. *Aktionäre*

Da dem Vorstand als Leitungsorgan der Aktiengesellschaft ähnlich einem Treuhänder das Vermögen der Aktionäre anvertraut ist, müssen diese (zumindest auch) geschützt werden.[262] Denn die Aktionäre sind bei wirtschaftlicher Betrachtung Eigentümer der Gesellschaft.[263] Entsteht der – rechtlich verselbständigten, vgl. § 1 Abs. 1 S. 1 AktG – Gesellschaft ein Vermögensschaden, so wird dieser zunächst im Innenverhältnis beseitigt. Dadurch wird einer Entwertung der Anteile an der Gesellschaft vorgebeugt, weil das Vermögen der Gesellschaft eben gerade nicht in geschädigtem Zustand verbleibt, sondern im Innenverhältnis wieder aufgefüllt wird.[264]

3. *Gläubiger*

a) Juristische Personalität und Haftungsbündelung

Den Gläubigern der Gesellschaft haftet für die Verbindlichkeiten der Gesellschaft nur das Gesellschaftsvermögen, vgl. § 1 Abs. 1 S. 2 AktG. Entsteht der Gesellschaft durch ein Verhalten des Vorstands ein Schaden, so ist also auch die den Gläubigern als Haftungsmasse zugewiesene Substanz in Gefahr. Denn im Insolvenzfall würde den Gläubigern das Gesellschaftsvermögen zur gleichmäßigen Befriedigung herhalten müssen, vgl. § 1 S. 1 InsO. Wegen der Relativität der Schuldverhältnisse ist der Gläubiger – vorbehaltlich ausnahmsweise bestehender Ansprüche gegen andere Beteiligte – auf eine Inanspruchnahme der Gesellschaft beschränkt.[265] Bis zum Insolvenzfall ist die aus einem Haftungsfall für die Gläubigerbefriedigung resultierende Gefahr aber abstrakter Natur: Anders als für den Gesellschafter, dessen Beteiligung im Wert gemindert wird, stellt die Schädigung des Gesellschaftsvermögens für den Gläubiger erst dann eine Gefahr dar, wenn die Gesellschaft (u.a. wegen der Schädigung) nicht mehr leisten kann.[266] Damit zeigt sich, dass die Haftung des Vorstands gegenüber der Gesellschaft nur

262 Hopt in GroßKommAktG, 4. Aufl. (1999), § 93 Rn. 12; Spindler in MüKoAktG, 4. Aufl. 2014, § 93 Rn. 1; Schneider, FS Werner, 1984, S. 795, 807 f.

263 Druey, FS Zöllner I, 1998, 129, 131; Ruffner, Die ökonomischen Grundlagen, 2000, S. 133 f und 151.

264 Goette, FS 50 Jahre BGH, 2000, S. 123, 124; in diese Richtung auch Pammler, Die gesellschaftsfinanzierte D&O-Versicherung, 2006, S. 52; zu Recht weisen Schnabel/Lücke in Lücke/Schaub, Vorstand der AG, 2. Aufl. 2010, § 6 Rn. 222 darauf hin, dass eine Entwertung der Anteile bei Börsennotierung nicht zwingend ist.

265 Vgl. auch § 1 Abs. 1 S. 1 AktG und § 13 Abs. 2 GmbHG.

266 Bachmann/Eidenmüller/Engert/Fleischer/Schön, ZGR Sonderheft 18, 2012, S. 130.

mittelbar die Gläubiger schützt.[267] Diese mittelbare Wirkungsweise wird auch als reflexartiger Gläubigerschutz bezeichnet.[268]

b) § 93 Abs. 5 AktG

Ein weiterer Aspekt soll die gläubigerschützende Wirkung der Haftung aus § 93 Abs. 2 AktG zeigen: In § 93 Abs. 5 S. 1 AktG ist ein eigenständiges Verfolgungsrecht der Gläubiger der Gesellschaft für Ansprüche der Gesellschaft gegen den Vorstand vorgesehen.[269] Zusätzlich ist in § 93 Abs. 5 S. 3 AktG geregelt, dass die Ersatzpflicht des Vorstands gegenüber der Gesellschaft den Gläubigern gegenüber weder durch Verzicht, noch Vergleich, noch durch Billigung durch die Hauptversammlung aufgehoben wird.

Dieses zum einen bestehende eigene Verfolgungsrecht[270] der Gläubiger und die zum anderen ausgeschlossene Disponibilität von Ansprüchen der Gesellschaft zu Lasten der Gläubiger[271] sollen nach verbreiteter Meinung zeigen, dass der Haftung

---

267 Fleischer in Handbuch des Vorstandsrechts, 2006, S. 330; ähnlich Hopt in GroßKommAktG, 4. Aufl. (1999), § 93 Rn. 12; Pammler, Die gesellschaftsfinanzierte D&O-Versicherung, 2006, S. 52; i.E. auch Schneider, FS Werner, 1984, S. 795, 807 f., wobei hier auf eine treuhänderische Bindung gegenüber den Gläubigern betreffs der Haftungsmasse abgestellt wird. Dies geht zu weit. Der mittelbare Gläubigerschutz beruht darauf, dass als Haftungsmasse das Gesellschaftsvermögen den Gläubigern zugewiesen ist, sie also letztlich darauf vertrauen dürfen, dass aufgrund interner Pflichtenbindungen die Haftungsmasse nicht geschmälert wird, vgl. zutreffend Hopt in GroßKommAktG, 4. Aufl. (1999), § 93 Rn. 12.

268 U. Haas, Gutachten E zum 66. DJT, E 42; zum Reflexcharakter des Gläubigerschadens bei Schädigung der Gesellschaft Bachmann/Eidenmüller/Engert/Fleischer/Schön, ZGR Sonderheft 18, 2012, S. 129; Fleischer, BB 2011, 2435, 2437 (für die GmbH).

269 Mertens/Cahn in KölnerKommAktG, 3. Aufl. 2010, § 93 Rn. 180 sehen hierin eine Art Restitutionsrecht, das gerade den Zweck hat, Schmälerungen der den Gläubigern zugewiesenen Haftungsmasse zu verhindern.

270 Vgl. zur dogmatischen Einordnung etwa Koch in Hüffer, AktG, 11. Aufl. 2014, § 93 Rn. 80 f.: Es ist strittig, ob hier eine Form der Prozessstandschaft oder die Geltendmachung eines eigenen Anspruchs vorliegt. Richtigerweise wird hier die Geltendmachung eines eigenen Anspruchs zu erblicken sein, weil die Gläubiger nicht Leistung in das Gesellschaftsvermögen verlangen müssen und Fälle denkbar sind, in denen die Gesellschaft selbst nie einen Anspruch hatte oder nicht mehr hat, die Gläubiger der Gesellschaft aber wohl einen Anspruch haben, vgl. Mertens/Cahn in KölnerKommAktG, 3. Aufl. 2010, § 93 Rn. 180.

271 Vgl. hierzu Fleischer in Spindler/Stilz, AktG, 2. Aufl. 2010, § 93 Rn. 289.

aus § 93 Abs. 2 AktG auch gläubigerschützende Wirkung zukommt.[272] Es wird aber noch zu erörtern sein, welche Reichweite der so statuierte Gläubigerschutz hat und infolgedessen inwieweit § 93 Abs. 5 AktG für den zwingenden Charakter der Binnenhaftung spricht. Es wird sich zeigen, dass es genauer ist, Gläubigerschutz direkt aus § 93 Abs. 5 AktG herzuleiten, als den zwingenden Charakter der Binnenhaftung mit § 93 Abs. 5 AktG zu begründen.

4. Der Stellenwert der Kompensationsfunktion

Der Stellenwert der Kompensationsfunktion dieser Schadensersatzhaftung wird zum Teil kritisch hinterfragt beziehungsweise angezweifelt.[273]

Tritt bei der Aktiengesellschaft ein Schaden ein, der aus einem potentiell haftungsbegründenden Verhalten des Vorstands resultiert, so wird dieser regelmäßig von derart beträchtlicher Höhe sein, dass ein voller Ausgleich durch den Vorstand selbst selten möglich sein wird.[274] Darauf stützt sich dann auch der Zweifel: Infolge des Übersteigens der persönlichen Leitungsfähigkeit des Vorstands trete der Kompensationseffekt in den Hintergrund, was dazu führe, dass der Präventionsgedanke aufgewertet werde.[275]

Angesichts der Tatsache, dass die Absicherung über D&O Versicherungen stets zunimmt und bereits jetzt weit verbreitet ist,[276] ist der Kompensationseffekt – bei entsprechender Deckung – zumindest praktisch nicht gefährdet.

---

272 Vgl. etwa Hopt in GroßKommAktG, 4. Aufl. (1999), § 93 Rn. 12; Fleischer in Handbuch des Vorstandsrechts, S. 330.

273 Etwa Ihrig, Organschaftliche Haftung in Bachmann/Casper/Schäfer/Veil (Hrsg.), Steuerungsfunktionen des Haftungsrechts, 2007, S. 17, 18; Arnold, Die Steuerung des Vorstandshandelns, 2007, S. 170, 208; jüngst Bayer/Scholz, NZG 2014, 926, 928.

274 Diesen Aspekt betont Ihrig, Organschaftliche Haftung in Bachmann/Casper/Schäfer/Veil (Hrsg.), Steuerungsfunktionen des Haftungsrechts, 2007, S. 17, 18; ebenso Baums, Verhandlungen des 63. DJT, 2000, F. 233, 234.

275 Ihrig, Organschaftliche Haftung in Bachmann/Casper/Schäfer/Veil (Hrsg.), Steuerungsfunktionen des Haftungsrechts, 2007, S. 17, 18; vorsichtig Arnold, Die Steuerung des Vorstandshandelns, 2007, S. 208.

276 Vgl. auch Thomas, Haftungsfreistellung von Organmitgliedern, 2010, S. 2.

Es muss aber bereits an sehr grundlegender Stelle differenziert werden:[277] Die Funktion[278] einer Norm ist von ihrer Wirkung[279] zu unterscheiden.[280] Erzielt die Norm nicht die intendierte Wirkung, verfehlt sie – vorbehaltlich anderer Ziele – ihre Funktion. Eine Verquickung von fehlendem Kompensationseffekt und damit einhergehend Stärkung des Präventionszwecks bedeutet einen Wechsel zwischen den beiden eigentlich getrennt zu bewertenden Ebenen.[281]

Allein die rein praktische Tatsache, dass die Rechtsdurchsetzung mangels Solvenz des Schuldners scheitern könnte, stellt noch nicht die Funktion des Rechts selbst in Frage.[282] Die „Funktion" meint hier den generellen Gedanken, die Auswahl eines Instruments zur Adressierung eines bestimmten Problems. Ist beispielsweise ein Privatmann nicht haftpflichtversichert, käme auch niemand auf die Idee, die Kompensationsfunktion des Anspruchs etwa aus § 823 Abs. 1 BGB gegen den Privatmann anzuzweifeln, nur weil er selbst nicht liquide genug ist. Das wäre eine Vermengung von Zweck und Wirkung[283]: Die Wirkung mag im Einzelfall aufgrund praktischer Gegebenheiten entfallen. Dann wird der Zweck ausnahmsweise verfehlt. Doch bleibt er gleichwohl bestehen, entfällt also nicht.

5. *Zwischenergebnis zur Kompensationsfunktion*

Mithin kann an dieser Stelle festgehalten werden, dass die Organhaftung aus § 93 Abs. 2 AktG jedenfalls Kompensationsfunktion hat. Durch eine Wiederauffüllung des Gesellschaftsvermögens wird primär die Gesellschaft schadlos gehalten. Die Entscheidung für eine Binnenhaftung beruht auf einer Abwägung

---

277 Zur Notwendigkeit der Differenzierung vgl. auch Dreier, Kompensation und Prävention, 2002, S. 123 und 124.

278 Der Begriff „Funktion" wird synonym zum Begriff des „Zwecks" verwendet, vgl. Dreier, Kompensation und Prävention, 2002, S. 124.

279 Darunter ist die rein tatsächliche Wirkung zu verstehen, vgl. Dreier, Kompensation und Prävention, 2002, S. 124.

280 Zur Notwendigkeit der Unterscheidung auch Thomas, Haftungsfreistellung von Organmitgliedern, 2010, S. 138.

281 Vgl. aber zur Möglichkeit des Wechsels zwischen den Ebenen beim hermeneutischen Zirkel Dreier, Kompensation und Prävention, 2002, S. 125 f.

282 Die Tatsache, dass der Gesetzgeber dennoch eine Organhaftung statuiert hat und an ihr festhält, spricht vielmehr dafür, dass es weitere, über die Kompensationsfunktion hinausgehende Schutzzwecke gibt, treffend Thomas, Haftungsfreistellung von Organmitgliedern, 2010, S. 152.

283 Vgl. zu diesem Fehlschluss, jedoch in Bezug auf die Steuerungszwecke und -wirkungen der Haftung, Thomas, Haftungsfreistellung von Organmitgliedern, 2010, S. 138.

und setzt im Interesse der Gläubigergleichbehandlung im Insolvenzfalle sowie der Absicherung gegen externe Einflussnahmen einen mittelbaren Schutz um. Kompensiert werden damit auch mittelbare Vermögensbeeinträchtigungen der Aktionäre und Gläubiger.

II. Steuerungsfunktion

Über die Kompensationsfunktion hinaus wird im Rahmen der Schutzzweckanalyse schadensersatzrechtlicher Normen auch die Präventionsfunktion erörtert.[284] Im Folgenden soll untersucht werden, inwieweit eine persönliche Vermögenshaftung des Vorstands gegenüber der Gesellschaft eine solche Präventionsfunktion hat.[285]

1. Das Principal-Agent-Problem

Der Vorstand leitet die Aktiengesellschaft unter eigener Verantwortung, vgl. § 76 Abs. 1 AktG. Da er in einem treuhandähnlichen Verhältnis steht, stellt sich die Frage nach der Verhaltenssteuerung. Denn durch das Tätigwerden des Vorstands (des Agenten) für andere[286] (die Prinzipale) besteht die Gefahr, dass nicht nur die Interessen des Treugebers, sondern auch eigene Interessen des Treuhänders verfolgt werden.[287] Diesen Konflikt untersucht aus ökonomischer Perspektive[288] die Principal-Agent-Theorie.[289]

---

284 Wagner in MüKoBGB, 6. Aufl. 2013, Vor § 823 Rn. 40 f.; Spindler in Beck'scher OK BGB, Stand 01.11.2013, § 823 Rn. 0.7; eingehend Thomas, Haftungsfreistellung von Organmitgliedern, 2010, S. 120 ff.; Ihrig, Organschaftliche Haftung in Bachmann/Casper/Schäfer/Veil (Hrsg.), Steuerungsfunktionen des Haftungsrechts, 2007, S. 17, 18.

285 Vgl. dazu auch umfassend Thomas, Haftungsfreistellung von Organmitgliedern, 2010, S. 120 ff.

286 Vgl. zur Frage, wem der Vorstand gegenüber verpflichtet ist, umfassend, Arnold, Die Steuerung des Vorstandshandelns, 2007, S. 43 ff.

287 Arnold, Die Steuerung des Vorstandshandelns, 2007, S. 13 und 73.

288 Zum ökonomischen Hintergrund im Detail siehe unten. An dieser Stelle sei die (auch ökonomische) Einbettung nur der Vollständigkeit halber erwähnt.

289 Hopt in GroßKommAktG, 4. Aufl. (1999), § 93 Rn. 15 sowie Arnold, Die Steuerung des Vorstandshandelns, 2007, S. 13, 17, wobei Arnold im Weiteren zwischen normativer und positiver Agency-Theorie differenziert: Die Principal-Agent-Theorie untersucht dabei allgemeine Strukturen, die positive Agency-Theorie hingegen hat konkrete Einzelfallstrukturen im Blick.

Dabei wird teils darauf abgestellt, dass der Vorstand einzig den Aktionären verpflichtet sei, also deren Interessen zu verfolgen habe.[290] Richtigerweise ist der Vorstand nicht nur den Aktionären gegenüber gebunden.[291] Das ist bereits aus dem Wortlaut des § 76 Abs. 1 AktG, der dem Vorstand die Leitung der Aktiengesellschaft zur eigenen Verantwortung überträgt, ersichtlich, während der Geschäftsführer einer GmbH an die Weisungen der Gesellschafter gebunden ist, § 37 Abs. 1 GmbHG. Der Vorstand muss vielmehr mehrere Interessen in der ihm übertragenen eigenen Verantwortung gewichten und berücksichtigen.[292]

2. Die Verhaltenssteuerung als Teil der Prävention

Die Aussicht, durch Haftung finanzielle Nachteile zu erleiden, soll nach einem gewichtigen Teil in der Literatur Präventionswirkung haben.[293] Risikoaffinem Verhalten soll vorgebeugt werden, wodurch die Wahrscheinlichkeit des Eintritts von Schäden vermieden wird. Die Prävention erfolgt also vermittels Androhung einer Folge für den Fall eines bestimmten Erfolgseintritts, wodurch *ex ante* der Adressat der Norm zur Ausrichtung seines Verhaltens an den normativen Maßstäben angehalten wird.

3. Die Verhaltenssteuerung durch Haftungsandrohung

Für die Anerkennung der Steuerungsfunktion von Haftungsandrohungen ist zunächst erforderlich, die Steuerungsfunktion als mögliche eigenständige Funktion neben der – oben bereits festgestellten – Kompensationsfunktion anzuerkennen.[294] Das ist keineswegs zwingend, denn man könnte sich auch auf den Standpunkt stellen, der Schadensersatzanspruch bezwecke allein die Kompensation des eingetretenen Schadens. Zusätzlich muss eine Haftungsandrohung geeignet sein, auch die angestrebten Wirkungen zu erzielen.

---

290 Vgl. etwa Arnold, Die Steuerung des Vorstandshandelns, 2007, S. 47.

291 Das zeigt sich auch etwa an der Kompensationsfunktion der Organhaftung: Wird über die Innenhaftung mittelbarer Gläubigerschutz erzielt, so ist es nur konsequent, als unmittelbare Orientierung auch das Unternehmensinteresse heranzuziehen.

292 Goette, ZGR 37 (2008) 436, 447; Koch in Hüffer, AktG, 11. Aufl. 2014, § 76 Rn. 33.

293 Vgl. etwa Fleischer in Handbuch des Vorstandsrechts, S. 330; Hopt in GroßKomm-AktG, 4. Aufl. (1999), § 93 Rn. 11; Goette, FS 50 Jahre BGH, 2000, S. 123, 124; Baums, Verhandlungen des 63. DJT, 2000, F 233.

294 Vgl. zum Ganzen eingehend Wagner, AcP 206 (2006) 352; einen umfassenden Überblick über die Diskussion der Schutzzwecke von Schadensersatzansprüchen gibt Thomas, Haftungsfreistellung von Organmitgliedern, 2010, S. 121 ff.

a) Steuerungsfunktion und Steuerungswirkung des Haftungsrechts im Allgemeinen

Es ist weithin anerkannt, dass Haftungsandrohungen neben der Kompensationsfunktion gerade die Funktion haben, steuernd auf das Verhalten des Normadressaten Einfluss zu nehmen.[295] Dabei kommt wirtschaftsrechtlichen Haftungsnormen generell in höherem Maße Steuerungsfunktion zu als den allgemeinen zivilrechtlichen Normen.[296] Dies dürfte nicht zuletzt daran liegen, dass die Haftungsvolumina im Bereich des Wirtschaftsrechts teils so hoch sind, dass bei Betrachtung der Gewichtigkeiten von Kompensations- zu Präventionswirkung letztere überwiegt.[297] Kompensation ist dann in vollem Umfang gar nicht immer zu erlangen, weil zuvor die Privatinsolvenz des Schuldners eintritt.

Das Ziel der Verhaltenssteuerung kann auch erreicht werden, denn es wird zutreffend darauf hingewiesen, dass es für den Haftungsadressaten billiger ist, die Einhaltung der geforderten Sorgfalt sicherzustellen, als sowohl die Kosten für die Einhaltung der (nicht ausreichenden) Sorgfalt als auch die Kosten zur Beseitigung des entstandenen Schadens zu tragen.[298]

An dieser Betrachtung zeigt sich die Verbindung zur Kompensation: Prävention ist nur möglich, wenn auch sichergestellt ist, dass die Kompensation funktioniert.[299] Denn nähme man das Fehlen effektiver Kompensationsmechanismen an, so wäre bei der genannten Betrachtung alleine der Aufwand der Einhaltung der Sorgfalt in die Rechnung einzustellen – der Anreiz zu ordnungsgemäßem Verhalten ginge verloren.

---

295 Wagner, AcP 206 (2006) 352, 454; Pammler, Die gesellschaftsfinanzierte D&O-Versicherung, 2006, S. 50 f.; Ihrig, Organschaftliche Haftung in Bachmann/Casper/Schäfer/Veil (Hrsg.), Steuerungsfunktionen des Haftungsrechts, 2007, S. 17, 18; Larenz, Lehrbuch des Schuldrechts, Band I Allgemeiner Teil, 1982, S. 393 sieht in der Prävention allenfalls einen erwünschten Nebeneffekt, nicht aber ein tragendes Prinzip.

296 Wagner, AcP 206 (2006) 352, 430.

297 In diesem Sinne wohl auch Ihrig, Organschaftliche Haftung in Bachmann/Casper/Schäfer/Veil (Hrsg.), Steuerungsfunktionen des Haftungsrechts, 2007, S. 17, 18.

298 Wagner, AcP 206 (2006) 352, 454; auf die Kosten-Nutzen-Relation von Schadensvermeidung zu Haftungsfolgen weist Pammler, Die gesellschaftsfinanzierte D&O-Versicherung, 2006, S. 51, hin. Relativierend Thomas, Haftungsfreistellung von Organmitgliedern, 2010, S. 139.

299 Wagner, AcP 206 (2006) 352, 469; Thomas, Haftungsfreistellung von Organmitgliedern, 2010, S. 125.

b) Die Differenzierung zwischen Haftungsgrundnorm und haftungsausfüllender Norm

Innerhalb des Haftungsrechts muss differenziert werden zwischen der die Haftung anordnenden Norm und den allgemeinen Vorschriften gemäß §§ 249 ff. BGB, die auch im Rahmen des § 93 Abs. 2 AktG Anwendung finden.[300]

Ein potentieller Steuerungszweck könnte sowohl in der (spezialgesetzlichen) Haftungsnorm als auch in den §§ 249 ff. BGB zu verorten sein. Die §§ 249 ff. BGB stellen im Schadensersatzrecht die Vorschriften dar, die für fast alle (auch spezialgesetzlichen) Haftungstatbestände die Haftungsausfüllung regeln, es sei denn, die Haftungsnorm ordnet Abweichendes an.[301]

Bereits aus dem Verhältnis der Regelungskomplexe zueinander ergibt sich, dass sich eine Steuerungsfunktion allenfalls in der Haftungsnorm selbst wird verankern lassen können.[302] Eine Regelung wird sich dort viel genauer an die jeweiligen Steuerungsziele anpassen lassen; die zu adressierenden Probleme können besser angesprochen werden.[303] Das beruht nicht zuletzt darauf, dass bereits durch die sachnähere Verortung der Haftungsnorm eine Einengung der potentiell zu adressierenden Probleme bewirkt wird. Umgekehrt ist in den §§ 249 ff. BGB nur Raum für „den kleinsten gemeinsamen Nenner" des Schadensersatzrechts.[304] Geht man aber davon aus, dass die Androhung von Haftung verhaltenssteuernde

---

300 Oetker in MüKoBGB, 6. Aufl. 2012, § 249 Rn. 8; Thomas, Haftungsfreistellung von Organmitgliedern, 2010, S. 123; zur Anwendbarkeit der §§ 249 ff. BGB etwa Koch in Hüffer, AktG, 11. Aufl. 2014, § 93 Rn. 47.

301 Vgl. etwa statt vieler Teichmann in Jauernig, BGB, 15. Aufl. 2014, Vorb. §§ 249 Rn. 1; Schulze in Schulze, BGB, 8. Aufl. 2014, Vorb. §§ 249 Rn. 1; Thomas, Haftungsfreistellung von Organmitgliedern, 2010, S. 124.

302 Thomas, Haftungsfreistellung von Organmitgliedern, 2010, S. 124.

303 Vgl. Thomas, Haftungsfreistellung von Organmitgliedern, 2010, S. 123 und 141, der auf die Maßgeblichkeit des rechtlichen und sozialen Kontexts abstellt.

304 Thomas, Haftungsfreistellung von Organmitgliedern, 2010, S. 124 geht sogar so weit, den §§ 249 ff. BGB eine „Adaptionsfähigkeit" an die jeweilige Haftungsnorm bezüglich deren Zielen beizumessen. Demgegenüber ist es dogmatisch sauberer, den §§ 249 ff. BGB eine Assistentenrolle zur Effektuierung potentieller Präventionszwecke der Haftungsnorm beizulegen, Oetker in MüKoBGB, 6. Aufl. 2012, § 249 Rn. 9. Denn so muss zur Ermittlung der Schutzzwecke weniger intensiv auf die Haftungsnorm rekurriert werden. Vielmehr steht mit den §§ 249 ff. BGB ein Instrumentarium bereit, welches Präventionszwecke umsetzen kann, wenn es dies denn nach der jeweiligen Haftungsnorm soll.

Wirkung haben kann, so wird man versuchen, die Steuerung sowohl in der Art[305] als auch in der Richtung[306] möglichst präzise auszuüben.

Die §§ 249 ff. BGB haben also eher „unterstützende" Funktion,[307] denn sie haben zuvörderst die Kompensation zum Ziel, wirken aber an einer potentiellen Steuerungsfunktion der Spezialnorm insofern mit, als für eine Präventionswirkung stets die Ernsthaftigkeit der Haftungsandrohung erforderlich ist.[308] Eine Steuerungsfunktion ist also nicht in §§ 249 ff. BGB, sondern in der – gegebenenfalls spezialgesetzlichen – Haftungsnorm zu suchen.[309]

c) Zwischenergebnis

Haftungsnormen können also *per se* Verhaltenssteuerung bezwecken. Eine generelle Aussage für alle Haftungsnormen – losgelöst von ihrem normativen Kontext – kann hingegen nicht getroffen werden.[310] Vielmehr muss nach den allgemeinen Auslegungsgrundsätzen ermittelt werden, ob die Prävention eigenständig neben der Kompensation bezweckt wird.[311] Im Nachgang wird deshalb zu untersuchen sein, ob dies bei § 93 Abs. 2 AktG auch der Fall ist und welche Steuerungswirkung angestrebt wird.

d) Steuerungsfunktion und Steuerungswirkung des § 93 Abs. 2 AktG

§ 93 Abs. 1 S. 1 AktG besagt: „*Die Vorstandsmitglieder haben bei ihrer Geschäftsführung die Sorgfalt eines ordentlichen und gewissenhaften Geschäftsleiters anzuwenden.*"

§ 93 Abs. 2 AktG droht eine verschuldensabhängige Haftung an,[312] denn der Vorstand gerät nicht in die Haftung, wenn er die Anforderungen, die § 93 Abs. 1 S. 1 AktG an ihn stellt, erfüllt.[313] Gesetzgeberische Erwägungen zu einer verhaltenssteuernden Zwecksetzung finden sich nur vereinzelt, in erster Linie ging der

---

305 Zu denken ist hier sowohl an verschuldensabhängige als auch verschuldensunabhängige Haftungsnormen.

306 Hierbei wird in erster Linie die Passivlegitimation entscheidend sein.

307 Thomas, Haftungsfreistellung von Organmitgliedern, 2010, S. 124.

308 Oetker in MüKoBGB, 6. Aufl. 2012, § 249 Rn. 9. Im Ergebnis ähnlich, jedoch unter Rekurs auf den normativen Schadensbegriff, Thomas, Haftungsfreistellung von Organmitgliedern, 2010, S. 125. Auch Wagner betont in AcP 206 (2006) 352, 469, dass eine Prävention nicht möglich ist ohne Kompensation.

309 Thomas, Haftungsfreistellung von Organmitgliedern, 2010, S. 124, 126, 141.

310 Thomas, Haftungsfreistellung von Organmitgliedern, 2010, S. 141, 145.

311 Thomas, Haftungsfreistellung von Organmitgliedern, 2010, S. 141.

312 Allgemeine Meinung, vgl. etwa Koch in Hüffer, AktG, 11. Aufl. 2014, § 93 Rn. 43.

313 Hopt in GroßKommAktG, 4. Aufl. (1999), § 93 Rn. 11.

Gesetzgeber wohl davon aus, dass der „gehobeneren Stellung [des Vorstands] [...] auch eine erhöhte Verantwortlichkeit entsprechen [muß]“[314] Es gibt aber durchaus Anhaltspunkte dafür, dass man sich auch der verhaltenssteuernden Komponente von Haftungsandrohungen bewusst war.[315] In der jüngeren Gesetzgebung tritt der Gedanke der Verhaltenssteuerung durch Androhung von Haftung sodann auch deutlich hervor.[316]

In der Literatur besteht weitestgehende Einigkeit, dass die Haftungsandrohung Verhaltenssteuerung dahingehend bezweckt, dass der Vorstand die an ihn gestellten Sorgfaltsanforderungen einhalten und zu ordnungsgemäßem Verhalten motiviert werden soll.[317]

Entsprechend dem oben herausgearbeiteten Erfordernis der Glaubwürdigkeit der Haftungsandrohung tritt eine „fleet in being“[318]-Wirkung ein, denn der Vorstand weiß, dass – sollte er eingetretene Schäden kompensieren müssen – dies

---

314 Begründung zu § 84 AktG 1937, Dt. Reichsanzeiger und Preuß. Staatsanzeiger 1937, Nr. 28 S. 4; vgl. auch Baumbach-Hueck, AktG, 13. Aufl. 1968, § 93 Rn. 2.

315 So lautet die Einleitung der Begründung zum AktG 1937, abgedruckt in Dt. Reichsanzeiger und Preuß. Staatsanzeiger 1937, Nr. 28 S. 1: „[...] Um die in letzter Zeit vielfach beobachtete Ausnutzung einer Kapitalgesellschaft zu eigensüchtigen Zwecken eines einzelnen zu verhindern, ist eine Ersatzpflicht bei Handeln zum Schaden der Gesellschaft zwecks Erlangung gesellschaftsfremder Vorteile vorgesehen worden.“ Weiterhin wird in der Begründung zu § 84 AktG 1937, Dt. Reichsanzeiger und Preuß. Staatsanzeiger 1937, Nr. 28 S. 4 ausgeführt: „Eine Haftung des Vorstands für den Erfolg seiner Geschäftsführung ohne Rücksicht auf sein Verschulden würde nur zur Folge haben, daß die Verantwortungsfreudigkeit eines Vorstandsmitglieds erheblich herabgemindert und ihm jeder Mut zur Tat genommen wird.“

316 Vgl. etwa Beschlussempfehlung, BT-Drucks. 16/13433, S. 11 zum Selbstbehalt bei der D&O-Versicherung. Die Formulierung stellt indes vornehmlich auf die Wirkung der Haftungsandrohung ab.

317 Pammler, Die gesellschaftsfinanzierte D&O-Versicherung, 2006, S. 53; Arnold, Die Steuerung des Vorstandshandelns, 2007, S. 170 ff.; Thomas, Haftungsfreistellung von Organmitgliedern, 2010, S. 149 ff.; Dauner-Lieb in Henssler/Strohn, Gesellschaftsrecht, 2. Aufl. 2014, AktG, § 93 Rn. 1; Hopt in GroßKommAktG, 4. Aufl. (1999), § 93 Rn. 11; Fleischer in Spindler/Stilz, AktG, 2. Aufl. 2010, § 93 Rn. 2; Koch in Hüffer, AktG, 11. Aufl. 2014, § 93 Rn. 1; Hölters in Hölters, AktG, 2. Aufl. 2014, § 93 Rn. 8; Muthmann, Vorstandsvertrag, 2012, S. 110.

318 Goette, FS 50 Jahre BGH, 2000, S. 124, 124.

seinem Privatvermögen erheblich zusetzen würde.[319] Es tritt also eine disziplinierende Wirkung ein.[320]

Dieser Aspekt steht keinesfalls in Widerspruch dazu, dass aufgrund der Forderungshöhe eine vollständige Kompensation nicht stets zu erlangen ist. Die Tatsache, dass Kompensation nicht stets zu erlangen ist, stellt nicht die Funktion in Frage.[321] Wie aufgezeigt, ist eine Steuerungswirkung ohne zumindest teilweise Kompensation ohnehin unmöglich. Auf der Wirkungsebene ist es gerade das hohe Haftungsvolumen, das letztlich zur Erreichung des Steuerungszwecks beiträgt: Weiß der Normadressat, dass er einen potentiellen Schaden ohne Mühen wird begleichen können, wird er risikoaffiner agieren als wenn das „Damoklesschwert" der Haftung für ihn mit der Privatinsolvenz[322] gleichzusetzen ist.

e) Die Versicherbarkeit des Risikos als Hindernis für die Verhaltenssteuerung?

Es ist fraglich, ob der Befund, dass § 93 Abs. 2 AktG Steuerungsfunktion zukommt, Bestand hat vor dem Hintergrund, dass mittlerweile die meisten Unternehmen sogenannte D&O-Versicherungen für ihre Geschäftsleiter abschließen.[323] Stellt man auf die Wirkungen ab, so könnte die *Funktion*, der *Zweck* insofern in Zweifel gezogen werden, als man etwa argumentieren könnte, der Zweck der Norm sei fallen gelassen worden, weil der Gesetzgeber erkannt habe, dass er ohnehin nicht erreicht werden könne.[324]

---

319 Goette, FS 50 Jahre BGH, 2000, S. 124, 124.

320 Hopt in GroßKommAktG, 4. Aufl. (1999), § 93 Rn. 11; Fleischer in Handbuch des Vorstandsrechts, S. 330.

321 Thomas, Haftungsfreistellung von Organmitgliedern, 2010, S. 152 geht sogar noch einen Schritt weiter und argumentiert, dass die Entscheidung des Gesetzgebers für eine Organinnenhaftung trotz meist nicht vollständiger Kompensation gerade für einen eigenständigen Kompensationszweck spreche.

322 Raiser/Veil, Recht der Kapitalgesellschaften, 5. Aufl. 2010, S. 150: „existentielle Haftungsrisiken".

323 Dazu muss an dieser Stelle aber betont werden, dass Zwecksetzung und Zweckerreichung nicht verwechselt werden dürfen. Das Vorliegen einer Haftpflichtversicherung, die eintretende Schäden begleicht, mag geeignet sein, die *Wirkung* einer Haftungsandrohung abzuschwächen. Die *Zielsetzung* indes bleibt davon unberührt.

324 Ähnlich in Bezug auf die rechtstatsächlichen Wirkungen Thomas, Haftungsfreistellung von Organmitgliedern, 2010, S. 153.

Aber auch ohne diesen „Rückschluss" von der Wirkungs- auf die Zweckebene stellt sich die Frage, ob nicht dadurch, dass die Zahlungspflicht im Haftungsfall letztlich von der Versicherung beglichen wird, die Steuerung versagt.[325]

Im Folgenden geht es also um die Frage, welchen Einfluss die Einstandspflicht Dritter, hier einer D&O-Versicherung, auf die Verhaltenssteuerung hat und ob – davon ausgehend – erkennbar ist, dass der Gesetzgeber das Ziel der Verhaltenssteuerung weiterverfolgt.

i) Die Trennung von ex-ante und ex-post-Perspektive

Teilweise wird angenommen, eine eventuelle Präventionswirkung werde dadurch abgeschwächt, dass der Schaden „letztlich" von Dritten zu tragen sei.[326]

Dies kann so kategorisch nicht behauptet werden.[327] Bereits die Aussage, dass die „letztliche" Lage maßgebend sei, zeigt, dass das nicht zutrifft. Es wird nämlich die ex-ante-Sicht mit der ex-post-Sicht verknüpft. Weiß der Vorstand von vornherein, dass er nicht haften wird, weil die Versicherung die Deckung zusagen wird, so mag die Steuerungswirkung entfallen.[328] Er weiß es aber nicht.[329] Denn die Frage, ob die Versicherung für den von ihm verursachten Schaden eintreten wird, beinhaltet in dieser Phase noch ein prognostisches Element. Diesem ist aber eine gewisse Unsicherheit immanent.[330] Es ist an dieser Stelle im Bereich des die Haftung auslösenden Verhaltens für den Vorstand also *ex ante* unklar, ob

325 So etwa Pammler, Die gesellschaftsfinanzierte D&O-Versicherung, 2006, S. 64: Der Vorstand neige dann eher zu riskantem Verhalten, wenn er weiß, dass er nicht persönlich dafür einstehen muss. Dass dies nicht zutrifft, wird sich auch noch im Rahmen der weiteren Betrachtung zeigen: Der Versicherungsschutz ist ein Element, welches einen guten Beitrag zur eigenverantwortlichen Tätigkeit des Vorstands und zur erwünschten Wahrnehmung unternehmerischer Risiken leistet.

326 Oetker in MüKoBGB, 6. Aufl. 2012, § 249 Rn. 9; tendenziell auch Pammler, Die gesellschaftsfinanzierte D&O-Versicherung, 2006, S. 80, der dann weiter zwischen Versicherung mit und ohne Selbstbehalt differenziert.

327 Thomas, Haftungsfreistellung von Organmitgliedern, 2010, S. 186; ebenfalls Spindler, AG 2013, 889, 897.

328 Wobei dann andere Aspekte als völlig unbeachtlich eingestuft werden müssten, so etwa die moralische Frage, die sicherlich gerade vor dem Hintergrund der aktuellen Diskussion um Managerverhalten eher gestellt werden wird, vgl. dazu sogleich.

329 Den Aspekt der Unsicherheit infolge von Ausschlussklauseln und weiteren Faktoren betont auch Thomas, Haftungsfreistellung von Organmitgliedern, 2010, S. 186.

330 Thomas, Haftungsfreistellung von Organmitgliedern, 2010, S. 187, weist auf die weitere Unsicherheit hin, ob ein Verhalten als (noch) fahrlässig und damit von der Versicherung gedeckt oder (schon) bedingt vorsätzlich und damit nicht von der Versicherung gedeckt eingestuft werden kann.

er „letztlich“, also *ex post*, freigestellt wird. Damit zeigt sich, dass die Unsicherheit als Teil des Steuerungsinstruments „Haftung“ nicht ausgehebelt wird durch einen Versicherungsschutz.

ii) Fortsetzung der Steuerungsfunktion

Überdies existieren weitere Instrumente, die die Verhaltenssteuerung gewissermaßen fortsetzen, sodass auch insoweit nicht argumentiert werden kann, die Funktion entfalle aufgrund Unmöglichkeit der Zweckerreichung.

Versicherer haben eine Reihe von Instrumenten, um Präventionsanreize zu setzen. So sind Beitragserhöhungen nach Schadensfällen oder auch Vergünstigungen bei Schadensfreiheit zu nennen.[331] Der Versicherer kann sogar mit Ausschlüssen arbeiten, sofern er nur in der Lage ist, im Nachhinein Klarheit über die Verfehlungen des Vorstands zu gewinnen.[332] Aber mehr noch: Der Versicherer kann aufgrund seiner Expertise den Haftungsschutz von der Etablierung sorgfaltsfördernder Strukturen abhängig machen und damit *ex ante* einem Schadenseintritt entgegenwirken.[333] Auch ist nicht auszuschließen, dass ein Geschäftsleiter nicht mehr versicherbar ist, wenn er bereits einmal einen hohen Schaden verursacht hat.

iii) Tatsächliche Erwägungen

Auch wenn der Sanktionsgedanke dem Zivilrecht fremd ist,[334] geht von der Tatsache, dass ein Vorstand in Anspruch genommen wird, bereits an sich eine Ausstrahlungswirkung dahingehend aus, dass dieser in seiner beruflichen Zukunft zumindest unangenehmen Fragen ausgesetzt sein dürfte.[335] Dies gilt umso mehr,

---

331 Wagner, AcP 206 (2006) 352, 455; Spindler, AG 2013, 889, 896, allerdings mit dem Hinweis, dass der Versicherte diese Folgen häufig nicht zu spüren bekommt, da in der Regel die AG die Prämien bezahlt. Indes dürfte der Vorstand solche Umstände gleichwohl (mittelbar) zu spüren bekommen, weil diese dann auch im Aufsichtsrat für Diskussion sorgen.

332 Eckert/Grechenig/Stremitzer in Kalss (Hrsg.), Vorstandshaftung in 15 europäischen Ländern, 2005, S. 95, 123; zu Ausschlüssen Habersack, Karlsruher Forum 2009: Managerhaftung, 2010, S. 5, 40; jüngst auch Paefgen, AG 2014, 554, 582.

333 Eckert/Grechenig/Stremitzer in Kalss (Hrsg.)Vorstandshaftung in 15 europäischen Ländern, 2005, S. 95, 123 und 126.

334 Larenz, Lehrbuch des Schuldrechts, Band I Allgemeiner Teil, 1982, S. 393.

335 Insoweit auch Pammler, Die gesellschaftsfinanzierte D&O-Versicherung, 2006, S. 81; Thomas, Haftungsfreistellung von Organmitgliedern, 2010, S. 160 f. führt dies unter dem Begriff der „Arbeitsmarktdisziplinierung“ an; ähnlich Peltzer, FS Hadding, 2004, 593, 599; so auch Habersack, ZHR 177 (2013), 782, 796.

als die Sensibilität für das Thema einer guten *Corporate Governance* deutlich stärker im Bewusstsein ist als noch etwa vor zehn Jahren.[336] So spiegelt die Haftung rechtstechnisch zwar keinen Unwertgehalt wider, die Wahrnehmung der persönlichen Kompetenz der Person aber verändert sich.[337] Insofern schafft die Haftung also für den Geschäftsleiter potentiell negative Faktoren, die er ebenfalls zu unterbinden suchen wird.[338]

So kann auch nicht argumentiert werden, § 93 Abs. 2 AktG ziele darauf ab, Prävention durch Gefahren für das aktuelle Vermögen zu schaffen und Prävention solle nicht durch in der Zukunft liegende Gefahren erreicht werden.[339] Denn dies verkennt, dass von einer drohenden Haftung wie der aus § 93 Abs. 2 AktG immer mehrere Steuerungswirkungen ausgehen. Die Vermögensgefährdung ist nur ein Teil davon, der – letztlich auf der Effektivität der Kompensation beruhend[340] – Steuerungswirkung entfaltet. Für die daneben liegenden drohenden Gefahren bzw. Nachteile, die in ihrer Gesamtheit die Steuerungswirkung ausmachen, ist es gerade völlig irrelevant, ob eine Versicherung einsteht oder nicht, weil sie eben nicht unmittelbar das Vermögen betreffen.[341]

Vergleichend muss auch noch hervorgehoben werden, dass hinreichend andere Berufe existieren, die – zum Teil verpflichtend, vgl. etwa § 51 BRAO oder § 54 WPO – versichert sind. Bei diesen ist auch kein Nachlassen der angewandten Sorgfalt zu beobachten.[342]

iv) Positive Nebeneffekte

Daneben hat das Vorhandensein von Versicherungsschutz eine Reihe von im Sinne der Verhaltenssteuerung positiven Nebeneffekten. So erhöht die Existenz einer Versicherung den Anreiz, den Schädiger in Anspruch zu nehmen, weil – sofern nicht oben angesprochene Ausschlüsse der Versicherung greifen – in der

336 Ähnlich Hölters in Hölters, AktG, 2. Aufl. 2014, § 93 Rn. 24.

337 Einen Reputationsverlust prognostiziert auch Peltzer, FS Hadding, 2004, 593, 599; ders. FS Hoffmann-Becking, 2013, S. 861, 867.

338 Es wird also auch jenseits der – *per se* schon im Vorfeld steuernden – Norm des § 76 Abs. 3 S. 2 AktG gewissermaßen auf weniger intensiver Stufe ein Anreiz in dieselbe Richtung gesetzt.

339 So aber Pammler, Die gesellschaftsfinanzierte D&O-Versicherung, 2006, S. 81.

340 Dazu siehe oben.

341 Pammler, Die gesellschaftsfinanzierte D&O-Versicherung, 2006, S. 81 hingegen sieht derartige Wirkungen als nicht entscheidend an.

342 E. Vetter, AG 2008, 453, 455.

Regel eine höhere Haftungsmasse zur Verfügung steht.[343] Es gilt also: „Deckung erzeugt Haftung“[344]. Damit ist das Vorhandensein von Versicherungsschutz der Verhaltenssteuerung aber keinesfalls abträglich.[345]

Betrachtet man die Motivationslage des Vorstands als Normadressat, ist folgendes zu bedenken: Die Verhaltenssteuerung soll in erster Linie dahin gehen, dass das Handeln der Vorstände *ex ante* kritisch auf potentielle Gefahren hin überprüft wird. Dabei sollen Gefahren aufgedeckt und in der Folge umschifft werden können. Besteht kein Versicherungsschutz, so wird der Vorstand sein Verhalten generell auf einem gewissen „Sorgfaltslevel“ einpendeln. Besteht nun Versicherungsschutz, der aber von den in der Praxis üblichen oder sogar zusätzlich vereinbarten Ausnahmen[346] durchsetzt ist, so wird dadurch keineswegs ein Freifahrtsschein für die nicht ausgenommenen Bereiche resultieren: Gerade variable Größen wie der Sorgfaltsmaßstab, aber auch absolute Größen wie punktuelle Deckungsausschlüsse lassen die Haftungsandrohung wieder ihre originär bezweckte Wirkung entfalten. Bildlich gesprochen scheint hier wieder das Haftungsrisiko durch das sonst angenommene Auffangnetz hindurch.

Das hat einen weiteren, nicht zu unterschätzenden Effekt: Der Entscheidungsträger weiß *ex ante* nicht, wie Gerichte entscheiden werden. Er weiß also auch nicht, wie – wiederum in obigem Bild gesprochen – feinmaschig das Netz gewebt ist. Denn vielleicht wird eine Ausschlussklausel *ex post* weiter ausgelegt als er *ex ante* glaubt. Auch seine Berater werden sich am Gebot des sichersten Weges orientieren oder zumindest auf Unsicherheiten hinweisen. Die von explizit ausgeschlossenen Sachverhalten ausgehende Haftungsgefahr lässt also auch

343 Pammler, Die gesellschaftsfinanzierte D&O-Versicherung, 2006, S. 66; Peltzer, FS Hoffmann-Becking, 2013, S. 861 und 867; eine Zunahme der Prüfungen, ob Ansprüche gegen ausgeschiedene Vorstände bestehen, stellt Freund, GmbHR 2009, 1185 fest.

344 Dreher, AG 2008, 429, 434 und ihm folgend Thomas, Haftungsfreistellung von Organmitgliedern, 2010, S. 190; zu den jüngsten, dieses Prinzip bestätigenden Entwicklungen: Spindler, AG 2013, 889, 899; jüngst auch Habersack, ZHR 177 (2013), 782, 796, der betont, dass die Existenz einer D&O Versicherung oftmals überhaupt erst zur Inanspruchnahme auch des Privatvermögens führt.

345 Ähnlich auch Habersack, ZHR 177 (2013) 782, 796.

346 E. Vetter, AG 2000, 453, 455; sowie zum Ganzen, Thomas, Haftungsfreistellung von Organmitgliedern, 2010, S. 398; ebenfalls Dreher, AG 2008, 429, 434.

im Bereich eigentlich abgesicherter Risiken Verunsicherung zurück.[347] Auch hier wird man also vorsichtig agieren.[348]

v) Der Selbstbehalt bei der D&O-Versicherung gemäß § 93 Abs. 2 S. 3 AktG

Durch das VorstAG wurde 2009 in § 93 Abs. 2 S. 3 AktG die Verpflichtung zur Vereinbarung eines Selbstbehalts bei Abschluss einer D&O-Versicherung eingeführt. Es sind zwei Bezugsgrößen maßgeblich.[349] Danach muss erstens ein Selbstbehalt von mindestens zehn Prozent jedes Schadensfalles vereinbart werden.[350] Zweitens muss eine betragsmäßige Deckelung festgesetzt werden, die für alle Schadensfälle pro Jahr gilt. Diese muss mindestens das Eineinhalbfache der festen jährlichen Vergütung des Vorstandsmitglieds betragen.[351]

Der Gesetzgeber ging davon aus, dass durch eine Beteiligung des Vorstands an von ihm verursachten Schäden Verhaltenssteuerung hin zu einer größeren Pflichtentreue gelingt.[352] Die Norm flankiere die Pflicht des Vorstands, das Unternehmen eigenverantwortlich zu leiten gemäß § 76 Abs. 1 AktG.[353] Es kann also nicht davon ausgegangen werden, dass der Gesetzgeber das Ziel der Verhaltenssteuerung aufgegeben hat.[354] Vielmehr zeigt sich auch hier, dass diese Komponente des Haftungsrechts in jüngerer Zeit stärker ins Bewusstsein rückt.[355]

An dieser Stelle kann festgehalten werden, dass mit Einführung des Selbstbehalts die Steuerungsfunktion keinesfalls zurückging. Der Gesetzgeber geht anscheinend davon aus, dass primär die Belastung des Privatvermögens Grund für die Entfaltung verhaltenssteuernder Wirkung ist.[356] Dass dies nur eine Facette der Haftungsandrohung ist, wurde bereits gezeigt. Berücksichtigt man nämlich,

---

347 Diese Unsicherheit tritt *ex ante* neben die schon für die Haftungsfrage bestehende Rechts- und Prozessunsicherheit. Insoweit ist also mit einer Zunahme der Sorgfalt *ex ante* zu rechnen.

348 In diese Richtung i.E. auch Dreher, AG 2008, 426, 434.

349 Beschlussempfehlung, BT-Drucks. 16/13433, S. 11; die Norm weist erhebliche Formulierungsdefizite auf. Der Bezug der zwei Größen zueinander sowie die (etwa zeitliche) Reichweite der Grenzen sind nicht hinreichend klar dem Wortlaut der Norm zu entnehmen.

350 Beschlussempfehlung, BT-Drucks. 16/13433, S. 11.

351 Beschlussempfehlung, BT-Drucks. 16/13433, S. 11; Fleischer in Spindler/Stilz, AktG, 2. Aufl. 2010, § 93 Rn. 247.

352 Beschlussempfehlung, BT-Drucks. 16/13433, S. 11.

353 Beschlussempfehlung, BT-Drucks. 16/13433, S. 11.

354 Zur Frage der Versicherbarkeit etwa Spindler, AG 2013, 889, 897.

355 Vgl. dazu auch oben 2. Teil.B.II.3.d).

356 Beschlussempfehlung, BT-Drucks. 16/13433, S. 11.

dass das abschreckendste Element wohl der Haftungsfall an sich ist, weil er eine Reihe von weiteren Nachteilen bringt, und bedenkt zudem, dass das Vorhandensein einer Versicherung möglicherweise erst zur Inanspruchnahme führt, so ist eine Verbesserung der Verhaltenssteuerung durch die Einführung des Selbstbehalts fraglich.[357]

Hinsichtlich des gesetzgeberischen Willens bringt die Neuregelung aber zum Ausdruck, dass der Haftungsandrohung deutlich verhaltenssteuernder Charakter beigemessen wird, der durch den Selbstbehalt wieder „freigelegt" wird.

vi) Zwischenergebnis

Die Organhaftung nach § 93 Abs. 2 AktG hat also Steuerungsfunktion. Der Vorstand soll vermittels Haftungsandrohung zu einem ordnungsgemäßen Verhalten motiviert werden. Dieser Zweck wird auch erreicht. Denn die Haftungsandrohung ruft die Verantwortung des Entscheidungsträgers *ex ante* ins Gedächtnis. Nicht zu unterschätzen ist die rein tatsächliche Wirkung dahingehend, dass das Bewusstsein aller Beteiligten für diesen Themenkomplex geschärft wurde. Die Versicherbarkeit des Risikos lässt die Anreizfunktion unberührt. Gleiches gilt für die Anreizwirkung.

4. Das Gewicht der Vorstandshaftung als Element der Verhaltenssteuerung

Damit ist noch nicht die Frage beantwortet, welches Gewicht der Vorstandshaftung im Gesamtgefüge potentiell verhaltenssteuernder Elemente zukommt.[358] Anders gesagt ist fraglich, ob die Organhaftung einziges aktienrechtliches Element zur Steuerung des Vorstandshandelns ist. Dies ist relevant, weil die Gewichtung des Steuerungszwecks auch Indiz für die Zulässigkeit bestimmter privatautonomer Gestaltungen sein kann. Daher muss die Vorstandshaftung als Steuerungsinstrument in einen sachlichen Zusammenhang mit anderen Regelungen, die den Vorstand zu ordnungsgemäßer Unternehmensleitung anhalten sollen, gestellt werden. Im Folgenden werden die wichtigsten Instrumente, die in eine ähnliche Richtung wie die Haftungsandrohung gem. § 93 Abs. 2 AktG wirken, untersucht.

---

357 Deutlich für einen Selbstbehalt etwa Pammler, Die gesellschaftsfinanzierte D&O-Versicherung, 2006, insbes. S. 82; dagegen etwa Peltzer, FS Hoffmann-Becking, 2013, S. 861, 867: „dirigistische[r] Eingriff in die Privatautonomie".

358 Vgl. zum Ganzen Thomas, Haftungsfreistellung von Organmitgliedern, 2010, S. 157 ff.; vgl. zum Verhältnis von Kompensation und Prävention im Ganzen Dreier, Kompensation und Prävention, 2002 sowie Möller, Das Präventionsprinzip des Schadensrechts, 2006, 275, 277.

a) Entlastung des Vorstands, §§ 119 Abs. 1 Nr. 3, 120 AktG

Gemäß § 119 Abs. 1 Nr. 3 AktG beschließt die Hauptversammlung über die Entlastung der Mitglieder des Vorstands und des Aufsichtsrats. Dadurch wird die Verwaltung der Gesellschaft durch die Mitglieder des Vorstands und des Aufsichtsrats im abgelaufenen Geschäftsjahr gebilligt, § 120 Abs. 2 S. 1 AktG.

Auch wenn die Entlastung nur begrenzte unmittelbare rechtliche Wirkungen hat,[359] weil mit der (erteilten) Entlastung etwa kein Verzicht auf Ersatzansprüche einhergeht, vgl. § 120 Abs. 2 S. 2 AktG, ist die praktische Relevanz gleichwohl erheblich.[360] Denn gerade die Verweigerung der Entlastung symbolisiert eine erhebliche Schwächung der Anerkennung eines Managers[361] und kann sogar die vorzeitige Abberufung zur Folge haben, vgl. § 84 Abs. 3 AktG.[362] Die Entlastung zeigt also, dass weiterhin Vertrauen in die Person des Vorstands besteht.[363]

Damit zeigt sich aber auch, dass die Gefahr, nicht die Entlastung und damit das Vertrauen ausgesprochen zu bekommen, bereits *ex ante* einen Anreiz setzt, sich um einen ordnungsgemäßen Führungsstil zu bemühen und die Einhaltung der Vorstandspflichten sicherzustellen.[364]

b) Gefahr des Vertrauensentzugs, § 84 Abs. 3 S. 2 Var. 3 AktG

Ein weiteres, in dieselbe Richtung motivierendes Instrument ist das des Vertrauensentzugs, vgl. § 83 Abs. 3 S. 2 Var. 3 AktG.[365] Es ist strittig, ob die Entlastungsverweigerung mit dem Vertrauensentzug gleichzusetzen ist.[366] Unabhängig von dem Verhältnis zur Entlastung ist der Vertrauensentzug bereits wichtiger Grund

---

359 Raiser/Veil, Recht der Kapitalgesellschaften, 5. Aufl. 2010, S. 193; Hoffmann in Spindler/Stilz, AktG, 2. Aufl. 2010, § 120 Rn. 1.

360 Raiser/Veil, Recht der Kapitalgesellschaften, 5. Aufl. 2010, S. 193; Thomas, Haftungsfreistellung von Organmitgliedern, 2010, S. 161; so auch Bachmann, Gutachten E zum 70. DJT, S. 26.

361 Hoffmann in Spindler/Stilz, AktG, 2. Aufl. 2010, § 120 Rn. 1: „[…] bei den großen Publikumsgesellschaften auch in der Öffentlichkeit oft im Mittelpunkt des Interesses."

362 Raiser/Veil, Recht der Kapitalgesellschaften, 5. Aufl. 2010, S. 193.

363 Koch in Hüffer, AktG, 11. Aufl. 2014, § 120 Rn. 2.

364 Vgl. dazu auch Thomas, Haftungsfreistellung von Organmitgliedern, 2010, S. 161.

365 Hölters in Hölters, AktG, 2. Aufl. 2014, § 93 Rn. 20; zur Legitimation des Vertrauensentzugs, vgl. Fleischer in Spindler/Stilz, AktG, 2. Aufl. 2010, § 84 Rn. 109.

366 Fleischer in Spindler/Stilz, AktG, 2. Aufl. 2010, § 84 Rn. 111, der für eine Differenzierung zwischen (zukunftsgerichtetem) Vertrauensentzug und (vergangenheitsbezogener) Entlastung ist; anders Mertens/Cahn in KölnerKommAktG, 3. Aufl. 2010, § 84 Rn. 127, die darauf abstellen, dass der Vertrauensentzug im Sinne des Abs. 3 kein

für einen möglichen Widerruf der Bestellung, sodass eine Abschreckungswirkung *ex ante* zu erwarten ist.

c) Abberufung

In die gleiche Richtung geht die Gefahr einer Abberufung, also eines Widerrufs der Bestellung gemäß § 84 Abs. 3 S. 1 AktG. Die Abberufung setzt gewissermaßen schon vor der Haftungsandrohung an, weil sie gerade auch auf Verhaltensweisen, die keine Pflichtverletzung darstellen, gestützt werden kann.[367] Gerade bei großen, in der Öffentlichkeit und Tagespresse wahrgenommenen Aktiengesellschaften wird eine Abberufung des Vorstands immer zu Hinterfragungen führen. Aber auch bei kleineren, weniger bekannten Gesellschaften dürfte die potentielle Diskussion in den einschlägigen Fachkreisen abschreckende Wirkung erzielen, sodass eine verhaltenssteuernde Wirkung zu erwarten ist.[368]

d) Arbeitsplatzsteuerung

Eng damit verbunden, weil ebenfalls die Reputation des Managers in seiner beruflichen Zukunft betreffend, ist die Arbeitsmarktdisziplinierung[369] als letztlich ökonomischer Kontrollmechanismus[370]. Jegliche negative Berichterstattung oder sonstige Wahrnehmung der Person eines Managers hat das Potential, Chancen auf zukünftige Posten schwinden zu lassen.[371] Das dürfte umso mehr gelten, als mittlerweile der Aspekt der verantwortungsbewussten und nachhaltigen Unternehmensführung deutlich mehr im Mittelpunkt der Interessen steht als noch vor einigen Jahren.[372] Eine solche negative Berichterstattung kann auch und gerade dadurch in Gang kommen, dass die Presse von einem (öffentlich geführten) Haftungsprozess Kenntnis erlangt. Insofern kann das Element der Arbeitsplatzsteuerung Reflex der vermögensmäßigen Steuerung sein.

---

formalisiertes Misstrauensvotum voraussetze, sodass aus einer verweigerten Entlastung auch ein Vertrauensentzug hervorgehen könne.

367 Eckert/Grechenig/Stremitzer in Kalss (Hrsg.), Vorstandshaftung in 15 europäischen Ländern, 2005, S. 95, 119; BGHZ 135, 244 Tz. 25 (Tz. nach juris).

368 Bachmann, ZIP 2013, 1946: „vielleicht sogar das wichtigste Disziplinierungsmittel".

369 Vgl. dazu Thomas, Haftungsfreistellung von Organmitgliedern, 2010, S. 160.

370 Hölters in Hölters, AktG, 2. Aufl. 2014, § 93 Rn. 22; Thomas, Haftungsfreistellung von Organmitgliedern, 2010, S. 160.

371 Thomas, Haftungsfreistellung von Organmitgliedern, 2010, S. 160 f.; Hölters in Hölters, AktG, 2. Aufl. 2014, § 93 Rn. 22.

372 Hölters in Hölters, AktG, 2. Aufl. 2014, § 93 Rn. 24.

Es lässt sich also festhalten, dass auch der Einfluss des eigenen Verhaltens auf die beruflichen Aussichten geeignet ist, eine *ex ante* disziplinierende Wirkung zu erzeugen.

e) Vergütungsanreize

Auch über die Vergütungsstrukturen können Anreize zu nachhaltiger und verantwortungsbewusster Unternehmensführung gesetzt werden.[373] Diese sind auch bezweckt.[374] So wurde etwa mit dem VorstAG[375] in § 87 Abs. 1 S. 1 AktG der Wortlaut „und Leistungen des Vorstandsmitglieds" eingefügt. Die Angemessenheit der Vorstandsvergütung ist fortan also nicht mehr nur in einem angemessenen Verhältnis zu „den Aufgaben" des Vorstandsmitglieds zu bestimmen, sondern eben gerade auch zu seinen Leistungen.[376] Damit wird es möglich, gerade auch bei der Verlängerung von Verträgen bisherig Erreichtes in Rechnung zu stellen.[377]

Aber auch bei Neuabschluss von Verträgen zeigt sich eine Verabschiedung von der Zukunftsgerichtetheit der Vergütungsbemessung.[378] So wird – über die oben erwähnte Arbeitsmarktdisziplinierung hinaus – deutlich, dass vergangene Misserfolge unabhängig von bevorstehenden Herausforderungen einkommensmindernd wirken.

Es ist also zu erwarten, dass dadurch die Arbeitsmarktdisziplinierung noch wirkungsvoller wird, weil nun auch im Gesetz verankert ist, dass bisherige Leistungen für die Gehaltsbemessung Anhalt geben.

Auch § 87 Abs. 1 S. 2 und 3 AktG zeigen, dass Verhaltenssteuerung vermittels bestimmter Vergütungsstrukturen bezweckt wird. So ist die Vergütungsstruktur bei börsennotierten Gesellschaften auf eine nachhaltige Unternehmensentwicklung auszurichten, § 87 Abs. 1 S. 2 AktG.[379] Variable Vergütungsbestandteile sollen

---

373 Thomas, Haftungsfreistellung von Organmitgliedern, 2010, S. 160; Spindler, AG 2013, 889, 903; ablehnend aus Perspektive des Principal-Agent-Modells: Arnold, Die Steuerung des Vorstandshandelns, 2007, S. 155 ff. und 163.

374 BT-Drucks. 16/12278, S. 5.

375 Entwurf eines Gesetzes zur Angemessenheit der Vorstandsvergütung, BT-Drucks. 16/12278.

376 Vgl. zur früheren Rechtslage, bei der die „Art" der Aufgabe und nicht die bisherigen Leistungen im Mittelpunkt stand, Spindler in MüKoAktG, 3. Aufl. 2008, § 87 Rn. 28 ff.

377 BT-Drucks. 16/12278, S. 5.

378 Bisher war die Komponente der „Leistung" „nur" im Deutschen Corporate Governance Kodex als Empfehlung verankert, vgl. BT-Drucks. 16/12278, S. 5.

379 Vgl. dazu Weber in Hölters, AktG, 2. Aufl. 2014, § 87 Rn. 30.

eine mehrjährige Bemessungsgrundlage haben, § 87 Abs. 1 S. 3 HS. 1 AktG. Damit soll der Aufsichtsrat darauf hinwirken, dass nicht mehr nur stichtagsbezogene Bonibemessungen stattfinden, sondern die variablen Vergütungsbestandteile gerade einer längerfristigen Betrachtung Rechnung tragen.[380]

Die Motivation zu nachhaltigem Handeln wird auch dadurch erhöht, dass Aktien Haltefristen unterworfen werden sollen, ähnlich wie es bereits mit Ausübungsfristen bei Optionen der Fall ist.[381]

Auch diese Instrumente wirken genau in die Richtung der Disziplinierung *ex ante*: Risikoaufdeckung sowie -vermeidung und verantwortungsbewusste Absicherung werden eher erzielt, wenn dies in die Bemessung des Bonus einfließt als wenn der Bonus, ist er einmal ausgezahlt, unantastbar ist. Die Langfristigkeit der Betrachtung erzeugt einen Gleichlauf zwischen Unternehmens- und Privatinteresse des Vorstands betreffs der finanziellen Entwicklung. Durch die Messung an der Nachhaltigkeitskomponente und die direkte Auswirkung auf die Vergütung wird dem Vorstand der treuhänderische Charakter seines Tätigwerdens verdeutlicht.

Die Umsetzung der Vorgaben für die Vorstandsvergütung wird durch den neuen § 116 S. 3 AktG sichergestellt,[382] nach dem Aufsichtsratsmitglieder auch dann zum Schadensersatz verpflichtet sind, wenn sie eine unangemessene Vergütung für den Vorstand festsetzen. Durch die Pflichtenbindung des Aufsichtsrats wird die Umsetzung der Vorgaben gemäß § 87 AktG effektuiert. Selbst wenn die Norm nur deklaratorische Bedeutung hat,[383] werden sich Aufsichtsräte künftig – gerade auch bei der Bemessung der Vorstandsvergütung anhand der Leistungskomponente – noch genauer am Unternehmenswohl orientieren. Dies wiederum dringt auch in das Bewusstsein der Vorstände vor, sodass sie sich wiederum um Einhaltung ihrer Pflichten bemühen werden.

Zudem wurden die Voraussetzungen einer Herabsetzung der Vergütung in § 87 Abs. 2 S. 1 AktG reduziert und der Aufsichtsrat „soll" die Vergütung herabsetzen, § 87 Abs. 2 S. 1 AktG, wenn sich die Lage der Gesellschaft nach der Vergütungsfestsetzung verschlechtert.

Das hat ebenso disziplinierende Folgen: Die mögliche Herabsetzung der Vergütung ist – anders als ein Haftungsrisiko – nicht versicherbar, wirkt sich aber

380 Die Notwendigkeit der Vermeidung einer zu kurzfristigen Betrachtung betont auch Thomas, Haftungsfreistellung von Organmitgliedern, 2010, S. 160.

381 BT-Drucks. 16/12278, S. 5.

382 Vgl. zur klarstellenden Bedeutung und insgesamt kritisch gegenüber der Norm, Koch in Hüffer, AktG, 11. Aufl. 2014, § 116 Rn. 18.

383 Koch in Hüffer, AktG, 11. Aufl. 2014, § 116 Rn. 18.

ebenso monetär aus. Die hiervon ausgehende Anreizwirkung dürfte nicht zu unterschätzen sein, weil der Einzelne die Anerkennung seiner Person gerade in diesem Bereich in hohem Maße in der Bemessung der Vergütung widergespiegelt sehen wird.

f) Besetzung des Aufsichtsrats

Es ist auch denkbar, der Besetzung des Aufsichtsrats verhaltenssteuernde Wirkung beizumessen. Schließlich hat der Aufsichtsrat gemäß § 111 Abs. 1 AktG die Geschäftsführung zu überwachen. Die Motivation des Vorstands, seine Pflichten einzuhalten, wird größer sein, je eher er eine gewissenhafte und unabhängige Überwachung spürt. Dies gewährleistet nunmehr in verstärkter Weise die Regelung des § 100 Abs. 2 S. 1 Nr. 4 AktG, wonach nicht Mitglied des Vorstands sein kann, wer in den letzten zwei Jahren Vorstandsmitglied derselben börsennotierten Gesellschaft war, es sei denn, seine Wahl erfolgt auf Vorschlag von Aktionären, die mehr als 25 Prozent der Stimmrechte an der Gesellschaft halten.

Auf diese Weise wird der Sorge, dass „eine Krähe der anderen kein Auge aushackt", vorgebeugt. Die zeitliche Distanz ermöglicht eine Rückbesinnung auf die dann übernommenen Kontrollaufgaben,[384] sodass der Vorstand auch insoweit weiß, dass er nicht verschont wird.

Weiß er das aber, so wird er wiederum *ex ante* sein Verhalten so ordnungsgemäß wie möglich auszugestalten suchen.

g) Zusammenfassung und Folgerungen

Die Haftungsandrohung ist eines unter mehreren Elementen zur Steuerung des Vorstandshandelns. Die Haftungsandrohung steht also keinesfalls alleine da, sie ist vielmehr ein Instrument unter vielen. Andere verhaltenssteuernde Elemente, wie etwa die Verweigerung der Entlastung und die Anpassung der Vergütung an bisherige Leistungen sowie die Umsetzung nachhaltigkeitsfördernder Vergütungsstrukturen, tragen jedes für sich in hohem Maße zu einer Disziplinierung des Vorstands *ex ante* bei. Die Reputation eines Managers ist ein weiterer Faktor mit gleicher Wirkungsrichtung, wobei dieser direkter Reflex einer vermögensmäßigen Haftung sein kann. Das zeigt aber auch, dass die Vorstandshaftung ihr Gewicht zu einem gewissen Teil aus ihrer „Auslöserfunktion" für andere Steuerungselemente herleitet. Deutlich wird das an dem Beispiel, in dem die Berichterstattung über den Haftungsfall das berufliche Weiterkommen erschwert.

---

384 Vgl. dazu auch Simons in Hölters, AktG. 2. Aufl. 2014, § 100 Rn. 26.

Es kann also festgehalten werden, dass die Haftungsandrohung in § 93 Abs. 2 AktG deutlich verhaltenssteuernde Funktion und Wirkung hat, mithin ihr Gewicht im „Strauß der Disziplinierungselemente“ erheblich ist.[385] Aufgrund der verschiedenen Ebenen der Wirkungsweisen (die Haftung wirkt unmittelbar monetär und mittelbar auf die Reputation ein, die Verweigerung der Entlastung oder der Vertrauensentzug wirken unmittelbar auf die Reputation und mittelbar monetär) ist der Platz der Haftung im Gesamtgefüge der Steuerungsinstrumente klar definiert. Anders gesagt entstünde ohne die Facette der Haftung im Gesamtgefüge der Steuerungsinstrumente ein Vakuum.

Die Steuerungsfunktion ist also ein eigenständiges Charakteristikum der Vorstandshaftung mit substanziellem Gewicht.

C. Zusammenfassung

Die Vorstandshaftung ist bewusst als Binnenhaftung ausgestaltet. Diese Ausgestaltung trägt der Organqualität und dem Bedürfnis nach Abschirmung gegenüber Störfaktoren von außen Rechnung. Die Vorstandshaftung ist zwingend, soweit es um die Entstehung der Haftung geht. Nicht angetastet werden können *de lege lata* also beispielsweise der Sorgfaltsmaßstab[386] sowie die gesetzlich vorgeschriebene Verteilung der Beweislast.[387]

Die Vorstandshaftung verfolgt zwei Ziele, die sich teils gegenseitig bedingen: Kompensation und Prävention. Beide werden im Blick zu halten sein, wenn es um die Frage nach der Zulässigkeit einzelner Gestaltungsansätze geht.

Bereits an dieser Stelle kann aber festgehalten werden, dass das Element der Verhaltenssteuerung nur so lange legitimierend wirken kann, bis die konkrete Pflichtverletzung begangen ist. Ab dem Zeitpunkt der Pflichtverletzung ist der zukunftsgerichtete Verhaltensanreiz gewissermaßen überholt. Die Haftungsandrohung hat

---

385 Hölters in Hölters, AktG, 2. Aufl. 2014, § 93 Rn. 20 sieht in der Haftung den „stärkste[n] Kontrollmechanismus“; a.A. Thomas, Haftungsfreistellung von Organmitgliedern, 2010, S. 162, 163, der zu dem Schluss kommt, dass der Haftung im System der Kontrolle der Unternehmensleitung eine nur untergeordnete Bedeutung zukommt. Dies stützt er auch darauf, dass die Präventionsfunktion bereits hinter dem Ausgleichszweck zurückbleibe, vgl. S. 162; ähnlich Hopt in GroßKommAktG, 4. Aufl. (1999), § 93 Rn. 15: „darf aber gegenüber anderen, strukturellen und institutionellen Steuerungsmechanismen auch nicht überschätzt werden“.

386 Jedoch wird noch zu untersuchen sein, ob die Argumente, aus denen sich der zwingende Charakter der Haftung ergeben soll, tragen.

387 Bei der Beweislastverteilung wird dies vor dem Hintergrund ihrer Rechtfertigung noch zu hinterfragen sein.

ihren Zweck insoweit ja gerade nicht erreicht.[388] Aus Sicht der Verhaltenssteuerung ist eine Disposition über den Schadensersatzanspruch ab diesem Zeitpunkt also weniger problematisch als davor.[389] Ab dem (möglicherweise erst nachfolgenden) Zeitpunkt des Schadenseintritts tritt das Bedürfnis nach Kompensation des eingetretenen Schadens hervor, sodass die Kompensationsfunktion weiterhin zu beachten ist.

Die Haftungsandrohung ist ein gewichtiges Instrument im Gesamtgefüge der Verhaltenssteuerung. Zum einen sind die unmittelbaren Konsequenzen deutlich spürbar – nicht zuletzt aufgrund des nunmehr verpflichtenden Selbstbehalts. Anknüpfungspunkt in der Haftung finden aber auch eine Reihe von unangenehmen „Nebenwirkungen", wie etwa der mit einem Haftungsfall einhergehende Ansehensverlust.

Gleichzeitig ist aber im Auge zu behalten, dass die Wahrnehmung unternehmerischer Risiken erwünscht ist und deshalb – gerade vor dem Hintergrund der existenzvernichtenden Haftungssummen – eine Haftung nicht zu streng sein darf. Zwar soll die Business Judgment Rule gemäß § 93 Abs. 1 S. 2 AktG diesem Umstand Rechnung tragen. Der Vorstand gerät aber nach geltendem Recht vollumfänglich in die Haftung, wenn er diese Voraussetzungen gerade nicht mehr erfüllen konnte oder schlicht das Vorliegen der Voraussetzungen nicht beweisen kann. Gerade für solche Fälle wird zu überlegen sein, inwiefern die Dispositionsmöglichkeiten der Gesellschaft nach Entstehung des Anspruches ausreichend sind.

---

388 Vielmehr tritt dann die Kompensationsfunktion in den Vordergrund.

389 Freilich darf die Disposition nicht bereits davor feststehen, weil dann das disziplinierende Element der Unsicherheit über die Disposition entfiele. Auch ist zu erinnern, dass Prävention stets Kompensation voraussetzt, für die Ernstlichkeit der (auch zukünftigen) Haftungsandrohung Kompensation also zumindest förderlich ist.

3. Teil. Ökonomischer Hintergrund; Principal-Agent-Problematik

Auch aus ökonomischer Perspektive ist die Vorstandshaftung von Interesse. Insbesondere der sog. Principal-Agent-Ansatz widmet sich den Fragestellungen, die immer dann auftauchen, wenn eine Person (der Agent) von einer oder mehreren anderen Personen (dem/den Prinzipal/en) beauftragt[390] wird, ihre Interessen wahrzunehmen.[391] Als Mittel der Disziplinierung lässt sich auch aus ökonomischer Perspektive an eine Haftungsandrohung denken. Um jedoch die Relevanz der Vorstandshaftung aus der Sichtweise der Ökonomik zu verstehen, ist es erforderlich, die theoretische Einbettung näher zu beleuchten. Dafür soll zunächst erörtert werden, an welcher Stelle der Ökonomik die Principal-Agent-Theorie zu verorten ist. Sodann werden die adressierten Problemkonstellationen sowie ihre spezifischen Aussagegehalte dargestellt. Im Anschluss daran wird die Relevanz für die Frage der Vorstandshaftung aufgezeigt.

A. Ökonomischer Hintergrund

Die Principal-Agent-Theorie ist Teil der Neuen Institutionenökonomik. Sie ist in ihren Ausprägungen teils sehr verschieden, wobei als übergeordnete Kategorien der normative Principal-Agent-Ansatz und der positive Principal-Agent-Ansatz unterschieden werden können.[392] Der normative Ansatz nähert sich der Problematik unter Heranziehung mathematischer Methoden, wobei mit abstrahierenden Modellen gearbeitet wird, die die Strukturen unter Ausklammerung vieler Faktoren zu erklären suchen.[393] Demgegenüber wählt der positive Principal-Agent-Ansatz eine eher deskriptive Herangehensweise, weil davon ausgegangen

390 Dies versteht sich in einem weiteren Sinne.

391 Göbel, Neue Institutionenökonomik, 2002, S. 98.

392 Richter/Furubotn, Neue Institutionenökonomik, 4. Aufl. 2010, S. 176; die Differenzierung geht – soweit ersichtlich – zurück auf Jensen, The Accounting Rev., 1983, 319, 334, der zwischen „positive theory of agency“ und „principal-agent“ unterscheidet.

393 Arnold, Die Steuerung des Vorstandshandelns, 2007, S. 16; Göbel, Neue Institutionenökonomik, 2002, S. 105.

wird, dass wegen der Mehrdimensionalität[394] der betrachteten Beziehungen eine mathematische Erfassung nicht gelingen kann.[395]

Im Folgenden werden die Grundannahmen aus der Perspektive der positiven Agency-Theorie erörtert, weil sie wegen ihrer mehrdimensionalen Betrachtungsweise eher geeignet ist, die im Zusammenhang mit der Vorstandshaftung stehenden Problemkonstellationen zu fassen.[396]

B. Positive Agency-Theorie

I. Ausgangslage

Anders als in der Personengesellschaft besteht in der Kapitalgesellschaft grundsätzlich eine Trennung von Investition und Management.[397] Denn es gilt gerade nicht das im Recht der Personengesellschaften beheimatete Prinzip der Selbstorganschaft, sondern das dem Kapitalgesellschaftsrecht immanente Prinzip der Fremdorganschaft. Es kann also eine von den Gesellschaftern verschiedene Person zum Organ der Gesellschaft bestellt werden.

Aus ökonomischer Sicht hat diese Trennung mehrere Vorteile: Durch die Möglichkeit, die eigene unternehmerische Expertise sinnvoll einzusetzen ohne dabei zugleich Investitionen tätigen zu müssen, werden Anreize gesetzt, Unternehmungen zu tätigen.[398] Umgekehrt besteht für Investoren die Möglichkeit, an einer Unternehmung zu partizipieren, die sie in Ermangelung hinreichenden Spezialwissens nicht selbst durchführen könnten.[399] Durch geschickte Allokation ihrer Beteiligungen an verschiedenen Unternehmungen ist zudem eine

394 Zur Vielschichtigkeit der determinierenden Faktoren etwa Jensen, The Accounting Rev., 1983, 319, 334 f.

395 Arnold, Die Steuerung des Vorstandshandelns, 2007, S. 16 f.; Richter/Furubotn, Neue Institutionenökonomik, 4. Aufl. 2010, S. 176.

396 Vgl. zur Kritik an den mathematisierenden Ansätzen auch Jensen, The Accounting Rev., 1983, 319, 333 f.

397 Steffek, JuS 2010, 295, 296; Ruffner, Die ökonomischen Grundlagen, 2000, S. 131, der dies als Trennung der operativen Führung von der Übernahme der residualen Risiken bezeichnet; Schlitt in MüKoAktG, 3. Aufl. 2011, § 33 WpÜG Rn. 6: „Eigentum und Kontrolle"; ebenso Oechsler in MüKoAktG, 3. Aufl. 2008, § 71 Rn. 121; diese Betrachtung geht zurück auf Berle/Means, The Modern Corporation, 1968, S. 66 ff. und passim.

398 Ruffner, Die ökonomischen Grundlagen, 2000, S. 131.

399 Arnold, Die Steuerung des Vorstandshandelns, 2007, S. 14; Ruffner, Die ökonomischen Grundlagen, 2000, S. 131.

Minimierung des Risikos möglich.[400] Diese Form der Arbeitsteilung und die damit einhergehende Spezialisierung werden von Ökonomen positiv bewertet.[401]

Mit der Arbeitsteilung gehen aber auch gewisse Nachteile einher: Der Prinzipal weiß weniger gut Bescheid, ob die dem Agenten übertragene Aufgabe akkurat ausgeführt wird, als wenn er sie selbst erledigt.[402] Ferner ist es für den Prinzipal schwierig festzustellen, ob der Agent stets im Interesse des Prinzipals handelt.[403] Dafür ist er aber gerade engagiert worden.

II. Grundannahmen und Problemsicht der positiven Agency-Theorie

Die positive Agency-Theorie geht grundsätzlich davon aus, dass alle Beteiligten dem Bild des *Homo Oeconomicus* entsprechen, also in jeder Situation rational handeln.[404] Weiters wird angenommen, dass jeder der Beteiligten zu seinem eigenen Vorteil handelt.[405] Wenn aber jeder zu seinem eigenen Vorteil handelt, so ist der Eintritt von Interessenkollisionen nur dann ausgeschlossen, wenn beide Lager gleichlaufende Interessen haben.[406] Das aber ist meist nicht der Fall, denn den Beteiligten wird ja gerade opportunistisches Verhalten unterstellt.[407]

Außerdem besteht Informationsasymmetrie zwischen den Beteiligten.[408] Darunter versteht man den Umstand, dass der Prinzipal aufgrund einer Reihe von

---

400 Hirte, Kapitalgesellschaftsrecht, 7. Aufl. 2012, Rn. 1.34; Ruffner, Die ökonomischen Grundlagen, 2000, S. 131.

401 Göbel, Neue Institutionenökonomik, 2002, S. 99.

402 Göbel, Neue Institutionenökonomik, 2002, S. 99; Ruffner, Die ökonomischen Grundlagen, 2000, S. 131.

403 Eckert/Grechenig/Stremitzer in Kalss (Hrsg.), Vorstandshaftung in 15 europäischen Ländern, 2005, S. 95, 110; Richter/Furubotn, Neue Institutionenökonomik, 4. Aufl. 2010, S. 173.

404 Vgl. zum Modell des *Homo Oeconomicus* allgemein und dem Rationalitätsprinzip im Besonderen Erlei/Leschke/Sauerland, Neue Institutionenökonomik, 2. Aufl. 2007, S. 2 ff. 12 ff.; Göbel, Neue Institutionenökonomik, 2002, S. 100; Ruffner, Die ökonomischen Grundlagen, 2000, S. 58.

405 Göbel, Neue Institutionenökonomik, 2002, S. 100.

406 Steffek, JuS 2010, 295, 296.

407 Richter/Furubotn, Neue Institutionenökonomik, 4. Aufl. 2010, S. 222 und zum opportunistischen Verhalten allgemein S. 5.

408 Hart, Colum. L. Rev. 1989, 1757, 1759; Göbel, Neue Institutionenökonomik, 2002, S. 100.

tatsächlichen Gegebenheiten[409] nicht in der Lage ist, den Agenten vollständig in seinem Tun zu überwachen.

Wegen dieser Informationsasymmetrie besteht für den Agenten ein gewisser tatsächlicher Handlungsspielraum, (seine eigenen) Interessen zu verfolgen, die denen des Prinzipals regelmäßig nicht entsprechen.[410]

Davon ausgehend sieht die positive Agency-Theorie vier Problemkonstellationen: „*hidden characteristics*", „*hidden action*", „*hidden information*" und „*hidden intention*".[411]

Unter „*hidden characteristics*" versteht man die Problemlage, mit der sich der Principal bei Auswahl eines geeigneten Agenten konfrontiert sieht: Er weiß im Vorhinein nicht, welche Fähigkeiten in dem potentiellen Agenten stecken, was zusätzlich dadurch erschwert wird, dass jeder potentielle Agent sich selbst in einem besonders vorteilhaften Licht dazustellen sucht.[412]

„*Hidden action*" bezeichnet das nach Vertragsschluss mit einem Agenten auftretende Problem: Eine lückenlose Überwachung des Agenten ist kostenintensiv und teilweise faktisch unmöglich.[413] Der Prinzipal weiß also nicht, ob der Agent vollumfänglich im Interesse des Prinzipals agiert oder ob er eigennützig handelt.[414]

„*Hidden information*" im Sinne der Theorie bezeichnet das Problem, dass der Agent dem Prinzipal gegenüber aufgrund seines Wissensvorsprungs und aber gerade auch aufgrund seines überlegenen Sachwissens Dinge verzerren kann.[415] Er kann ihn beispielsweise Glauben machen, die Kapazitäten der Produktionsmittel einer Unternehmung seien ausgelastet, obwohl dies objektiv unzutreffend

409 Dazu zählt sowohl die Kenntnis über den eigenen Arbeitseinsatz als auch der in der Spezialisierung sowie der größeren Sachnähe wurzelnde Wissensvorsprung, vgl. Hart, Colum. L. Rev. 1989, 1757, 1759.

410 Göbel, Neue Institutionenökonomik, 2002, S. 100; Ruffner, Die ökonomischen Grundlagen, 2000, S. 131; zur Interessendivergenz auch als Preisbildungsfaktor auf dem Sekundärmarkt Jensen/Meckling, J. Fin. Econ., 1976, 305, 313.

411 Göbel, Neue Institutionenökonomik, 2002, S. 100.

412 Göbel, Neue Institutionenökonomik, 2002, S. 101; Richter/Furubotn, Neue Institutionenökonomik, 4. Aufl. 2010, S. 175.

413 Göbel, Neue Institutionenökonomik, 2002, S. 102.

414 Die Theorie unterstellt dem Agenten aber zumindest, dass er nicht immer zum ausschließlich Besten des Prinzipals handelt, Richter/Furubotn, Neue Institutionenökonomik, 4. Aufl. 2010, S. 174.

415 Richter/Furubotn, Neue Institutionenökonomik, 4. Aufl. 2010, S. 175; Göbel, Neue Institutionenökonomik, 2002, S. 102.

ist.[416] Der Anreiz, dies zu tun, kann für den Agenten darin liegen, dass er sich so ein weniger belastendes Arbeitsumfeld kreieren kann.[417]

Das „*hidden intention*"-Problem wird von der Agency-Theorie als weniger problematisch empfunden. Gemeint sind Fälle, in denen der Prinzipal sektorspezifisch investiert hat, gewissermaßen einen „Vorschuss" geleistet hat, was ihn in die Lage versetzt, vom Agenten ausgenutzt werden zu können.[418]

Die Theorie blickt aus der Perspektive des Prinzipals auf die Probleme, sucht also in ihren Lösungsansätzen nach Wegen, das Verhalten des Agenten möglichst in die vom Prinzipal gewünschten Bahnen zu lenken.[419]

III. Agency-Probleme in der Aktiengesellschaft

In der Aktiengesellschaft treten diese Konfliktlagen in vielschichtiger Weise auf: So kann eine Principal-Agent-Beziehung im Verhältnis der Minderheitsaktionäre zum Mehrheitsaktionär[420] oder im Verhältnis der Aktionäre zu den Aufsichtsratsmitgliedern ausgemacht werden. Aber auch und gerade das Verhältnis der Aktionäre zum Vorstand stellt eine Principal-Agent-Beziehung dar.[421] Denn der Vorstand wird aus Sicht der Aktionäre berufen, (zumindest auch) in ihrem Interesse die Aktiengesellschaft zu leiten.

1. Eigenverantwortlichkeit des Vorstands, § 76 AktG

Zunächst muss geklärt werden, ob die Annahme der Agency-Theorie, der Vorstand als Agent sei verpflichtet, im Interesse der Aktionäre (den Prinzipalen) zu handeln, zutrifft. Denn § 76 Abs. 1 AktG statuiert, dass der Vorstand die Aktiengesellschaft „unter eigener Verantwortung zu leiten [hat]".[422]

Damit wird das sog. Leitungsermessen des Vorstands statuiert. Daraus folgt, dass der Vorstand die Aktiengesellschaft unabhängig von Weisungen Dritter

416 Beispiel ähnlich dem von Richter/Furubotn, Neue Institutionenökonomik, 4. Aufl. 2010, S. 175 f.

417 Richter/Furubotn, Neue Institutionenökonomik, 4. Aufl. 2010, S. 175.

418 Göbel, Neue Institutionenökonomik, 2002, S. 103 – diese Situation wird auch als „hold-up" bezeichnet, weil der Agent den Principal wegen dessen Angewiesenheit auf ihn „überfallen" kann, Hirte, Kapitalgesellschaftsrecht, 7. Aufl. 2012, Rn. 1.27.

419 Göbel, Neue Institutionenökonomik, 2002, S. 104.

420 Dazu jüngst Hopt, ZIP 2013, 1793, 1795.

421 Ruffner, Die ökonomischen Grundlagen, 2000, S. 131.

422 Diese Kernfrage wird auch von Arnold, Steuerung des Vorstandshandelns, 2007, S. 40 ff. aufgeworfen und eingehend untersucht.

oder anderer Organe führt.[423] Er nimmt die durch den Gesellschaftszweck definierte unternehmerische Funktion wahr.[424] Dies ist aber zugleich eine deutliche Begrenzung seines Leitungsermessens neben dem Umstand, dass selbstverständlich alle geltenden Rechtsnormen vom Vorstand bei Leitung der Gesellschaft einzuhalten sind.[425]

Diese (verbleibende) Eigenverantwortlichkeit der Geschäftsleitung des Vorstands und der daraus resultierende Handlungsspielraum sind gerade kennzeichnend für das Vorliegen einer Agency-Beziehung.[426] Wäre der Vorstand enger an die Vorgaben etwa der Aktionäre gebunden, so schlösse das die Annahme einer Agency-Beziehung zwar nicht aus, doch wären die auftretenden Probleme von geringerer Intensität.

Auch schließt der Umstand, dass der Vorstand als Agent unter Umständen verschiedenen Prinzipalen zu dienen hat, die Annahme einer Principal-Agent-Beziehung nicht aus.[427] Es ist eine Vielzahl an mehrschichtigen bzw. multidimensionalen Principal-Agent-Beziehungen denkbar.[428] Insofern gibt auch der im deutschen Aktienrecht geführte Streit, wessen Interessen der Vorstand bei Ausübung seines Leitungsermessens zu dienen hat,[429] keinen Anlass zu Zweifeln an der grundsätzlichen Anwendbarkeit der Agency-Theorie.

Die Eigenverantwortlichkeit der Unternehmensführung durch den Vorstand steht der Annahme einer Agency-Beziehung also nicht entgegen. Die Frage, an

423 Hirte, Kapitalgesellschaftsrecht, 7. Aufl. 2012, Rn. 3.43; Mertens/Cahn in KölnerKommAktG, 3. Aufl. 2010, § 76 Rn. 9; Koch in Hüffer, AktG, 11. Aufl. 2014, § 76 Rn. 25; Goette, FS 50 Jahre BGH, 2000, S. 123, 126.

424 Goette, FS 50 Jahre BGH, 2000, S. 123, 125.

425 Goette, FS 50 Jahre BGH, 2000, S. 123, 125.

426 Arnold, Die Steuerung des Vorstandshandelns, 2007, S. 40.

427 So aber Arnold, Die Steuerung des Vorstandshandelns, 2007, S. 40 und 42 ff., der die Anwendbarkeit der Agency-Theorie unter die Voraussetzung stellt, dass das Management nur den Aktionären zu dienen und sich nicht an den Interessen anderer zu orientieren habe.

428 Vgl. etwa Göbel, Neue Institutionenökonomik, 2002, S. 106 f. mit Hinweis auf die Gefahr von Loyalitätskonflikten; Ruffner, Die ökonomischen Grundlagen, 2000, S. 223; der Fall mehrerer Prinzipale und eines gemeinsamen Agenten wird auch als „common agency" bezeichnet, vgl. Bernheim/Whinston, Econometrica 1986, 923 ff.; Jepsen, Entlohnung des Managements, 2007, S. 40 Fn. 114.

429 Vgl. zur Diskussion etwa Goette, FS 50 Jahre BGH, 2000, S. 123 ff.; Mülbert, ZGR 26 (1997) 129, 140 ff.; Eidenmüller, JZ 2001, 1041, 1043; Hirte, Kapitalgesellschaftsrecht, 7. Aufl. 2012, Rn. 3.43; Mertens/Cahn in KölnerKommAktG, 3. Aufl. 2010, § 76 Rn. 15 ff.

welchem Maßstab der Vorstand sein Handeln auszurichten hat, ist für die grundsätzliche Anwendbarkeit der Agency-Theorie auf die deutsche Aktiengesellschaft ohne Belang.[430]

2. *Konfliktpotentiale in der Aktiengesellschaft*

An dieser Stelle kann naturgemäß nur eine abstrakte Erörterung der möglichen Konfliktpotentiale stattfinden. Auch ist in Rechnung zu stellen, dass das Leitungsermessen dem Vorstand einen gewissen Freiraum[431] belässt, innerhalb dessen er unternehmerische Entscheidungen treffen kann, ohne dass diese sodann als dem Interesse der Prinzipale widersprechend eingestuft werden könnten.[432] Dies ist aus ökonomischer Perspektive äußerst wichtig: Muss der Geschäftsleiter fürchten, dass ihm jeglicher unternehmerische Handlungsspielraum abgesprochen wird und er demgemäß gewissermaßen nur eine einzige „richtige" Entscheidung treffen kann, so wird er kostenintensive Beratung einholen, um sich in jeglicher Hinsicht abzusichern.[433] Neben dem „Lähmungseffekt" verursacht eine Haftungsausgestaltung ohne Spielraum für unternehmerische Entscheidungen mithin Kosten.

a) Sorgfaltspflicht

Differenziert man nun zwischen Sorgfalts- und Treuepflicht,[434] so hat die Haftung im Rahmen der Sorgfaltspflicht den Zweck, nachlässiges Verhalten zu unterbinden. Denn gerade der Umstand, dass der Vorstand nicht sein eigenes Unternehmen führt, sondern ein fremdes, lässt ihn möglicherweise Gefahren gleichgültiger gegenüberstehen oder geringere Skepsis bei der Anbahnung oder

---

430 Davon zu trennen ist die Frage, wie die im Falle der Bejahung der Maßgeblichkeit der sog. „*stakeholder*-Interessen" anzustellende Ermessensausübung auszusehen hat.

431 Dieser fällt aber unterschiedlich aus, je nachdem, ob es sich um Sorgfalts- oder Treuepflichten handelt, die es einzuhalten gilt, vgl. Goette, FS 50 Jahre BGH, 2000, S. 123, 130 ff.; Fleischer, Hdb. des Vorstandsrechts, 2006, S. 288.

432 Diesem Umstand trägt die business judgment rule in § 93 Abs. 1 S. 2 AktG Rechnung. In diese Richtung auch Arnold, Steuerung des Vorstandshandelns, 2007, S. 52 und Eckert/Grechenig/Stremitzer in Kalss (Hrsg.), Vorstandshaftung in 15 europäischen Ländern, 2005, S. 95, 114 f., die zusätzlich auf das Problem des sog. „*hindsight bias*" bei Bewertung des Vorstandshandelns hinweisen.

433 Eckert/Grechenig/Stremitzer in Kalss (Hrsg.), Vorstandshaftung in 15 europäischen Ländern, 2005, S. 95, 115.

434 Zur Differenzierung etwa Fleischer, Hdb. des Vorstandsrechts, 2006, S. 237 ff. und 285 ff.

Durchführung von Geschäften an den Tag legen.[435] Bei der konkreten Ausgestaltung der Haftung wegen Verletzung von Sorgfaltspflichten darf aber nicht vergessen werden, dass zu scharfe Haftungsandrohungen der Eingehung von erwünschten Risiken entgegenwirken und damit insgesamt kontraproduktiv sein können.[436] Auch aus diesem Grund ist die Einhaltung der erforderlichen Sorgfalt aus *ex ante* - Sicht zu prüfen.[437]

Kategorisierend[438] können die Legalitätspflicht[439], also die Pflicht zur Einhaltung der gesamten für das Unternehmen maßgebenden Normen, die Überwachungspflicht[440], also die Pflicht zur Etablierung von Überwachungsstrukturen und die Wirtschaftlichkeitspflicht[441], also das Verbot, das fremde Vermögen zu verschwenden, unterschieden werden.

b) Treuepflicht

Demgegenüber hat die Treuepflicht die Fremdnützigkeit des Tätigwerdens vor Augen. Sie resultiert gerade daraus, dass der Vorstand im Dienste anderer, also ähnlich einem Treuhänder,[442] tätig wird. Deren Interessen sind es auch, die der Vorstand zu verfolgen hat, nicht seine eigenen.[443]

---

435 Ruffner, Die ökonomischen Grundlagen, 2000, S. 225; Erlei/Leschke/Sauerland, Neue Institutionenökonomik, 2. Aufl. 2007, S. 74.

436 Vgl. dazu bereits oben sowie Ruffner, Die ökonomischen Grundlagen, 2000, S. 226.

437 Dazu Krieger/Sailer-Coceani in Schmidt/Lutter, AktG, 2. Aufl. 2010, § 93 Rn. 5.

438 Sehr anschaulich bei Fleischer, Hdb. des Vorstandsrechts, 2006, S. 237 ff.

439 Fleischer, Hdb. des Vorstandsrechts, 2006, S. 241; Mertens/Cahn in KölnerKommAktG, 3. Aufl. 2010, § 93 Rn. 71; Habersack, FS U. H. Schneider, 2011, S. 429; jüngst dazu Bicker, AG 2014, 8.

440 Krieger/Sailer-Coceani in Schmidt/Lutter, AktG, 2. Aufl. 2010, § 93 Rn. 7; Mertens/Cahn in KölnerKommAktG, 3. Aufl. 2010, § 93 Rn. 80.

441 Krieger/Sailer-Coceani in Schmidt/Lutter, AktG, 2. Aufl. 2010, § 93 Rn. 8; Fleischer, Hdb. des Vorstandsrechts, 2006, S. 249 ff.

442 Vgl. dazu bereits oben und jüngst Hopt, ZIP 2013, 1793, 1796.

443 Fleischer, Hdb. des Vorstandsrechts, 2006, S. 287; das betont auch Ziff. 4.3.3 des Deutschen Corporate Governance Kodex: „Vorstandsmitglieder und Mitarbeiter dürfen im Zusammenhang mit ihrer Tätigkeit weder für sich noch für andere Personen von Dritten Zuwendungen oder sonstige Vorteile fordern oder annehmen oder Dritten ungerechtfertigte Vorteile gewähren."

Der Vorstand muss sich der Gesellschaft gegenüber loyal[444] verhalten und darf keine Geschäftschancen der Gesellschaft[445] an sich ziehen. Er muss bei Eigengeschäften mit der Gesellschaft ein gewisses Procedere einhalten.[446] Schließlich darf er sich nicht Mittel der Gesellschaft aneignen[447] oder Zuwendungen Dritter im Zusammenhang mit Vertragsschlüssen für die Gesellschaft annehmen[448].

c) Zusammenfassung

Sowohl im Bereich der Sorgfalts- als auch im Bereich der Treuepflichten sind Verhaltensweisen des Vorstands denkbar, die den Interessen der Aktionäre zuwiderlaufen. Sobald der Vorstand sein Handeln an seinen eigenen Interessen ausrichtet und dabei eigentlich maßgebliche Interessen vernachlässigt, besteht aus Sicht der Agency-Theorie Disziplinierungsbedarf.

3. *Rolle der Vorstandshaftung bei der Bewältigung der Konfliktlagen*

Aus Sicht der Aktionäre ist es nicht möglich, den Vorstand ex ante so eingehend zu überwachen, dass sie sicher sein können, dass ihre Interessen optimal verfolgt werden.[449] Neben der Etablierung von Informationsrechten der Aktionäre bzw. Offenlegungspflichten des Vorstands zur Reduktion des Informationsdefizits muss darauf hingewirkt werden, einen möglichst großen Interessengleichlauf der Vorstandsinteressen mit denen der Aktionäre zu erzeugen.[450] Dies kann durch die Gewährung von Vorteilen, zum Beispiel im Rahmen spezieller Vergütungsstrukturen wie etwa *stock options,* oder aber durch die Androhung von

---

444 Mertens/Cahn in KölnerKommAktG, 3. Aufl. 2010, § 93 Rn. 95 ff.

445 Ruffner, Die ökonomischen Grundlagen, 2000, S. 238; Fleischer, ZGR 30 (2001) 1, 8; Goette, FS 50 Jahre BGH, 2000, S. 123, 130; Mertens/Cahn in KölnerKommAktG, 3. Aufl. 2010, § 93 Rn. 105.

446 Fleischer, Hdb. des Vorstandsrechts, 2006, S. 292 ff.; Eckert/Grechenig/Stremitzer in Kalss (Hrsg.), Vorstandshaftung in 15 europäischen Ländern, 2005, S. 95, 117.

447 Fleischer, Hdb. des Vorstandsrechts, 2006, S. 301; das Haftungsrecht spielt an dieser Stelle eine wichtige Rolle, kann aber nicht alleine hinreichende Abschreckung bieten: Nur wenn die Schadensersatzpflicht den Betrag des aus dem Gesellschaftsvermögen unrechtmäßig Angeeigneten übersteigt, ist (bei unterstellter Risikoneutralität des Schädigers) die Haftungsandrohung geeignet, das verbotene Verhalten zu unterbinden, vgl. Eckert/Grechenig/Stremitzer in Kalss (Hrsg.), Vorstandshaftung in 15 europäischen Ländern, 2005, S. 95, 117.

448 Fleischer, Hdb. des Vorstandsrechts, 2006, S. 302.

449 Eckert/Grechenig/Stremitzer in Kalss (Hrsg.), Vorstandshaftung in 15 europäischen Ländern, 2005, S. 95, 111.

450 Göbel, Neue Institutionenökonomik, 2002, S. 110.

Sanktionen geschehen.[451] Daneben werden die disziplinierenden Wirkungen der Abberufungsentscheidung und des Arbeitsmarktes für Manager erörtert.[452]

Im Kontext der vorliegenden Untersuchung steht die Vorstandshaftung als Teil der Lösung der Agencyproblematik im Vordergrund. Sie kann als Element der Erzeugung eines Interessengleichlaufs gesehen werden, denn jede Pflichtverletzung kann zur Haftung führen.[453] Indem die Haftung einen Schaden der Gesellschaft voraussetzt und zur Ersatzpflicht durch den Vorstand führt, wird der Vorstand *ex ante* „ins Boot geholt", weil er weiß, dass ein durch ihn verursachter Schaden auf ihn zurückfallen wird.[454] Bemüht er sich hingegen und hält dabei den maßgeblichen Sorgfaltsmaßstab ein, so ist dies für ihn effizienter, weil er in diesem Falle nur seine persönlichen Sorgfaltskosten zu tragen hat.[455] Hinsichtlich der Treuepflicht wird eigennütziges Verhalten sanktioniert.

Aus ökonomischer Sicht spielt es dabei auch eine entscheidende Rolle, dass der Vorstand gerade an den Geschädigten leisten muss, weil durch die Aktivlegitimation des Geschädigten die Rechtsdurchsetzung wahrscheinlicher wird, was wiederum die Disziplinierungswirkung *ex ante* verstärkt.[456] Das Haftungsrecht stellt aus ökonomischer Sicht also einen wichtigen Anreiz dar, sich im Interesse der Anteilseigner zu verhalten. Auch die Ökonomik sieht die Haftungsandrohung aber nur als einen Baustein im gesamten Anreizsystem.[457]

---

451 Göbel, Neue Institutionenökonomik, 2002, S. 114.

452 Etwa Eckert/Grechenig/Stremitzer in Kalss (Hrsg.), Vorstandshaftung in 15 europäischen Ländern, 2005, S. 95, 118 f.

453 Vgl. zur Frage der Vorzugswürdigkeit einer Verschuldenshaftung oder einer Gefährdungshaftung etwa Wagner, AcP 206 (2006) 352, 454 f. und Eckert/Grechenig/Stremitzer in Kalss (Hrsg.), Vorstandshaftung in 15 europäischen Ländern, 2005, S. 95, 104 f.; Druey, FS Zöllner I, 1998, S. 129, 132 wirft demgegenüber die Frage auf, ob nicht die Dauer und Intensität der Kontrolle im Management bereits zu einer hinreichenden Identifikation mit dem Unternehmen führen, sodass Haftungsanreize nicht nötig sind.

454 Eckert/Grechenig/Stremitzer in Kalss (Hrsg.), Vorstandshaftung in 15 europäischen Ländern, 2005, S. 95, 100 und 110 f.

455 Wagner, AcP 206 (2006) 352, 454.

456 Eckert/Grechenig/Stremitzer in Kalss (Hrsg.), Vorstandshaftung in 15 europäischen Ländern, 2005, S. 95, 101; zum Vorteil der Zuweisung an den Geschädigten auch Wagner, AcP 206 (2006) 352, 446.

457 Der Präventionszweck ist aus ökonomischer Sicht aber einer der wichtigsten der Haftung, Eckert/ Grechenig/Stremitzer in Vorstandshaftung in 15 europäischen Ländern, 2005, S. 95, 136.

4. *Zusammenfassung*

Die deutsche Aktiengesellschaft birgt aufgrund ihrer Strukturen Raum für Agency-Probleme. Der Vorstand als eigenverantwortlich handelnder Geschäftsleiter darf sein Handeln nicht an seinen eigenen Interessen ausrichten. Vielmehr muss er die Interessen der Aktionäre im Blick behalten und seiner treuhänderähnlichen Position Rechnung tragen. Die Haftungsandrohung in § 93 Abs. 2 AktG leistet Anreize für den Vorstand, seiner Pflichtenbindung zu entsprechen. Auch aus ökonomischer Sicht ist die Haftungsandrohung aber nicht alleiniges Mittel zur Steuerung des Vorstandshandelns.

IV. Agency-Costs

Die Sinnhaftigkeit bestimmter Ausgestaltungen wird von der Agency-Theorie danach bemessen, welche Kosten dadurch entstehen. Die sog. Agency-Costs werden dabei definiert als die Summe aus den Überwachungskosten[458] des Prinzipals, den Aufwendungen des Agenten um die Informationsasymmetrie zu senken[459] und dem Residualverlust[460]. Jedoch ist es aufgrund der Mehrdimensionalität der in den Blick genommenen Gestaltungen schwierig, genaue Berechnungen anzustellen.[461] Auch ist zu bedenken, dass häufig eine ausgleichende Wirkung zwischen den Faktoren besteht: Möchte der Prinzipal den Residualverlust senken, so muss er eine engere Anbindung und bessere Information an und durch den Agenten herstellen, was wiederum Kosten verursacht.[462] Diese Interaktionen aller Beteiligten sowie die Wechselwirkungen jeder Modifikation erschweren die Ermittlung der Agency-Kosten also weiter. Insgesamt ist es also fraglich, ob – abgesehen von wenig realitätsnahen Modellierungen – eine belastbare Aussage über die Kosten einer Gestaltung getroffen werden kann.

---

458 „monitoring expenditures“, vgl. Jensen/Meckling, J. Fin. Econ. 1976, 305, 308; Erlei/Leschke/Sauerland, Neue Institutionenökonomik, 2. Aufl. 2007, S. 75.

459 „bonding expenditures“, vgl. Jensen/Meckling, J. Fin. Econ. 1976, 305, 308; Göbel, Neue Institutionenökonomik, 2002, S. 125.

460 „residual loss“, vgl. Jensen/Meckling, J. Fin. Econ. 1976, 305, 308; der Residualverlust wird dabei definiert als Differenz zwischen der aus Prinzipalsperspektive zu treffenden, weil besten Entscheidung, und der vom Agenten sodann tatsächlich getroffenen Entscheidung, vgl. Göbel, Neue Institutionenökonomik, 2002, S. 125.

461 Göbel, Neue Institutionenökonomik, 2002, S. 126.

462 Göbel, Neue Institutionenökonomik, 2002, S. 125.

V. Zusammenfassung

Die Agency-Theorie als Disziplin der Neuen Institutionenökonomik befasst sich mit den strukturell bedingten Problemen, die immer dann auftreten, wenn der Prinzipal dem Agenten Aufgaben und damit Verantwortung überträgt, die dieser im Interesse des Prinzipals wahrnehmen soll.

Die im Kapitalgesellschaftsrecht bestehende Trennung zwischen Eigentum und Kontrolle sorgt für das Auftreten von Agency-Beziehungen und den damit einhergehenden Problemen. Der Vorstand ist zwar eigenverantwortlich tätig, doch entsteht gerade dadurch für ihn die Möglichkeit, zumindest auch seine eigenen Interessen zu verfolgen. Informationsasymmetrien erschweren es den Aktionären, die Tätigkeiten des Vorstands zu überwachen. Selbst wenn eine Überwachung gelingt, kann der Vorstand infolge überlegenen Sachverstands Entscheidungen in einem positiven Licht darstellen.

Neben anderen Steuerungsinstrumenten stellt die Vorstandshaftung ein wichtiges Mittel dar, einen Interessengleichlauf zwischen Prinzipalen und Agent, hier also Aktionären und Vorstand, zu erzeugen. Weil der Vorstand im Vorhinein weiß, dass die schuldhafte Schadensverursachung Haftungsfolgen haben wird, wird er zu sorgfältigerem und uneigennützigem Handeln motiviert.

Auch aus ökonomischer Sicht ist es aber erforderlich, die Haftungsandrohung nicht zu scharf auszugestalten, weil ansonsten übermäßige Vorsicht die Innovationsfreude und die Eingehung erwünschter unternehmerischer Risiken dämpft. Zumindest ist die übermäßige Sorgfaltsanstrengung mit der Verursachung weiterer Kosten verbunden.

Die Vorstandshaftung stellt also auch aus ökonomischer Sicht einen wichtigen und nicht hinwegzudenkenden Teil der Steuerung des Vorstandshandelns dar. Sie muss aber – um effizient zu sein – mit anderen Mitteln der Steuerung in einen sinnvollen Ausgleich gebracht werden. Ziel ist also ein „Optimum an Kontrolle und Selbstbindung und nicht ein Maximum“[463].

463 Ruffner, Die ökonomischen Grundlagen, 2000, S. 132.

4. Teil. § 93 Abs. 4 S. 3 AktG und privatautonome Gestaltung

Vor dem geschilderten Hintergrund soll die Norm des § 93 Abs. 4 S. 3 AktG einer allgemeinen Untersuchung zugeführt werden. Will man die Haftung des Vorstands privatautonom gestalten, stößt man bei fast jedem Gestaltungsansatz auf die Frage, welche Implikationen von § 93 Abs. 4 S. 3 AktG ausgehen. Im Schrifttum findet sich häufig die These, dass etwa eine Stundung des Ersatzanspruchs sowie ein Verzicht der Gesellschaft auf ihre Aufrechnungsbefugnis an § 93 Abs. 4 S. 3 AktG scheitern, obwohl diese dem Wortlaut der Norm nach keinen Beschränkungen unterliegen.[464]

Die Frage nach der Reichweite des § 93 Abs. 4 S. 3 AktG wird sich insbesondere der Aufsichtsrat der Gesellschaft stellen, denn dieser vertritt die Gesellschaft gegenüber Vorstandsmitgliedern gerichtlich und außergerichtlich, § 112 S. 1 AktG. Dies gilt auch, wenn es um den Abschluss von Vereinbarungen betreffend die Haftung geht.[465] Der Aufsichtsrat ist dabei freilich seinerseits an eine Reihe von Pflichten gebunden, § 116 AktG.[466] § 93 Abs. 4 S. 3 AktG beschränkt indes zusätzlich für einen Zeitraum von drei Jahren das rechtliche Können des Aufsichtsrats, indem er – in kompetenzieller Hinsicht[467] – anordnet, dass die Gesellschaft nur mit Zustimmung der Hauptversammlung auf Ansprüche gegen den Vorstand „verzichten oder sich über sie vergleichen [kann]". Vor diesem Hintergrund bietet es sich an, die Reichweite und Aussage der Norm zunächst losgelöst von einzelnen Gestaltungsansätzen zu untersuchen.

§ 93 Abs. 4 S. 3 AktG lautet: *„Die Gesellschaft kann erst drei Jahre nach der Entstehung des Anspruchs und nur dann auf Ersatzansprüche verzichten oder sich über sie vergleichen, wenn die Hauptversammlung zustimmt und nicht eine*

---

464 Für die Stundung etwa Krieger/Sailer-Coceani in Schmidt/Lutter, AktG, 2. Aufl. 2010, § 93 Rn. 51; Mertens/Cahn in KölnerKommAktG, 3. Aufl. 2010, § 93 Rn. 171; für den Aufrechnungsverzicht etwa Hölters in Hölters, AktG, 2. Aufl. 2014, § 93 Rn. 309; Hopt in GroßKommAktG, 4. Aufl. (1999), § 93 Rn. 375; beide Gestaltungen werden im Anschluss an diesen Teil der Arbeit eingehend untersucht.

465 BGH NZG 2009, 466, 467; Dietz-Vellmer, NZG 2011, 248, 249 und 251; monographisch zur Freiheit der Gestaltung in Verträgen mit dem Vorstand Muthmann, Vorstandsvertrag, 2012.

466 BGH NZG 2009, 466, 467; Dietz-Vellmer, NZG 2011, 248, 249.

467 Vgl. dazu sogleich unter 4. Teil.A.II.

Minderheit, deren Anteile zusammen den zehnten Teil des Grundkapitals erreichen, zur Niederschrift Widerspruch erhebt."

Damit ist zunächst vorgegeben, dass vor Ablauf von drei Jahren Verzicht und Vergleich nicht möglich sind; dies macht es erforderlich, die Definitionen der beiden Begriffe zu hinterfragen. Weitere Rechtshandlungen als der Vergleich und der Verzicht werden nicht genannt. Ihrem sachlichen Aussagegehalt nach sind die Beschränkungswirkungen des § 93 Abs. 4 S. 3 AktG also auf den ersten Blick relativ begrenzt. Gleichwohl werden im Schrifttum viele weitere Rechtshandlungen genannt, die ebenfalls nur unter den Voraussetzungen des § 93 Abs. 4 S. 3 AktG möglich sein, also gleichermaßen erheblichen Einschränkungen unterliegen sollen. Zum Teil[468] wird zur Begründung darauf abgestellt, dass die Nennung von Verzicht und Vergleich in § 93 Abs. 4 S. 3 AktG nicht abschließend sei,[469] zum Teil wird nach der „wirtschaftlichen Vergleichbarkeit" der jeweiligen Rechtshandlung mit Verzicht und Vergleich gefragt,[470] zum Teil wird darauf abgestellt, ob die nämliche Rechtshandlung wie ein Vergleich oder Verzicht wirkt.[471] Die Liste der Rechtshandlungen, die nicht möglich sein sollen, ist lang[472] und beinhaltet der Art nach sehr unterschiedliche Gestaltungsansätze. Aufgrund der geringen Konturierung[473] dieser Lösungsansätze für (vermeintlich) unzulässige Rechtshandlungen und der Vielzahl der genannten Gestaltungen einerseits sowie der Tatsache, dass § 93 Abs. 4 S. 3 AktG keinen Hinweis darauf enthält, dass auch andere, nicht explizit geregelte Rechtshandlungen erschwert werden sollen andererseits, entsteht der Eindruck einer ausufernden Limitierung von Gestaltungsansätzen.

In diesem Zusammenhang muss herausgestellt werden, dass die Unterwerfung unter die Folgen des § 93 Abs. 4 S. 3 AktG zusätzliche Erschwerungen zu den ohnehin schon restriktiven (allgemeinen) Maßstäben bedeutet.[474] Schließt

---

468 Die Begründungsansätze sind sich teils freilich recht ähnlich und kommen auch weitgehend zu denselben Ergebnissen.

469 Etwa Fleischer in Spindler/Stilz, AktG, 2. Aufl. 2010, § 93 Rn. 287.

470 Etwa Spindler in MüKoAktG, 4. Aufl. 2014, § 93 Rn. 261; Krieger/Sailer-Coceani in Schmidt/Lutter, AktG, 2. Aufl. 2010, § 93 Rn. 51.

471 Etwa Fleischer in Spindler/Stilz, AktG, 2. Aufl. 2010, § 93 Rn. 287; Hölters in Hölters, AktG, 2. Aufl. 2014, § 93 Rn. 309.

472 Vgl. etwa Hölters in Hölters, AktG, 2. Aufl. 2014, § 93 Rn. 309.

473 Die rechtsmethodisch ungenügende Absicherung der Anwendung von § 93 Abs. 4 S. 3 AktG bemängelt auch Harbarth, Liber Amicorum M. Winter, 2011, 215, 224.

474 Ähnlich Ihlas, Organhaftung, 1997, 181; zur Pflichtenbindung Hefermehl in Geßler/Hefermehl/Eckhardt/Kropff, AktG, 1974, § 93 Rn. 67, der allerdings auf den Vorstand abstellt. Die Vertretung durch den Aufsichtsrat gilt auch gegenüber

die Gesellschaft mit dem Vorstand Vereinbarungen, so unterliegt der die Gesellschaft vertretende Aufsichtsrat hohen Sorgfaltsanforderungen, § 116 AktG.[475] Es muss also berücksichtigt werden, dass die Diskussion um die Frage, welche Rechtsgeschäfte § 93 Abs. 4 S. 3 AktG direkt oder im Wege der Rechtsfortbildung unterfallen, keine „alles-oder-nichts"-Frage, sondern eine nach hohen oder nochmals erhöhten Zulässigkeitsvoraussetzungen ist.[476]

Ziel ist es, die Reichweite von § 93 Abs. 4 S. 3 AktG sowohl in seiner direkten als auch in seiner entsprechenden Anwendung zu ergründen. Nach einer Beschäftigung mit der Entstehungsgeschichte der Vorschrift sowie ihres Normzwecks[477] muss gefragt werden, welche Reichweite der Vorschrift in ihrer direkten Anwendung zukommt.[478] Im Anschluss daran wird zu untersuchen sein, welche Implikationen von dem zu entwickelnden Normverständnis für die Anwendung auf ungeregelte Gestaltungsansätze ausgehen.[479]

Daran anschließen wird sich die Betrachtung der zeitlichen Reichweite, weil auch die Dreijahresregelung in § 93 Abs. 4 S. 3 AktG eine Reihe von Fragen aufwirft.[480]

A. Entstehungsgeschichte

Um die Funktionsweise von § 93 Abs. 4 S. 3 AktG umfassend würdigen zu können, ist zunächst die Betrachtung seiner Entstehungsgeschichte angezeigt.

I. Erstmalige Kodifizierung

Die Beschränkungen für Verzicht und Vergleich wurden erstmals im AktG 1937, damals noch in § 84 AktG, kodifiziert.[481] Die Gesetzesbegründung besagt zu der Regelung bezüglich Verzicht und Vergleich einzig, dass die Beschränkungen für

---

bereits ausgeschiedenen Vorständen, vgl. BGH NZG 2009, 466, 467; Dietz-Vellmer, NZG 2011, 248, 249.

475 Vgl. dazu soeben.

476 Zur Frage der korrekten Pflichtenbindung des Aufsichtsrats bei Anwendung des § 93 Abs. 4 S. 3 AktG Dietz-Vellmer, NZG 2011, 249, 251.

477 Dazu 4. Teil.A.

478 Dazu 4. Teil.B.I-IV.

479 Dazu 4. Teil.B.V.

480 Dazu unten 4. Teil.C.

481 Zimmermann, FS Duden, 1977, S. 773, 776; Schilling in GroßKommAktG, 3. Aufl. (1971), § 93 Anm. 39.

Verzicht und Vergleich bereits geltendes Recht gewesen seien.[482] Das aber stimmt nicht, denn Vergleich und Verzicht bezüglich der Vorstandshaftung waren bis dato keinen derartigen Beschränkungen unterworfen.[483] Zuvor war eine Beschränkung von Verzicht und Vergleich nur im Rahmen der Gründungsansprüche geregelt.[484] Vor diesem Hintergrund ist den Materialien für die Situation der Vorstandshaftung keine unmittelbare Regelungsmotivation zu entnehmen.[485]

II. Herkunft der Norm

Die Regelung wurde also aus dem Recht der Kapitalaufbringung, betreffend die Gründungsansprüche, übernommen. Dort geht es darum, die Kapitalaufbringung sicherzustellen.[486] Zentrales Anliegen war damit der Schutz vor Dispositionen über Gründungsansprüche, bei deren zugrundeliegendem Beschluss die Generalversammlung von eben den Gründern beherrscht sein kann.[487] Die gesetzgeberische Idee ging dahin, dass nach Ablauf von drei Jahren „die Beherrschung der Generalversammlung durch die Gründer präsumtiv aufgehört hat“[488].

Im AktG 1937 wurden dann wie bereits gezeigt die Verzichts- und Vergleichsbeschränkungen in den Bereich der Vorstandshaftung unreflektiert übernommen.

Keine Beachtung hat im Zuge dessen etwa der Umstand erfahren, dass im Bereich der Vorstandshaftung (nach der derzeitigen Rechtslage in § 93 Abs. 4 S. 3 AktG) die Anteilseigner über die Haftung des in Fremdorganschaft handelnden Vorstands entscheiden. Es besteht also eine deutliche Abweichung zu der Situation, in der Gründer über Ansprüche gegen Gründer entscheiden. § 93 Abs. 4 S. 3 AktG beinhaltet schließlich auch eine Kompetenzzuweisung.[489] Im Zuge der

482 Amtl. Begr. zu § 84 AktG, abgedruckt bei Klausing, AktG, 1937, S. 72.

483 Zimmermann, FS Duden, 1977, S. 773, 776; Cahn, Vergleichsverbote, 1996, S. 35 Fn. 76; Schilling in GroßKommAktG, 3. Aufl. (1971), § 93 Anm. 39.

484 Zimmermann, FS Duden, 1977, S. 773, 776; Cahn, Vergleichsverbote, 1996, S. 35; Schilling in GroßKommAktG, 3. Aufl. (1971), § 93 Anm. 39.

485 Zimmermann, FS Duden, 1977, S. 773, 776; Harbarth, Liber Amicorum M. Winter, 2011, S. 215, 225.

486 Koch in Hüffer, AktG, 11. Aufl. 2014, § 50 Rn. 1; Gerber in Spindler/Stilz, Akt, 2. Aufl. 2010, § 50 Rn. 1.

487 Entwurf eines Gesetzes, betreffend die KGaA und AG (1884), abgedruckt in ZGR Sonderheft 4, 1985, S. 452.

488 Entwurf eines Gesetzes, betreffend die KGaA und AG (1884), abgedruckt in ZGR Sonderheft 4, 1985, S. 452.

489 So explizit Goette, ZHR 176 (2012) 588, 598 Fn. 35.

Übernahme dieser Kompetenzzuweisung wurde aber nicht berücksichtigt, ob die Kompetenz der Hauptversammlung sachgerecht ist und welche Konsequenzen dies hat. Ersteres ist im Ergebnis zu bejahen, weil damit die Entscheidungsbefugnis bei den Residualeigentümern verankert wird.

Daran hätte sich aber die Frage anschließen müssen, ob nicht aus der Kompetenzzuweisung an die Hauptversammlung folgt, dass etwa die Dreijahresfrist nicht übernommen werden kann bzw. muss.[490] Denn eine vergleichbare Konfliktlage (Möglichkeit der Beeinflussung der Generalversammlung bzw. Einfluss in der Generalversammlung, weil die Anteile noch nicht veräußert wurden, mit der Folge, dass sich die Gründer gleichsam selbst bzw. gegenseitig enthaften[491]) wie im Bereich der Gründungsansprüche wird sich bei Ansprüchen gegen den Vorstand in der Regel nicht auftun.[492] Darüber hinaus muss mit dem Residualeigentum auch die Befugnis verbunden sein, über Ansprüche zu disponieren, deren Bestand möglicherweise noch unklar ist.

Die Wertungen aus den Regelungen über die Gründungsansprüche in §§ 46–48 AktG haben außerdem einen stärkeren Bezug zum Gläubigerschutz als dies bei § 93 AktG der Fall ist. Zwar dient auch die Vorstandshaftung mittelbar dem Gläubigerschutz,[493] doch ist im Bereich der Gründungsansprüche die dem Gläubigerschutz dienende Haftungsmasse unmittelbares Schutzgut.[494] Auch dies hätte für die Disponibilität Konsequenzen haben müssen.

Ein weiterer Umstand wurde bei der Übernahme der Gründungsregelung in den Bereich der Vorstandshaftung nicht bedacht: Die Vorstandshaftung hat eine deutlich größere Relevanz als die Gründerhaftung.[495] Letztere bezieht sich auf einen einmaligen Vorgang, wohingegen die Haftung der Vorstandsmitglieder wiederholt in Rede stehen kann und auch viel mehr streitanfällige Anknüpfungspunkte findet.[496] Angesichts dessen und des Umstands, dass die zügige und unauffällige Streitbeilegung sehr wohl im Interesse aller Beteiligten liegen

490 Unter dem Schutzaspekt hinterfragen dies Mertens/Cahn in KölnerKommAktG, 3. Aufl. 2010, § 93 Rn. 164. Hier geht es indes mehr um die Beschneidung des rechtlichen Könnens der Residualeigentümer.

491 Vgl. dazu Pentz in MüKoAktG, 3. Aufl. 2008, § 50 Rn. 7.

492 Insoweit ähnlich Mertens/Cahn in KölnerKommAktG, 3. Aufl. 2010, § 93 Rn. 164.

493 Siehe dazu oben 2. Teil.B.I.3.

494 Zum Schutzzweck der Gründungsansprüche etwa Pentz in MüKoAktG, 3. Aufl. 2008, § 46 Rn. 5; Gerber in Spindler/Stilz, AktG, 2. Aufl. 2010, § 50 Rn. 1.

495 Schilling in GroßKommAktG, 3. Aufl. (1971), § 93 Anm. 39.

496 Schilling in GroßKommAktG, 3. Aufl. (1971), § 93 Anm. 39.

kann,[497] besteht bezüglich der Regelung in § 93 Abs. 4 S. 3 AktG ein Legitimationsdefizit.[498]

III. Normzweck von Vergleichs- und Verzichtsverbot

Die Limitierungen, die für Verzicht und Vergleich bestehen, sollen verhindern, dass das Gesellschaftsvermögen, zu dem auch der Anspruch gegen den Vorstand gehört, durch nachteilige Vereinbarungen geschmälert wird.[499] Das Zustimmungserfordernis der Hauptversammlung dient dabei insbesondere der Prävention von Abreden, bei denen Vorstand und Aufsichtsrat gegenseitige Milde walten lassen.[500]

Im Vordergrund muss dabei richtigerweise der Schutz des Anspruchs selbst stehen.[501] Zu weit geraten sind also Legitimationsansätze, die abstrakt auf den Schutz des Gesellschaftsvermögens abstellen.[502] Denn auch im Bereich der Gründungsansprüche (aus dem die Norm unverändert übernommen wurde) hieß es in der Begründung: „[...], damit nicht der Gesellschaft [...] wohlbegründete Ansprüche entzogen werden.“[503] Auch aus systematischen Gründen muss eine gewisse Nähe zur Schadensersatzforderung selbst gefordert werden.[504] Anderenfalls ließe sich die Verortung in § 93 AktG nicht rechtfertigen. Anders gesagt: Warum sollte in § 93 AktG ein generelles Vermögensschmälerungsverbot geregelt werden, sei es auch in (weiterem) Zusammenhang mit einem Haftungsfall?[505] Dies würde zu weit in den Bereich der – selbstverständlich von

---

497 Schilling in GroßKommAktG, 3. Aufl. (1971), § 93 Anm. 39.

498 Mertens/Cahn in KölnerKommAktG, 3. Aufl. 2010, § 93 Rn. 164.

499 Hopt in GroßKommAktG, 4. Aufl. (1999), § 93 Rn. 353; Mertens/Cahn in KölnerKommAktG, 3. Aufl. 2010, § 93 Rn. 170.

500 Mertens/Cahn in KölnerKommAktG, 3. Aufl. 2010, § 93 Rn. 161.

501 Harbarth, Liber Amicorum M. Winter, 2011, S. 215, 224; Cahn, Vergleichsverbote, 1996, S. 15: „[...] entsprechend dem Verbotszweck, der Gesellschaft die ihr zustehende Leistung vollständig zukommen zu lassen [...]“; anklingend auch bei Bürgers/Israel in Bürgers/Körber, AktG, 3. Aufl. 2014, § 93 Rn. 37.

502 Beispielsweise Mertens/Cahn in KölnerKommAktG, 3. Aufl. 2010, § 93 Rn. 170; Hölters in Hölters, AktG, 2. Aufl. 2014, § 93 Rn. 306; Fleischer in Spindler/Stilz, AktG, 2. Aufl. 2010, § 93 Rn. 276; allgemein zweifelnd am Normzweck der Vorschrift Casper, ZHR 176 (2012) 617, 645.

503 Entwurf eines Gesetzes, betreffend die KGaA und AG (1884), abgedruckt in ZGR Sonderheft 4, 1985, S. 452 f.

504 Harbarth, Liber Amicorum M. Winter, 2011, S. 215, 224, der beim Sinn und Zweck der Norm aber wieder weiter definiert.

505 I.E. ähnlich Cahn, Vergleichsverbote, 1996, S. 15.

Sorgfaltspflichten durchzogenen – Ermessensentscheidungen etwa des Aufsichtsrats hineinwirken.

Es lässt sich also festhalten, dass § 93 Abs. 4 S. 3 AktG an einem erheblichen Legitimationsdefizit leidet.[506] Dieses beruht unter anderem auf der unbesehenen Übertragung des Normtexts aus dem Recht der Kapitalaufbringung in das Recht der Vorstandshaftung. Eine vergleichbare Gefährdungslage könnte höchstens bestehen, wenn die Entscheidung über Verzicht und Vergleich nicht der Hauptversammlung, sondern dem Aufsichtsrat zugewiesen wäre.[507] Dann könnten sich die Organe gewissermaßen gegenseitig enthaften.[508] Die Bedeutung der Entscheidungskompetenz der Hauptversammlung und deren Folgen wurden völlig übersehen. Nicht nur bietet die Entscheidungskompetenz der Hauptversammlung in Verbindung mit dem Widerspruchsrecht der Minderheit Schutz gegen wechselseitige Enthaftung durch die Organe,[509] vielmehr muss der Aktionär hier nicht „vor sich selbst" geschützt werden. Im Gegenteil bedeutet der Entzug des rechtlichen Könnens innerhalb der ersten drei Jahre eine massive Beschränkung der Privatautonomie. Auch insoweit besteht mithin ein erhebliches Legitimationsdefizit.[510]

B. Sachliche Reichweite

Im Folgenden soll die sachliche Reichweite der Norm untersucht werden. Die Konstruktion der Ausweitung auf ungeregelte Fälle wird einer kritischen Würdigung zu unterziehen sein.

I. Definition und Normbefund

Explizit benannt als nur mit Einschränkungen zulässige Rechtshandlungen sind nur Verzicht und Vergleich.

---

506 Ähnlich Casper, ZHR 176 (2012) 617, 645 f., der sich deutlich für eine Liberalisierung der Vorschrift ausspricht.

507 Wobei insoweit zu bedenken ist, dass sich sowohl das Pflichtbewusstsein gerade auch auf Seiten der Überwacher stark gewandelt hat und eine gewisse Liberalisierung stets gewisse Risiken birgt, die aber beispielsweise durch die gewonnene Flexibilität deutlich überwogen werden kann. Demnach muss eher die Frage nach dem Geltungsgrund der Aufsichtsratskompetenz gestellt werden.

508 Mertens/Cahn in KölnerKommAktG, 3. Aufl. 2010, § 93 Rn. 161.

509 Mertens/Cahn in KölnerKommAktG, 3. Aufl. 2010, § 93 Rn. 164.

510 Dass die Beschränkung auch aus anderen Gründen unhaltbar ist, wird noch zu zeigen sein.

Der Verzicht wird hierbei definiert als ein Erlass nach § 397 Abs. 1 BGB oder ein negatives Schuldanerkenntnis gemäß § 397 Abs. 2 BGB.[511] Der Erlass gemäß § 397 Abs. 1 BGB setzt voraus, dass „der Gläubiger dem Schuldner durch Vertrag die Schuld erlässt". Im Falle des negativen Schuldanerkenntnisses gemäß § 397 Abs. 2 BGB muss der Gläubiger gegenüber dem Schuldner durch Vertrag anerkennen, „dass das Schuldverhältnis nicht bestehe".

Beide Fälle sind also dadurch gekennzeichnet, dass sich der Gläubiger einer bestehenden Forderung begibt,[512] sofern denn eine solche bestand.[513] Es liegt also eine Verfügung über die Forderung vor.[514]

Der Vergleich im Sinne des § 93 Abs. 4 S. 3 AktG wird definiert als ein Vergleich nach § 779 BGB.[515] Es muss also gemäß § 779 Abs. 1 HS. 1 BGB ein Streit oder eine Ungewissheit der Parteien über ein Rechtsverhältnis im Wege gegenseitigen Nachgebens beseitigt werden. Aus dem Merkmal des „Nachgebens" folgt bereits, dass auch an dieser Stelle der Gläubiger die Verfolgung seiner Rechte teilweise aufgibt.[516]

Die Rechtsnatur des Vergleichs ist umstritten. Teils wird angenommen, der Vergleich sei allein die *causa*, etwaige Verfügungen zur Erfüllung der vergleichsweise eingegangenen Verpflichtungen müssten abstrakt vollzogen werden.[517] Richtigerweise kann aber auch ein Vergleich selbst verfügenden Charakter haben, denn der Vergleich ist gewissermaßen nur „Rahmen", der seinen Inhalt gerade durch die vorgenommenen Rechtsgeschäfte bekommt.[518]

---

511 H.M., vgl. etwa Mertens/Cahn in KölnerKommAktG, 3. Aufl. 2010, § 93 Rn. 170.

512 Dies kann freilich auch nur einen Teil der Forderung betreffen.

513 Beim negativen Schuldanerkenntnis muss das nicht der Fall gewesen sein, vgl. Larenz, Lehrbuch des Schuldrechts, Band I Allgemeiner Teil, 1982, S. 247.

514 Dennhardt in Beck'scher OK BGB, Stand 01.11.2014, § 397 Rn. 2.

515 Etwa Hopt in GroßKommAktG, 4. Aufl. (1999), § 93 Rn. 374; zum abweichenden Begriffsverständnis unten.

516 Hierbei genügt jedes noch so geringe Zugeständnis, vgl. etwa Stadler in Jauernig, BGB, 15. Aufl. 2014, § 779 Rn. 8.

517 Etwa Stadler in Jauernig, BGB, 15. Aufl. 2014, § 779 Rn. 13.

518 Marburger in Staudinger, BGB, Neubearb. 2009, § 779 Rn. 41 ff.; Habersack in MüKoBGB, 6. Aufl. 2013, § 779 Rn. 35; wohl auch A. Staudinger in Schulze, BGB, 8. Aufl. 2014, § 779 Rn. 1.

II. Begründung der Ausweitung auf andere Fälle und Bewertung

Weil § 93 Abs. 4 S. 3 AktG nur Verzicht und Vergleich nennt,[519] aber auch andere Rechtshandlungen an der Norm zu messen sein sollen, bedarf ebendiese Anwendung auch auf ungeregelte Fälle einer methodisch korrekten Begründung.[520] Eine weite Auslegung der Norm dahingehend, dass auch andere Rechtshandlungen erfasst würden, stößt sich an den Grenzen, die durch den Wortlaut der Norm vorgegeben sind.[521] Fraglich ist also, auf welche Argumente sich eine Anwendung der Norm auch über ihren Wortlaut hinaus stützen lässt.

1. Umgehung der gesetzlichen Regelung

In der Literatur ist die Aussage anzutreffen, Rechtshandlungen, die der Umgehung der in § 93 Abs. 4 S. 3 AktG genannten Beschränkungen dienten, seien ebenfalls an dieser Norm zu messen.[522] Dabei wird meist nicht hinreichend bestimmt auf die Frage eingegangen, wie der Tatbestand der „Umgehung" zu fassen ist und an welche Voraussetzungen er geknüpft sein soll.[523] Vielmehr wird einzelfallbezogen eine Rechtshandlung als Umgehung gewertet oder eben nicht,[524]

519 Für den abschließenden Charakter der Norm tendenziell Ihlas, Organhaftung, 1997, S. 181; der nicht abschließende Charakter von § 93 Abs. 4 S. 3 AktG könnte etwa durch Formulierungen wie „insbesondere", „auch", „oder andere rechtsgeschäftliche Handlungen, die die Forderung betreffen" etc. verdeutlicht werden.

520 Nicht ausreichend ist etwa die Behauptung, die Bestimmungen in § 93 Abs. 4 S. 3 AktG seien „nicht taxativ zu verstehen", vgl. Fleischer in Spindler/Stilz, AktG, 2. Aufl. 2010, § 93 Rn. 287, oder die Aufzählung sei „nicht abschließend zu verstehen", vgl. Schug, Risikoeinschränkung, 2009, S. 106; für eine methodisch korrekte Verankerung auch Harbarth, Liber Amicorum M. Winter, 2011, S. 215, 224.

521 Völlig ohne methodische Fundierung der Ausweitung etwa Bürgers/Israel in Bürgers/Körber, AktG, 3. Aufl. 2014, § 93 Rn. 37, die bezüglich der Reichweite im Ergebnis aber tendenziell richtig liegen („tatsächlich die gleiche Wirkung der Enthaftung"), weil auf die Forderung abgestellt wird.

522 Vgl. etwa Hölters in Hölters, AktG, 2. Aufl. 2014, § 93 Rn. 319; Hopt in GroßKomm-AktG, 4. Aufl. (1999), § 93 Rn. 353, 377; kritisch wohl Ihlas, Organhaftung, 1997, S. 181.

523 Ein (zutreffendes) Beispiel findet sich etwa bei Spindler in MüKoAktG, 4. Aufl. 2014, § 93 Rn. 263; präzisierend auch Mertens/Cahn in KölnerKommAktG, 3. Aufl. 2010, § 93 Rn. 171 a.E. und 172.

524 Zur fehlenden Tauglichkeit dieses Kriteriums zur Begründung der Anwendbarkeit von § 93 Abs. 4 S. 3 AktG auf ungeregelte Fälle auch Harbarth, Liber Amicorum M. Winter, 2011, 215, 224.

wobei wohl tendenziell Abtretungskonstellationen mit dieser Fallgruppe gemeint sind.[525]

Eine Definition des Umgehungsgeschäfts findet sich im Zusammenhang mit § 117 BGB. Es wird dort definiert als ein Geschäft, mit dem „die Beteiligten unter Ausnutzung der rechtsgeschäftlichen Gestaltungsfreiheit einen wirtschaftlichen Erfolg herbeiführen [wollen], der mit dem zur Regelung des Tatbestandes an sich gebotenen Rechtsgeschäft nicht oder nur mit Belastungen zu erreichen wäre."[526]

Die Frage, ob die Regelung in § 93 Abs. 4 S. 3 AktG vermittels anderweitiger Gestaltungen umgangen werden soll, wird richtigerweise zu stellen sein. Das Problem an diesem Wertungskriterium liegt aber in seiner Weite. Dadurch, dass kategorisch auf die Vergleichbarkeit des (wirtschaftlichen) Erfolges abgestellt und dieser überdies weit ausgelegt wird, bleiben Teilaspekte einer Rechtshandlung außer Betracht, die ihr aber ein anderes Gepräge geben können, sodass die Grenzen des § 93 Abs. 4 S. 3 AktG für sie nicht gelten müssen.

2. *Wirtschaftliche Vergleichbarkeit*

Auch die „wirtschaftliche Vergleichbarkeit" der Folgen wird als Wertungskriterium für ungeregelte Gestaltungen herangezogen.[527]

Sofern nicht eine weitere Konturierung erfolgt, ist das Kriterium der wirtschaftlichen Vergleichbarkeit zu allgemein geraten. Wie auch bei der Umgehung, die eine wirtschaftliche Ähnlichkeit des Erfolges ja anstrebt und daher insoweit kongruente Wertungen anstellt, muss weiter differenziert werden. Denn nicht jede Ähnlichkeit rechtfertigt die Unterwerfung unter die Limitierungen des § 93 Abs. 4 S. 3 AktG.

Es ist eine Vielzahl von wirtschaftlich vergleichbaren Gestaltungen denkbar, die sich evident nicht an § 93 Abs. 4 S. 3 AktG stoßen. So wird etwa die Stundung der Forderung als wirtschaftlicher Teilverzicht qualifiziert und mithin für unzulässig befunden.[528] Dass eine Stundung rechtlich wie tatsächlich andere Auswirkungen als ein Verzicht hat, liegt auf der Hand. Dieser Unterschied in den Auswirkungen ist es aber auch, der eine voreilige Gleichstellung mit dem in § 93

525 Vgl. etwa Mertens/Cahn in KölnerKommAktG, 3. Aufl. 2010, § 93 Rn. 172; Hölters in Hölters, AktG, 2. Aufl. 2014, § 93 Rn. 319 f.

526 Wendtland in Beck'scher OK BGB, Stand 01.11.2014, § 117 Rn. 16; monographisch: Sieker, Umgehungsgeschäfte, 2001.

527 Etwa Mertens/Cahn in KölnerKommAktG, 3. Aufl. 2010, § 93 Rn. 171; Krieger/Sailer-Coceani in Schmidt/Lutter, AktG, 2. Aufl. 2010, § 93 Rn . 51.

528 Etwa Hopt in GroßKommAktG, 4. Aufl. (1999), § 93 Rn. 375.

Abs. 4 S. 3 AktG geregelten Verzicht verbietet.[529] Ungeachtet dessen kann und soll dem Kriterium der wirtschaftlichen Vergleichbarkeit aber nicht jegliche Berechtigung abgesprochen werden. Im Gegenteil: Im Rahmen der Analogiebildung ist auch die wirtschaftliche Vergleichbarkeit der Interessenlage maßgebend. Dabei darf aber die Teleologie der zur analogen Anwendung gebrachten Norm nicht völlig in den Hintergrund treten. Es muss vielmehr – gerade bei einer beschränkenden Norm wie der des § 93 Abs. 4 S. 3 AktG – die „Eingriffsschwelle" im Auge behalten, werden. Es dürfen also nur solche Fälle der Norm unterworfen werden, die eine vergleichbare Intensität wie die positiv geregelten Fälle aufweisen.

3. *Zusammenfassung*

Die Kriterien der Umgehung und wirtschaftlichen Vergleichbarkeit sind Teilaspekte einer Orientierung am Schutzzweck des § 93 Abs. 4 S. 3 AktG. Sie sind aber teils zu wenig konturiert und bergen daher die Gefahr einer ausufernden Limitierung von Gestaltungsansätzen.

III. Systematisierungsversuche und Destillat

Auch wenn die Konturierung durch die dargestellten Wertungen nicht allzu scharf gelingt, so ist doch zu erkennen, dass gewisse teleologische Maßstäbe zur Bewertung der Zulässigkeit von Gestaltungsansätzen nach § 93 Abs. 4 S. 3 AktG anklingen.[530] Etwa wird festgestellt, dass „auch alle sonstigen von Seiten der Gesellschaft vorgenommenen und auf Ausschluß oder Schmälerung des Anspruchs gerichteten Rechtshandlungen unter [§ 93] Abs. 4 Satz 3 [fallen]".[531] Dieser Ansatz ist insoweit zutreffend, als die Auswirkungen auf das Gesellschaftsvermögen im Blick gehalten werden. Seiner Formulierung nach bezieht sich dieser Ansatz auch korrekt auf die Schmälerung *des Anspruchs* selbst.

Inkonsequent ist es dann aber, aus diesem System beispielsweise zu folgern, eine Stundung oder ein Verzicht auf die Aufrechnungsbefugnis seien unwirksam.[532]

---

529 Zur Frage, ob eine Stundung an § 93 Abs. 4 S. 3 AktG zu messen ist, vgl. im Detail unten.

530 In diese Richtung auch Harbarth, Liber Amicorum M. Winter, 2011, S. 215, 224.

531 Hopt in GroßKommAktG, 4. Aufl. (1999), § 93 Rn. 375; viel zu allgemein beispielsweise Hölters in Hölters, AktG, 2. Aufl. 2014, § 93 Rn. 309: „Sonstige Rechtshandlungen, die sich wie ein Verzicht oder Vergleich auswirken, unterfallen ebenfalls § 93 Abs. 4 S. 3 AktG".

532 So aber Hopt in GroßKommAktG, 4. Aufl. (1999), § 93 Rn. 375.

IV. Verhältnis der Begriffe „Verzicht" und „Vergleich" in § 93 Abs. 4 S. 3 AktG zueinander – Begriffsverständnis

Im Folgenden soll eine Untersuchung stattfinden, wie „Verzicht" und „Vergleich" zu interpretieren sein könnten. Es liegt nahe, zunächst regelungsintern zu analysieren, wie sich die beiden Begriffe zueinander verhalten. Denn es verwundert, dass gerade diese beiden Fälle alternativ genannt sind, betrifft doch der Verzicht bereits nach allgemeinem Verständnis nur ein Nachgeben bei der Forderung selbst, der Vergleich hingegen sowohl ein Nachgeben bei der Forderung selbst, bei Gegenforderungen als auch bei anderen, weiter entfernt liegenden Umständen.

Wie bereits festgestellt, begibt sich beim Verzicht der Gläubiger seiner Forderung ganz oder teilweise. Es geht also gerade um eine betragsmäßige Verringerung der Forderung.

Es liegt nahe, den Begriff des Vergleichs zunächst wie im BGB[533] zu verstehen[534], zumal noch keinerlei Indizien für eine vom allgemeinen Zivilrecht abweichende Definition bestehen. Es wird sich aber zeigen, dass ein Auseinanderlaufen der Begriffsdefinitionen durchaus denkbar ist.

1. Norminterne Überlappungen

Wird ein Vergleich geschlossen, so ist häufiger Bestandteil, dass in Bezug auf eine oder mehrere streitige Forderungen nachgegeben wird. Dieses Nachgeben wird sich auch häufig auf den Forderungsbetrag selbst beziehen, der Gläubiger begibt sich also (teilweise) seiner Forderung, der Vergleich ist insoweit „Rahmenvertrag"[535].

Das aber offenbart die norminternen Überlappungen bei § 93 Abs. 4 S. 3 AktG: Auch beim Verzicht begibt sich der Gläubiger seiner Forderung ganz oder teilweise. Denkbar ist danach also ein „Vergleich", in dem der Gläubiger „verzichtet" oder sich zum Verzicht verpflichtet.[536] Es ist aber zweifelhaft, ob der Gesetzgeber dieselbe Situation zweimal regeln wollte, weil dann eine der beiden Regelungen zumindest teilweise überflüssig wäre.

---

533 Für eine teilweise andere Auslegung mit guten Gründen Cahn, Vergleichsverbote, 1996, S. 15. Dies betrifft indes eine andere Facette als die hier in Rede stehende.

534 Vgl. dazu bereits oben.

535 Siehe dazu und dem infolgedessen auch verfügenden Charakter oben 4. Teil.B.I.

536 Die genaue dogmatische Konstruktion wird von bereits erwähntem dogmatischen Verständnis des Vergleichs als bloße *causa* oder auch als Verfügungsgeschäft abhängen.

2. *Lösungsansätze*

Es sind mehrere Ansätze denkbar, das Verhältnis von Vergleich und Verzicht zu konturieren und so den eben skizzierten Konflikt aufzulösen:

a) „Vergleich" als Teilverzicht

Das Vergleichsmerkmal könnte dahingehend interpretiert werden, dass es einen Teilverzicht darstellt.[537] Dies wäre zwar mit dem Normzweck, die Gesellschaft vor nachteiligen Dispositionen den Haftungsanspruch betreffend zu schützen, in Einklang zu bringen. Doch würde dies eine erhebliche Abweichung von der allgemeinen Definition des Vergleichs bedeuten. Auch wäre nicht einzusehen, warum ein Teilverzicht nicht bereits unter das Verzichtsmerkmal subsumiert werden können sollte. Eine dahingehende Interpretation ist also abzulehnen.

b) „Vergleich" betrifft nur die *causa*

Vor dem Hintergrund, dass der Vergleich in § 779 BGB im Recht der Schuldverhältnisse geregelt ist und über das Verhältnis zu (vereinbarten) Verfügungsgeschäften Uneinigkeit besteht,[538] könnte auch angenommen werden, dass der „Vergleich" nur die verbotenen Kausalgeschäfte meint, wohingegen der Verzicht dann das verbotene Verfügungsgeschäft benennt. Das aber würde zu Ungleichgewichten der Reichweite von § 93 Abs. 4 S. 3 AktG auf schuldrechtlicher und dinglicher Ebene führen, die dann wiederum einer Korrektur zugeführt werden müssten. Ein solches Begriffsverständnis taugt auch deshalb nicht, weil angesichts des Normzwecks, dem zwar eine deutliche Fokussierung auf die Forderung immanent ist, der dann gebotene Schutz zu eng wäre.

c) Eingrenzung des Vergleichsbegriffs

Man könnte das (norminterne) Verhältnis von Verzicht und Vergleich auch durch Eingrenzung des Vergleichsbegriffs auflösen: Der Vergleich erfasst bereits eine Vielzahl von Konstellationen. Das resultiert daraus, dass der Begriff des „gegenseitigen Nachgebens" sehr weit zu interpretieren ist[539] und viele Rechtsgeschäfte, die isoliert vorgenommen werden können, auch Bestandteil eines Vergleichs sein können. Insofern liegt es nahe, wegen der expliziten Nennung des Verzichts in § 93 Abs. 4 S. 3 AktG das Verständnis des Begriffs „Vergleich" insoweit zu reduzieren, als Rechtshandlungen bereits als „Verzicht" zu betrachten

537 In einem anderen Kontext Dietz-Vellmer, NZG 2011, 248, 251.

538 Siehe dazu oben.

539 Habersack in MüKoBGB, 6. Aufl. 2013, § 779 Rn. 26.

sind. Ansonsten käme es gerade zu einer Überlappung der Bereiche von Verzicht und Vergleich. Soweit es also um die betragsmäßige Reduzierung der Forderung aus § 93 Abs. 2 AktG geht, ist dies ein verbotener Verzicht und nicht zugleich auch ein Vergleich, denn dieser ist ja schon durch das „Verzichts"verbot erfasst.

Das „gegenseitige Nachgeben" beim Vergleich bezieht sich dann also nicht auf die betragsmäßige Reduzierung der Forderung im Sinne einer Verfügung. In allen anderen Bereichen wäre ein Nachgeben hingegen erfasst. Die Definition des Vergleichsmerkmals in § 93 Abs. 3 S. 4 AktG würde damit von der des allgemeinen Zivilrechts abweichen. Problematisch an diesem Verständnis wäre aber, dass wegen der (trotz obiger Eingrenzung des Vergleichsbegriffs) bestehen bleibenden enormen Reichweite des Vergleichsbegriffs immer noch auch solche Fälle unter § 93 Abs. 4 S. 3 AktG fallen, die evident keine Gefährdung des Haftungsanspruches gegen den Vorstand bedeuten. Damit würde die Norm immer noch Wirkungen zeitigen, die nicht von ihrem Telos gedeckt sind.

d) Streit/Unsicherheit als Risiko für das Gesellschaftsvermögen

Denkbar ist aber auch, die Überlappung hinzunehmen – zumal der Vergleich nicht selten nur die causa darstellen wird[540] – und in der gesonderten Nennung des Verzichts die deutliche Anbindung des Wortlauts an das Telos des § 93 Abs. 4 S. 3 AktG zu sehen, und aus der Nennung des Vergleichs daneben eine gewisse Erweiterung des Anwendungsbereichs herzuleiten.[541] Denn es fällt auf, dass dem so allgemeinen und weitreichenden Vergleich gerade der so spezielle und deutliche engere Verzicht zur Seite gestellt wird. Der expliziten Nennung des Verzichts muss damit prägende Wirkung zukommen.[542] Andernfalls wäre das Verzichtsmerkmal obsolet, denn in einem Vergleich kann ein Verzicht enthalten sein, sodass es der expliziten Nennung des Verzichtsmerkmals nicht bedurft hätte.

Ziel der Beschränkungen von Vergleich und Verzicht ist die Sicherung des Gesellschaftsvermögens in Bezug auf den Schadensersatzanspruch.[543] Vor diesem Hintergrund stellt der Verzicht, der als negatives Schuldanerkenntnis

540 Siehe dazu oben.

541 Ähnlich Cahn, Vergleichsverbote, 1996, S. 10.

542 Dies wäre selbst dann der Fall, wenn man die Nennung von Vergleich und Verzicht als bloß beispielhaft interpretieren würde, weil auch dann die Beschränkungen des § 93 Abs. 4 S. 3 AktG nur eine begrenzte Rechtfertigung hätten.

543 Vgl. oben und (allerdings zu weit) Mertens/Cahn in KölnerKommAktG, 3. Aufl. 2010, § 93 Rn. 170; Harbarth, Liber Amicorum M. Winter, 2011, S. 215, 224 f.

oder Erlassvertrag[544] stets den Bestand der Forderung betrifft, den deutlichsten Einschnitt dar.

Geben im Rahmen eines Vergleichs beide Parteien bei in Streit stehenden Forderungen nach oder gibt nur die Gesellschaft beim Bestand der Forderung, der Vorstand hingegen bei anderen Punkten nach, so wird in Bezug auf die Forderung aus § 93 Abs. 2 AktG nachgegeben. Diese Forderung wird auch durch das Verzichtsverbot des § 93 Abs. 4 S. 3 AktG erfasst. Dem Verzicht und dem Vergleich kann also gemeinsam sein, dass in Bezug auf den Betrag der Forderung aus § 93 Abs. 4 S. 3 AktG nachgegeben wird.[545]

Der Unterschied liegt freilich darin, dass beim Verzicht nur der Gläubiger nachgibt, beim Vergleich wegen des Erfordernisses des „gegenseitigen Nachgebens" hingegen beide nachgeben müssen. Weiterer Unterschied ist, dass beim Vergleich „Streit oder Unsicherheit" beseitigt werden. Deutlichster Unterschied ist, dass der Vergleich allein schuldrechtlicher Vertrag sein kann, der Verzicht, konkretisiert als Erlass oder negatives Schuldanerkenntnis, hingegen stets Verfügung ist.

i) Systematische Erwägungen

Die Verortung der Beschränkungen des § 93 Abs. 4 S. 3 AktG in § 93 AktG, also der Haftungsnorm selbst, in Verbindung mit dem Normzweck, das Gesellschaftsvermögen zu schützen, bringt eine Konzentration auf die Haftungsforderung als Teil des Gesellschaftsvermögens mit sich.[546] Folglich kann § 93 Abs. 4 S. 3 AktG nur vor vermögensmindernden Dispositionen mit Bezug zur Haftung schützen. Im Zentrum steht dabei das Verzichtsmerkmal.

Das Vergleichsmerkmal erweitert den Schutz, weil die Forderung aus § 93 Abs. 2 AktG auf verschiedene Weise in den Vergleich eingestellt werden kann.[547] Damit werden missbräuchliche Gestaltungen unterbunden, die andernfalls allzu leicht möglich wären, etwa indem die Gesellschaft die Haftungssumme zur Verfügung stellt (schenkweise), aber formal nicht „verzichtet" wird. Auch andere Fälle eines als Vergleich „getarnten" Verzichts scheinen denkbar.[548]

---

544 Vgl. die Definition bereits oben.

545 Dies spielt sich in der Regel auf verschiedenen Ebenen ab (*causa*, Verfügung), hängt aber von der Definition des Vergleichs ab.

546 Ähnlich Harbarth, Liber Amicorum M. Winter, 2011, 215, 224.

547 Zu derartiger (auch subjektiver) „Konnexität" Cahn, Vergleichsverbote, 1996, S. 10.

548 Für die direkte Anwendung der Norm ist dann freilich erforderlich, dass tatsächlich auch „Streit oder Unsicherheit" im Wege des Vergleichsschlusses beseitigt werden, vgl. dazu sogleich.

Der Wortlaut „über sie vergleichen" zeigt aber auch, dass beim Vergleich ein deutlicher Bezug zur Forderung gegeben sein muss. Ein weitergehendes Verständnis würde sich auch zu weit vom Telos entfernen.[549]

ii) Rechtfertigendes Element für die Gleichstellung von Verzicht und Vergleich

§ 93 Abs. 4 S. 3 AktG ist eine einschränkende Norm. „Verzicht" und „Vergleich" werden in ihren Rechtsfolgen aber gleichgestellt, obwohl das einseitige Nachgeben bei der Forderung (=Verzicht) bei wirtschaftlicher Betrachtung evident gefährlicher ist als das *gegenseitige* Nachgeben bei Forderungen oder an anderen Punkten(=Vergleich). Im Hinblick auf den Normzweck, Minderungen des Zuflusses aufgrund der Haftung und damit Minderungen des Gesellschaftsvermögens zu verhindern, ist der Verzicht also der Paradefall der Gefährdung.

Das spricht dafür, dass das zweite tragende Element des Vergleichs, die „Beseitigung von Streit oder Unsicherheit", auch als für die Sicherung des Gesellschaftsvermögens gefährliches Element gesehen wird. Denn andernfalls wäre nicht zu erklären, warum der Verzicht extra genannt wird, könnte man ihn doch sonst einfach im Wege des *argumentum a fortiori* zum Vergleich der Regelung gemäß § 93 Abs. 4 S. 3 AktG unterwerfen, denn ein einseitiges Nachgeben im Rahmen des Verzichts ist ja gerade „gefährlicher" im Hinblick auf das Telos als ein gegenseitiges Nachgeben beim Vergleich. Der Gesetzgeber hätte den Vergleich dann gewissermaßen als Untergrenze des Dispositionsverbots betrachtet, sodass das Verbot eines einseitigen Verzichts in seinem Regelungswillen bereits aufgegangen wäre.

Dazu passt es auch, dass vor Ablauf von drei Jahren ein Vergleich gar nicht möglich sein soll, weil bzw. wenn in diesem Zeitraum die Auswirkungen der Schädigung noch nicht zu überschauen sein sollen,[550] der Sachverhaltsungewissheit also vom Gesetzgeber auch das Potential vermögensschädigender Wirkung beigemessen wurde. Das macht Sinn, weil bei Beseitigung von Sachverhaltsungewissheiten durch Vergleich denkbar ist, dass ein sehr weitreichender Schaden unentdeckt bleibt.

Die Voraussetzung „Streit/Ungewissheit" ist also ebenfalls als potentiell vermögensgefährdend einzustufen und stellt damit eine grundsätzliche

549 Dieses Ergebnis wird sich an mehreren Stellen bestätigt sehen, insbesondere bei der Untersuchung der einzelnen nicht in § 93 Abs. 4 S. 3 AktG genannten Gestaltungsansätze.

550 Vgl. Begründung RegE AktG 1965, abgedruckt bei Kropff, Aktiengesetz, S. 123; vgl. zur Sinnhaftigkeit dieses Normzwecks sogleich.

Gleichwertigkeit von Verzicht und Vergleich her, so wie sie in der Alternativität in § 93 Abs. 4 S. 3 AktG zum Ausdruck kommt.

iii) Folgerungen

Nach diesem Ansatz ist also ein *gegenseitiges* Nachgeben *an anderer Stelle* als dem Bestand der Forderung *ohne* gleichzeitiges Vorliegen von Streit oder Ungewissheit zunächst einmal nicht von § 93 Abs. 4 S. 3 AktG erfasst.[551] Auch ein *einseitiges* Nachgeben durch die Gesellschaft *an anderer Stelle* als der Forderung wird nicht erfasst. Wird bei der Forderung im Rahmen eines Vergleichs betragsmäßig nachgegeben, fällt dies unter die Vergleichsdefinition in § 93 Abs. 4 S. 3 AktG, weil eine Eingrenzung des Vergleichsbegriffs nicht stattfindet. Die Abgrenzung zum Verzicht erfolgt vielmehr über das „einseitige" oder „gegenseitige" Nachgeben. Eine andere Frage ist, ob eine Anwendung im Wege der Analogiebildung in Frage kommt.

3. *Vorzugswürdiger Ansatz*

Vorzugswürdig ist der letztgenannte Ansatz. Er ist mit dem allgemeinen zivilrechtlichen Begriffsverständnis von Verzicht und Vergleich eher in Einklang zu bringen, denn auch hier wird etwa das unter den Verzicht fallende negative Schuldanerkenntnis vom Vergleich dadurch abgegrenzt, dass bei letzterem beide nachgeben.[552] Der Vergleich kann auch im allgemeinen Zivilrecht wechselseitige negative Schuldanerkenntnisse zum Inhalt haben,[553] sodass auch insoweit keine weitere Abgrenzung vonnöten ist.

Dass die Beilegung von Ungewissheiten ein Risiko für die Sicherung des Gesellschaftsvermögens darstellt, ist ebenfalls zutreffend, weil so möglicherweise Ansprüche, die eigentlich gegeben gewesen wären, nicht mehr verfolgt werden können. Folglich ist eine prinzipielle Zuweisung der Dispositionsbefugnis zu den Residualeigentümern sachgerecht.

Auch die gesetzgeberischen Erwägungen zur Dreijahresfrist stützen diesen Ansatz.[554] Die Dreijahresfrist, binnen derer Verzicht und Vergleich immer unzulässig und nach deren Ablauf Verzicht und Vergleich erschwert möglich sind, hat nach der Vorstellung des Gesetzgebers nämlich den Zweck, vorschnelle

---

551 Zur Frage der teleologischen Reduktion im Falle gegenseitigen Nachgebens an anderer Stelle als der Forderung zur Beseitigung von Streit oder Ungewissheit siehe sogleich.

552 Etwa Schlüter in MüKoBGB, 6. Aufl. 2012, § 397 Rn. 13.

553 Vgl. etwa Fischer in Beck'scher OK BGB, Stand 01.05.2014, § 779 Rn. 31.

554 Vgl. zur Dreijahresfrist und der Frage, ob sie das richtige Mittel zur Erreichung des angestrebten Zwecks ist, sogleich.

Bereinigungen zu verhindern, weil hier das Risiko besteht, dass zu einem Zeitpunkt über die Ansprüche disponiert wird, in dem die Folgen der schädigenden Handlung noch nicht vollständig klar sind.[555]

Beim dritten Ansatz (oben c)) erfasst die Vergleichsdefinition nur noch Situationen, in denen nicht bei der Forderung selbst nachgegeben wird. Das aber verlagert die Bedeutung des Vergleichsmerkmals zu weit weg vom Telos, die Forderung zu erhalten. Vor dem Hintergrund dieses Normzwecks käme dem Vergleichsmerkmal trotz seiner Weite nur noch eine „Hilfsfunktion" zu, es würde nämlich evtl. nur vermögensmäßiges „Nachgeben" jenseits der Forderung aus § 93 Abs. 2 AktG erfassen.

4. *Teleologische Reduktion des Vergleichsmerkmals*

Angesichts der damit bestehenden Reichweite der Vergleichsdefinition stellt sich dann aber die Frage, ob nicht in bestimmten Konstellationen eine eingrenzende Korrektur des Vergleichsmerkmals angezeigt sein kann.[556] Das Merkmal „Vergleich" könnte wegen seiner Weite und der Erfassung zahlreicher, dem Telos des § 93 Abs. 4 S. 3 AktG nicht zuwiderlaufender Gestaltungen teleologisch zu reduzieren sein.[557]

Die Voraussetzung „gegenseitiges Nachgeben" beim Vergleich bringt es mit sich, dass sowohl der Vorstand als auch die Gesellschaft nachgeben können. Das konkrete „Nachgeben" muss jedoch im Hinblick auf den Normzweck des § 93 Abs. 4 S. 3 AktG problematisch sein. Es genügt also nicht jedes Nachgeben. Die Gesellschaft kann bei Vermögenspositionen oder an anderer Stelle nachgeben. Ein Nachgeben, das keine Vermögensminderung bedeutet, fällt nicht unter den Schutzzweck des § 93 Abs. 4 S. 3 AktG.[558] So kann beispielsweise die Gesellschaft

555 Begründung RegE AktG 1965, abgedruckt bei Kropff, Aktiengesetz, S. 123.

556 Ging es soeben unter 4. Teil.B.IV.2.c) noch um die Frage der norminternen Abgrenzung, steht nunmehr – unter Zugrundelegung des vorzugswürdigen Verständnisses – die Reichweite der Vorschrift bei der Normanwendung in Rede.

557 Ähnlich Cahn, Vergleichsverbote, 1996, S. 6 ff. und 15 sowie Mertens/Cahn in KölnerKommAktG, 3. Aufl. 2010, § 93 Rn. 170, wobei Cahn dies als Frage der Reichweite und nicht als teleologische Reduktion von § 93 Abs. 4 S. 3 AktG bezeichnet, also „Vergleich" anders als im BGB definiert, siehe Cahn, Vergleichsverbote, 1996, S. 15; jüngst für eine restriktive Handhabung des § 93 Abs. 4 S. 3 AktG Grunewald, AG 2013, 813, 816.

558 Cahn, Vergleichsverbote, 1996, S. 7, 12 ff. Auch das Beispiel des Anerkenntnisses durch den Vorstand auf S. 7 f., also dem Verzicht der Gesellschaft auf ein streitiges Endurteil, könnte dieser Gruppe zugeordnet werden.

dahingehend nachgeben, dass der Anspruch der Gesellschaft gegen den Vorstand zu marktüblichen Zinsen gestundet wird. Auf diese Weise besteht keine Beeinträchtigung des Gesellschaftsvermögens, der Schutzzweck des § 93 Abs. 4 S. 3 AktG ist nicht berührt.[559] Gleiches gilt, wenn der Streit oder die Unsicherheit, die Tatbestandsvoraussetzung des Vergleichs sind, nicht geeignet sind, sich vermögensmindernd im Gesellschaftsvermögen auszuwirken.

Einen Grenzfall im Hinblick auf den eng zu fassenden Schutzzweck mit seiner Konzentration auf die Forderung aus § 93 Abs. 2 S. 1 AktG[560] stellt der Fall dar, in dem die Gesellschaft nicht beim Anspruch selbst, jedoch an vermögenswerter anderer Stelle im Rahmen eines Vergleichs nachgibt.[561] Zu denken ist hier wiederum an eine Stundung, diesmal aber in unentgeltlicher Form. Hier besteht nur noch ein geringer Bezug zur Forderung aus § 93 Abs. 2 S. 1 AktG. Das Vermögen der Gesellschaft wird aber beeinträchtigt, wenn die Erfüllung hinausgeschoben wird ohne entsprechende Kompensation für das Fehlen der Möglichkeit, mit dem Geld zu wirtschaften. In diesem Fall verdeutlicht das Vergleichsmerkmal, dass der Vermögensschutz über das Verzichtsverbot hinausgeht.[562] Im Falle der unentgeltlichen Stundung ist eine teleologische Reduktion folglich nicht geboten.

Die teleologische Reduktion beruht also darauf, dass der Schutzzweck des § 93 Abs. 4 S. 3 AktG dann nicht tangiert wird, wenn sich das „Nachgeben" beim Vergleich nicht mindernd im Gesellschaftsvermögen auswirkt.[563] Ein „Nachgeben" im Rahmen des Vergleichs an einer anderen Stelle als vermögenswerten Positionen ist durch Hineinlesen einer dahingehenden Ausnahmeregelung[564] mithin nicht den Rechtsfolgen des § 93 Abs. 4 S. 3 AktG zu unterstellen.[565] Ist mithin evident keine Vermögensgefährdung durch ein Rechtsgeschäft gegeben,

559 Vgl. zu der anderen Situation, dass die Stundung nicht Teil des Vergleichs, sondern einziges Rechtsgeschäft ist, unten. Dort werden auch noch weitere Argumente entfaltet, die das hiesige Ergebnis ebenso tragen.

560 Siehe dazu oben 4. Teil.A.III.

561 Cahn, Vergleichsverbote, 1996, S. 8 ff. mit dem Beispiel der Übernahme von Prozesskosten durch die AG.

562 Ähnlich Cahn, Vergleichsverbote, 1996, S. 9 f.

563 Cahn, Vergleichsverbote, 1996, S. 7, 9, u. insbes. 12 f.; Mertens/Cahn in KölnerKommAktG, 3. Aufl. 2010, § 93 Rn. 170 a. E.

564 Vgl. zur teleologischen Reduktion Larenz/Canaris, Methodenlehre, 3. Aufl. 1995, S. 210.

565 Vgl. Cahn, Vergleichsverbote, 1996, S. 12; Mertens/Cahn in KölnerKommAktG, 3. Aufl. 2010, § 93 Rn. 170 a. E.

so ist ein „Nachgeben" im Sinne der Definition in § 779 BGB zulässig, also nicht an § 93 Abs. 4 S. 3 AktG zu messen.[566]

V. Ungeregelte Fälle, Analogiebildung

Noch ungeklärt ist, unter welchen Voraussetzungen nicht explizit genannte Rechtsgeschäfte unter § 93 Abs. 4 S. 3 AktG fallen. Der Sache nach ist die Anwendung der Norm auf andere, nicht geregelte Fälle die Bildung einer Analogie. Ob hier eine Analogie gebildet werden kann, wird im Folgenden – gewissermaßen „vor die Klammer gezogen[567] – untersucht.

1. Planwidrige Regelungslücke

Nachdem § 93 Abs. 4 S. 3 AktG nur Vergleich und Verzicht benennt, besteht in Bezug auf andere Gestaltungen eine Regelungslücke in § 93 Abs. 4 S. 3 AktG. Als andere Gestaltungen seien hier beispielhaft genannt die Stundung des Anspruchs aus § 93 Abs. 2 S. 1 AktG sowie die Vereinbarung eines Aufrechnungsverbots dergestalt, dass die Gesellschaft gegenüber Ansprüchen des Vorstands nicht mit Ansprüchen aus § 93 Abs. 2 S. 1 AktG aufrechnen darf.[568]

Die Regelungslücke muss auch planwidrig sein. Das ist der Fall, wenn das im Gesetz angelegte Prinzip auch für den nicht explizit geregelten Fall zutrifft,[569] denn die Lücke im Gesetz ist anhand seiner eigenen Teleologie und des Gebots, Gleichartiges gleich zu behandeln, zu ermitteln.[570] Denkbar ist, dass das Normumfeld des § 93 Abs. 4 S. 3 AktG, konkret § 93 Abs. 4 S. 1 und 2 AktG, bei der Offenlegung des Regelungsplans helfen kann.

a) Zusammenspiel mit § 93 Abs. 4 S. 1 AktG

Gemäß § 93 Abs. 4 S. 1 AktG „[tritt] [d]er Gesellschaft gegenüber [...] die Ersatzpflicht nicht ein, wenn die Handlung auf einem gesetzmäßigen Beschluss der Hauptversammlung beruht."

566 Cahn, Vergleichsverbote, 1996, S. 15.

567 Die Prüfung, ob bei dem jeweiligen Gestaltungsansatz sodann die Voraussetzungen einer Analogie vorliegen, erfolgt dann im 5.Teil der Arbeit, der die einzelnen Gestaltungsansätze zum Gegenstand hat.

568 Die beiden genannten sowie weitere Gestaltungsansätze werden im 5. Teil eingehend untersucht.

569 Vgl. Larenz/Canaris, Methodenlehre, 3. Aufl. 1995, S. 202.

570 Vgl. Larenz/Canaris, Methodenlehre, 3. Aufl. 1995, S. 220.

Damit wird zum Ausdruck gebracht, dass die Hauptversammlung dispositionsbefugt ist für die Belange der Gesellschaft. Hier entscheiden die (wirtschaftlichen) Eigentümer der Gesellschaft.[571] Hat der Vorstand in Ausführung eines solchen Beschlusses[572] gehandelt, besteht bei der Gesellschaft und den Aktionären[573] insoweit kein schutzbedürftiges Interesse.

Gleichzeitig offenbart § 93 Abs. 4 S. 1 AktG, dass auch noch andere Belange als die der Gesellschaft durch die Binnenhaftung geschützt werden, denn der Hauptversammlungsbeschluss lässt die Ersatzpflicht nur der Gesellschaft gegenüber entfallen.

Der Entfall der Haftung gegenüber der Gesellschaft bei vorherigem Beschluss der Hauptversammlung ist gewissermaßen Ausdruck des Grundsatzes „*volenti non fit injuria*".[574] Er kann dann nur eine der Dispositionsbefugnis der Hauptversammlung entsprechende Reichweite haben. Dazu passt es auch, dass im Falle nachträglicher Dispositionen durch Vergleich oder Verzicht gemäß § 93 Abs. 5 S. 3 AktG eine Wirkung gegenüber den Gläubigern der Gesellschaft ausgeschlossen ist.

Erfüllt der Vorstand die Tatbestandsvoraussetzungen von § 93 Abs. 2 S. 1 AktG, so entsteht die Haftungspflicht. Handelt er aufgrund gesetzmäßigen Beschlusses der Hauptversammlung, tritt die Ersatzpflicht nicht ein, § 93 Abs. 4 S. 1 AktG. Wurde der Haftungstatbestand ohne Beschluss der Hauptversammlung realisiert, so kann ein Verzicht gemäß § 93 Abs. 4 S. 3 AktG die Haftung wieder entfallen lassen. Es zeigt sich hieran besonders deutlich, dass die Hauptversammlung für die Disposition im Nachhinein zuständig sein muss, weil auch die Entscheidung der Hauptversammlung im Vorhinein Einfluss auf die Haftung hat. Die Dispositionsbefugnis vor dem Vorstandshandeln existiert also auch danach. Bei § 93 Abs. 4 S. 1 AktG geht es aber nur um die Forderung selbst, weil es ja gerade um ihr Entstehen geht. Aus dem Fortwirken der Zuweisung

571 Zum wirtschaftlichen Eigentum siehe oben sowie etwa Ruffner, Die ökonomischen Grundlagen, 2000, S. 135 f. und 151 f.

572 Es ist ein förmlicher Beschluss erforderlich – die konkludente Zustimmung des Alleinaktionärs genügt nicht, vgl. OLG Köln, NZG 2013, 872.

573 Ihr Schutz erfolgt vermittels Kanalisierung der Innenhaftung auf die Gesellschaft, vgl. oben.

574 Das passt dazu, dass die Regelung noch aus der Zeit stammt, in der der Vorstand die Weisungen der Aktionäre zu befolgen hatte, vgl. Spindler in MüKoAktG, 4. Aufl. 2014, § 93 Rn. 235; Fleischer in Spindler/Stilz, AktG, 2. Aufl. 2010, § 93 Rn. 264; die h.M. sieht heute indessen den Normzweck in einer gesetzlichen Ausprägung des Arglisteinwands, etwa Fleischer in Spindler/Stilz, AktG, 2. Aufl. 2010, § 93 Rn. 264.

an die Hauptversammlung folgt dann auch, dass sich der „Verzicht" nur auf die Forderung selbst und nicht auf andere Punkte bezieht. Für die Bildung einer Analogie für nicht die Forderung selbst betreffende Rechtshandlungen müssten also weitere Aspekte hinzukommen, die eine dem Verzicht ähnliche Intensität bedingen.[575]

Vor dem Hintergrund des § 93 Abs. 4 S. 1 AktG kann in Bezug auf § 93 Abs. 4 S. 3 AktG also gesagt werden, dass der Bestand der Haftung insoweit abgesichert wird, als Dispositionen, die den ganzen oder teilweisen *Bestand der Forderung aus § 93 Abs. 2 AktG* betreffen, erschwert werden. Eine weitergehende Erschwerung dahingehend, dass jegliche Disposition, die in irgendeiner Verbindung zu der Forderung aus § 93 Abs. 2 AktG steht, erschwert werden sollte, lässt sich dem systematischen Kontext zu § 93 Abs. 4 S. 1 AktG nicht entnehmen und ließe sich deshalb systematisch auch nicht rechtfertigen.

b) Zusammenspiel mit § 93 Abs. 4 S. 2 AktG

§ 93 Abs. 4 S. 2 AktG lautet: „Dadurch, daß der Aufsichtsrat die Handlung gebilligt hat, wird die Ersatzpflicht nicht ausgeschlossen." Die haftungsmäßige Unbeachtlichkeit einer Billigung der Handlung durch den Aufsichtsrat zeigt, dass hier gerade das Gefüge von Aufsichtsrat zu Vorstand und umgekehrt als Risikofaktor für ungerechtfertigte Milde gesehen wird.[576] Der Aufsichtsrat wird in seinen Kompetenzen an der risikobehafteten Stelle beschnitten.

c) Zusammenfassung

Der systematische Kontext zeigt, dass die Dispositionsbefugnis hinsichtlich des Haftungsanspruchs generell der Hauptversammlung zugewiesen ist.[577] Diese Zuweisung in Verbindung mit dem Normzweck des § 93 Abs. 4 S. 3 AktG verdeutlicht, dass die Nennung von Verzicht und Vergleich als nur eingeschränkt mögliche Rechtsgeschäfte nicht abschließend ist, sondern im Gegenteil eine planwidrige Regelungslücke bezüglich anderer Rechtsgeschäfte besteht. Die Zuweisung zeigt aber – neben anderen Erwägungen– auch, dass § 93 Abs. 4 S. 3 AktG nur Rechtsgeschäfte von einigem Gewicht, also solche mit einer gewissen Gefahr für den Haftungsanspruch, erfasst. Gerade das Zusammenspiel mit § 93

---

575 Auch zum Vergleichsmerkmal kann Vergleichbarkeit i.S.d. Analogiedefinition bestehen. Aufgrund der Alternativität von Verzicht und Vergleich darf die Schwelle aber nicht abgesenkt werden, siehe dazu oben.

576 Zu diesem Risiko Mertens/Cahn in KölnerKommAktG, 3. Aufl. 2010, § 93 Rn. 161 und oben.

577 Vgl. oben 4. Teil.A.II und Goette, ZHR 176 (2012) 588, 598 Fn. 35.

Abs. 4 S. 1 AktG und die explizite Nennung des Verzichts als „gefährlichste" Disposition belegen nämlich, dass stets eine gewisse Intensität erreicht werden muss, um die zusätzlichen Erschwerungen des § 93 Abs. 4 S. 3 AktG zu aktivieren.

2. *Vergleichbarkeit der Interessenlage*

Weitere Voraussetzung für die Bildung einer Analogie ist das Vorliegen einer vergleichbaren Interessenlage, wobei hier besonderes Augenmerk auf eine Betrachtung aller Umstände des Einzelfalles zu legen ist.

Die Interessenlage, die bei Vornahme des ungeregelten Rechtsgeschäfts besteht, muss der bei Abschluss eines Verzichts oder Vergleichs ähnlich sein.[578] Für eine genaue Analyse ist eine Differenzierung zwischen Verzicht und Vergleich angezeigt. Denn im Rahmen der Analogiebildung muss untersucht werden, ob der ungeregelte Fall dem im Gesetz geregelten Tatbestand hinreichend ähnlich ist.[579]

a) Verzicht

Zunächst soll untersucht werden, auf welche abstrakten Elemente beim Vergleichen der Interessenlage mit dem Verzicht zu achten ist.

Wie bereits gezeigt[580] ist Kernelement des Verzichts, dass sich der Gläubiger der Forderung zumindest teilweise begibt, indem die Forderung betragsmäßig reduziert wird. Es wird verfügt. Es ist dieses (teilweise) Aufgeben der Forderung, welches kennzeichnend ist. Das fügt sich auch ein in das Regelungsgeflecht des § 93 AktG: Jegliche Disposition dahingehend, dass ein Vergleich der Forderung vor und nach der in Rede stehenden Disposition ein negatives Abweichen im Bestand der Forderung ergibt, bedeutet die Aktivierung der Schranken in § 93 Abs. 4 S. 3 AktG.

Für die im Rahmen der Analogiebildung vergleichende Betrachtung der Interessenlage ist aber auch zu berücksichtigen, ob Rechtshandlungen durch das Hinzutreten weiterer Elemente ihren dem Verzicht ähnlichen Charakter wieder verlieren.[581] Dann ist eine Unterwerfung des Rechtsgeschäfts unter § 93 Abs. 4 S. 3 AktG im Wege der Analogie nicht mehr zu rechtfertigen.

---

578 I.E. ähnlich, jedoch ohne Begründung Bürgers/Israel in Bürgers/Körber, AktG, 3. Aufl. 2014, § 93 Rn. 37.

579 Würdinger, AcP 206 (2006) 946, 949 und 952.

580 Siehe oben.

581 Denn es darf bei der Analogiebildung kein Grund existieren, das im Gesetz angelegte Prinzip auf den Fall nicht anzuwenden, vgl. Larenz/Canaris, Methodenlehre, 3. Aufl. 1995, S. 202.

b) Vergleich

Auch der Vergleich als gemäß § 93 Abs. 4 S. 3 AktG beschränkt zulässiges Rechtsgeschäft muss auf seine Wesensmerkmale hin untersucht werden, um andere, ungeregelte Fälle in eine vergleichende Betrachtung einstellen zu können.

Kernelement ist neben dem Vorliegen von Streit oder Ungewissheit das gegenseitige Nachgeben, § 779 Abs. 1 BGB. Dies wird sehr weit interpretiert, sodass schon minimale Zugeständnisse für ein „Nachgeben" ausreichen.[582] Erforderlich ist aber, dass beide Seiten in irgendeiner Weise nachgeben. Weiteres, entscheidendes Element ist die Beseitigung von Streit oder Ungewissheit, § 779 Abs. 1 BGB.[583] „Streit" bezieht sich dabei auf Meinungsverschiedenheiten betreffs des Rechts, „Unsicherheiten" können im tatsächlichen wie im rechtlichen Bereich liegen.[584]

Aus systematischer Sicht sowie aufgrund des Wortlauts von § 93 Abs. 4 S. 3 AktG, der besagt, dass „die Gesellschaft nur dann auf Ersatzansprüche verzichten oder sich über sie vergleichen" kann, wird im Wortlaut deutlich, dass stets ein konkreter Bezug zum jeweiligen Ersatzanspruch bestehen muss. Der Ersatzanspruch muss in Gefahr sein.[585] Soll nun ein Rechtgeschäft daraufhin untersucht werden, ob es hinreichende Ähnlichkeit zum Vergleich birgt, so ist zu bedenken, dass die meisten Rechtsgeschäfte *per se* schon Bestandteil eines Vergleichs sein können.[586] Liegt aber bereits ein Vergleich vor, ist eine analoge Anwendung des § 93 Abs. 4 S. 3 AktG nicht erforderlich.

Das offenbart das strukturelle Problem, welches auch bei der in Rede stehenden Analogiebildung auftaucht. Das andere Rechtsgeschäft müsste dem Vergleich „an sich" hinreichend ähnlich sein. Nur weil das andere Rechtgeschäft Gegenstand eines Vergleichs sein kann, ist das aber noch nicht der Fall. Es darf also nicht angenommen werden, der Umstand allein, dass ein Rechtsgeschäft Teil eines Vergleichs sein kann, genüge für die Vergleichbarkeit mit dem Vergleich.

Dann aber taucht ein weiteres Problem auf: Der Vergleich grenzt sich von etwa einem gegenseitigen negativen Schuldanerkenntnis gerade durch das Vorliegen von Streit oder Ungewissheit ab.[587] Nachdem der Vergleich eine Vielzahl von ändernden oder gar verfügenden Rechtsgeschäften beinhalten kann, er

582 Habersack in MüKoBGB, 6. Aufl. 2013, § 779 Rn. 26.
583 Vgl. oben zur besonderen Wichtigkeit des Elements für § 93 Abs. 4 S. 3 AktG.
584 Stadler in Jauernig, BGB, 15. Aufl. 2014, § 779 Rn. 6 f.
585 Siehe zum Erfordernis dieses Bezugs eingehend oben.
586 Zu denken ist hier etwa an eine Stundung. Vgl. dazu näher unten.
587 Für den Änderungsvertrag vgl. Marburger in Staudinger, BGB, Neubearb. 2009, § 779 Rn. 42.

gewissermaßen nur „Rahmen“ ist, wird eine Analogie zum Vergleich selbst nicht zu bilden sein. Denn es ist zum einen gerade auch der Schutzzweck der Norm – hier die Sicherung des Gesellschaftsvermögens vor nachteiligen Dispositionen beim Haftungsanspruch – zu beachten. Zum anderen aber darf eine Analogie nicht zur Umgehung der gesetzlich gesteckten Grenzen führen. Ließe man bei der Analogiebildung das bloße Vorliegen von „gegenseitigem Nachgeben“ genügen, so würde das andere die Vergleichsbeschränkung rechtfertigende Element der Beseitigung von „Streit/Ungewissheit“ unterlaufen.

Vorstehende Erwägungen zeigen auch, dass das oben bereits erwähnte „Umgehungsverbot“[588] nur die wenigsten Gestaltungen zu Fall bringen darf. Gerade das Vergleichsmerkmal ist wegen seiner nur minimalen Voraussetzungen wohl kaum zu umgehen. Zu bedenken ist auch, dass jegliches Rechtsgeschäft mit der Gesellschaft die *Pflichtenbindung* des Aufsichtsrats gemäß §§ 116 S. 3, 93 Abs. 2 AktG aktiviert,[589] sodass es bei der Frage um die Anwendbarkeit des § 93 Abs. 4 S. 3 AktG also nur um zusätzliche Voraussetzungen geht. Im Interesse der Rechtssicherheit und in Ermangelung einer Rechtfertigung für eine ausufernde Handhabung der Norm ist das Verdikt der „Umgehung“ auf extreme Ausnahmegestaltungen zu beschränken.

Das Vergleichsmerkmal weist also die strukturelle Besonderheit auf, sehr geringe Voraussetzungen zu fordern und überdies Rahmengeschäft für eine Vielzahl von denkbaren Rechtsgeschäften sein zu können. Daraus folgt, dass eine Analogiebildung zu dem Merkmal „Vergleich“ nicht möglich ist. Vielmehr ist das Vergleichsmerkmal an den Stellen, an denen das „Nachgeben“ beim Vergleich keine Vermögenseinbußen für die Gesellschaft bringt, teleologisch zu reduzieren.[590]

3. Zusammenfassung

Die Ausweitung des § 93 Abs. 4 S. 3 AktG auf ungeregelte Fälle kann einzig im Wege der Analogiebildung erfolgen. Andere Ansätze entbehren methodisch korrekter Verankerung und bergen zudem die Gefahr der Verwischung der Grenzen von § 93 Abs. 4 S. 3 AktG.

---

588 Vgl. oben 4. Teil.B.II.1.

589 Dietz-Vellmer, NZG 2011, 248, 251; Hefermehl in Geßler/Hefermehl/Eckhard/Kropff, AktG, 1974, § 93 Rn. 67, wobei Hefermehl von einer Vorstandszuständigkeit auszugehen scheint.

590 Vgl. oben 4. Teil.B.IV.4 sowie Cahn, Vergleichsverbote, 1996, S. 15; in diese Richtung auch Mertens/Cahn in KölnerKommAktG, 3. Aufl. 2010, § 93 Rn. 170 a.E. und 173.

Eine norminterne Betrachtung der Begriffe „Verzicht“ und „Vergleich“ ergibt, dass dem Kriterium der „Beseitigung von Streit oder Ungewissheit durch gegenseitiges Nachgeben“ eine für die Gesellschaft vermögensgefährdende Wirkung beigemessen werden muss. Dies zeigt sich vor dem Hintergrund, dass § 93 Abs. 4 S. 3 AktG vor vermögensmindernden Dispositionen schützen soll. Daraus folgt aber auch, dass ein Vergleich geschlossen werden kann, sofern er keine nachteiligen Vermögenswirkungen hat. Insoweit ist das Vergleichsmerkmal einer teleologischen Korrektur zuzuführen.

Eine Analogiebildung kann in diesem Kontext nur in Bezug auf das Verzichtsmerkmal erfolgen.[591] Das Vergleichsmerkmal hingegen ist aufgrund seiner ohnehin schon großen Reichweite vermittels teleologischer Reduktion zu konturieren und mithin einer Analogiebildung nicht zugänglich.

C. Zeitliche Reichweite der Dispositionsbeschränkungen – die Dreijahresfrist

I. Teleologie der Dreijahresfrist und offene Fragen

Gemäß § 93 Abs. 4 S. 3 AktG ist ein Vergleich oder Verzicht frühestens nach drei Jahren möglich. Davor ist nach dem Wortlaut des Gesetzes ein Verzicht oder Vergleich nicht zulässig. Dies verwundert angesichts des Umstands, dass die Dispositionsbefugnis ohnehin bei der Hauptversammlung liegt und die Minderheit von mindestens 10 Prozent überdies noch ein Widerspruchsrecht hat. Die Zuweisung der Entscheidungsbefugnis[592] zu den Residualeigentümern legt auf den ersten Blick nahe, keine Dreijahresfrist zu statuieren.

Darüber hinaus wirft ein Vergleich zu § 93 Abs. 4 S. 1 AktG Fragen auf: Wenn § 93 Abs. 4 S. 1 AktG den Entfall der Haftung im Vorhinein, also zu einem Zeitpunkt, in dem das Schadensausmaß noch völlig unklar bzw. die betreffende Handlung durch den Vorstand noch gar nicht vorgenommen worden ist, ermöglicht, warum soll dann eine Disposition im Nachhinein, da die Situation schon klarer ist, nicht möglich sein?[593] Nimmt man also an, dass der Aktionär gewissermaßen vor sich selbst geschützt werden soll, so erstaunt dies, ist doch die Frage, worüber eigentlich disponiert wird, im Nachhinein jedenfalls klarer als

591 Die Analogiebildung in Bezug auf konkrete Fälle erfolgt – entsprechend dem Aufbau der Arbeit – im Rahmen der einzelnen Gestaltungsansätze im 5. Teil.

592 Vgl. dazu oben 4. Teil.A.II und Goette, ZHR 176 (2012) 588, 598 Fn. 35.

593 Darauf, dass die Rechtsordnung die Dispositionsmöglichkeiten *ex ante* zumeist stärker beschneidet als *ex post*, weist auch Fleischer, BB 2011, 2435, 2439 hin.

im Vorhinein. Es stellt sich mithin die Frage, welchem Zweck die Dreijahresfrist dienen soll.

Die RegE-Begründung[594] zur Dreijahresfrist lautet: „Die Vorschrift soll verhindern, daß über einen Verzicht oder Vergleich bereits zu einem Zeitpunkt entschieden wird, in dem sich noch kein abschließendes Bild über die Auswirkungen der schädigenden Handlung gewinnen lässt. Dafür erscheint jedoch eine Frist von drei Jahren ausreichend. Es kann angenommen werden, daß sich im allgemeinen schon nach drei Jahren die Folgen der Handlung übersehen lassen."[595]

In diesem Zusammenhang ist nochmals die Definition des Vergleichsmerkmals in Erinnerung zu rufen: Der nach Ablauf von drei Jahren zulässige Vergleich kann per Legaldefinition in § 779 Abs. 1 BGB die Beseitigung einer Ungewissheit zum Gegenstand haben. Es ist anerkannt, dass diese Unsicherheit auch auf tatsächlichem Gebiet liegen kann.[596] Ist also noch unklar, was die Auswirkungen einer schädigenden Handlung sind, so besteht eine Unsicherheit auf tatsächlichem Gebiet. Dies ist geradezu der Paradefall des Vergleichs.

Eben diese Unsicherheit will möglicherweise auch die Dreijahresfrist adressieren. Es soll vermieden werden, dass zu einem Zeitpunkt über die Forderung entschieden wird, in dem die Auswirkungen der Schädigung noch unklar sind.

Nach Ablauf der Dreijahresfrist aber ist ein Vergleich, der ja eben die Beseitigung von auch tatsächlichen Ungewissheiten zur Folge haben darf, nach dem Wortlaut des § 93 Abs. 4 S. 3 AktG – vorbehaltlich der Zustimmung der Hauptversammlung und der Nichteinlegung eines Widerspruchs der Minderheit – zulässig. Es ist also möglich, trotz verbleibender Ungewissheit über die Auswirkungen einer schädigenden Handlung einen Vergleich zu schließen. Einen Tag vor Fristablauf hingegen ist ein Vergleich nach dem Wortlaut des § 93 Abs. 4 S. 3 AktG unzulässig, am Tag darauf hingegen ist er zulässig, obwohl sich an der Kenntnis der Tatsachenlage nichts geändert haben muss.

Die Hauptversammlung ist vor dem Hintergrund der Definition des Vergleichs also befugt, verbleibende Unsicherheiten durch Vergleich beizulegen. Ob eine Unsicherheit tatsächlicher Art geklärt ist, ist ab Ablauf der Dreijahresfrist damit im Ergebnis irrelevant.[597] Die Dreijahresfrist könnte also auf der Annahme

---

594 Obwohl die Vorschrift für Organmitglieder bereits im AktG 1937 enthalten war, wurde die Begründung erst im Rahmen des AktG 1965 gegeben, vgl. Mertens/Cahn in KölnerKommAktG, 3. Aufl. 2010, § 93 Rn. 164.

595 Abgedruckt bei Kropff, Aktiengesetz, S. 123.

596 Vgl. etwa Stadler in Jauernig, BGB, 15. Aufl. 2014, § 779 Rn. 7.

597 Eine davon zu trennende Frage ist, welche Anforderungen an das Aufklärungsbemühen durch den Aufsichtsrat zu stellen sind.

fußen, es werde so ein Mindestmaß an Aufklärungsdichte sichergestellt.[598] Vor Eintritt eines gewissen Grades an Aufklärung ist ein Vergleich unzulässig, weil mit dem geringen Aufklärungsgrad ein hohes Risiko unbekannter Auswirkungen einhergeht.

Dem ist aber entgegenzuhalten, dass die Dreijahresfrist dann in dieser Form eine nicht zu rechtfertigende unwiderlegliche Vermutung aufstellt. Die Frist hätte gewissermaßen zum Ziel, der Gesellschaft Zeit zur Sachverhaltsaufklärung unabhängig vom Bedarf hierzu zu verschaffen. Dies aber ist nicht im Interesse auch nur eines der Beteiligten.[599] Denn sollte der Sachverhalt früher klar sein, so ist nicht einzusehen, weshalb eine Streitbeilegung mit unter Umständen auch zeitnäherem Liquiditätszufluss[600] kategorisch unmöglich sein soll.

Ferner bleibt dann unklar, warum diese Bedeutung nicht durch eine klarere Formulierung herausgestellt wurde. Denn letztlich würde dies bedeuten, dass der Gesetzgeber von der Überlappung des Vergleichs und des Telos der Dreijahresfrist betreffs der Unsicherheiten wusste. Der Gesetzgeber hätte dann in Kenntnis dieser Kongruenz gewissermaßen die Unsicherheiten, die zu einem Vergleich motivieren, zurückzudrängen oder zu verringern versucht. Unklar bleibt bei einem solchen Verständnis zudem, warum typisiert nach drei Jahren eine möglicherweise bestehende vollkommene Unklarheit durch Vergleich beseitigt werden darf.[601]

---

598 In diese Richtung ging die gesetzgeberische Vorstellung des Gesetzgebers 1965, wenn es hieß: „Die Vorschrift soll verhindern, daß über einen Verzicht oder Vergleich bereits zu einem Zeitpunkt entschieden wird, in dem sich noch kein abschließendes Bild über die Auswirkungen der schädigenden Handlung gewinnen lässt.", abgedruckt bei Kropff, Aktiengesetz, S. 123. Aus der Gesetzesbegründung geht aber nicht hervor, dass man sich des hier aufgezeigten Zusammenspiels mit dem Vergleichsmerkmal bewusst gewesen wäre.

599 In diese Richtung Hopt in GroßKommAktG, 4. Aufl. (1999), § 93 Rn. 353 sowie Zimmermann, FS Duden, 1977, S. 773, 774.

600 Diesen Aspekt betont Cahn, Vergleichsverbote, 1996, S. 3 in Zusammenhang mit einer möglichen nahenden Insolvenz der Gesellschaft.

601 Selbst wenn man die Dreijahresfrist als formale Ordnungsvorschrift betrachtete, litte sie an einem Legitimationsdefizit: Als formale Ordnungsvorschrift würde sie vermutlich der Rechtssicherheit dienen, indem sie typisiert. Dieses Ziel aber verfehlt die Dreijahresfrist, weil etwa unklar ist, wann die Frist genau zu laufen beginnt, vgl. zum Charakter als formale Ordnungsvorschrift Harbarth, Liber Amicorum M. Winter, 2011, 215, 228; vgl. zur Unsicherheit des Fristlaufs Dietz-Vellmer, NZG 2011, 248, 249.

Daran zeigt sich auch, dass – sollte dies die Vorstellung des Gesetzgebers gewesen sein – sich eine einzelfallbezogene Problematik wie die der Beurteilung von Schadensfolgen nicht durch starre Fristen wird lösen lassen, sondern dem pflichtgemäßen und haftungsbewehrten Ermessen von Gesellschaftsorganen zugewiesen sein muss.

II. Funktion der Dreijahresfrist im Schutzzweckgefüge der Organhaftung

Überdies ist fraglich, welche eigenständige Position die Dreijahresfrist im normativen Gesamtgefüge einnehmen soll. Anders gesagt: Wäre einer der mit der Vorstandshaftung in Zusammenhang stehenden Schutzzwecke nicht mehr effektuiert, entstünde also ein Vakuum, wenn es die Dreijahresfrist nicht mehr gäbe?

1. Organhaftung wegen Abschlusses nachteiliger Vergleiche

Der Sache nach ist an eine Haftung des Aufsichtsrats zu denken, wenn er an einem Vergleich auf evident zu wenig ausermittelter Tatsachengrundlage mitwirkt,[602] §§ 112 S. 1, 116 S. 1, 93 Abs. 2 AktG, wobei der Aufsichtsrat eigenverantwortlich zu entscheiden hat, wann weitere Sachverhaltsaufklärung geboten ist.

2. Verhinderung von Verschonung

Das Erfordernis der Zustimmung durch die Hauptversammlung sowie das Widerspruchsrecht der Minderheit verhindern ungerechtfertigte Milde des Aufsichtsrats gegenüber dem Vorstand.[603] Die Hauptversammlung als das Gremium der Aktionäre als Residualeigentümer ist dispositionsbefugt.

Damit gewinnt die Haftungsandrohung auch bei der Effektuierung des Präventionszwecks an Schärfe. Der Vorstand weiß nämlich dann *ex ante*, dass eine Vernachlässigung jedweder haftungsbewährter Regeln die Forderung gegen ihn entstehen und diese sich ohne das Kollektiv der Aktionäre auch nicht mehr aus der Welt schaffen lässt. Damit wird die Kompensation wahrscheinlicher, was wiederum auch die Präventionswirkung erhöht.

---

602 In diese Richtung Dietz-Vellmer, NZG 2011, 248, 251; für den Fall sachfremder Erwägungen, etwa dem Bestreben, eigener Haftung wegen Überwachungsverschulden zu entgehen, Mertens/Cahn in KölnerKommAktG, 3. Aufl. 2010, § 93 Rn. 163.

603 Mertens/Cahn in KölnerKommAktG, 3. Aufl. 2010, § 93 Rn. 161 und 164.

3. *Minderheitenschutz*

Zusätzlich darf nicht „eine Minderheit, deren Anteile zusammen den zehnten Teil des Grundkapitals erreichen, zur Niederschrift Widerspruch erheb[en]", § 93 Abs. 4 S. 3 AktG.[604] Wird ein solcher Widerspruch erhoben, so kann ein Vergleich oder Verzicht nicht geschlossen werden.

Das Widerspruchsrecht stellt einen hinreichenden Schutz gerade auch dann dar, wenn man aus dem Residualeigentum der Entscheidungsträger die Dispositionsbefugnis auch über unsichere Sachverhalte herleitet, mithin die Dreijahresfrist als nicht gerechtfertigte Beschränkung der Entscheidungsautonomie sieht. Denn das Widerspruchsrecht stellt einen Ausgleich zwischen der Verbandsautonomie mit ihrem Mehrheitsprinzip und dem damit einhergehenden Risiko des Einzelnen, gesellschaftsbezogene Rechtspositionen gegen seinen Willen zu verlieren einerseits und dem Vermögensinteresse des Einzelnen andererseits her. Insoweit ist auch der Minderheitenschutz unabhängig von der Dreijahresfrist gewährleistet.[605]

4. *Gläubigerschutz*

Dass die Haftung auch dem Gläubigerschutz dient, wurde bereits festgestellt.[606] § 93 Abs. 5 S. 3 AktG sichert dies zusätzlich dadurch ab, dass Verzicht und Vergleich und auch der vorherige Beschluss der Hauptversammlung den Gläubigern gegenüber keine Wirkung zeitigen. Auch aus dieser Perspektive ist die Dreijahresfrist also unnötig.

5. *Verhaltenssteuerung*

Es wird vertreten, dass die Dreijahresfrist die Haftungsandrohung auch dadurch verschärft, dass der Vorstand im Zeitpunkt der schädigenden Handlung nicht weiß, ob die Aktionärsstruktur sich nicht so verändert, dass ein Verzicht oder ein Vergleich, der zum Zeitpunkt der schädigenden Handlung greifbar scheint, infolge der neuen Beteiligungsstruktur nicht mehr zu erlangen ist.[607] Davon gehe disziplinierende Wirkung aus, weil der Vorstand dann eben nicht mehr darauf

---

604 Zur Diskussion um die Abschaffung des Vetorechts jüngst Bachmann, Gutachten E zum 70. DJT, S. 52 f.

605 Dieser wird fortgesetzt durch die in § 148 AktG vorgesehenen Instrumente, vgl. Mertens/Cahn in KölnerKommAktG, 3. Aufl. 2010, § 93 Rn. 161.

606 Dazu siehe oben 2. Teil.B.I.3.

607 Mertens, FS Fleck, 1988, S. 209, 211; Mertens/Cahn in KölnerKommAktG, 3. Aufl. 2010, § 93 Rn. 164; dagegen Harbarth, Liber Amicorum M. Winter, 2011, S. 215, 228.

vertrauen kann, dass der ihm wohlgesonnene Mehrheitsaktionär seine Beteiligung nicht aufgibt.[608]

Zum einen scheint die Annahme der Beteiligungsveräußerung in einer solchen Konstellation wenig plausibel. Wenn auf rein tatsächlicher Ebene eine solche Verbundenheit bestehen sollte, dann wird dies allenfalls in Gesellschaften passieren, in denen auch die Beteiligungsverhältnisse über Generationen konstant sind.

Aber auch die Notwendigkeit einer solchen Disziplinierung muss bezweifelt werden angesichts des Umstands, dass der Aufsichtsrat zur Überwachung und Verfolgung von möglichen Pflichtverletzungen grundsätzlich verpflichtet ist.[609]

Das Widerspruchsrecht der Minderheit wirkt zudem einer solchermaßen konstruierten Verflechtung entgegen. Gesetzgeberisch hatte man diese Situation keinesfalls im Blick.[610]

Letztlich zeigt sich an dieser Stelle aber auch, dass die Aktionäre, sollten entsprechende Mehrheitsverhältnisse bestehen, berechtigt sein müssen, dementsprechend zu disponieren.[611]

6. *Ergebnis*

Bezogen auf die für die Haftung relevanten Schutzrichtungen ist die Dreijahresfrist überflüssig, weil sie in keine der Schutzrichtungen wirkt. Vielmehr sind die im Übrigen bestehenden gesetzlichen Regelungen ausreichend.[612]

III. Praktische Erwägungen

Auch in praktischer Hinsicht ist fraglich, ob die starre Dreijahresfrist einen sinnvollen Beitrag leisten kann. Ist die Gesellschaft daran gefesselt, erst nach drei Jahren eine gütliche Streitbeilegung herbeiführen zu können, so kann das

---

608 Mertens, FS Fleck, 1988, S. 209, 211; Mertens/Cahn in KölnerKommAktG, 3. Aufl. 2010, § 93 Rn. 164.

609 BGHZ 135, 244.

610 Harbarth, Liber Amicorum M. Winter, 2011, S. 215, 228.

611 Weitere, der Annahme einer verhaltenssteuerden Wirkung der Dreijahresfrist entgegenstehende, beachtliche Argumente liefert Harbarth, Liber Amicorum M. Winter, 2011, S. 215, 227 f.

612 I.E. mit teils ähnlicher Begründung auch Mertens/Cahn in KölnerKommAktG, 3. Aufl. 2010, § 93 Rn. 164.

schwebende Verfahren in der Zwischenzeit viel negative Presse einbringen bzw. die Wahrnehmung der Gesellschaft in der Öffentlichkeit negativ beeinflussen.[613]

Ferner ist zu bedenken, dass der Vorstand heute möglicherweise solventer ist als in drei Jahren.[614] Zwar mag die Unsicherheit bezüglich der Schadensauswirkungen größer sein, doch wird mit der starren Dreijahresfrist auch die Durchsetzbarkeit etwaiger Forderungen unsicherer. Dies gilt umso mehr, als die negative Öffentlichkeitswirkung bei einem ausgeschiedenen Vorstand zu einer Einschränkung zukünftiger Verdienstmöglichkeiten führen dürfte, er also eher gezwungen sein wird, von seinen Reserven zu zehren, die andernfalls noch als Haftungsmasse zur Verfügung stünden. Umgekehrt kann sich auch die Gesellschaft in einer finanziellen Lage befinden, die sie eine schnelle Lösung durch Vergleich vorziehen lässt: Ist der Vorstand solvent und die Gesellschaft am Rande der Insolvenz, so ist ihr mit einer zeitnahen vergleichsweisen Lösung mehr geholfen als dem Ausstreiten eines langwierigen Prozesses.[615]

Die Dreijahresfrist sollte also auch aus praktischen Gründen nicht aufrechterhalten werden.[616] Sie verhindert die effiziente und damit im Interesse aller Beteiligten liegende zügige Streitbeilegung ohne sachliche Rechtfertigung.[617]

IV. *De lege ferenda*: Abschaffung der Dreijahresfrist

Es hat sich gezeigt, dass die Dreijahresfrist im aktuellen Gesamtgefüge der Vorstandshaftung keinen eigenständigen Nutzen hat. Vielmehr wirkt sie sinnvollen Gestaltungen typisierend entgegen, ohne entsprechend legitimiert zu sein. Besonders die Anbindung an die Hauptversammlung als Entscheidungsgremium der Residualeigentümer ist Grund gegen eine (typisierende) dreijährige „Entmündigung".[618] Wäre durch den Gesetzgeber alleine der Aufsichtsrat zur Entscheidung berufen, so könnte die Dreijahresfrist gerechtfertigt werden mit

---

613 Zimmermann, FS Duden, 1977, S. 773, 774; Cahn, Vergleichsverbote, 1996, S. 3; Ihlas, Organhaftung, 1997, S. 181.

614 Diesen Aspekt erörtert auch Bachmann, Gutachten E zum 70. DJT, S. 50.

615 Cahn, Vergleichsverbote, 1996, S. 3.

616 Mertens/Cahn in KölnerKommAktG, 3. Aufl. 2010, § 93 Rn. 164; für eine Abschaffung auch Fleischer, WM 2005, 909, 919.

617 Vgl. Hopt in GroßKommAktG, 4. Aufl. (1999), § 93 Rn. 353; i.E. auch Cahn, Vergleichsverbote, 1996, S. 143; Ihlas, Organhaftung, 1997, S. 181; Dietz-Vellmer, NZG 2011, 248, 249; Mertens/Cahn in KölnerKommAktG, 3. Aufl. 2010, § 93 Rn. 164; jüngst auch Habersack, ZHR 177 (2013) 782, 804.

618 A.A. Bachmann, Gutachten E zum 70. DJT, S. 50 f.

dem Gedanken, dass in der Zwischenzeit die Aktionäre Rechtsschutz gegen die Disposition durch den Aufsichtsrat suchen können müssen.

So aber ist nicht einzusehen, warum die Residualeigentümer „vor sich selbst geschützt" werden, indem ihre Entscheidungsmacht typisierend beschränkt wird.

Ohne eine solche zeitliche Beschränkung verliert die Haftungsandrohung auch nicht an Schärfe, denn der entscheidende Punkt der Entscheidungszuständigkeit der Hauptversammlung bleibt.

Vor diesem Hintergrund ist eine Abschaffung der Dreijahresfrist *de lege ferenda* zu befürworten.[619] Sie ist entbehrlich, weil alle relevanten Schutzinteressen bereits durch andere Instrumente gewahrt werden, mithin also keine Lücke entstehen wird.[620] Überdies verursacht die Dreijahresfrist Unwirksamkeitsrisiken bei Verzicht und Vergleich, wenn der Zeitpunkt der Entstehung des Anspruchs und damit auch das Fristende nicht klar ist.[621]

V. *De lege lata*: Teleologische Reduktion

De lege lata ist angesichts des Schutzzwecks der Dreijahresfrist und der demnach ungerechtfertigten Reichweite der kategorial gefassten Formulierung eine teleologische Reduktion geboten.[622] Dies geschieht durch Hineinlesen der fehlenden Begrenzung der Norm.[623] Dadurch kann den Umständen des Einzelfalles Rechnung getragen werden.

Diese Begrenzung betrifft zum Einen den Fall, dass bereits vor Ablauf der drei Jahre Klarheit über die Auswirkungen besteht, weil beispielsweise ein

---

619 In diesem Sinne Cahn, Vergleichsverbote, 1996, S. 143; Hopt in GroßKommAktG, 4. Aufl. (1999), § 93 Rn. 353; Mertens/Cahn in KölnerKommAktG, 3. Aufl. 2010, § 93 Rn. 164; Harbarth, Liber Amicorum M. Winter, 2011, S. 215, 236; jüngst auch Habersack, ZHR 177 (2013) 782, 804; ebenso Paefgen, AG 2014, 554, 574; Haarmann/Weiß, BB 2014, 2115, 2123; dagegen jüngst Bayer, NJW 2014, 2546, 2548.

620 Cahn, Vergleichsverbote, 1996, S. 143.

621 Dietz-Vellmer, NZG 2011, 248, 249.

622 I.E. wohl Dietz-Vellmer, NZG 2011, 248, 249, der – insoweit zweideutig – einen Verzicht *de lege lata* befürwortet; dagegen Mertens/Cahn in KölnerKommAktG, 3. Aufl. 2010, § 93 Rn. 164 a.E; Zimmermann, DB 2008, 687, 688; Schug, Risikoeinschränkung, 2009, S. 107; ebenso (hinsichtlich kartellrechtlicher Kronzeugenregelungen) Harbarth, Liber Amicorum M. Winter, 2011, S. 215, 231; zur teleologischen Reduktion allgemein jüngst auch Fleischer, ZIP 2014, 1305, 1308.

623 Larenz/Canaris, Methodenlehre, 3. Aufl. 1995, S. 210.

Geschäftsvorgang in sich abgeschlossen ist und deshalb keine weiteren Schäden entstehen können.

Zum anderen ist der Fall zu erfassen, dass es im überwiegenden Interesse aller Beteiligten liegt, schon vor Ablauf der Frist eine vergleichsweise Beilegung zu erreichen, etwa wegen Insolvenznähe der Gesellschaft.

Die hinzuzufügende Einschränkung würde demgemäß etwa lauten: „*Die Dreijahresfrist gilt nicht, wenn bereits vorher eine hinreichende Vergleichsgrundlage besteht oder eine zügige Streitbeilegung im überwiegenden Interesse der Gesellschaft liegt.*"

Die erste Alternative trägt dem Umstand Rechnung, dass stets, also unabhängig vom Ablauf der Frist, eine ausreichende Tatsachengewissheit herrschen muss, und stellt damit Konsistenz her zu dem Umstand, dass ein Vergleich stets gewisse Unsicherheiten als Ausgangslage hat, andererseits aber aus der Stellung des Aufsichtsrats Aufklärungspflichten folgen.

Die zweite Alternative trägt der Dispositionsbefugnis der Hauptversammlung Rechnung und stellt zusammen mit ihr sicher, dass eine Ausrichtung des Rechtsgeschäfts am Gesellschaftsinteresse zu erfolgen hat.

D. Zusammenfassung

§ 93 Abs. 4 S. 3 AktG in seiner sachlichen wie auch zeitlichen Dimension leidet unter erheblichen Legitimationsdefiziten. In sachlicher Hinsicht ist überdies der Wortlaut der Norm wenig geglückt, sodass zunächst Auslegungsschwierigkeiten bestehen. In sachlicher Hinsicht ist eine Beschränkung der Dispositionsbefugnis nur zu rechtfertigen, soweit ein deutlicher Bezug zur Forderung der Gesellschaft gegen den Vorstand besteht.

Bei Übertragung der Dispositionsbeschränkungen aus den Gründungsansprüchen in den Bereich der Vorstandshaftung wurde übersehen, dass eine deutlich abweichende Interessenlage seitens der Entscheidungsträger vorliegt, was eine Anpassung des Wortlauts erforderlich gemacht hätte.

Bisherige Ansätze zur Übertragung der Beschränkungen in § 93 Abs. 4 S. 3 AktG auf andere, ungeregelte Fälle, entbehren hinreichender methodischer Absicherung. Konstruktiv kann § 93 Abs. 4 S. 3 AktG analog auf ungeregelte Fälle angewandt werden, wobei sich gezeigt hat, dass das Vergleichsmerkmal aus strukturellen Gründen nicht Anknüpfungspunkt für eine Analogiebildung sein kann. In den Folgerungen zum Verhältnis der Begriffe „Verzicht" und „Vergleich" zueinander wurde herausgestellt, dass bei strikter Subsumtion der Voraussetzungen der Vergleichs- und Verzichtsmerkmale einige Gestaltungen nicht unter § 93 Abs. 4 S. 3 AktG fallen, die bislang in den Anwendungsbereich der

Norm gezogen wurden, indem auf die „wirtschaftliche Vergleichbarkeit“ oder ähnliche Konstruktionen abgestellt wurde.

Angesichts des zu weit geratenen Wortlauts ist das Vergleichsmerkmal dahingehend teleologisch zu reduzieren, dass ein Nachgeben im Rahmen eines Vergleichs, das keine Vermögensminderung bedeutet, nicht unter § 93 Abs. S. 3 AktG fällt.

Der Legitimationsansatz der zeitlichen Dimension der Beschränkungen in § 93 Abs. 4 S. 3 AktG krankt bereits an einem Widerspruch in sich: Die Unüberschaubarkeit der Schadensentwicklung soll Grund für die Dreijahresfrist sein. Zulässig ist es ausweislich des Wortlauts aber nach Ablauf der drei Jahre, trotz großer Sachverhaltsungewissheit einen Vergleich zu schließen, der ja gerade zur Beseitigung der Ungewissheit dient. Angesichts der sonstigen, sachlich richtigen Voraussetzungen einer Disposition über den Anspruch, ist die Dreijahresfrist in rechtlicher Hinsicht obsolet. In tatsächlicher Hinsicht führt sie zu wirtschaftlich nachteiligen Ergebnissen. Sie dürfte auch aus ökonomischer Sicht nachteilig sein, weil die Kosten, die der Gesellschaft durch eine öffentliche Diskussion sowie die verzögerte Beilegung des Streits mit kostenintensiver Beratung entstehen, leicht die Einbußen, die durch eine einvernehmliche Lösung entstehen, aufwiegen können. *De lege lata* kommt eine teleologische Reduktion der Dreijahresfrist in Betracht, wenn der Sachverhalt bereits zuvor geklärt ist oder eine einvernehmliche Klärung im berechtigten Interesse aller Beteiligten liegt. *De lege ferenda* sollte die Dreijahresfrist abgeschafft werden.

5. Teil. Teilaspekte der Gestaltung der Vorstandshaftung

Im Folgenden sollen einzelne Gestaltungsansätze unter Einbeziehung der insbesondere in teleologischer Hinsicht gewonnenen Erkenntnisse untersucht werden. In der Überzahl sind dabei Fälle, in denen es um konkrete rechtsgeschäftliche Gestaltungen geht. Es wird zum Teil aber auch auf die sachliche Richtigkeit der gesetzlichen Bestimmungen einzugehen sein, um daran anknüpfend Korrekturmöglichkeiten zu erörtern.

Es wird sich zeigen, dass die Wahl der Gestaltungsebene den Rechtsanwender vor unterschiedliche Herausforderungen stellen kann, die Ebenen aber auch abweichende Potentiale bergen.

A. Modifikation des Haftungsmaßstabs

Eine naheliegende – und auch rechtspolitisch diskutierte[624] – Gestaltung zur Abmilderung der Vorstandshaftung ist die Modifikation des Haftungsmaßstabs. Nach der Formulierung des § 93 Abs. 2 S. 1 i. V. m. Abs. 1 S. 1 AktG haften die Vorstände bereits für leicht fahrlässig begangene Pflichtverstöße. Die in § 93 Abs. 1 S. 2 AktG verankerte Business Judgment Rule soll zwar eine gewisse Entschärfung der Haftung hinsichtlich unternehmerischer Entscheidungen bringen. Doch ist sie zum einen aufgrund ihrer Ausgestaltung nur von begrenzter Reichweite und bringt zum anderen neue Rechtsunsicherheiten mit sich, gerade wenn es um die Frage geht, ob eine Entscheidung unternehmerischer Natur ist oder nicht.[625] Damit ist die Modifikation des Haftungsmaßstabs gerade für diese von Unsicherheit geprägten Bereiche interessant.

Nach derzeitiger Gesetzeslage ist nach nahezu einhelliger Auffassung eine Veränderung des Haftungsmaßstabs nicht möglich,[626] wobei zu bemerken ist, dass die hierfür vorgebrachten Argumente nur teilweise überzeugen können.[627]

---

624 Siehe dazu unten 7. Teil.I.2.

625 Etwa Mertens/Cahn in KölnerKommAktG, 3. Aufl. 2010, § 93 Rn. 14 und 17 ff.

626 Siehe bereits oben 2. Teil.A.IV zum grundsätzlich zwingenden Charakter der Vorstandshaftung; zum Meinungsstand etwa Hölters in Hölters, AktG, 2. Aufl. 2014, § 93 Rn. 12 m.w.N.; Spindler in MüKoAktG, 4. Aufl. 2014, § 93 Rn. 27 f. m.w.N.

627 Ähnlich Hoffmann, NJW 2012, 1393, 1395; Hoffmann nennt darüber hinaus einige weitere beachtenswerte Argumente, die gegen die Stichhaltigkeit der Begründungsansätze eines zwingenden Charakters sprechen.

Deshalb soll es an dieser Stelle in erster Linie um die Untersuchung der Hauptargumente für den zwingenden Charakter gehen.

I. Eigenverantwortlichkeit der Leitung

So ist zu bezweifeln, ob das Argument, der zwingende Charakter der Haftung folge aus der Eigenverantwortlichkeit der Leitung durch den Vorstand, § 76 Abs. 1 AktG, von substanziellem Gewicht ist.[628] Es sind durchaus auch andere Konstellationen denkbar, in denen ein eigenverantwortlich für einen anderen Handelnder von seiner Haftung befreit werden kann.[629] Damit ist aber auch der Schluss, aus der Eigenverantwortlichkeit der Leitung folge der zwingende Charakter der Haftung, nicht zwingend. Indes kann man aufgrund der Eigenverantwortlichkeit des Handelns eine zwingende Haftung für erforderlich halten.[630] Es ist dann Sache des Gesetzgebers, klarzustellen, dass die Haftungsandrohung zwingender Natur ist. Es ist damit gerade nicht so, dass der zwingende Charakter der Haftung aus der Eigenverantwortlichkeit der Leitung folgt. Durchaus denkbar ist es nämlich, aus der eigenverantwortlichen Leitung resultierend andere Konsequenzen als eine Haftung für den Fall der Pflichtverletzung anzuordnen.

Auch ist zu bedenken, dass der Vorstand gerade in Fremdorganschaft tätig ist. Er führt ein fremdes Unternehmen und hat bei dieser Leitung auch fremde Interessen als Maßstab.[631] Allenfalls partizipiert er an den Erfolgen seines Tuns, nie aber kommt ihm die durch sein Tun generierte Wertsteigerung vollumfänglich zugute. Das könnte gegen eine unbegrenzte Haftung sprechen.

Freilich kann argumentiert werden, der Umstand der fremdorganschaftlichen Leitung finde schon hinreichende Berücksichtigung dadurch, dass § 93 Abs. 2 AktG nur eine verschuldensabhängige Haftung vorsieht – anders als beim Einzelkaufmann, der die nachteiligen Folgen seines gesamten Handelns zu tragen hat.[632]

---

628 Hoffmann, NJW 2012, 1393, 1395: „Worthülse".

629 Hoffmann, NJW 2012, 1393, 1395; ähnlich Spindler, AG 2013, 889, 896; indes ders. Gegen diesen Vergleich in MüKoAktG, 4. Aufl. 2014, § 93 Rn. 27: „Ein Vergleich mit anderen Personengruppen, die ebenso in Eigenverantwortlichkeit handeln, hinkt daher von vornherein."; zur Lage in der Delaware Corporation, dessen board of directors ebenfalls weisungsunabhängig ist, siehe unten.

630 In diese Richtung zutreffend Spindler in MüKoAktG, 4. Aufl. 2014, § 93 Rn. 6.

631 Zur Frage, welches Interesse maßgeblich ist etwa Mertens/Cahn in KölnerKomm-AktG, 3. Aufl. 2010, § 76 Rn. 15 ff.

632 So etwa Spindler in MüKoAktG, 4. Aufl. 2014, § 93 Rn. 5; Muthmann, Vorstandsvertrag, 2012, S. 111; zur Einzelunternehmung aus institutionenökonomischer Sicht anschaulich Göbel, Neue Institutionenökonomik, 2002, S. 219 ff.

Das offenbart aber zugleich auch, dass es sich hier um einen Sachgrund für die Anordnung eines bestimmten Sorgfaltsmaßstabs handelt und nicht um einen Umstand, aus dem sich gerade der zwingende Charakter des Sorgfaltsmaßstabs folgern ließe. Die Vergleichsbetrachtung zum Einzelkaufmann zeigt vielmehr, dass im Fall der Fremdorganschaft Dritte das Risiko tragen, welches sonst von dem Vorstand selbst zu tragen wäre.[633] Dies sind die Anteilseigner der Gesellschaft.[634] Insofern wäre es konsequent, diesen die Entscheidungsmöglichkeit zu belassen, welchen Sorgfaltsanforderungen das Leitungsorgan unterliegt.[635]

II. Leitungsfunktion des Vorstands

Teils wird argumentiert, der zwingende Charakter der Vorstandshaftung ergebe sich aus der Leitungsfunktion des Vorstands, denn es sei nicht einzusehen, dass ein Vorstand nicht die Sorgfalt eines ordentlichen und gewissenhaften Geschäftsmanns anzuwenden habe.[636] Es trifft zu, dass grundsätzlich ein solcher Sorgfaltsmaßstab – schon unter Aspekten der Verhaltenssteuerung – gefordert werden sollte. Die Zuweisung der Leitungsaufgabe an sich bedingt aber nicht den zwingenden Charakter der Vorstandshaftung. Sie ist allenfalls als Sachgrund geeignet, eine zwingende Anordnung zu rechtfertigen. Unbeantwortet bleibt damit jedoch die Frage, warum die Aktionäre, deren Schutz die Haftung jedenfalls auch bezweckt, nicht die Modalitäten der Leitung sollen bestimmen dürfen.

So wie es ihnen möglich ist, vermittels Festlegung des Unternehmensgegenstands in der Satzung die Leitung zu beeinflussen, so müsste es ihnen folgerichtig auch möglich sein, die für die Leitung maßgebliche Sorgfalt zu bestimmen.

III. Verhaltenssteuerung

Es muss aber betont werden, dass eine Absenkung des Sorgfaltsmaßstabs die Gefahr birgt, dass die Verhaltensanreize, die von einer Haftungsandrohung

---

633 Vgl. Spindler in MüKoAktG, 4. Aufl. 2014, § 93 Rn. 5.

634 Freilich lässt sich dies auch anders sehen, wenn man darauf abstellt, dass andere Gruppen mangels Diversifizierungsmöglichkeit im Portfolio und bereits getätigten unternehmensspezifischen Investitionen ebenso zu schützen sind, vgl. etwa Mertens/Cahn in KölnerKommAktG, 3. Aufl. 2010, § 76 Rn. 16; Göbel, Neue Institutionenökonomik, 2002, S. 230 ff.

635 Nicht zuzustimmen ist insoweit Schug, Risikoeinschränkung, 2009, S. 96, der in diesem Kontext einen Eingriff in die Rechte der Gläubiger erblickt.

636 Hölters in Hölters, AktG, 2. Aufl. 2014, § 93 Rn. 12.

ausgehen, nachlassen.[637] Darin kann man also ebenfalls einen Sachgrund für die zwingende Anordnung sehen – der zwingende Charakter der Haftungsandrohung ergibt sich auch hieraus nicht.[638]

Umgekehrt ist es im Fall der Erhöhung der Sorgfaltsanforderungen. Dies hätte zur Folge, dass der Vorstand zu übermäßigen Vorsichtsmaßnahmen tendiert, was wiederum Kosten verursacht,[639] weil beispielsweise Berater hinzugezogen werden. Weiterhin besteht die Gefahr, dass das Unternehmen handlungsunfähig wird, weil die Haftungsandrohung lähmend auf den Vorstand wirkt.[640]

IV. Zwischenergebnis

Unabhängig von der Qualität der Argumente für den zwingenden Charakter der Haftung aus § 93 Abs. 2 AktG zeigt sich also, dass eine Veränderung in diesem Bereich im Hinblick auf erwünschte Effekte vorsichtig anzugehen ist. In beiden Fällen der Modifikation werden wesentliche Gedanken des normativen Kontexts möglicherweise nicht optimal zur Geltung gebracht. Hauptgrund hierfür ist die Veränderung des Umfelds bereits *ex ante*, also zu einem Zeitpunkt, in dem das Handeln des Vorstands noch gesteuert werden soll.

V. Gläubigerschutz, § 93 Abs. 5 AktG

Daran anknüpfend treten weitere Schutzinteressen in den Fokus, die einer solchen Abdingbarkeit entgegenzustehen scheinen. Zu denken ist in erster Linie an den Gläubigerschutz.[641] Es hat sich dazu gezeigt, dass die Binnenhaftung für sich genommen nur mittelbaren Gläubigerschutz, nämlich für Reflexschäden,[642] realisiert.[643] Beachtet werden muss aber auch, dass eine Modifikation des

---

637 Relativierend Spindler, AG 2013, 889, 896, der argumentiert, dass auch bei einer Begrenzung bzw. Abschwächung der Haftung ein ausreichender Präventionseffekt gewährleistet ist.

638 Richtig deshalb Grigoleit/Tomasic in Grigoleit, AktG, 1. Aufl. 2013, § 93 Rn. 71, die davon sprechen, dass die zwingende Natur dadurch „gerechtfertigt" ist.

639 Koch, AG 2012, 429, 434; Wagner, AcP 206 (2006) 352, 457 f.

640 Fleischer in Spindler/Stilz, AktG, 2. Aufl. 2010, § 93 Rn. 5; Spindler in MüKoAktG, 4. Aufl. 2014, § 93 Rn. 28.

641 In diesem Sinne etwa Schug, Risikoeinschränkung, 2009, S. 96.

642 Bachmann/Eidenmüller/Engert/Fleischer/Schön, ZGR Sonderheft 18, 2012, S. 129.

643 Siehe dazu oben 2. Teil.B.I.3.

Haftungsmaßstabs durch Vorstand und Gesellschaft nicht ohne weiteres zu Lasten der Gläubiger gehen darf.[644]

1. *Voraussetzungen des Gläubigerschutzes*

Der Gedanke des Gläubigerschutzes kann den zwingenden Charakter der Vorstandshaftung jedenfalls nur insoweit zur Folge haben, als überhaupt Gläubigerschutz besteht. Anders gesagt: Soweit kein Gläubigerschutz aus § 93 Abs. 5 AktG besteht, kann auch eine Disposition über die Haftungsforderung den Gläubigern nicht gefährlich werden. Selbst soweit Gläubigerschutz besteht, kann dies auch dann gesagt werden, wenn eine Disposition an der Haftungsforderung sich nicht auf die Ausfallhaftung in § 93 Abs. 5 AktG auswirkt, wofür § 93 Abs. 5 S. 3 AktG spricht.

§ 93 Abs. 5 S. 1 AktG besagt: „*Der Ersatzanspruch der Gesellschaft kann auch von den Gläubigern der Gesellschaft geltend gemacht werden, soweit sie von dieser keine Befriedigung erlangen können.*"

§ 93 Abs. 5 S. 1 AktG[645] zeigt, dass der gläubigerschützende Charakter der Vorstandshaftung erst dann konkrete Bezüge annimmt, wenn eine Gläubigerbefriedigung durch die Gesellschaft nicht möglich ist.[646] All diejenigen Haftungsfälle aus § 93 Abs. 2 AktG, die mangels Insolvenznähe der Gesellschaft kein Fall von § 93 Abs. 5 S. 1 AktG werden, entfalten niemals den unmittelbaren Gläubigerschutz, wie er in § 93 Abs. 5 S. 1 AktG mit dem eigenen Verfolgungsrecht statuiert ist. Damit kann argumentiert werden, dass der unmittelbare Gläubigerschutz der Binnenhaftung immer erst dann aktiviert wird, wenn die Voraussetzungen des Verfolgungsrechts vorliegen, also die Gläubiger von der Gesellschaft selbst keine Befriedigung erlangen können.[647] Vor diesem Zeitpunkt besteht allenfalls die Chance einer Ausfallhaftung.

§ 93 Abs. 5 S. 2 AktG besagt: „*Dies [die Ausfallhaftung, Anm. des Verf.] gilt jedoch in anderen Fällen als denen des Absatzes 3 nur dann, wenn die Vorstandsmitglieder die Sorgfalt eines ordentlichen und gewissenhaften Geschäftsleiters gröblich verletzt haben.*"

---

644 Dazu Bachmann/Eidenmüller/Engert/Fleischer/Schön, ZGR Sonderheft 18, 2012, S. 131; allgemein Drygala, ZGR Sonderheft 17, 2006, S. 277, 284 f.

645 Zur geringen praktischen Relevanz etwa Fleischer in Spindler/Stilz, AktG, 2. Aufl. 2010, § 93 Rn. 293.

646 Vgl. Bachmann/Eidenmüller/Engert/Fleischer/Schön, ZGR Sonderheft 18, 2012, S. 129 f.

647 Ähnlich Bachmann/Eidenmüller/Engert/Fleischer/Schön, ZGR Sonderheft 18, 2012, S. 130.

§ 93 Abs. 5 S. 2 AktG stellt also für die meisten Fälle der Haftung gegenüber den Gläubigern die zusätzliche Voraussetzung auf, dass der Vorstand seine Sorgfalt „gröblich verletzt" hat.[648] Für den Bereich der leichten Fahrlässigkeit wurde demnach folgerichtig darauf hingewiesen, dass § 93 Abs. 5 AktG gar keine Schranke für Modifikationen am Sorgfaltsmaßstab darstellen kann.[649] Erst dann entsteht nämlich die gläubigerschützende Ausfallhaftung.[650] Folglich kann eine Enthaftung unterhalb der Schwelle gröblicher Sorgfaltspflichtverletzungen den in § 93 Abs. 5 AktG statuierten Gläubigerschutz gar nicht beeinträchtigen.

Qualifiziert man die ausnahmsweise erwachsende Haftung des Vorstands gegenüber den Gläubigern mit den besseren Gründen als eigenen Anspruch und nicht nur als Prozessstandschaft,[651] so ist es wegen der dann bestehenden Verschiedenheit[652] der Ansprüche inkonsequent, die Wertungen des gläubigerschützenden Anspruchs nach § 93 Abs. 5 S. 1 AktG auf die Binnenhaftung anzuwenden.[653] Richtigerweise müsste aus der Anspruchsmehrheit gefolgert werden, dass die Ansprüche verschiedene Schicksale haben können, so wie es in § 93 Abs. 5 S. 3 AktG zum Ausdruck kommt.

Dieser besagt nämlich: „*Den Gläubigern gegenüber wird die Ersatzpflicht weder durch einen Verzicht oder Vergleich der Gesellschaft, noch dadurch aufgehoben, daß die Handlung auf einem Beschluß der Hauptversammlung beruht.*"

Etwas anderes könnte nur dann gelten, wenn auch im Falle der Pfändung und Überweisung des Binnenanspruchs gegen den Vorstand an die Gläubiger die Vorschrift des § 93 Abs. 5 S. 3 AktG zu beachten wäre. Dann nämlich könnte argumentiert werden, auch der Binnenhaftungsanspruch selbst und nicht nur die Ausfallhaftung in § 93 Abs. 5 S. 1 AktG unterliege den gläubigerschützenden Vergleichs- und Verzichtsverboten aus § 93 Abs. 5 S. 3 AktG.[654]

---

648 Hoffmann, NJW 2012, 1393, 1395.

649 Hoffmann, NJW 2012, 1393, 1395; dagegen Spindler in MüKoAktG, 4. Aufl. 2014, § 93 Rn. 27; zur Beschränkung auf „gröbliche" Pflichtverletzungen Bachmann/Eidenmüller/Engert/Fleischer/Schön, ZGR Sonderheft 18, 2012, S. 130.

650 Gegen eine Pflicht des Vorstands, stets auch im Interesse der Gläubiger zu handeln, deshalb tendenziell Klöhn, ZGR 37 (2008) 110, 133.

651 Fleischer in Spindler/Stilz, AktG, 2. Aufl. 2010, § 93 Rn. 294; zum Streitstand Spindler in MüKoAktG, 4. Aufl. 2014, § 93 Rn. 267.

652 Spindler in MüKoAktG, 4. Aufl. 2014, § 93 Rn. 267: „Anspruchsvervielfältigung".

653 Nicht zutreffend daher etwa Schug, Risikoeinschränkung, 2009, S. 96.

654 In diese Richtung wohl Schug, Risikoeinschränkung, 2009, S. 96 f.

Dies ist aber gleich aus mehreren Gründen abzulehnen:[655] Zum einen zeigt die systematische Verortung in § 93 Abs. 5 AktG, dass sich diese Unwirksamkeitsbestimmung nur auf die Ausfallhaftung bezieht, also eine relative Unwirksamkeit[656] regelt.

Zum anderen lautet § 93 Abs. 5 S. 3 AktG: „*Den Gläubigern gegenüber [...]*". Es wird also zum Ausdruck gebracht, dass die Vorschrift den Fall der eigenen Rechtsposition der Gläubiger meint. Wird aber der Anspruch der Gesellschaft gepfändet und den Gläubigern der Gesellschaft zur Einziehung überwiesen, so machen sie ein fremdes Recht geltend.

Eine „Aufspaltung" der Sorgfaltsmaßstäbe hinsichtlich der Haftung gegenüber der Gesellschaft und der ausnahmsweisen Ausfallhaftung zugunsten der Gläubiger gemäß § 93 Abs. 5 S. 1 AktG ist damit nicht ausgeschlossen.[657] Sie ist die konsequente Fortsetzung der relativen Unwirksamkeit von Vergleich und Verzicht gegenüber Gläubigern, wie sie in § 93 Abs. 5 S. 3 AktG angeordnet ist und trägt dem Gedanken Rechnung, dass die Gesellschafter nicht einseitig zu Lasten der Gläubiger disponieren können.[658]

2. *Schlussfolgerungen Gläubigerschutz*

Der Hinweis, der zwingende Charakter der Vorstandshaftung ergebe sich aus § 93 Abs. 5 AktG, trifft so kategorisch nicht zu.[659] § 93 Abs. 5 AktG kann nur insoweit Sperrwirkung entfalten, als die Norm selbst reicht. Vor Eintritt der Voraussetzungen ist die gläubigerschützende Wirkung nicht vorhanden.

Aber auch ab diesem Zeitpunkt bleibt sie von Modifikationen der Binnenhaftung zwischen Vorstand und Gesellschaft unberührt. Das kann zum einen darauf

---

655 I.E. ebenso gegen die Anwendbarkeit Spindler in MüKoAktG, 4. Aufl. 2014, § 93 Rn. 285.

656 Mertens/Cahn in KölnerKommAktG, 3. Aufl. 2010, § 93 Rn. 180.

657 Anders wohl Hoffmann, NJW 2012, 1393, 1395, der argumentiert, eine Haftungsmilderung im Verhältnis zur Gesellschaft könne auch gegenüber den Gläubigern wirken, weil der Gläubiger letztlich nur so viel wie die Gesellschaft verlangen könne. Dies verkennt aber, dass in § 93 Abs. 5 AktG nicht nur eine Prozessstandschaft, sondern ein eigener materieller Anspruch statuiert ist, vgl. etwa Fleischer in Spindler/Stilz, AktG, 2. Aufl. 2010, § 93 Rn. 294; zum Streitstand Spindler in MüKoAktG, 4. Aufl. 2014, § 93 Rn. 267.

658 Dazu Bachmann/Eidenmüller/Engert/Fleischer/Schön, ZGR Sonderheft 18, 2012, S. 131 und oben 2. Teil.A.IV.

659 Zu kurz deshalb etwa Grigoleit/Tomasic in Grigoleit, AktG, 1. Aufl. 2013, § 93 Rn. 71.

beruhen, dass beispielsweise die Haftung nur für leichte Fahrlässigkeit ausgeschlossen wurde. Abgesehen von den Sonderfällen des von § 93 Abs. 5 S. 2 AktG in Bezug genommenen § 93 Abs. 3 AktG besteht dann kein Konfliktpotential.

Zum anderen ist selbst in diesen Fällen eine Abschirmung der Gläubiger gegen Modifikationen am Anspruch gegen den Vorstand gegeben: Wenn ein Vergleich oder Verzicht der Gesellschaft gegenüber dem Vorstand gemäß § 93 Abs. 5 S. 3 AktG keine Wirkungen für die Gläubiger hat, dann ist es wegen der relativen Unwirksamkeit und der Anspruchsvervielfältigung[660] nur folgerichtig, dass auch die Anspruchsentstehung unabhängig erfolgt.

Damit lässt sich festhalten, dass ein zwingender Charakter der Haftung aus § 93 Abs. 2 AktG nicht durch einen Hinweis auf § 93 Abs. 5 AktG begründet werden kann.[661]

VI. Satzungsstrenge, § 23 Abs. 5 AktG

Teils wird der zwingende Charakter der Binnenhaftung auch auf § 23 Abs. 5 AktG gestützt.[662] Die Satzungsstrenge kann von vornherein nur für satzungsmäßige, nicht also für individualvertragliche Gestaltungen eine Grenze darstellen.

Aber auch für satzungsmäßige Gestaltungen stellt sich die Frage, ob § 23 Abs. 5 AktG ein Hindernis für Modifikationen am Haftungsmaßstab darstellt.[663] Nachdem bei Modifikation der Sorgfaltspflicht vom gesetzlichen Normbestand abgewichen wird, liegt an sich eine Abweichung gemäß § 23 Abs. 5 S. 1 AktG vor, für die eine ausdrückliche Zulassung erforderlich ist, welche hier aber fehlt.

Mit dem hier zugrunde gelegten Verständnis der Satzungsstrenge als Mindestschutznorm[664] lässt sich indes argumentieren, dass die Haftung in der Aktiengesellschaft einen der prominentesten Problemkreise mit breitem Bewusstsein auch in der Anlegeröffentlichkeit betrifft und daher kein Schutzbedürfnis besteht. Die zutreffende Bewertung am Markt wäre bei der Frage der Organhaftung mithin nicht gefährdet.

Wie gezeigt, soll die Satzungsstrenge überdies den Einzelnen gerade nicht aus seiner Eigenverantwortlichkeit entlassen, sondern vielmehr in wenig überschaubaren Bereichen Vertrauensschutz bieten.

---

660 Spindler in MüKoAktG, 4. Aufl. 2014, § 93 Rn. 267.

661 So (allgemein) wohl auch Spindler, AG 2013, 889, 896.

662 Etwa Hölters in Hölters, AktG, 2. Aufl. 2014, § 93 Rn. 11; Fleischer in Spindler/Stilz, AktG, 2. Aufl. 2010, § 93 Rn. 3.

663 Dafür Schug, Risikoeinschränkung, 2009. S. 96.

664 Siehe dazu oben 1. Teil.B.II.2.d)ii)(8).

Angesichts des Befunds, dass die speziellen Normen ohnehin auf zweiter Stufe eigenständig auf ihren zwingenden Charakter hin untersucht werden müssen,[665] kommt § 23 Abs. 5 AktG auch hier nur sehr beschränkte Aussagekraft zu.

Die Satzungsstrenge ist also schon wegen ihrer eingeschränkten Legitimation für die vorliegende Frage nur von geringer Aussagekraft und lässt demnach nicht mit hinreichender Sicherheit den Schluss zu, dass die Haftung nach § 93 Abs. 2 AktG zwingend ist.[666]

Keine Anhaltspunkte für den zwingenden Charakter der Binnenhaftung vermag die Satzungsstrenge überdies für individualvertragliche Gestaltungen zu liefern, weil sie ihrem Aussagegehalt nach nur satzungsmäßige Regelungen betrifft.

VII. Zusammenfassung

Es hat sich gezeigt, dass die meisten Argumentationslinien, die für die Begründung des zwingenden Charakters der Vorstandshaftung herangezogen werden, geringere Tragfähigkeit aufweisen, als dies auf den ersten Blick scheint. Damit ist freilich nicht gesagt, dass die Vorstandshaftung gemäß § 93 Abs. 2 AktG in jeglicher Hinsicht disponibel ist. Es hat sich aber gezeigt, dass für die Begründung des zwingenden Charakters eine tiefere Fundierung erforderlich ist als der bloße Rekurs auf allgemeine Prinzipien. Keines dieser Prinzipien kann nämlich umfassende Geltung beanspruchen.

Bezüglich § 93 Abs. 5 AktG hat sich gezeigt, dass der Gläubigerschutz, den die Norm bietet, eine gewisse Verselbständigung gegenüber der Binnenhaftung aus § 93 Abs. 2 AktG erfährt. Hauptgrund ist die Zugestehung eines selbständigen Anspruchs an die Gläubiger sowie die Abschirmung der gläubigerschützenden Haftung gegenüber Dispositionen zwischen den Aktionären und dem Vorstand durch § 93 Abs. 5 S. 3 AktG. Folglich stellt § 93 Abs. 5 S. 3 AktG für solche Modifikationen aber auch nur ein begrenztes Hindernis dar. Eine Haftungsfreistellung für leichte Fahrlässigkeit erscheint damit *de lege lata* möglich.

In der Sache sprechen gute Gründe für den zwingenden Charakter der Haftungsandrohung auch für leichte Fahrlässigkeit. Insbesondere die Verhaltensanreize, die von einer Haftungsandrohung *ex ante* ausgehen, sprechen für eine solche Gestaltung.[667] Dies sind allerdings Sachgründe, die nicht den zwingenden

665 Siehe dazu oben 1. Teil.B.II.2.d)ii)(5).

666 I.E. ähnlich, jedoch mit zweifelhafter Begründung, Hoffmann, NJW 2012, 1393, 1395.

667 Ähnlich Drygala, ZGR Sonderheft 17, 2006, S. 277, 298.

Charakter der Haftung nach sich ziehen, sondern gegebenenfalls für die deutliche Anordnung einer solchermaßen zwingenden Natur sprechen können.

Möglich ist aber auch, diese der Sache nach im Entscheidungsbereich der Residualeigentümer anzusiedelnde Fragestellung der Hauptversammlung zur Entscheidung zuzuweisen.[668]

B. Stundung

Ist der Anspruch aus § 93 Abs. 2 AktG einmal entstanden, so sind einige Konstellationen denkbar, in denen den Parteien, also der Gesellschaft und dem Vorstand, daran gelegen ist, eine Stundungsabrede zu treffen. Fraglich ist dann zum einen, ob vor Ablauf der Dreijahresfrist eine solche Abrede wirksam getroffen werden kann. Hierfür hat sich gezeigt, dass bei völliger Sachverhaltsklarheit § 93 Abs. 4 S. 3 AktG einer solchen Regelung nicht im Wege steht, weil dann eine teleologische Reduktion geboten ist.[669] Zum anderen stellt sich auch nach Ablauf von drei Jahren die Frage, ob die Hauptversammlung zustimmen muss. Für beide Fragestellungen ist damit entscheidend, ob eine Stundung überhaupt an § 93 Abs. 4 S. 3 AktG zu messen ist.

Häufig ist die Aussage anzutreffen, eine Stundung der Forderung aus § 93 Abs. 2 AktG unterfalle den Voraussetzungen des § 93 Abs. 4 S. 3 AktG, denn sie sei wirtschaftlich gesehen ein „Teilverzicht".[670] Nachdem die Stundung in § 93 Abs. 4 S. 3 AktG nicht genannt wird, ist fraglich, ob diese Aussage zutrifft. Wie bereits gezeigt, kommt allenfalls eine Heranziehung des § 93 Abs. 4 S. 3 AktG im Wege der Analogie in Betracht. Entscheidende Frage wird hierbei sein, ob einer Stundung eine vergleichbare Interessenlage wie einem Verzicht zugrunde liegt. Hinsichtlich des ebenfalls in § 93 Abs. 4 S. 3 AktG genannten Vergleichsmerkmals ist eine Analogiebildung schon deshalb nicht möglich, weil die Stundung

---

668 Geht man davon aus, dass eine Entscheidungsbefugnis der Hauptversammlung mit satzungsändernder Mehrheit mit dem – insoweit korrelierenden – Prinzip der Satzungsstrenge nicht vereinbar wäre, dann wäre ein Einstimmigkeitserfordernis für die Beschlussfassung denkbar, Eckert/Grechenig/Stremitzer in Kalss (Hrsg.), Vorstandshaftung in 15 europäischen Ländern, 2005, S. 95, 122, die allerdings das Problem übersehen, dass neu hinzukommende Aktionäre nicht durch ein Einstimmigkeitserfordernis geschützt werden.

669 Vgl. dazu oben 4. Teil.C.V.

670 Vgl. etwa Hopt in GroßKommAktG, 4. Aufl. (1999), § 93 Rn. 375; Mertens/Cahn in KölnerKommAktG, 3. Aufl. 2010, § 93 Rn. 171; ähnlich Grigoleit/Tomasic in Grigoleit, AktG, 1. Aufl. 2011, § 93 Rn. 78: „Rechshandlungen […], die auf einen Ausschluss oder eine Schmälerung der Haftung hinauslaufen (auch Stundungen)."

auch das Nachgeben der Gesellschaft im Rahmen eines Vergleichs darstellen könnte und sonst die weiteren Voraussetzungen des Vergleichsmerkmals unterlaufen würden.[671]

I. Vergleichbarkeit mit Verzichtsvereinbarung

Kernelement des Verzichts ist, dass die Forderung betragsmäßig reduziert wird.[672] Eine Stundung hingegen bedeutet das Hinausschieben der Fälligkeit bei Aufrechterhaltung der Erfüllbarkeit.[673] Der Forderungsbetrag bleibt also bei der Stundung unberührt, nur die Durchsetzbarkeit der Forderung wird hinausgeschoben, weil dem Schuldner für die Dauer der Stundung eine Einrede zusteht. Eine Stundungsabrede kann sehr unterschiedlich ausgestaltet werden. Zu denken ist insbesondere an die Frage, ob die Stundung entgeltlich geschehen soll. Insofern muss für eine vergleichende Betrachtung differenziert werden zwischen entgeltlicher und unentgeltlicher Stundung. Auch die Dauer der Stundung wird zu untersuchen sein.

1. Unentgeltliche Stundung

Wird ohne Vereinbarung einer Gegenleistung eine Stundung vereinbart, so bleibt die Forderung selbst vollkommen unberührt. Einziger Effekt ist zunächst, dass der Gesellschaft die Haftungssumme erst später zur Verfügung steht.[674] Insoweit könnte man argumentieren, darin liege ein Verzicht auf Zinsen, sodass ein Verzicht gemäß § 93 Abs. 4 S. 3 AktG vorliege. Zinsen sind aber Nebenforderung zur Hauptforderung aus § 93 Abs. 2 AktG. Sie sind also gerade nicht die Forderung selbst. Die Verzichtsbeschränkung erfasst ein Nachgeben beim Betrag der Forderung. Nicht hingegen erfasst der Verzicht Änderungen am Inhalt des Schuldverhältnisses, da diese abstrakt betrachtet weniger einschneidend sind.[675] Die geringeren Einschnitte können also auch eine Kompetenz der Hauptversammlung nicht rechtfertigen.

Man könnte aber argumentieren, die analoge Anwendung des § 93 Abs. 4 S. 3 AktG lasse sich damit rechtfertigen, dass der Normzweck des § 93 Abs. 4 S. 3 AktG generell auf die Sicherung des Gesellschaftsvermögens hin geht. Das aber

---

671 Vgl. umfassend oben 4. Teil.B.V.2.b).

672 Vgl. dazu bereits oben 4. Teil.B.V.2.a).

673 Krüger in MüKoBGB, 6. Aufl. 2012, § 271 Rn. 21.

674 Zur Frage der Entwicklung von Insolvenzrisiken vgl. unten im Rahmen der Dauer der Stundung.

675 Vgl. oben 4. Teil.B.I.

wäre zu allgemein gefasst und würde die Voraussetzungen der Analogiebildung und damit auch die Grenzen der Norm verwässern. Wie sich gezeigt hat, muss ein konkreter Bezug zur Haftung aus § 93 Abs. 2 AktG bestehen.

Für die Vergleichbarkeit der Interessenlage könnte damit darauf abzustellen sein, dass die Kompensation des Schadens bei Vereinbarung unentgeltlicher Stundungen ebenso gefährdet ist wie bei einem Verzicht. Dafür könnten die Wertungen des § 252 S. 1 BGB Anhaltspunkte geben, wonach der zu ersetzende Schaden auch den entgangenen Gewinn umfasst, § 252 S. 1 BGB. § 252 S. 1 BGB ist insoweit nur deklaratorisch, weil der Umstand, dass alle die Schäden zu ersetzen sind, die aus dem schädigenden Ereignis resultieren, bereits aus § 249 Abs. 1 BGB hervorgeht, sog. Prinzip der Totalreparation.[676]

Ist also die Nichterzielung von Zinsen Teil des Schadens, so spricht viel dafür, die unentgeltliche Stundung als nicht vollständige Kompensation zu betrachten, weil der Gesellschaft zum (dann späteren) Zeitpunkt der Fälligkeit nur der Nominalbetrag der Forderung zufließt, sie aber bei vergleichender Betrachtung bei früherer Fälligkeit und Erfüllung schon Zinsen erwirtschaften hätte können, vgl. auch die Regel des § 252 S. 2 BGB.

Eine unentgeltliche Stundung bietet also keine vollständige Kompensation des Schadens der Gesellschaft. Die Interessenlage der Gesellschaft ist beim Nichterzielen von Zinsen ähnlich der einer geringeren Begleichung der Forderung selbst. Die unentgeltliche Stundung ist damit einem Verzicht für eine Analogiebildung hinreichend vergleichbar.

Mit der Bejahung der Anwendbarkeit von § 93 Abs. 4 S. 3 AktG auf eine rechtsgeschäftliche Gestaltung geht einher, dass nicht der Aufsichtsrat, sondern vielmehr die Hauptversammlung entscheidungsbefugt ist und überdies noch ein Widerspruchsrecht der Minderheit besteht.

Insofern könnte eine vergleichende Betrachtung zu § 89 Abs. 1 AktG dafür sprechen, dass eine Zuweisung der Entscheidung, ob eine unentgeltliche Stundung gewährt werden soll, an die Hauptversammlung verfehlt wäre.

§ 89 AktG regelt die Frage, unter welchen Voraussetzungen Kredite an Vorstandsmitglieder gewährt werden können. Erforderlich ist dafür gemäß § 89 Abs. 1 S. 1 AktG ein Beschluss des Aufsichtsrats, der gemäß § 89 Abs. 1 S. 3 AktG die Verzinsung und Rückzahlung des Kredits zu regeln hat. Letzteres bedeutet aber gerade nicht, dass nur ein verzinslicher Kredit an Vorstandsmitglieder

676 Etwa Teichmann in Jauernig, BGB, 15. Aufl. 2014, Vorb. §§ 249–253 Rn. 2 und § 252 Rn. 1.

zulässig ist, sondern hat vielmehr den Zweck, die Entscheidung über die Verzinsung dem Aufsichtsrat zuzuweisen.[677]

Die Vergabe zinsloser Darlehen ist damit nicht von vornherein ausgeschlossen,[678] sondern hat sich vielmehr daran zu orientieren, ob dies im Interesse der Gesellschaft liegt.[679] § 89 Abs. 1 AktG ist bezüglich des Begriffs „Kredit" so zu verstehen, dass auch gewisse Stundungsabreden hierunter fallen können.[680]

Insofern könnte argumentiert werden, es sei ein Wertungswiderspruch, die unentgeltliche Stundung der Hauptversammlung gemäß § 93 Abs. 4 S. 3 AktG zuzuweisen, wohingegen die Vergabe eines zinslosen Darlehens gemäß § 89 AktG durch den Aufsichtsrat zu entscheiden ist.

In diesem Zusammenhang muss ein weiterer Aspekt hervorgehoben werden: In der Situation der Vereinbarung einer Stundung des Haftungsanspruchs gegen den Vorstand wird die Gesellschaft vom Aufsichtsrat vertreten, § 112 AktG.[681] Dieser aber unterliegt gemäß § 116 AktG eigenen Sorgfaltsanforderungen.

Führt man sich die Parameter der Darlehensvergabe und der Bemessung der Zinsen vor Augen, so wird offenbar, dass § 89 AktG einer analogen Anwendung des § 93 Abs. 4 S. 3 AktG auf unentgeltliche Stundungsabreden weder inhaltlich noch kompetenziell entgegensteht.

Ist nach der Rechtsordnung explizit klargestellt, dass Zinsen Teil des zu kompensierenden Schadens sind, § 252 BGB, und ist auch nach § 89 AktG bei der Entscheidung über die Darlehensvergabe das Interesse der Gesellschaft maßgeblich, so ist inhaltlich offenbar, dass eine unentgeltliche Darlehensvergabe – mit der Orientierung am Gesellschaftsinteresse – nicht in Betracht kommt.

Die Aktionäre als Residualeigentümer müssen selbst entscheiden, ob sie die Entwertung ihrer Anteile[682] aufgrund nicht vollständiger Kompensation hinnehmen wollen oder nicht. Es hat sich nämlich gezeigt, dass die Zinsen als Nebenforderung Teil der Kompensation sind. Diese Situation weicht also deutlich ab von der in § 89 AktG adressierten Konstellation, in der dem Vorstand unentgeltlich ein Darlehen oder eine Stundung gewährt wird.

---

677 Koch in Hüffer, AktG, 11. Aufl. 2014, § 89 Rn. 4; Mertens/Cahn in KölnerKomm-AktG, 3. Aufl. 2010, § 89 Rn. 20.

678 Spindler in MüKoAktG, 3. Aufl. 2008, § 89 Rn. 42.

679 Fleischer in Spindler/Stilz, AktG, 2. Aufl. 2010, § 89 Rn. 27.

680 Vgl. hierzu Fleischer in Fleischer, Handbuch des Vorstandsrechts, 2006, S. 305.

681 Siehe bereits oben und Dietz-Vellmer, NZG 2011, 248, 249.

682 Siehe dazu oben und Bachmann/Eidenmüller/Engert/Fleischer/Schön, ZGR Sonderheft 18, 2012, S. 130.

Damit liegt eine unentgeltliche Stundung der Schadensersatzforderung aus § 93 Abs. 2 AktG nicht nur nicht im Interesse der Gesellschaft mit der Folge, dass der Aufsichtsrat schon nicht zugunsten der Unentgeltlichkeit der Stundung votieren dürfte. Es geht vielmehr auch um die Entwertung der Anteile der Aktionäre, sodass auch die Entscheidung ihnen zugewiesen sein muss.

Eine unentgeltliche Stundung ist also nur unter den Voraussetzungen des analog anzuwendenden § 93 Abs. 4 S. 3 AktG möglich.

2. *Entgeltliche Stundung*

Auch für die entgeltliche Stundung muss die Anwendbarkeit des § 93 Abs. 4 S. 3 AktG im Wege der Analogie untersucht werden.

Die Entgeltlichkeit der Stundung kann etwa in dem Versprechen, einen bestimmten Zins zu zahlen, liegen. Der Zins kann die fehlende Verfügbarkeit des Betrages für eigene Dispositionen des Gläubigers abgelten und schöpft die Vorteile, die beim Schuldner durch die spätere Leistung entstehen, ab.[683]

Im Bereich der entgeltlichen Stundung gilt das zur unentgeltlichen Stundung Gesagte entsprechend – auch hier geht es nur um ein Nachgeben bei einer aus der Forderung *resultierenden* Forderung, also bei einer Nebenforderung.

Hier versagt auch die – ohnehin viel zu weit geratene – wirtschaftliche Betrachtungsweise, die nach der „wirtschaftlichen Vergleichbarkeit" fragt: Die Zinsen wiegen selbst nach dieser Definition den „Teilverzicht" auf.

Auch die Kompensationsfunktion der Haftung ist bei Gewährung einer entgeltlichen Stundung nicht in Gefahr: wird im Rahmen der Stundungsabrede vereinbart, dass die Stundung entgeltlich geschieht und deckt die für die Stundung gewährte Leistung die fehlende anderweitige Dispositionsmöglichkeit der Gesellschaft auch finanziell ab, so besteht keine hinreichende Ähnlichkeit zum Verzicht. Denn dann steht die Gesellschaft nicht schlechter, als wenn ihr das Geld sofort zur Verfügung stünde und sie selbst damit wirtschaften könnte.

Es kann ferner keinen Unterschied machen, ob die Gesellschaft den Vorstand sogleich in die Haftung nimmt und ihm zugleich ein marktüblich verzinstes Darlehen[684] gibt, oder eben entgeltlich stundet.

Für die Vergabe eines solchen Darlehens wäre wiederum der Aufsichtsrat zuständig, § 89 Abs. 1 S. 1 AktG. In dieser Konstellation tritt aber kein Konflikt

---

683 Vgl. für den Zweck der Verzugszinsen Stadler in Jauernig, BGB, 15. Aufl. 2014, § 288 Rn. 1.

684 Zur Frage der Darlehensvergabe vgl. bereits oben und Fleischer in Fleischer, Handbuch des Vorstandsrechts, 2006, S. 304 ff.

zwischen den denkbaren Entscheidungszuständigkeiten auf: Mangels Gefährdung der Beteiligungswerte der Residualeigentümer infolge nicht vollständiger Kompensation ist eine Entscheidungsbefugnis ihrerseits auch materiell nicht geboten.

Die Vereinbarung einer entgeltlichen Stundung ist also nicht hinreichend vergleichbar mit einem Verzicht gemäß § 93 Abs. 4 S. 3 AktG. Eine analoge Anwendung von § 93 Abs. 4 S. 3 AktG auf die Vereinbarung einer entgeltlichen Stundung scheidet mithin aus.

Eine ähnliche und von der Regelung des § 93 Abs. 4 S. 3 AktG zu trennende Frage ist wiederum die, ob eine Stundung überhaupt vereinbart werden soll. So wie die prognostizierte Entwicklung der Vermögenslage des in Anspruch genommenen Vorstandsmitglieds eher für eine Stundung sprechen kann, so kann die Prognose umgekehrt ergeben, dass eine schleunige Beitreibung der Forderung aus § 93 Abs. 2 AktG angezeigt ist. Diese Frage ist aber nicht eine solche des § 93 Abs. 4 S. 3 AktG, sondern vielmehr eine Frage der verantwortbaren Entscheidung des Aufsichtsrats, §§ 112, 116 AktG.[685]

II. Dauer der Stundung

Es ist – ungeachtet der Entgeltlichkeit der Stundung – fraglich, welche Rolle die Dauer der Stundung bei der Frage, ob eine Stundungsabrede § 93 Abs. 4 S. 3 AktG im Wege der Analogie unterstellt werden soll, spielt. Denn es ist offensichtlich, dass eine Stundung auf 99 Jahre einen tieferen Einschnitt bedeutet als eine Stundung über einen Zeitraum von einem Jahr.

Erachtet man eine unentgeltliche Stundung – etwa aufgrund einer Parallelbetrachtung zu § 89 Abs. 1 AktG – als zulässig, so werden für sie strengere Maßstäbe gelten als für die entgeltliche Stundung, wobei auch dies wieder eine Frage ist, deren Antwort im Bereich der sorgfaltsgemäßen Entscheidung des Aufsichtsrats gemäß §§ 112 S. 1, 116 AktG liegt, die also nicht über die Anwendung des § 93 Abs. 4 S. 3 AktG entscheiden kann.

Die Frage nach zeitlichen Grenzen für die zulässige Maximaldauer der Stundung lässt sich damit nicht kategorisch beantworten. Das ergibt sich auch aus einer vergleichenden Betrachtung zu § 93 Abs. 6 AktG, der hinsichtlich der Verjährung des Anspruchs aus § 93 Abs. 2 AktG nach der Börsennotierung differenziert. Die Frage der Struktur der Gesellschaft wird also einzubeziehen sein ebenso wie die prognostizierte Vermögensentwicklung der Gesellschaft und des

685 Zur Pflichtenbindung bei Darlehensgewährung Fleischer in Spindler/Stilz, AktG, 2. Aufl. 2010, § 89 Rn. 27 f.

in die Haftung genommenen Vorstands. Bei Vorliegen entsprechender Umstände erscheint mithin eine Stundung um mehrere Jahre möglich.

Damit zeigt sich, dass die Frage der Dauer einer Stundung nicht eine anhand des § 93 Abs. 4 S. 3 AktG zu lösende, sondern vielmehr eine primär im Bereich der §§ 112 S. 1, 116 AktG zu verortende Entscheidung ist.

III. Präventionszweck

Der Präventionszweck könnte der Zulässigkeit einer Stundung entgegenstehen, denn dadurch könnte die Haftungsandrohung an Drohpotential verlieren, mithin weniger Anreiz zu pflichtgemäßem Verhalten bestehen. Da insoweit das Element der Verhaltenssteuerung in Rede steht, welches *ex ante* wirkt, muss differenziert werden zwischen Stundungsabreden nach Bekanntwerden des haftungsauslösenden Verhaltens und Stundungsabreden vor diesem Zeitpunkt.

Stundungsabreden vor Bekanntwerden eines die Organhaftung auslösenden Verhaltens wären – sofern sich der Aufsichtsrat hierzu überhaupt bereiterklären würde – dem Zweck, das Drohpotential aufrechtzuerhalten, abträglich. Denn der Vorstand wüsste, dass auf das schädigende Verhalten nicht auch zeitnah die Konfrontation mit einer Forderung folgen würde. Die disziplinierende Wirkung würde abgeschwächt.

Anders ist es hingegen bei einer Abrede, die erst nach Bekanntwerden des haftungsauslösenden Verhaltens getroffen wird. Sie ist nicht geeignet, die *ex ante* wirkende Haftungsandrohung zu konterkarieren. Denn sie lässt den Verhaltensanreiz der Haftungsandrohung bis zu dem Zeitpunkt, in dem der Verhaltensanreiz wirken soll, unberührt. Erst danach findet eine Modifikation statt.

Die Tatsache allein, dass eine Stundung an sich möglich ist, ist ebenso wenig zur Abschwächung der disziplinierenden Wirkung geeignet, denn die Frage, ob eine Stundungsabrede überhaupt zustande kommt, bleibt in hohem Maße ungewiss. Nachdem sich das Bewusstsein für Fragen der Organhaftung in den letzten Jahren geschärft hat und auch die Pflichten des Aufsichtsrats stärker herausgearbeitet wurden, weiß der Vorstand *ex ante*, dass die Vereinbarung einer Stundungsabrede kein Automatismus ist. Denn eine dolose Stundung zum Nachteil der Gesellschaft würde eine Haftung des Aufsichtsrats nach sich ziehen.[686] Die Steuerung durch die Haftungsandrohung bleibt also erhalten.

686 So auch Ihlas, Organhaftung, 1997, S. 181 für den Fall, dass auch Vergleich und Verzicht keinen Beschränkungen nach § 93 Abs. 4 S. 3 AktG unterworfen wären.

IV. Stundung und Vergleich

An dieser Stelle soll noch eine Kontrollbetrachtung erfolgen, ob sich das gefundene Ergebnis mit den Ergebnissen zum Verständnis von § 93 Abs. 4 S. 3 AktG in Einklang bringen lässt: Es wäre verwunderlich und würde wertungsmäßig nicht überzeugen, wenn eine Stundung in analoger Anwendung des § 93 Abs. 4 S. 3 AktG unter völlig anderen Voraussetzungen verboten wäre als bei direkter Anwendung des § 93 Abs. 4 S. 3 AktG, wenn die Stundung das Nachgeben der Gesellschaft im Rahmen eines Vergleichs darstellt.

Die hier gefundenen Ergebnisse halten dieser Prüfung stand. Oben wurde herausgearbeitet, dass nach der Systematik und dem gesetzgeberischen Willen zu § 93 Abs. 4 S. 3 AktG dem Vergleichsmerkmal der Beseitigung von Streit oder Ungewissheit gewissermaßen „aufwertender" Charakter zukommt, weil nur so der für das Gesellschaftsvermögen an sich harmlosere Vergleich teleologisch gesehen ähnliches Gefährdungspotential erhält wie der (einseitige) Verzicht. Gestützt wird dies durch die gesetzgeberischen Erwägungen zur Dreijahresfrist.

Liegt das Nachgeben der Gesellschaft aber darin, dass eine entgeltliche Stundung vereinbart wird, und wird damit in der Regel auch keine für das Gesellschaftsvermögen gefährliche Unsicherheit beigelegt, so ist im Hinblick auf das Vergleichsmerkmal eine teleologische Korrektur geboten, sodass § 93 Abs. 4 S. 3 AktG dieser Gestaltung nicht im Wege steht.

Die unentgeltliche Stundung ist in analoger Anwendung des § 93 Abs. 4 S. 3 AktG unzulässig. Abzustellen ist konkret auf das Verzichtsmerkmal, also die einseitige Disposition. Die unentgeltliche Stundung ist auch als „Nachgeben" beim Vergleich unzulässig, nur dass hier wegen der geringeren Gefährlichkeit gegenseitigen Nachgebens als weitere Voraussetzung die Beseitigung von Streit oder Ungewissheit vorliegen muss.

V. Zusammenfassung und Ergebnis

Es ergibt sich also ein differenziertes Bild: Eine Stundung des Anspruchs aus § 93 Abs. 2 AktG ist – anders als in der Literatur verbreitet behauptet – nicht *per se* den Grenzen des § 93 Abs. 4 S. 3 AktG unterworfen. Wird etwa ein finanzieller Ausgleich für die Verzögerung der Fälligkeit geboten, kommt eine Stundung nicht einem Teilverzicht gleich. Deutliches Gewicht kommt im Rahmen der Analogiebildung den Begleitumständen, die die Intensität der Kollision der Stundung mit dem Telos der Vermögenssicherung ausmachen, zu. Auch die Funktionen der Organhaftung geben beim Abschluss einer Stundungsvereinbarung Grenzen vor. So ist eine unentgeltliche Stundung mit dem Kompensationszweck der Organhaftung nicht in Einklang zu bringen, da auch die Zinsen

Teil der Kompensation sind. Freilich kann auch nach Bekanntwerden des Haftungsfalles eine unentgeltliche Stundung vereinbart werden. Dies ist aber nur bei Beteiligung der Hauptversammlung gemäß § 93 Abs. 4 S. 3 AktG möglich.

Auch der Präventionszweck der Haftung ist zu beachten. Eine nach Bekanntwerden des haftungsbegründenden Verhaltens geschlossene entgeltliche Stundung ist demnach zulässig. Unzulässig ist hingegen eine vor dem Zeitpunkt des Bekanntwerdens geschlossene Stundungsabrede.

C. Aufrechnungsverbot

Im Folgenden wird untersucht, inwiefern ein Aufrechnungsverbot als Mittel zur Gestaltung der Vorstandshaftung zulässig ist. Gerade in Aufhebungsvereinbarungen wird häufig die Klausel aufgenommen, dass die Gesellschaft nicht mit Ansprüchen gegen den Vorstand aufrechnen darf.[687] Der Vorstand hat aber unter Umständen noch erhebliche Abfindungs- oder Versorgungsansprüche gegen die Gesellschaft, sodass der Forderung der Gesellschaft aus § 93 Abs. 2 AktG durchaus substanzielle (Haupt-)Ansprüche gegenüber stehen können. Insofern trägt die Verankerung eines Aufrechnungsverbots dazu bei, dass sichergestellt wird, dass die Gesellschaft die zugesicherten Leistungen in jedem Falle an den Vorstand auszahlt.[688]

Fraglich ist aber, ob ein solches Aufrechnungsverbot mit den Schutzzwecken der Vorstandshaftung sowie den gestaltungsbezogenen Normativaussagen des § 93 Abs. 4 S. 3 AktG zu vereinbaren ist.[689] Denn dadurch kommt die Aktiengesellschaft unter Umständen in die Situation, einem ausgeschiedenen Vorstand hohe Beträge auszahlen zu müssen obwohl Gegenansprüche bestehen. Zur Begründung der Unzulässigkeit eines Aufrechnungsverbots wird darauf verwiesen, dass ein Aufrechnungsverzicht einen Verzicht im Sinne des § 93 Abs. 4 S. 3 AktG darstelle bzw. diesem gleichzusetzen sei.[690]

---

687 Verhoeven, EWiR 2008, 353; Fleischer in Spindler/Stilz, AktG, 2. Aufl. 2010, § 93 Rn. 287.

688 Verhoeven, EWiR 2008, 353.

689 Gegen die Zulässigkeit Hölters in Hölters, AktG, 2. Aufl. 2014, § 93 Rn. 309; Hopt in GroßKommAktG, 4. Aufl. (1999), § 93 Rn. 375; zu § 50 AktG: Barz in GroßKomm-AktG, 3. Aufl. (1970), § 50 Rn. 5; Verhoeven, EWiR 2008, 353; für die Zulässigkeit LG Hamburg vom 12.06.2006, Az. 415 O 14/06.

690 Hölters in Hölters, AktG, 2. Aufl. 2014, § 93 Rn. 309; Hopt in GroßKommAktG, 4. Aufl. (1999), § 93 Rn. 375.

I. Aufrechnung

Ist die Forderung des Vorstands gegen die Gesellschaft erfüllbar und die Forderung der Gesellschaft gegen den Vorstand aus § 93 Abs. 2 AktG fällig, § 387 BGB, so kann die Gesellschaft, vertreten durch den Aufsichtsrat, § 112 AktG, die Aufrechnung erklären, § 388 BGB. Dadurch könnten die Forderungen, soweit sie sich decken, zum Erlöschen gebracht werden, § 389 BGB.

1. Aufrechnung und Aufrechnungsverbot

Der Aufrechnung kommen im Wesentlichen drei Funktionen zu. Dies sind die Vollstreckungsfunktion und die Tilgungsfunktion sowie die Sicherungsfunktion.[691]

Die Vollstreckungsfunktion ermöglicht es dem Gläubiger, seine Forderung ohne Zuhilfenahme von Hoheitsgewalt selbst zu „vollstrecken", indem er die Aufrechnung mit einer ihm gegen den Schuldner zustehenden Forderung erklärt.[692] Die Tilgungsfunktion gibt dem Aufrechnenden die Möglichkeit, seine eigene Verbindlichkeit gegenüber seinem Schuldner zu tilgen, indem er die Aufrechnung erklärt.[693] Die Sicherungsfunktion hingegen verschafft dem Gläubiger einer Forderung eine Position, in der er aufgrund der objektiven Möglichkeit zur Aufrechnung eine Verschlechterung der Vermögensverhältnisse seines Schuldners - zumindest in der Höhe der ihm gegen den Schuldner zustehenden Forderung - nicht fürchten muss.[694] Er ist gerade nicht auf liquide Mittel seines

691 Schreiber in SoergelBGB, 13. Aufl. 2010, Vor § 387 Rn. 1, § 387 Rn. 11; Schlüter in MüKoBGB, 6. Aufl. 2012, § 387 Rn. 1; Brandes/Lohmann in MüKoInsO, 3. Aufl. 2013, § 94 Rn. 16; Gursky in Staudinger, BGB, Neubearb. 2011, Vorb. §§ 387 ff. Rn. 6. Die Sicherungsfunktion wird dabei teilweise der Vollstreckungsfunktion als Teilaspekt zugeordnet, sodass als Hauptfunktionen die Tilgungs- und die Vollstreckungsfunktion erblickt werden.

692 Gursky in Staudinger, BGB, Neubearb. 2011, Vorb. §§ 387 ff. Rn. 6; Schlüter in MüKoBGB, 6. Aufl. 2012, § 387 Rn. 1; Stürner in Jauernig, 15. Aufl. 2014, § 387 Rn. 2; Schulze in Schulze, BGB, 8. Aufl. 2014, § 387 Rn. 1.

693 Schreiber in SoergelBGB, 13. Aufl. 2010, Vor § 387 Rn. 1; Gursky in Staudinger, BGB, Neubearb. 2011, Vorb. §§ 387 ff. Rn. 6; Schulze in Schulze, BGB, 8. Aufl. 2014, § 387 Rn. 1; Schlüter in MüKoBGB, 6. Aufl. 2012, § 387 Rn. 1.

694 Brandes/Lohmann in MüKoInsO, 3. Aufl. 2013, § 94 Rn. 16; Gursky in Staudinger, BGB, Neubearb. 2011, Vorb. §§ 387 ff. Rn. 6; Larenz, Lehrbuch des Schuldrechts, Band I Allgemeiner Teil, 1982, S. 235.

Schuldners angewiesen, sondern kann sich in Höhe der ihm zustehenden Forderung durch Aufrechnungserklärung selbst Befriedigung verschaffen.[695]

Prinzipiell kann durch vertragliche Vereinbarung das Recht zur Aufrechnung ausgeschlossen werden.[696] Eine solche Vereinbarung scheitert nicht an § 137 BGB,[697] vielmehr wird ihre Zulässigkeit aus § 391 Abs. 2 BGB sowie der Möglichkeit des Abtretungsausschlusses gemäß § 399 BGB beim Institut der Abtretung hergeleitet.[698] Zu unterscheiden ist der Aufrechnungsverzicht, der sich auf eine konkrete Situation bezieht, von einem generellen Aufrechnungsverbot.[699]

2. *Grenzen des Aufrechnungsverbots*

Neben der gesetzlichen Schranke des § 309 Nr. 3 BGB, der aber nur formularmäßige Gestaltungen erfasst[700], gibt es weitere Grenzen für die Vereinbarung eines Aufrechnungsverbots. Im Folgenden sollen die wichtigsten Grenzen auf ihre innere Rechtfertigung hin untersucht werden. Daraus lassen sich sodann möglicherweise für die Analogiebildung hilfreiche Implikationen ableiten.

---

695 Larenz, Lehrbuch des Schuldrechts, Band I Allgemeiner Teil, 1982, S. 235; Brandes/Lohmann in MüKoInsO, 3. Aufl. 2013, § 94 Rn. 16; Gursky in Staudinger, BGB, Neubearb. 2011, Vorb. §§ 387 ff. Rn. 6.

696 Eine Grenze für Allgemeine Geschäftsbedingungen stellt freilich § 309 Nr. 3 BGB dar, der aber nur unbestrittene oder rechtskräftig festgestellte Forderungen betrifft.

697 § 137 BGB will der Schaffung von verkehrsunfähigen Gegenständen entgegenwirken, vgl. Gursky in Staudinger, BGB, Neubearb. 2011, § 387 Rn. 201; Armbrüster in MüKoBGB, 6. Aufl. 2012, § 137 Rn. 4, letzterer auch eingehend zu den weiter diskutierten Normzwecken.

698 Larenz, Lehrbuch des Schuldrechts, Band I Allgemeiner Teil, 1982, S. 240 Fn. 65.

699 Gursky in Staudinger, BGB, Neubearb. 2011, § 387 Rn. 258, 201 a.E. Im Bereich der Vorstandshaftung dürfte das generelle Aufrechnungsverbot das überwiegende Gewicht haben. Beide Gestaltungen können im Bereich der Vorstandshaftung aber an denselben Punkten scheitern bzw. zu messen sein.

700 Überdies hat § 309 Nr. 3 BGB genau die umgekehrte Schutzrichtung: Er verbietet Einschränkungen der Aufrechnungsbefugnis des Vorstands, sofern dieser als Verbraucher zu qualifizieren ist. Hier aber möchte gerade der Vorstand die Aufrechnungsmöglichkeiten der AG beschränken. Vgl. aber – bei formularmäßiger Vereinbarung – auch §§ 310 Abs. 1 S. 2 i.V.m § 309 Nr. 3 BGB.

a) Insolvenz und sonstiger Vermögensverfall

Teils wurde vertreten, „dass in der Insolvenz des Gläubigers ein zu seinen Gunsten vereinbartes Aufrechnungsverbot“[701] zurücktrete.[702] Entsprechendes gelte für sonstigen Vermögensverfall.[703]

Dem ist insoweit zuzustimmen, als sich bei Insolvenz bzw. sonstigem Vermögensverfall des Aufrechnungsgegners eine Aufrechnungsmöglichkeit (wieder) ergeben *kann*.[704] Dies kann indes nur das Ergebnis eines Auslegungsprozesses sein.[705] In der Regel wird eine Auslegung der Vereinbarung ergeben, dass das Aufrechnungsverbot nicht für den Fall der Insolvenz des Aufrechnungsgegners gelten soll.[706] Denn es verstößt gegen den Grundsatz von Treu und Glauben, „dem Aufrechnungsgegner, der zur Erfüllung der ihn selbst treffenden Verpflichtungen nicht mehr imstande ist, das Recht einzuräumen, unter Berufung auf das vereinbarte Aufrechnungsverbot seinerseits jedoch die geschuldete Leistung zu verlangen.“[707] Ist den Parteien bei Abschluss der Aufrechnungsvereinbarung hingegen bewusst, dass bei einer Partei Insolvenz oder Insolvenznähe besteht, gibt es indes keinen Grund für die Annahme einer Einschränkung, weil ein dahingehender hypothetischer Wille dann einer Grundlage entbehrt.[708]

An diesen Stellen kommt also die Sicherungsfunktion der Aufrechnung zum Tragen: Gerade weil die Aufrechnungslage von dem Risiko, selbst leisten zu müssen, ohne die eigenen Forderungen noch realisieren zu können, befreien soll, ist ein Aufrechnungsverbot, welches diese Funktion vereiteln würde, unwirksam, es sei denn, die Parteien stellten dies in ihre Erwägungen ein.[709]

---

701 LG Hamburg vom 12.06.2006, Az. 415 O 14/06, Tz. 27 (Tz. nach juris).

702 LG Hamburg vom 12.06.2006, Az. 415 O 14/06, Tz. 27 (Tz. nach juris).

703 LG Hamburg vom 12.06.2006, Az. 415 O 14/06, Tz. 27 (Tz. nach juris).

704 Vgl. hierzu etwa Schreiber in SoergelBGB, 13. Aufl. 2010, § 387 Rn. 15; Stürner in Jauernig, BGB, 15. Aufl. 2014, § 387 Rn. 10.

705 Stürner in Jauernig, BGB, 15. Aufl. 2014, § 387 Rn. 10; Gursky in Staudinger, BGB, Neubearb. 2011, § 387 Rn. 248.

706 Wittkowski/Kruth in Nerlich/Römermann, InsO, 26. EL 2014, § 94 Rn. 23; Schreiber in SoergelBGB, 13. Aufl. 2010, § 387 Rn. 15; Leithaus in Andres/Leithaus, InsO, 3. Aufl. 2014, § 94 Rn. 5; Gursky in Staudinger, BGB, Neubearb. 2011, § 387 Rn. 248; BGH NJW-RR 1987, 883, 884.

707 OLG München NJW-RR 1995, 1248.

708 Gursky in Staudinger, BGB, Neubearb. 2011, § 387 Rn. 248 und 250.

709 Schreiber in SoergelBGB, 13. Aufl. 2010, § 387 Rn. 11.

b) Vorsätzliche Pflichtverletzung

Eine weitere Fallgruppe[710], in der eine Berufung auf das Aufrechnungsverbot ausgeschlossen sein kann, ist die der vorsätzlichen Pflichtverletzung des Aufrechnungsgegners.[711] Indes ist auch hier stets eine Einzelfallprüfung angezeigt[712] und selbst bei betrügerischem Verhalten nicht zwingend eine Berufung auf das Aufrechnungsverbot ausgeschlossen.[713]

II. Systematischer Kontext

Die Möglichkeit, durch Aufrechnung die eigene Schuld zu erfüllen und aber zugleich selbst zu „vollstrecken", ist auch in der InsO besonders geschützt. Dies zeigt sich an §§ 94 ff. InsO. § 94 InsO besagt dabei, dass die Aufrechnungsmöglichkeit, die zur Zeit der Insolvenzverfahrenseröffnung bestand[714], auch weiterhin besteht. Damit zeigt sich die bereits genannte Sicherungsfunktion.

Weitere Vorschriften wie etwa § 215 BGB und § 406 BGB machen deutlich, dass bereits der Aufrechnungslage schutzwürdige Bedeutung zukommt.[715] So hindert gemäß § 215 BGB der Eintritt der Verjährung die Aufrechnung nicht, sofern die Aufrechnungslage erstmals bestand, als noch keine Verjährung eingetreten war. § 406 BGB gibt dem Aufrechnenden sogar die Möglichkeit, trotz fehlender Gegenseitigkeit der Ansprüche infolge Abtretung des Hauptanspruches dem neuen Gläubiger gegenüber aufzurechnen.[716]

Bereits die Aufrechnungslage hat also vielseitige Wirkungen[717]. Derjenige, der die Aufrechnung erklären kann, hat insoweit eine vermögenswerte Position, als

---

710 Auch das LG Hamburg nannte diese Fallgruppe, ging indes mangels Parteivortrags nicht weiter darauf ein, vgl. LG Hamburg vom 12.06.2006, Az. 415 O 14/06, Tz. 28 (Tz. nach juris).

711 Schlüter in MüKoBGB, 6. Aufl. 2012, § 387 Rn. 61; Gursky in Staudinger, BGB, Neubearb. 2011, § 387 Rn. 256.

712 BGH NJW 1966, 1452.

713 Gursky in Staudinger, BGB, Neubearb. 2011, § 387 Rn. 256; Schlüter in MüKoBGB, 6. Aufl. 2012, § 387 Rn. 61; Schreiber in SoergelBGB, 13. Aufl. 2010, § 387 Rn. 14.

714 Und nicht anfechtbar ist, vgl. § 96 Abs. 1 Nr. 3 InsO.

715 In diese Richtung auch LG Hamburg vom 12.06.2006, Az. 415 O 14/06, Tz. 29 (Tz. nach juris).

716 Grund hierfür ist das schutzwürdige Vertrauen in die Gegenseitigkeit der Forderungen und die damit einhergehende Möglichkeit, sich durch Aufrechnung von der eigenen Verbindlichkeit befreien zu können, Schreiber in SoergelBGB, 13. Aufl. 2010, § 406 Rn. 1.

717 Vgl. zu weiteren Wirkungen Schreiber in SoergelBGB, 13. Aufl. 2010, Vor § 387 Rn. 1 a.E.

er im Falle des § 215 BGB eine Forderung zur Tilgung eigener Verbindlichkeiten einsetzen kann, die für ihn andernfalls wirtschaftlich wertlos wäre.[718] Die Forderung wird durch die Aufrechnungslage also gegen wirtschaftlichen Wertverlust geschützt soweit Aufrechenbarkeit besteht.[719] Zwar liegt bei § 406 BGB die Rechtfertigung eher im Bereich des Vertrauensschutzes, doch ist auch hier nicht von der Hand zu weisen, dass sich zumindest reflexartig für den Schuldner hieraus eine vermögensmäßig vorteilhafte Position ergibt: Er wird trotz Wegfalls der Aufrechnungsvoraussetzungen nicht mit dem Insolvenzrisiko des Zedenten belastet, soweit sich die Forderungen decken, § 389 BGB.

III. Analogiebildung

1. Aufrechnungsausschluss und Insolvenz

Im Rahmen der allgemeinen Untersuchung der für eine Analogiebildung von § 93 Abs. 4 S. 3 AktG ausgehenden Wertungen wurde bereits aufgezeigt, dass § 93 Abs. 4 S. 3 AktG eine Regelungslücke aufweist[720] und diese auch als planwidrig[721] angesehen werden kann. Nunmehr soll die Frage beantwortet werden, ob die Vereinbarung eines Aufrechnungsverbots die für die Analogiebildung erforderliche hinreichende Ähnlichkeit mit dem in § 93 Abs. 4 S. 3 AktG genannten Verzicht hat.

Zunächst einmal ist herauszustellen, dass es in § 93 Abs. 4 S. 3 AktG grundsätzlich um das Nachgeben *bei der Forderung* aus § 93 Abs. 2 AktG geht. Ein Nachgeben an anderer Stelle kann nur unter Hinzutreten der Voraussetzungen für den Vergleich unter § 93 Abs. 4 S. 3 AktG subsumiert werden.[722] Das Aufrechnungsverbot hingegen lässt die Forderung aus § 93 Abs. 2 AktG in ihrem Bestand vollkommen unberührt.[723] Es wirkt sich nur wirtschaftlich dahingehend aus, dass eine Verbindlichkeit der Gesellschaft erfüllt werden muss, obwohl ohne Bestehen des Aufrechnungsverbots aufgerechnet werden könnte. In den Vordergrund rücken also zwei Komponenten: Die Gesellschaft kann die Forderung

718 Die Norm steht wegen ihres Widerspruchs zu den Zwecken der Verjährung auch unter Kritik, vgl. etwa Peters/Jacoby in Staudinger, BGB, Neubearb. 2009, § 215 Rn. 2.

719 Dies ist nur eine andere Bezeichnung der Sicherungswirkung.

720 Siehe oben 4. Teil.B.V.1.

721 Siehe oben 4. Teil.B.V.1.

722 Siehe oben 4. Teil.B.IV.2.d)iii).

723 In diese Richtung auch LG Hamburg vom 12.06.2006, Az. 415 O 14/06, Tz. 23 (Tz. nach juris).

aus § 93 Abs. 2 AktG nicht einsetzen, um eigene Verbindlichkeiten zu tilgen, die Tilgungsfunktion ist also beeinträchtigt. Außerdem verliert die Gesellschaft zunächst[724] die Sicherungsfunktion der Aufrechnungslage, weil sie ihre Verbindlichkeit erfüllen muss und mangels Aufrechnungsbefugnis mit dem Insolvenzrisiko der anderen Partei belastet wird.[725]

Der Verlust der Sicherungsfunktion ist aber unter Berücksichtigung der oben genannten Grenzen eines Aufrechnungsverbots stark eingegrenzt: Schließt der Aufrechnungsausschluss nicht ausdrücklich den Fall des Vermögensverfalls bzw. der Insolvenz mit ein, so wird er im Falle des Vermögensverfalls bzw. der Insolvenz des Aufrechnungsgegners ohnehin häufig keinen Bestand haben.[726] Insofern wird eines der Hauptrisiken eines Aufrechnungsausschlusses bereits durch allgemeine Grenzen abgefedert.[727] Wird in einen Aufrechnungsausschluss also keine Erstreckung auch auf den Insolvenzfall aufgenommen, ist eine Analogiebildung nicht zu rechtfertigen, weil die Intensität der vermögensmäßigen Beeinträchtigung äußerst begrenzt bleibt: Solange der Aufrechnungsgegner solvent ist, ist die Gesellschaft einzig in ihrer Tilgungsfähigkeit beschränkt, weil sie ihre Forderung zwar nicht zur Aufrechnung einsetzen kann, die Klagemöglichkeit aber erhalten bleibt.[728] Kommt es zum Vermögensverfall, ist eine Aufrechnung ohnehin aus allgemeinen Gründen zumeist wieder zulässig.

Es verbleibt das Prozessrisiko für die Gesellschaft. Dieses ist aber auch ohne Aufrechnungsverbot gegeben: Rechnet die Gesellschaft auf und ist der Vorstand der Ansicht, die Gegenforderung habe nicht bestanden, so wird er den Aktivprozess wählen um seine Ansprüche durchzusetzen.[729] Die Gesellschaft wird sodann einwenden, der Anspruch sei durch Aufrechnung erloschen. Dies ist im Bestreitensfalle von der Gesellschaft zu beweisen, sodass sie insoweit dasselbe Risiko trägt, als befände sie sich im Aktivprozess und müsste dort die Voraussetzungen ihres Anspruches dartun.

---

724 Zur Tragweite des Verlusts sogleich.

725 Zum Insolvenzrisiko Verhoeven, EWiR 2008, 353, 354.

726 Siehe oben 5. Teil.C.I.2.a).

727 LG Hamburg vom 12.06.2006, Az. 415 O 14/06, Tz. 25 (Tz. nach juris).

728 Auch das LG Hamburg weist darauf hin, dass es der Gesellschaft weiterhin unbenommen ist, den Schadensersatzanspruch im Aktivprozess zu verfolgen, vgl. LG Hamburg vom 12.06.2006, Az. 415 O 14/06, Tz. 24 (Tz. nach juris).

729 Freilich ist bei Bestehen eines Aufrechnungsausschlusses die Gesellschaft in der Aktivrolle, es sei denn, sie stellt sich auch vorprozessual auf den Standpunkt, der Ausschluss sei unwirksam und daher unbeachtlich.

Das Prozessrisiko begründet also für sich genommen keine vergleichbare Interessenlage zu dem betragsmäßigen Verzicht auf die Forderung aus § 93 Abs. 2 AktG. Auch darauf kann also die analoge Anwendung des § 93 Abs. 4 S. 3 AktG nicht fußen.

Anders ist es hingegen, wenn es um einen Aufrechnungsausschluss geht, der auch den Vermögensverfall bzw. die Insolvenz des Aufrechnungsgegners betrifft.[730] Denn hier wird bewusst eine Konstellation mit einbezogen, die die wirtschaftliche Situation der Gesellschaft deutlich betrifft. § 93 Abs. 4 S. 3 AktG hat gerade den Zweck, nachteilige Vermögensdispositionen zu verhindern.[731] Ist die Gesellschaft auch in der Insolvenz des Aufrechnungsgegners verpflichtet, ihre Verbindlichkeiten durch Bezahlung zu erfüllen, so tritt eine vermögensmindernde Wirkung ein. Denn in dieser Situation kann wegen des Gegenanspruchs nicht Klage erhoben und die Forderung mittels Zwangsvollstreckung durchgesetzt werden, § 87 InsO. Die Gesellschaft wird wegen ihrer Gegenforderung auf die Insolvenzmasse verwiesen und wird hohe Ausfälle erleiden. Es macht also in dieser Situation wirtschaftlich betrachtet wenig Unterschied, ob die Verbindlichkeit durch die Gesellschaft erfüllt wird, obwohl sie zur eigenen Befriedigung verwendet werden könnte (und bei vernünftiger Betrachtung auch verwendet werden sollte) oder ob sogleich auf die eigene Verbindlichkeit verzichtet wird.

In dieser Situation tritt die Vermögenseinbuße zwar nicht direkt bei der Forderung aus § 93 Abs. 2 AktG ein. Aufgrund der vermögensmäßigen Auswirkungen und der Berücksichtigung des Normzwecks besteht aber eine vergleichbare Situation. Damit ist eine analoge Anwendung des § 93 Abs. 4 S. 3 AktG möglich.

2. *Aufrechnungsausschluss und vorsätzliche Pflichtverletzung*

Ähnlich muss bei der Vereinbarung eines Aufrechnungsausschlusses in Zusammenhang mit dem Grad der Pflichtverletzung differenziert werden. Allein das Vorliegen einer fahrlässigen Pflichtverletzung rechtfertigt nicht bereits die analoge Anwendung des § 93 Abs. 4 S. 3 AktG. Zum einen wäre ein Aufrechnungsausschluss dann nie zulässig, was vor dem Hintergrund der Formulierung des § 93 Abs. 4 S. 3 AktG nicht gewollt gewesen sein kann. Zum anderen besteht keine hinreichende Ähnlichkeit mit dem in § 93 Abs. 4 S. 3 AktG genannten Verzicht, da bei der hier in Rede stehenden Analogiebildung für Aufrechnungsausschlüsse Pflichtverletzungen denknotwendig stets erforderlich sind, weil § 93

730 Dies erwägt wohl auch (etwas unklar aber) das LG Hamburg in Tz. 30 (Tz. nach juris), LG Hamburg vom 12.06.2006, Az. 415 O 14/06.

731 Vgl. oben.

Abs. 2 AktG eine verschuldensabhängige Haftung darstellt. Der Aufrechnungsausschluss müsste also zum „Grundfall“ des § 93 Abs. 2 AktG bzw. für diesem immanent erklärt werden, wofür es wiederum hinreichender Anhaltpunkte ermangelt.

Vereinbart die Gesellschaft hingegen einen Aufrechnungsausschluss, der auch vorsätzliche Pflichtverletzungen einschließt, ist eine analoge Anwendung des § 93 Abs. 4 S. 3 AktG auch unter dem Aspekt des Steuerungszwecks[732] der Vorstandshaftung angezeigt.[733] Denn § 93 Abs. 4 S. 3 AktG sichert die Haftungsandrohung gegen Dispositionen, die die Disziplinierungswirkungen konterkarieren würden, ab. Die Vergleichbarkeit der Interessenlage ergibt sich auch aus der Gefährdung für das Gesellschaftsvermögen, die von einem solchen Ausschluss ausgeht: Die Haftungsandrohung verliert an Schärfe, weil die Gesellschaft als Gläubigerin die Forderung nicht zur Tilgung von Ansprüchen des Vorstands einsetzen kann. Eben weil sie an Schärfe verliert, wird die Hemmschwelle, Pflichtverletzungen unter Umständen auch vorsätzlich zu begehen, abgesenkt.

3. *Analogie zum „Vergleich“ gemäß § 93 Abs. 4 S. 3 AktG*

Richtigerweise ist das Vergleichsmerkmal des § 93 Abs. 4 S. 3 AktG einer Analogiebildung nicht zugänglich.[734] Ungeachtet dessen kann die Vereinbarung eines Aufrechnungsverbots selbstverständlich das „Nachgeben“ der Gesellschaft beim Vergleichsschluss ausmachen. Durch den Vergleich muss aber auch „Streit“ oder „Unsicherheit“ beseitigt werden.[735]

IV. Aufrechnungsverbot und Vergleich

Wiederum soll eine wertungsmäßige Vergleichsbetrachtung stattfinden zu dem Fall, in dem der Aufrechnungsausschluss das Nachgeben der Gesellschaft im Rahmen eines Vergleichs darstellt. Wird wiederum nicht der Fall der Insolvenz

---

732 Bei Vereinbarung des Aufrechnungsausschlusses bereits im Vorhinein.

733 Der Aufrechnungsausschluss wird in diesem Fall möglicherweise bereits an § 242 BGB scheitern, vgl. dazu etwa Gursky in Staudinger, BGB, Neubearb. 2011, § 387 Rn. 256. I.E. wohl ähnlich LG Hamburg, das erwägt, § 93 Abs. 4 S. 3 AktG dann auf ein Aufrechnungsverbot anzuwenden, wenn bereits nach allgemeinen Regeln die Berufung auf ein Aufrechnungsverbot durch den Aufrechnungsgegner ausgeschlossen ist, vgl. LG Hamburg vom 12.06.2006, Az. 415 O 14/06, Tz. 30 (Tz. nach juris).

734 Siehe oben 4. Teil.B.V.2.b).

735 Vgl. zu diesem die Gleichwertigkeit des Vergleichs zum Verzicht herstellenden Element oben.

in den Aufrechnungsausschluss einbezogen, so ist keine vermögenswerte Position bedroht. In diesem Fall ist das Vergleichsmerkmal ohnehin einer teleologischen Korrektur zuzuführen.[736]

Wird der Aufrechnungsausschluss als Nachgeben der Gesellschaft im Rahmen eines Vergleichs hingegen unter Einbeziehung des Insolvenzfalles des Vorstands abgeschlossen, so ist wiederum ein deutlicher Bezug zu der Vermögenslage der Gesellschaft gegeben, sodass auch für eine teleologische Korrektur kein Raum bleibt und § 93 Abs. 4 S. 3 AktG zur Anwendung kommt.

V. Zusammenfassung und Ergebnis

Ein Aufrechnungsverbot ist in § 93 Abs. 4 S. 3 Akt nicht explizit genannt und kann deshalb nur auf dem Wege der Analogiebildung den Rechtsfolgen der Vorschrift unterworfen werden.

Im Ergebnis verstößt die Vereinbarung eines solchen Aufrechnungsverbots nicht zwingend gegen § 93 Abs. 4 S. 3 AktG. Denn es muss differenziert werden zwischen einem Aufrechnungsverbot, welches im Ergebnis lediglich Einfluss auf die Parteistellung im (möglichen) Prozess um die Forderung aus § 93 Abs. 2 AktG hat und einem Aufrechnungsverbot, welches (auch) den Vermögensverfall oder die Insolvenz des Vorstandsmitglieds erfasst und deshalb auch vermögensmäßige Auswirkungen zeitigt. Ersterenfalls ergibt sich keine für die Analogiebildung hinreichende Ähnlichkeit zum „Verzicht" i.S.v. § 93 Abs. 4 S. 3 AktG. Letzterenfalls hingegen erfolgt die Aufgabe einer Forderung als Tilgungsinstrument, welches zur Abwendung des Ausfalles der Forderung aus § 93 Abs. 2 AktG verwendet werden könnte.

Ebenfalls differenziert werden muss hinsichtlich des Grades der Pflichtverletzung. Nur die Vereinbarung eines Aufrechnungsverbots, welches auch Ansprüche aus vorsätzlicher Pflichtverletzung erfasst, scheitert an einer analogen Anwendung des § 93 Abs. 4 S. 3 AktG.

D. Beweislastverteilung im Haftungsprozess

Eine weitere Fragestellung, die erheblichen Einfluss auf die Vorstandshaftung hat, ist die – gerade in letzter Zeit wieder verstärkt diskutierte[737] – nach der Verteilung der Beweislast bei den Voraussetzungen der Binnenhaftung. Hier ist es § 93 Abs. 2

736 Siehe dazu oben 4. Teil.B.IV.4.

737 Jüngst etwa Foerster, ZHR 176 (2012) 221; Grooterhorst, AG 2008, 389; Krieger, FS U. H. Schneider, 2011, S. 717.

S. 2 AktG, der Anlass zur Diskussion bietet. Entgegen der allgemeinen prozessualen Grundregel, dass jede Partei die Voraussetzungen der ihr günstigen Norm darzulegen und im Bestreitensfalle zu beweisen hat, trifft den Vorstand gemäß § 93 Abs. 2 S. 2 AktG die Beweislast dafür, dass er die Sorgfalt eines ordentlichen und gewissenhaften Geschäftsleiters angewandt hat.[738] Gerade vor dem Hintergrund, dass unternehmerische Entscheidungsfreudigkeit gefördert[739] sowie eine Erfolgshaftung ausgeschlossen[740] werden soll, ist die Beweislastverteilung *de lege lata* kritisch zu hinterfragen. Im Besonderen wird sich die Frage stellen, ob die gesetzliche Beweislastverteilung auch dann noch Geltung beanspruchen kann, wenn das Vorstandsmitglied bereits aus dem Amt ausgeschieden ist. Diese Situation ist nämlich für die Vorstandshaftung fast schon kennzeichnend, jedenfalls aber nicht untypisch.[741] In dieser Lage hat der Vorstand regelmäßig keinen Zugang mehr zu den Gesellschaftsunterlagen, vermittels derer er möglicherweise sein pflichtgemäßes Handeln unter Beweis stellen könnte. Folglich wird darin auch ein Grund gesehen, die Beweislastverteilung speziell für diese Situation teleologisch zu hinterfragen.[742]

I. Verteilung der Beweislast nach der Gesetzeslage

1. Gesetzeslage

Nach der derzeitigen Fassung des Gesetzes muss die Gesellschaft darlegen, dass die in Anspruch genommene Person Vorstandsmitglied ist bzw. zum Zeitpunkt der Handlung war, dass der Gesellschaft ein Schaden[743] entstanden ist und dass dieser kausal[744] aus einem *möglicherweise*[745] pflichtwidrigen[746] Verhalten des

738 Wellhöfer in Wellhöfer/Peltzer/Müller, Die Haftung, 2008, § 2 Rn. 54; Dauner-Lieb in Henssler/Strohn, Gesellschaftsrecht, 2. Aufl. 2014, AktG, § 93 Rn. 36; Paefgen, NZG 2009, 891, 892.

739 Vgl. RegE UMAG, BT-Drucks. 15/5092, S. 12.

740 Vgl. RegE UMAG, BT-Drucks. 15/5092, S. 11; Goette, ZGR 24 (1995) 648, 669 für die Regelsetzung in § 84 im AktG 1937; Foerster, ZHR 176 (2012) 221, 223; Muthmann, Vorstandsvertrag, 2012, S. 111.

741 Krieger, FS U. H. Schneider, 2011, S. 717, 719; Foerster, ZHR 176 (2012) 221, 223; Rieger, FS Peltzer, 2001, S. 339, 351.

742 Dazu im Detail unten.

743 Hölters in Hölters, AktG, 2. Aufl. 2014, § 93 Rn. 264; Koch in Hüffer, AktG, 11. Aufl. 2014, § 93 Rn. 53.

744 Koch in Hüffer, AktG, 11. Aufl. 2014, § 93 Rn. 53.

745 Dazu eingehend Goette, ZGR 24 (1995) 648, 670 und passim.; etwa auch BGH NJW 2003, 358; BGH NZG 2011, 549, 550; OLG Stuttgart NZG 2010, 141, 142.

746 Hölters in Hölters, AktG, 2. Aufl. 2014, § 93 Rn. 264.

Vorstandsmitglieds resultiert.[747] Es reicht also, „wenn die Gesellschaft einen Sachverhalt vorträgt, aus dem sich mindestens die Möglichkeit eines pflichtwidrigen Organhandelns ergibt“[748]. Die Möglichkeit der Pflichtwidrigkeit ist unverzichtbar von der Gesellschaft darzulegende Voraussetzung, weil ansonsten jedes Vorstandsmitglied allein unter Behauptung eines Schadenseintritts exkulpationspflichtig würde.[749]

Der Vorstand hat sodann darzulegen und im Bestreitensfalle zu beweisen, dass sein Verhalten keine Pflichtverletzung[750] darstellt oder ihm bzgl. der Pflichtverletzung kein Verschulden vorzuwerfen ist oder der Schaden auch bei rechtmäßigem Alternativverhalten eingetreten wäre.[751]

2. *Entstehungsgeschichte und Rechtfertigung*

Kodifiziert wurde die Zuweisung der Beweislast zum Vorstand erstmals im AktG 1937, damals in § 84 Abs. 2 S. 2 AktG, wobei man davon ausging, durch die Rechtsprechung bereits entwickelte Prinzipien zu übernehmen.[752] *Goette* hat aber herausgearbeitet, dass man jedenfalls auch danach strebte, die Vorstandshaftung

---

747 Im Entwurf eines Gesetzes, betreffend die KGaA und AG (1984) ging man noch davon aus, dass die Gesellschaft zu beweisen habe, „welches die Pflichten gewesen seien, die dem letzteren [gemeint ist das in Anspruch genommene Organmitglied] für sein Verhalten oblegen haben.“ Der Kläger habe „den Umfang der Obliegenheit und die Kausalität der Verletzung derselben zu dem Schaden nachzuweisen“, abgedruckt in ZGR Sonderheft 4, 1985, S. 462 und Paefgen, NZG 2009, 891, 893. Es wird auch bezweifelt, ob der Gesetzgeber des AktG 1937 diese Lage verändern wollte, vgl. dazu Hopt/Roth in GroßKommAktG, 4. Aufl. (2006), § 93 Abs. 1 Satz 2, 4 nF Rn. 67.

748 OLG Stuttgart NZG 2010, 141, 142.

749 Paefgen, NZG 2009, 891, 893 f., der deshalb die Darlegung eines „Anfangsverdachts“ fordert; zur Beweislastverteilung jüngst auch Paefgen, AG 2014, 554, 566.

750 Auch hinsichtlich der objektiven Pflichtwidrigkeit ist der Vorstand nach wohl h.M. beweisbelastet, § 93 Abs. 2 S. 2 AktG könnte wegen seiner Formulierung („Sorgfalt“) indes auch nur auf die subjektive Pflichtwidrigkeit bezogen werden, was aber das Telos der Norm zu wenig zur Geltung brächte, vgl. ausführlich Goette, ZGR 24 (1995) 648, 672 ff.; Fleischer in Spindler/Stilz, AktG, 2. Aufl. 2010, § 93 Rn. 222; ähnlich auch Spindler in MüKoAktG, 4. Aufl. 2014, § 93 Rn. 180.

751 Wellhöfer in Wellhöfer/Peltzer/Müller, Die Haftung, 2008, § 2 Rn. 55; Krieger/Sailer-Coceani in Schmidt/Lutter, AktG, 2. Aufl. 2010, § 93 Rn. 31; BGH NZG 2011, 549, 550.

752 Klausing, AktG, 1937, S. 71; Goette, ZGR 24 (1995) 648, 669; Fleischer in Spindler/Stilz, AktG, 2. Aufl. 2010, § 93 Rn. 220.

zu verschärfen, wenngleich man gegen die Einführung einer Erfolgshaftung[753] war.[754]

Die Legitimation dieser Verteilung der Beweislast wird in erster Linie darin gesehen, dass die Gesellschaft – vertreten durch den Aufsichtsrat – keinen Einblick in die Abläufe sowie die Hintergründe der Entscheidungsfindung hat.[755] Der in die Haftung genommene (ehemalige) Vorstand hingegen kennt diese Umstände und weiß, welche Faktoren er zur Grundlage seiner Entscheidung gemacht hat.[756] Der Gesellschaft dagegen soll es – hätte sie alle anspruchsbegründenden Umstände darzulegen – unmöglich sein, erfolgreich einen Regressanspruch zu begründen.[757] Insoweit wird also die Erwägung, dass eine Anspruchsdurchsetzung sonst erheblich erschwert wäre, herangezogen.[758] In der Rechtsprechung des Reichsgerichts wurde teils auch auf die aus dem Anstellungsvertrag folgende Rechenschaftspflicht des Geschäftsleiters abgestellt.[759] Die aktuelle

753 Zur Gefahr einer Erfolgshaftung auch nach der bestehenden Regelung vgl. Paefgen, AG 2004, 245, 257 und NZG 2009, 891, 893 f.

754 Goette, ZGR 24 (1995) 648, 668 f.; eine Erfolgshaftung wurde vor allem wegen der abschreckenden Wirkung auf potentielle Geschäftsleiter abgelehnt, vgl. Klausing, AktG, 1937, S. 71.

755 Spindler in MüKoAktG, 4. Aufl. 2014, § 93 Rn. 180 f.; Goette, ZGR 24 (1995) 648, 672; BGH NJW 2003, 358.

756 Fleischer in Spindler/Stilz, AktG, 2. Aufl. 2010, § 93 Rn. 220; Bürgers/Israel in Bürgers/Körber, AktG, 3. Aufl. 2014, § 93 Rn. 26; Goette, ZGR 24 (1995) 648, 672; Dreher/Thomas, ZGR 38 (2009) 31, 44; Krieger, FS U. H. Schneider, 2011, S. 717, 718; BGH NJW 2003, 358; a.A. Mertens/Cahn in KölnerKommAktG, 3. Aufl. 2010, § 93 Rn. 146, der auf die Beweisnähe abstellt.

757 Goette, ZGR 24 (1995) 648, 669; Fleischer in Spindler/Stilz, AktG, 2. Aufl. 2010, § 93 Rn. 222; Schilling in GroßKommAktG, 3. Aufl. (1971), § 93 Anm. 17; in diese Richtung auch BGH NJW 2003, 358; zweifelnd Foerster, ZHR 176 (2012) 221, 226; a.A. zu Recht Grooterhorst, AG 2008, 389, 392.

758 Diese rein praktische Erwägung ist äußerst zweifelhaft, weil damit nicht entschieden wird, welche Verteilung der Beweislast sachlich zu rechtfertigen ist, sondern von einem (gewünschten) Ergebnis kommend die Norm strukturiert wird. Dass das Ergebnis genauso (in Einklang mit der Normtheorie) lauten könnte, dass in Ermangelung von Beweisen eine Substantiierung der Anspruchsvoraussetzungen scheitert und mithin auch keine Haftung eintritt, wird dabei ebenso vergessen.

759 RGZ 98, 98, 100 (zur Geschäftsführerhaftung); referierend Schilling in GroßKommAktG, 3. Aufl. (1971), § 93 Anm. 17. In diese Richtung argumentierte auch der Entwurf eines Gesetzes, betreffend die KGaA und AG (1984), abgedruckt in ZGR Sonderheft 4, 1985, S. 462 (rechte Spalte). Dies überzeugt bereits deshalb nicht, weil diese Argumentation die Trennung von Anstellungsvertrag und organschaftlicher

Rechtsprechung sieht den Grund für die Beweisbelastung des Vorstands in der größeren Sachnähe.[760]

II. Meinungsstand

Zunächst soll ein Überblick über den zur Beweislastverteilung bei der Binnenhaftung des Vorstands bestehenden Meinungsstand gegeben werden.

1. Vorstand im Amt

Weitgehende Einigkeit besteht bei der Frage nach der Beweislastverteilung, solange der Vorstand noch im Amt ist.[761] Allerdings muss auch hier die Frage gestellt werden, ob die Beweisbelastung des Vorstands für sein fehlendes Verschulden dadurch gerechtfertigt werden kann, dass andernfalls eine Haftungsdurchsetzung nicht möglich sein soll.[762] Ehrlicher dürfte es sein, bei der Begründung zu bleiben, dass eine Haftungsverschärfung rechtspolitisch gewünscht ist.

2. Ausgeschiedener Vorstand

Viel Diskussion brachte - gerade in jüngerer Zeit - die Frage, wie die Prozesssituation beim ausgeschiedenen Vorstand zu behandeln ist.[763] Problematisch ist dabei die Konstellation, in der der Vorstand nicht mehr im Amt ist bzw. aus sonstigen Gründen keinen Zugang zu den Geschäftsunterlagen mehr hat. Zur Lösung dieses Problems kommen verschiedene Wege in Betracht, die sowohl methodisch als auch in ihren praktischen Auswirkungen unterschiedlich sind.

Stellung des Geschäftsleiters außer Acht lässt und überdies aus einer Rechenschaftsplicht nicht zwingend eine Exkulpationspflicht im völlig anders gelagerten Haftungsprozess folgt. In diese Richtung aus dem aktuellen Schrifttum auch Mertens/Cahn in KölnerKommAktG, 3. Aufl. 2010, § 93 Rn. 138; eingehend dazu Foerster, ZHR 176 (2012) 221, 226 ff.

760 BGH NJW 2003, 358.

761 Interessant aber der Vorschlag von Hopt/Roth in GroßKommAktG, 4. Aufl. (2006), § 93 Abs. 1 Satz 2, 4 nF Rn. 69, die Beweislast entsprechend der amerikanischen Business Judgment Rule zu verteilen, sodass die Vorstandsmitglieder „bei einer unternehmerischen Entscheidung annehmen durften, auf der Grundlage angemessener Information zum Wohle der Gesellschaft zu handeln", sodass sie sodann nur eine sekundäre Darlegungslast trifft; insgesamt kritisch, auch im Hinblick auf noch amtierende Vorstandsmitglieder jüngst Haarmann/Weiß, BB 2014, 2115, 2119 f.

762 In diese Richtung auch Foerster, ZHR 176 (2012) 221, 226 Fn. 21.

763 Eine sehr umfangreiche und detaillierte Aufarbeitung der Thematik wurde von Foerster, ZHR 176 (2012) 221 unternommen.

Es könnte hinsichtlich der Beweislastverteilung bei der gesetzlichen Regelung verbleiben und auch sonst nichts modifiziert werden. Dieser Weg wird – soweit ersichtlich – richtigerweise nicht befürwortet. Es ist aber auch denkbar, die Beweislast in diesem Fall (des nicht mehr im Amt befindlichen Vorstands) nach den allgemeinen Prinzipien zu verteilen, sodass im Ergebnis die Gesellschaft alle Haftungsvoraussetzungen darzulegen und gegebenenfalls zu beweisen hätte. Schließlich ist noch ein „Mittelweg" dahingehend denkbar, dass die gesetzliche Beweislastverteilung beibehalten, dem insofern beweisbelasteten Vorstand aber teilweise Erleichterung geboten wird.

Im Zuge der Untersuchung wird aber auch noch ein weiterer Aspekt zu beleuchten sein: die Herausgabepflicht des Vorstands betreffend alle Geschäftsunterlagen der Gesellschaft. Diese Pflicht trifft ihn bei seinem Ausscheiden. Da sie gewissermaßen den Grund für die Frage nach der gerechten Beweislastverteilung darstellt, weil der Vorstand erst durch die Herausgabe der Unterlagen in Beweisnot gerät, sollte sie kritisch hinterfragt werden.

a) Beibehaltung der gesetzlichen Beweislastverteilung mit Erleichterungen, insbesondere sekundäre Darlegungslast und Einsichtsrecht

Die Rechtsprechung[764] und die herrschende Meinung[765] sind für eine Beibehaltung der gesetzlich vorgesehenen Beweislastverteilung auch bei ausgeschiedenen Vorstandsmitgliedern. Zwar wird von Vertretern dieser Meinung teils eine Abweichung von der gesetzlichen Regelung zur Beweislastverteilung bei Inanspruchnahme von Rechtsnachfolgern des Vorstands befürwortet.[766] Beim ausgeschiedenen Vorstand hingegen sei an der gesetzlichen Regelung festzuhalten.[767] Das Problem der Beweisnot, in dem sich der ausgeschiedene Vorstand mangels Zugang zu den Geschäftsunterlagen befindet, sei durch Einsichtsrechte[768] sowie durch eine sekundäre Darlegungslast der Gesellschaft zu lösen. Auf diese Weise

---

764 Etwa OLG Stuttgart, NZG 2010, 141, 142; BGHZ 152, 280.

765 Mertens/Cahn in KölnerKommAktG, 3. Aufl. 2010, § 93 Rn. 138 ff. und 147; Spindler in MüKoAktG, 4. Aufl. 2014, § 93 Rn. 188; Hölters in Hölters, AktG, 2. Aufl. 2014, § 93 Rn. 270; Fleischer in Spindler/Stilz, AktG, 2. Aufl. 2010, § 93 Rn. 224; jüngst auch Paefgen, AG 2014, 554, 566; ebenso Bachmann, Gutachten E zum 70. DJT, S. 35 f.

766 Etwa Mertens/Cahn in KölnerKommAktG, 3. Aufl. 2010, § 93 Rn. 146; Hölters in Hölters, AktG, 2. Aufl. 2014, § 93 Rn. 271.

767 Fleischer in Spindler/Stilz, AktG, 2. Aufl. 2010, § 93 Rn. 224.

768 Mertens/Cahn in KölnerKommAktG, 3. Aufl. 2010, § 93 Rn. 147.

werde der Vorstand in den Zustand versetzt, in dem er sich auch befände, wenn er noch im Amt wäre.

Die Gesellschaft hat nur darzulegen, dass ihr durch ein möglicherweise[769] pflichtwidriges Verhalten des Vorstandsmitglieds ein Schaden[770] entstanden ist.[771] Ist der Vorstand nicht mehr im Amt, ist eine „Überspannung seiner Darlegungs- und Beweislast"[772] dadurch zu vermeiden, „dass die Gesellschaft die angebliche Pflichtverletzung im Rahmen ihrer sekundären Darlegungslast näher zu bezeichnen hat"[773]. Der Vorstand muss darlegen, dass er seinen Pflichten nachgekommen ist (objektive Pflichtwidrigkeit), ihnen nicht nachkommen konnte (also die Pflichtverletzung nicht verschuldet war) oder der Erfolg auch eingetreten wäre, wenn er sich pflichtgemäß verhalten hätte (Einwand rechtmäßigen Alternativverhaltens).

Die sekundäre Darlegungslast der Gesellschaft bedeutet, dass es für die Gesellschaft ausnahmsweise nicht genügt, die Behauptung des Vorstands, er habe sich pflichtgemäß verhalten, zu bestreiten.[774] Dies hätte die Geständnisfiktion nach § 138 Abs. 3 ZPO zur Folge.[775] Vielmehr muss sie substantiiert Umstände darlegen, die für eine Pflichtverletzung sprechen.[776] Hintergrund sekundärer Darlegungsbelastung ist, dass die eigentlich nicht beweisbelastete[777] Partei eher in der Lage ist, Angaben zu dem in Rede stehenden Sachverhalt zu machen, weil

769 Vgl. dazu soeben.

770 Für den Schaden ist aber eine geringere Substantiierungslast gegeben: Es gilt § 287 ZPO, nach dem es ausreicht, Anhaltspunkte darzutun, die für eine Schadensschätzung nach § 287 ZPO „hinreichende Anhaltspunkte bieten", BGH NJW 2003, 358, 359.

771 BGHZ 152, 280.

772 BGHZ 152, 280 Tz. 9 (Tz. nach juris).

773 BGHZ 152, 280 Tz. 9 (Tz. nach juris).

774 Prütting in MüKoZPO, 4. Aufl. 2013, § 286 Rn. 103; Krieger, FS U.H. Schneider, 2011, S. 717, 721 mit Beispiel der jeweils vorzutragenden Umstände; Paefgen, NZG 2009, 891, 893 f. ist demgegenüber dafür, von vornherein der Gesellschaft aufzuerlegen, „konkrete Anhaltspunkte dafür darzutun, dass das in Anspruch genommene Organmitglied möglicherweise seiner Pflicht [...] nicht genügt hat [...]".

775 Prütting in MüKoZPO, 4. Aufl. 2013, § 286 Rn. 103; Foerster, ZHR 176 (2012) 221, 231.

776 Foerster, ZHR 176 (2012) 221, 230.

777 Und damit an sich auch nicht darlegungspflichtige, die Darlegungslast richtet sich grundsätzlich nach der Beweislast.

sie die wesentlichen Merkmale des Sachverhalts kennt und die andere Partei (hier also der ausgeschiedene Vorstand) außerhalb des Geschehens steht.[778]

Der BGH geht im Einklang mit der herrschenden Meinung davon aus, dass der Vorstand einer Aktiengesellschaft[779] bei seinem Ausscheiden „alle ihm im Rahmen seiner Amtstätigkeit übermittelten Unterlagen der Gesellschaft einschließlich etwaiger Duplikate und Ablichtungen herauszugeben hat“[780].[781] Es ist dem Vorstand also nicht gestattet, die unter Umständen auch gerade zu seiner Entlastung angefertigten Dokumentationen, sei es auch nur in Kopie, mitzunehmen bzw. zu behalten, um sich für mögliche zukünftige Schadensersatzforderungen zu wappnen.[782]

Vor diesem Hintergrund dient das Einsichtsrecht dazu, den Vorstand in die Situation zu versetzen, in der er sich befände, wäre er noch im Amt.[783] Die Gesellschaft hat Einsicht in ihre Unterlagen zu gewähren, soweit dies für die Verteidigung des Vorstands erforderlich ist.[784] Die Konturen, insbesondere aber auch die Anspruchsgrundlage eines solchen Einsichtsrechts, sind aber wenig klar.[785]

Die Literatur stellt für das Akteneinsichtsrecht zumeist auf § 810 BGB ab.[786] Dieser ist weit auszulegen[787] und lässt demnach Einsicht in die gesamten Geschäftsunterlagen der Gesellschaft, die die Geschäftsführungstätigkeit des früheren Vorstandsmitglieds abbilden und die Erfüllung seiner Pflichten

---

778 Foerster, ZHR 176 (2012) 221, 230.

779 Gleiches gilt für den Geschäftsführer einer GmbH.

780 BGH AG 2008, 743.

781 Thüsing in Fleischer, Hdb. des Vorstandsrechts, 2006 S. 152; Wiesner in Münchener Hdb. des Gesellschaftsrechts, Bd. 4, 3. Aufl. 2007, § 21 Rn. 72; Spindler in MüKoAktG, 3. Aufl. 2008, § 84 Rn. 98, wobei Spindler die Frage, ob ein Herausgabeverlangen der AG in Situationen, in denen die AG zur Einsichtsgewährung verpflichtet ist, rechtsmissbräuchlich ist, leicht anders beantwortet als andere – herangezogen wird aber ebenso ein Urteil des BGH zum Anspruch des Vorstands auf Erfindervergütung.

782 Foerster, ZHR 176 (2012) 221, 224; Grooterhorst, AG 2011, 389, 390; als Rechtfertigung hierfür wird das Kontrollinteresse der Gesellschaft, deren Angelegenheiten die Unterlagen betreffen, gesehen, vgl. Grooterhorst, AG 2011, 389, 390.

783 Grooterhorst, AG 2011, 389, 395; Foerster, ZHR 176 (2012) 221, 224 und 240.

784 BGH NJW 2003, 358, 359.

785 Krieger, FS U.H. Schneider, 2011, S. 717, 720; Grooterhorst, AG 2011, 389, 390; Foerster, ZHR 176 (2012) 221, 232.

786 Mertens/Cahn in KölnerKommAktG, 3. Aufl. 2010, § 93 Rn. 147; Krieger/Sailer-Coceani in Schmidt/Lutter, AktG, 2. Aufl. 2010, § 93 Rn. 3; Fleischer in Fleischer, Hdb. des Vorstandsrechts, 2006, S. 352.

787 Osterloh-Konrad, Der allgemeine vorbereitende Informationsanspruch, 2007, S. 161.

wiedergeben, zu.[788] § 242 BGB in Verbindung mit der nachvertraglichen Treuepflicht der Gesellschaft gegenüber dem Vorstand soll erweiternd wirken.[789]

Im Einzelnen umstritten ist dann aber die Frage der Reichweite des Einsichtsrechts.[790] Während hinsichtlich der Berechtigung zur Anfertigung von Kopien noch weitgehend Einigkeit besteht,[791] wird beispielsweise die Frage, ob Mitarbeiterbefragungen zulässig sind, uneinheitlich beantwortet.[792]

Die prozessuale Dimension[793] des Einsichtnahmerechts bilden §§ 142, 421 ff. ZPO. Bei § 142 ZPO ist allerdings zu beachten, dass dieser eine Vorlage von Urkunden, die sich im Besitz des Gegners befinden, nur ermöglicht, soweit dadurch ein bereits schlüssiger Tatsachenvortrag gestützt wird.[794] Nicht hingegen bietet § 142 ZPO die Möglichkeit, Einsicht zu nehmen in die beim Gegner befindlichen Unterlagen mit dem Ziel, einen schlüssigen Tatsachenvortrag erst liefern zu können.[795] Gerade beim ausgeschiedenen Vorstandsmitglied stellt sich dann – insbesondere in zeitlich weiter zurückliegenden Fällen – das Problem, dass ein schlüssiges und taktisch sinnvolles Verteidigungsvorbringen nicht konstruiert werden kann, weil dafür die Einsicht in die gesamten Unterlagen vonnöten wäre.[796]

Die §§ 422 ff. ZPO ermöglichen die Berufung auf einen materiell-rechtlichen Auskunftsanspruch im Prozess.[797] Die Unterlagen sind dem Gericht sodann vorzulegen.[798] Der Anspruchsberechtigte darf diese Ansprüche nicht im Wege der

788 Krieger, FS U. H. Schneider, 2011, S. 717, 724.

789 Grooterhorst, AG 2011, 389, 395; Fleischer in Fleischer, Hdb. des Vorstandsrechts, 2006, S. 352.

790 Hierzu umfassend etwa Foerster, ZHR 176 (2012) 221, 232 ff.

791 Gerade bei umfangreichen Dokumentationen muss richtigerweise das Anfertigen von Kopien gestattet werden, vgl. Osterloh-Konrad, Der allgemeine vorbereitende Informationsanspruch, 2007, S. 47.

792 Für die Zulässigkeit von Mitarbeiterbefragungen etwa Rieger, FS Peltzer, 2001, S. 339, 352, dagegen etwa Krieger, FS U. H. Schneider, 2011, S. 717, 728.

793 Vgl. zum Ganzen umfangreich auch Foerster, ZHR 176 (2012) 221 und Grooterhorst, AG 2011, 389.

794 Wöstmann in Saenger, ZPO, 6. Aufl. 2015, § 142 Rn. 2.

795 Stadler in Musielak, ZPO, 11. Aufl. 2014, § 142 Rn. 1; Wöstmann in Saenger, ZPO, 6. Aufl. 2015, § 142 Rn. 2.

796 Grooterhorst, AG 2011, 389, 391.

797 Eichele in Saenger, ZPO, 6. Aufl. 2015, § 422 Rn. 1; Schreiber in MüKoZPO, 4. Aufl. 2012, § 422 Rn. 2.

798 Schreiber in MüKoZPO, 4. Aufl. 2012, § 422 Rn. 4.

eigenständigen Klage oder Widerklage verfolgen, sofern die Gesellschaft bereits Klage gegen das Vorstandsmitglied erhoben hat.[799]

Nach der Rechtsprechung und herrschenden Meinung im Schrifttum verbleibt es also auch beim ausgeschiedenen Vorstandsmitglied bei der gesetzlichen Regelung der Beweislastverteilung. Den daraus für den Vorstand im Haftungsprozess erwachsenden Schwierigkeiten wird über Einsichtsrechte sowie die sekundäre Darlegungslast der Gesellschaft abzuhelfen versucht. Probleme bestehen hier insbesondere bei der Reichweite des Einsichtsrechts, soll es doch einerseits den Verlust des Zugangs zu den Gesellschaftsunterlagen kompensieren, andererseits aber nicht einer „Ausforschung" Vorschub leisten. Das Vorstandsmitglied fertigt die zu seiner Entlastung geeigneten Dokumentationen im Hinblick auf die Wahrung seiner Rechtspositionen damit nur für denjenigen Haftungsfall, der noch in seine Amtszeit fällt, an. Danach flacht der Nutzen erheblich ab, weil die Unterlagen in der Gesellschaft zu verbleiben haben. Zwar besteht sodann ein Einsichtsrecht, es ist aber mit erheblichen Unsicherheiten verbunden, ob die Unterlagen dann noch vorhanden bzw. geordnet auffindbar sind.[800] Auf diese tatsächlichen Umstände hat der Vorstand ab dem Zeitpunkt seines Ausscheidens keinen Einfluss mehr und die Gesellschaft hat keinen ausreichend großen Anzeiz zu besonders sorgfältiger Aufbewahrung.

b) „Rückumkehr" der Beweislast

Teilweise wird im Schrifttum die Ansicht vertreten, dass der Geltungsgrund der Sach- und Beweisnähe es gebiete, die Beweislastverteilung im Falle der Haftbarmachung eines ausgeschiedenen Vorstandsmitglieds teleologisch zu reduzieren.[801] Denn der nicht mehr im Amt befindliche Vorstand habe keinen Zugang mehr zu den Dokumentationen und sonstigen Unterlagen.[802] Nachdem aber genau diese Beweis- und Sachnähe die Zuweisung der Beweislast im Falle des noch im Amt befindlichen Vorstands stütze, sei die Beweisbelastung bei ausgeschiedenen Vorstandsmitgliedern nicht zu rechtfertigen.[803] Die auch

---

799 Foerster, ZHR 176 (2012) 221, 237; a.A. wohl Grooterhorst, AG 389, 397 f.

800 Haas/Ziemons in Michalski, GmbHG, 2. Aufl. 2010, § 43 Rn. 256.

801 Eingehend Foerster, ZHR 176 (2012) 221; Bürgers/Israel in Bürgers/Körber, AktG, 3. Aufl. 2014, § 93 Rn. 29; Hüffer, AktG, 10. Aufl. 2012, § 93 Rn. 17a (anders jetzt Koch in Hüffer, AktG, 11. Aufl. 2014, § 93 Rn. 56); jüngst auch Habersack, ZHR 177 (2013) 782, 805; differenzierend Grigoleit/Tomasic in Grigoleit, AktG, 1. Aufl. 2013, § 93 Rn. 70; zustimmend auch Hopt, ZIP 2013, 1793, 1799 und 1803.

802 Dreher/Thomas, ZGR 38 (2009) 31, 44.

803 Foerster, ZHR 176 (2012) 221, 226; Dreher/Thomas, ZGR 38 (2009) 31, 44; tendenziell auch Haas/Ziemons in Michalski, GmbHG, 2. Aufl. 2010, § 43 Rn. 256.

in der Rechtsprechung angenommene sekundäre Darlegungslast biete keine hinreichende Abhilfe, weil durch sie zwar der Vorstand zunächst seiner Darlegungslast genügen kann, indem er schlicht behauptet, pflichtgemäß gehandelt zu haben.[804] Bestreitet die Gesellschaft dann aber entsprechend ihrer sekundären Darlegungslast qualifiziert, so fehlt es dem Vorstand wiederum an Material, um sodann seiner Beweislast zu genügen.[805]

Foerster begründet sein Plädoyer für eine Rückumkehr der Beweislast zu den Grundsätzen der Normtheorie bei ausgeschiedenen Vorstandsmitgliedern überdies mit einem Vergleich zu der Lösung der Rechtsprechung: Wende die Gesellschaft im Rechsstreit ein, sie habe vollumfänglich Einsicht in die Gesellschaftsunterlagen gewährt, so trage sie hierfür nach allgemeinen Grundsätzen die Beweislast.[806] Daher müsse sie beweisen, dass sie Einsicht in alle zum Zeitpunkt des Ausscheidens vorhandenen Unterlagen gewährt habe.[807] Folglich könne die Gesellschaft ebenso gut beweisen, dass sich aus den im nämlichen Zeitpunkt vorhandenen Unterlagen die Pflichtwidrigkeit des Vorstandshandelns ergebe.[808]

Als weiteren Grund führt *Foerster* an, dass nur so ein Gleichlauf mit der Beweislastverteilung bei Inanspruchnahme von Rechtsnachfolgern des Vorstands hergestellt werden könne.[809] Diese sind nach überwiegender Ansicht nicht beweisbelastet, weil sie keinerlei Zugang zu den Beweisen haben.[810] Weil nun der Rechtsnachfolger die (Beweis-) Situation so annehmen müsse, wie sie beim

Schwäche dieser Argumentation ist freilich die Einzelfallbezogenheit der Kriterien zur Beweislastverteilung, vgl. E. Schmidt, JuS 2003, 1007, 1010.

804 Foerster, ZHR 176 (2012) 221, 231.

805 Foerster, ZHR 176 (2012) 221, 231; dies offenbart, dass es sich bei Beweislastverteilung und Einsichtsrecht zwar um zusammenhängende, nicht aber dasselbe Problem lösende Ansatzpunkte handelt.

806 Foerster, ZHR 176 (2012) 221, 231, 246.

807 Foerster, ZHR 176 (2012) 221, 231, 246.

808 Foerster, ZHR 176 (2012) 221, 231, 246. Dies trifft nicht zu. Der Beweis vollständiger Akteneinsicht ist keineswegs identisch mit dem der Pflichtwidrigkeit. Im ersten Fall ist nämlich beispielsweise von mit den Umständen vertrauten Personen zu bezeugen, dass alle vorhandenen Unterlagen zugänglich gemacht wurden. Es genügt also gewissermaßen ein „Blick von außen" auf den Datenbestand. Im zweiten Fall hingegen muss in die Dokumentation eingesehen werden, um das Abweichen von einer konkreten Verhaltenspflicht belegen zu können. Hierfür kann u.U. eine einzige Seite aus den Geschäftsunterlagen ausreichen, solange auf ihr nur ein hinreichender Pflichtverstoß zum Ausdruck kommt.

809 Foerster, ZHR 176 (2012) 221, 244 f.

810 Etwa Mertens/Cahn in KölnerKommAktG, 3. Aufl. 2010, § 93 Rn. 146.

Rechtsvorgänger vorliege, sei auch der ausgeschiedene Vorstand nicht mit der Beweislast zu belegen.[811]

c) Zwischenergebnis

Es wird bei der Lösung des obigen Problems ein gedanklicher Konnex hergestellt zwischen Einsichtsrecht und Beweislastrückumkehr. Das erweckt den Eindruck, als würden beide Mittel genau dasselbe Problem lösen. Dies ist aber nicht der Fall. Zwar ist Ausgangspunkt beide Male dasselbe Problem, nämlich dass der ausgeschiedene Vorstand nicht mehr Zugang zu den Dokumenten hat. Die Beweislastrückumkehr löst aber nicht das Problem der Beweisnot.[812] Eine Rückumkehr der Beweislast hat sicherlich Einfluss auf die Beweissituationen und wie sie von den Parteien wahrgenommen werden. Primär geht es bei der Zuweisung von Beweislast aber um Risikozuweisung, nämlich die Zuweisung des *non liquet*-Risikos.[813]

Bei Gewährung (nur) eines Einsichtsrechts hingegen bleibt das *non liquet*-Risiko völlig unangetastet, weil die Beweislast unberührt bleibt.[814] Das Einsichtsrecht hingegen adressiert die spezifische Beweisnot. Damit zeigt sich, dass die beiden Lösungswege in ihren Wirkungsweisen nicht völlig alternativ zueinander stehen. Es ist durchaus denkbar, dass trotz Beweisbelastung der Gesellschaft eine Beweisnot des ausgeschiedenen Vorstands eintritt, die auch in diesem Fall ein Einsichtsrecht erforderlich macht.[815]

Die Sachgründe der beiden Lösungswege überschneiden sich also bezüglich der aus dem Ausscheiden resultierenden Schwierigkeit der Beweisnot. Die

---

811 Foerster, ZHR 176 (2012) 221, 244 f.; das ist aber in zweierlei Hinsicht nicht zwingend: Zum Einen ist das Problem in seiner Akzessorietät gewissermaßen „rückwärts" gedacht, weil vom Zustand des Rechtsnachfolgers auf den Sollzustand des Vorgängers geschlossen wird. Es ist aber genau umgekehrt, denn die Position des Rechtsnachfolgers wird von der des Vorgängers determiniert. Zum anderen wird auch der Rechtsnachfolger eines bis dato im Amt befindlichen Vorstands von der Beweislast befreit. Geltungsgrund dieser Erwägung ist also eher der Umstand, dass der Rechtsnachfolger niemals in die Geschäftsführungsprozesse eingebunden war und ihm mithin auch jeglicher Anknüpfungspunkt für eine Verteidigung fehlt; etwas klarer Foerster, ZHR 176 (2012) 221, 249.

812 Dieser Gedanke kommt auch bei Grigoleit/Tomasic in Grigoleit, AktG, 1. Aufl. 2013, § 93 Rn. 70 zu kurz, wenn über Beweiserleichterungen für den Fall, dass der Vorstand keinen Zugriff auf die Unterlagen der AG hat, nachgedacht wird.

813 Vgl. dazu sogleich.

814 Osterloh-Konrad, Der allgemeine vorbereitende Informationsanspruch, 2007, S. 114.

815 Vgl. dazu sogleich.

Beweisnot ist aber jedenfalls nicht der alleinige Grund für die Verteilung von Beweislast. Vielmehr sind hierfür auch andere Wertungen heranzuziehen. Darauf wird im Folgenden zurückzukommen sein.

III. Eigener Ansatz

In den bislang erörterten Ansätzen spielte meist die Frage, in wessen Sphäre ein Sachverhalt spielt, wem der Beweis also leichter möglich bzw. eher zuzumuten ist, eine Rolle. Die Berechtigung dieser Rechtfertigungsmodelle soll im Folgenden keineswegs in Abrede gestellt werden, doch soll zusätzlich der Versuch unternommen werden, die bisherigen Erkenntnisse der vorliegenden Arbeit auch für die Beantwortung der Frage nach der sachgerechten Beweislastverteilung fruchtbar zu machen. Insoweit wird der Schutzzweck der Vorstandshaftung in Rechnung zu stellen sowie zu erwägen sein, welche Rolle die Verteilung der Beweislast im Bereich der Verhaltenssteuerung spielt. Auch die Frage nach der Legitimation soll genauer eingekreist werden.

1. Die Notwendigkeit der Trennung von Beweislastverteilung und Behebung einer Beweisnot

Irritierend an der oben dargestellten Diskussion ist wie bereits erwähnt der Umstand, dass gewissermaßen verknüpfend beide Instrumente, also Beweislastverteilung und Einsichtsrechte, betrachtet werden.[816]

Das ist aber in der Sache nicht überzeugend: Es wird dabei nämlich ausgeblendet, welche Verhaltensmotivationen von der Zuweisung der Beweislast ausgehen und überdies welche Risiken die Beweisbelastung birgt. Das *non liquet*-Risiko bleibt nämlich unberührt, wenn man nur Einsichtsrechte gewährt.[817] Ob dieses aber noch beim Vorstand liegen soll, wenn er keinerlei Kontrolle mehr über die Geschäftsunterlagen und den auch zu seiner Entlastung dienenden Dokumentationen hat oder ob es nicht gerade der Übergang der Kontrolle auf die Gesellschaft (vermittelt durch ihre neuen Organe, die nicht selten ein großes

816 Sehr deutlich etwa bei Fleischer in Spindler/Stilz, AktG, 2. Aufl. 2010, § 93 Rn. 224, der die Beweislastrückumkehr für obsolet hält, weil ein Einsichtsrecht besteht. Auch: OLG Stuttgart NZG 2010, 141, 142, das der Meinung ist, dass die Beweislastverteilung auch für ausgeschiedene Vorstandsmitglieder gilt, aber gegebenenfalls ein Einsichtsrecht besteht.

817 Zur Unabhängigkeit des *non liquet*-Risikos von der Zuerkennung eines Informationsanspruchs Osterloh-Konrad, Der allgemeine vorbereitende Informationsanspruch, 2007, S. 114.

Interesse an einer Rechtsverfolgung von Vorgängern haben[818]) rechtfertigt, ebendieses Risiko der Gesellschaft aufzubürden, bleibt von Anhängern dieser Argumentation unbeantwortet.

Auch wird nicht berücksichtigt, dass die Beweislastumkehr kein Mittel zur Behebung von Beweisnot ist. Es ist nämlich auch bei Rückumkehr der Beweislast denkbar, dass der Vorstand in Beweisnot gerät. Trägt die Gesellschaft substantiiert vor und bestreitet der Vorstand hinreichend substantiiert, so wird die Gesellschaft – dann beweisbelastet – aus der Dokumentation Beweise für eine Pflichtverletzung liefern. Dann aber schuldet der Vorstand den Gegenbeweis, will er nicht unterliegen. Diesen kann er möglicherweise ebenfalls erst nach Einsicht in die Geschäftsunterlagen liefern.[819]

2. *Kriterien zur Verteilung der Beweislast*

Im Folgenden sollen Kriterien für die Beweislastverteilung und ihre Wirkungen im Hinblick auf das hiesige Problem näher untersucht werden. Dabei ist im Blick zu halten, dass es kein einheitliches „Prinzip“ zur Verteilung der Beweislast durch den Gesetzgeber gibt.[820] Vielmehr gibt es Kriterien, die die gesetzgeberische Entscheidung über die Beweislastverteilung stützen können.[821]

a) Beweislastverteilung als Risikozuweisung

Die Zuweisung der Beweislast an eine Partei ist immer auch die – generalisierende[822] – Zuweisung des Risikos eines *non liquet*.[823] Es geht also darum, zu entscheiden, welche der Parteien die für sie negativen Folgen zu tragen hat, wenn trotz Ausschöpfung aller Aufklärungsmöglichkeiten durch das entscheidende Gericht eine für die Subsumtion unter die maßgebliche Rechtsnorm hinreichende

818 So auch Foerster, ZHR 176 (2012) 221, 226.

819 Auf dieses Problem hat Grooterhorst, AG 2011, 389, 392 hingewiesen, wobei Grooterhorst das ausgeschiedene Vorstandsmitglied bereits auf der Substantiierungsebene in Schwierigkeiten sieht.

820 Dazu und zum Ganzen Baumgärtel, Beweislastpraxis, 1996, Rn. 160 ff.

821 Baumgärtel, Beweislastpraxis, 1996, Rn. 160 und 169.

822 Greger in Zöller, ZPO, 30. Aufl. 2014, Vor § 284 Rn. 17.

823 Baumgärtel, Beweislastpraxis, 1996, Rn. 148; Seibl, Die Beweislast, 2009, S. 15; Osterloh-Konrad, Der allgemeine vorbereitende Informationsanspruch, 2007, S. 114; Greger in Zöller, ZPO, 30. Aufl. 2014, Vor § 284 Rn. 17; dieser Aspekt bleibt im Rahmen dieser Diskussion des Öfteren unbeleuchtet.

Aufklärung nicht gelingt.[824] In diesem Fall trifft das Gericht eine Entscheidung, die sich zu Lasten desjenigen auswirken wird, dem der Beweis der jeweiligen Tatbestandsvoraussetzung oblegen hätte. Insoweit hat *Foerster* zu Recht darauf hingewiesen, dass die Organhaftung zumindest im Fall des *non liquet* zu einer Erfolgshaftung wird.[825] Dies entspricht nicht der gesetzgeberischen Intention.[826]

b) Die verhaltenssteuernde Dimension von Beweisbelastungen

Als Resultat der soeben dargestellten Risikozuweisung ist eine verhaltenssteuernde Dimension der Beweislastverteilung nicht von der Hand zu weisen: Nachdem die Parteien im Vorhinein wissen, welche Tatbestandsmerkmale einer Norm sie in einem potentiellen Prozess zu beweisen haben, werden sie ihr Verhalten danach ausrichten.[827] Zum Beweis der Erfüllung lässt sich der Schuldner etwa eine Quittung aushändigen, er betreibt also Beweissicherung.[828]

Dieser verhaltensbeeinflussende Effekt muss richtigerweise auch in Rechnung gestellt werden, wenn es um die sachgerechte Zuweisung der Beweislast geht.[829] Es muss aber auch noch eine weitere, gewissermaßen reflexartige Wirkung bedacht werden: Das Wissen um die Beweisbelastung hat den gerade festgestellten Effekt, dass die Partei *ex ante* beweissichernd tätig wird – sie wird versuchen, diejenigen Beweise, die für die von ihr zu beweisenden Tatbestandsmerkmale einer Norm erforderlich sind, zu erhalten und zu organisieren. Im Bereich der Vorstandshaftung wird dies in erster Linie die Dokumentation der (ordnungsgemäßen) Entscheidungsfindung sein.[830] Das Wissen um die Notwendigkeit detaillierter Dokumentation für den Fall der Inanspruchnahme wird die Qualität der Dokumentation heben. Die Dokumentation wird genauer ausfallen als im Fall der (u.U. auch strafbewehrten) Pflicht zur Dokumentation, die aber letztlich

---

824 Prütting in MüKoZPO, 4. Aufl. 2013, § 286 Rn. 93; Saenger in Saenger, ZPO, 6. Aufl. 2015, § 286 Rn. 34; Osterloh-Konrad, Der allgemeine vorbereitende Informationsanspruch, 2007, S. 114.

825 Foerster, ZHR 176 (2012) 221, 226 Fn. 21, der deshalb die Beweislastverteilung generell in ihrer Richtigkeit anzweifelt (zur Richtigkeit der Beweisbelastung des Vorstands während seiner Amtszeit unten); allgemeiner auch Paefgen, AG 2004, 245, 257.

826 Vgl. dazu oben 5. Teil.D.I.2.

827 Baumgärtel, Beweislastpraxis, 1996, Rn. 143.

828 Baumgärtel, Beweislastpraxis, 1996, Rn. 143.

829 Die Beweislastverteilung soll auch den Normzweck der jeweiligen materiellen Norm sichern und erhalten, Prütting in MüKoZPO, 4. Aufl. 2013, § 286 Rn. 117.

830 Zu dem Zusammenhang mit Dokumentationspflichten jüngst auch Haarmann/Weiß, BB 2014, 2115, 2118.

nicht durch Beweisbelastung effektuiert wird, weil beweisbelastet die andere Partei ist.[831]

Durch diese Anreize zur Dokumentation eröffnet sich eine weitere, wiederum reflexartige Dimension der Beweisbelastung: Dokumentation führt zu Rekapitulation der zu dokumentierenden Verfahrensschritte im Entscheidungsprozess. Indem der Vorstand das Procedere der Entscheidung gedanklich zusammenfasst, sich erinnert, das Verfahren nochmals durchdenkt, werden ihm Fehler bewusst, Schwachpunkte oder vernachlässigte Schritte offenbar. Aufgrund dieses Vergegenwärtigungsprozesses ist es ihm sodann möglich, zukünftige Fehler zu vermeiden bzw. gemachte Fehler zu korrigieren und auch dadurch Schaden von der Gesellschaft abzuwenden, wodurch wiederum sein eigenes Haftungsrisiko minimiert wird.[832] Diesem Effekt kommt auch insofern große Bedeutung zu, als es bei der Frage pflichtgemäßen Handelns nicht um das Ergebnis, sondern um das korrekte Verfahren der Entscheidungsfindung geht. Dokumentiert der Vorstand die jeweiligen Verfahrensschritte zeitnah, so ist es in vielen Fällen ohne Probleme möglich, Verfahrensfehler zu „heilen", weil noch keine vollendeten Tatsachen geschaffen wurden.

Der Dokumentationsprozess ist also nicht bloße Folge einer Risikozuweisungsentscheidung, sondern kann als integraler Bestandteil der Selbstkontrolle und Qualitätssicherung des eigenverantwortlich handelnden Vorstands betrachtet werden.

Damit lässt sich festhalten, dass die Beweisbelastung des Vorstands verhaltenssteuernd genau in die Richtung wirkt, in die auch die materiellrechtliche Haftungsnorm des § 93 Abs. 2 S. 1 AktG wirkt. Die Haftungsandrohung ebenso wie die Zuweisung der Beweislast innerhalb der Haftungsvoraussetzungen wirken beide auf eine Erhöhung der Aufmerksamkeit und Sorgfalt des Vorstands in Geschäftsführungsangelegenheiten hin. Die Beweisbelastung operiert zur Erreichung dieses Ziels dabei reflexartig, weil erst durch die von ihr ausgelöste Dokumentation der Rekapitulationsvorgang beim Vorstand aktiviert wird und es gerade dieser ist, der die Aufdeckung von Fehlern ermöglicht.

Es ist allerdings denkbar, dass die beiden Disziplinierungsebenen in unterschiedlichen zeitlichen Dimensionen Wirkung zeitigen: Der Dokumentationsvorgang selbst ist nur geeignet, zukunftsbezogen die Handlungsweisen des Vorstands dahingehend zu beeinflussen, dass aus Fehlern gelernt wird,

831 Zum Fehlen von Dokumentationspflichten aufgrund der Beweisbelastung Spindler in MüKoAktG, 4. Aufl. 2014, § 93 Rn. 184.

832 In diese Richtung auch Wellhöfer in Wellhöfer/Peltzer/Müller, Die Haftung, 2008, § 4 Rn. 110.

wohingegen die Haftungsandrohung abstrakt schon früher wirkt. Je zeitnäher jedoch dokumentiert wird, desto eher kann wegen der Verfahrensbezogenheit der Pflichten interveniert werden. Aber auch das Wissen darum, dass nach einer Handlung diese (zur eigenen Absicherung) zu dokumentieren ist, kann einen nochmaligen Überprüfungsvorgang in Gang setzen.

Ungeklärt ist damit noch, welche Reichweite der Nutzen von Dokumentation hat. Wie gezeigt, hat die Beweislastverteilung zur Folge, dass sich der Beweisbelastete um die Sicherung von Beweisen kümmert. Gerade im Hinblick auf die Verfahrensbezogenheit der Business Judgment Rule wird der Vorstand saubere Dokumentationen anfertigen. Der Nutzen dieser Dokumentationen wird für ihn aber mit seinem Ausscheiden erheblich eingeschränkt. Denn der Vorstand ist nicht berechtigt, Kopien der Dokumentation oder sonstiger Geschäftsunterlagen mitzunehmen. Vielmehr wird ihm dies unter Hinweis auf sein potentielles Einsichtsrecht im Falle eines Haftungsprozesses und das Geheimhaltungsinteresse der Gesellschaft versagt.

Im Hinblick auf die (ohne teleologische Reduktion) fortbestehende Beweisbelastung und die mit einer solchen Beweisbelastung zur eigenen Beweisführung angefertigte Dokumentation ist dies ein erheblicher Einschnitt der Möglichkeiten, im Zivilrechtsverkehr eigenverantwortlich tätig zu werden. Wie gezeigt, bringt die Beweisbelastung Verhaltensanreize mit sich, hier (u.a.) die Dokumentation. Darf der Vorstand aber keine Kopien mitnehmen, so sind seine eigenverantwortlichen Rechte in ihrem Nutzen erheblich reduziert.

Konsequent wäre es, bei fortbestehender Beweisbelastung dem Vorstand – selbstverständlich unter Beachtung seiner fortwirkenden Geheimhaltungspflichten – das Recht auf Anfertigung und Mitnahme von Kopien zuzugestehen.[833]

Beweislastverteilung ist immer auch vor dem Hintergrund der materiellrechtlichen Wertung zu sehen, wird von der materiell-rechtlichen Wertung beeinflusst.[834] Die Beweislast soll das Telos der materiellen Norm effektuieren.[835] Insofern ist die verhaltenssteuernde Funktion der Haftungsandrohung zu bedenken.[836] Aus dieser Perspektive ist es also folgerichtig, dem noch im Amt

833 Auf die Dispositivität der Herausgabepflicht und daraus folgende Ableitungen für die Beweislastverteilung wird zurückzukommen sein.

834 Baumgärtel, Beweislastpraxis, 1996, Rn. 169.

835 Prütting in MüKoZPO, 4. Aufl. 2013, § 286 Rn. 117; ähnlich Huster, NJW 1995, 112, 113, der die Tatbestandsvoraussetzungen materieller Normen durch die Beweislast beeinflusst sieht.

836 Vgl. dazu eingehend soeben.

befindlichen Vorstand die Beweislast für die fehlende Pflichtwidrigkeit und das fehlende Verschulden zuzuweisen.

c) Sachnähe und Beweisnähe

Zurückzukommen ist auf den Gedanken der Sachnähe. Tendenziell steht er bei den Rechtfertigungsansätzen zur Beweislastverteilung im Vordergrund.[837] Bei der Sachnähe geht es schon begrifflich darum, wer mit dem Sachverhalt vertraut ist. Es geht hingegen nicht primär darum, wer einen Sachverhalt leichter beweisen kann, weil er besseren Zugang zu Dokumenten hat. Dies ist begrifflich die Beweisnähe.[838] Die Beweisnähe hat erheblichen Einfluss auf die Aufklärungsmöglichkeiten einer Partei und kann dementsprechend auch Grund für die Auferlegung der Beweislast sein.[839]

Wenn bei Begründung der teleologischen Reduktion von § 93 Abs. 2 S. 2 AktG auf den Umstand abgestellt wird, dass der Vorstand, der nicht mehr im Amt ist, keinen Zugang mehr zu den maßgeblichen Unterlagen hat, so hat dies nichts mit dem Verlust der Sachnähe zu tun.[840] Es geht dann vielmehr um den Verlust der Beweisnähe, also der Möglichkeit, auf vorhandene Beweismittel zuzugreifen.[841]

---

837 Deutlich etwa Rieger, FS Peltzer, 2001, S. 339, 351; deutlich auch Goette, ZGR 24 (1995) 648, 672; etwas anders Bürgers/Israel in Bürgers/Körber, AktG, 3. Aufl. 2014, § 93 Rn. 26 und 29, der auf den Wissensvorsprung abstellt; anklingend bei Hölters in Hölters, AktG, 2. Aufl. 2014, § 93 Rn. 271, der auf die Nähe zu den zum Schaden führenden Umständen abstellt; Mertens/Cahn in KölnerKommAktG, 3. Aufl. 2010, § 93 Rn. 146 hingegen sieht die Beweisnähe als tragenden Grund; kritisch jüngst Haarmann/Weiß, BB 2014, 2115, 2118 f.

838 So wohl auch Foerster, ZHR 176 (2012) 221, 223: „Voraussetzung für die größere Beweisnähe von Organmitgliedern ist allerdings, dass das Organmitglied die Organstellung zum Zeitpunkt der Inanspruchnahme durch die Gesellschaft noch innehat."; zutreffend auch Habersack, ZHR 177 (2013) 782, 795.

839 Baumgärtel, Beweislastpraxis, 1996, Rn. 167. Im Hinblick auf § 93 Abs. 2 AktG etwa Mertens/Cahn in KölnerKommAktG, 3. Aufl. 2010, § 93 Rn. 146; insoweit auch Foerster, ZHR 176 (2012) 221, 225 f.

840 In diese Richtung aber Foerster, ZHR 176 (2012) 221, 224, der an anderer Stelle durchaus zwischen Beweis- und Sachnähe differenziert, dann aber den unausgeglichenen Verlust der Beweisnähe als Problem sieht, weil auch keine Sachnähe mehr bestehe.

841 Freilich bringt es die Sachnähe mit sich, dass der Sachkundige besser weiß, an welcher Stelle er in vorhandenem Beweismaterial nach exkulpierenden Umständen suchen muss. Dies bleibt aber gleichwohl Ausfluss seiner Sachnähe.

Teils wird auch vergleichend auf die verklagten Rechtsnachfolger des Vorstands abgestellt.[842] Aus dem Umstand, dass diese auch nach Ansicht der Rechtsprechung nicht beweisbelastet sind, weil sie völlig außerhalb des Geschehens stehen, wird gefolgert, dass dies auch für den Vorstand gelte.[843] Auch damit entsteht der Eindruck, dass die Kategorie fehlender Beweisnähe gemeint ist, denn Sachnähe im eigentlichen Sinn, also Sonderwissen, hatten die Rechtsnachfolger nie. Anders gesagt: Die Situation des ausgeschiedenen Vorstands ist hinsichtlich der Sachnähe mit derjenigen der Rechtsnachfolger nicht zu vergleichen.[844] Hinsichtlich der Beweisnähe ist sie eher vergleichbar, wenngleich beispielsweise Erben mangels Sachnähe auch bei bestehender Beweisnähe nicht wissen, wo sie suchen sollen.

Die Sachnähe wird – unabhängig vom Ausscheiden des Vorstands aus der Aktiengesellschaft – mit zunehmendem Zeitablauf nachlassen.[845] Denn auch der im Amt befindliche Vorstand ist laufend mit neuen Angelegenheiten beschäftigt und wird die Details eines potentiell haftungsbegründenden Sachverhalts dementsprechend nach und nach vergessen. Es macht keinen Unterschied, ob der Vorstand die Details des Sachverhalts im Amt oder im Ruhestand vergisst. Insoweit ist festzuhalten, dass das die Beweislastverteilung rechtfertigende Kriterium der Sachnähe bei Vorständen im Amt und bei ausgeschiedenen Vorständen gleichermaßen nachlässt.

Das Ausscheiden des Vorstands ist also nicht (alleine) ursächlich für den Verlust der Sachnähe. Damit fehlt der teleologischen Reduktion aber insoweit das legitimierende Element. Vielmehr ist im Zusammenspiel mit anderen Sachgründen nach sachgerechter Beweislastverteilung zu suchen.

Die Beweisnähe hingegen ist mit dem Ausscheiden nicht mehr gegeben. Dieser Verlust hat auch zur Folge, dass der Vorstand nicht mehr in der Lage ist, mittlerweile verlorene Sachnähe ohne weiteres wieder herzustellen. Auch dies rechtfertigt aber keine Gleichstellung mit Rechtsnachfolgern, weil dem Vorstand eine Wiederherstellung seiner Sachkenntnis viel leichter gelingen wird als den Rechtsnachfolgern die erstmalige Herstellung von Sachkenntnis.[846]

---

842 Eingehend insbes. Foerster, ZHR 176 (2012) 221, 244 f.

843 Foerster, ZHR 176 (2012) 221, 244 f.

844 A.A. Foerster, ZHR 176 (2012) 221, 244.

845 Ähnlich auch Bachmann, Gutachten E zum 70. DJT, S. 36 f., der jedoch auch darauf hinweist, dass jedenfalls Richter höherer Instanzen der mit zunehmendem Zeitablauf größer werdenden Beweisnot Rechnung zu tragen dürften.

846 Ähnlich Spindler, MüKoAktG, 4. Aufl. 2014, § 93 Rn. 188: „Denn auch ein ausgeschiedenes Vorstandsmitglied hat immer noch einen engeren Bezug zu den entscheidungserheblichen Beweggründen als die Gesellschaft ihn je haben wird."

d) Kontrollierbarkeit

Es stellt sich auch das rein praktische Problem, dass Unterlagen häufig nicht mehr gefunden werden können, wenn Einsichtsrechte geltend gemacht werden.[847] Das überrascht auch nicht, weil es überhaupt keine ausreichenden Anreizstrukturen gibt, ab dem Zeitpunkt des Kontrollübergangs (Ausscheiden des Vorstands) sorgfältig die Unterlagen zu hüten. Mangels zeitgleichen „Gefahrübergangs" – hier in Form der Beweisbelastung – wird auf die Unterlagen nicht sorgsam geachtet. Dem Vorstand hingegen wird es äußerst schwer fallen, ein solches Verhalten – gerade auch im Hinblick auf Beweiserleichterungen aufgrund Beweisvereitelung[848] – zu beweisen.[849]

Entsprechend dem oben Gesagten zur verhaltenssteuernden Wirkung von Beweisbelastungen spricht auch der Aspekt der Kontrollierbarkeit und der damit einhergehenden gerechten Risikoverteilung für eine Beweisbelastung der Gesellschaft ab dem Zeitpunkt des Kontrollübergangs.

e) Risikoverteilung und Disponibilität des Aktenherausgabeanspruchs

Das zur Kontrollierbarkeit Gesagte gilt umso mehr, wenn man bedenkt, dass der Herausgabeanspruch, der gewissermaßen die Ursache für die Beweisnot ausgeschiedener Vorstände ist, abbedungen bzw. modifiziert werden kann.[850] Meist wird der Herausgabeanspruch nur der Problemlösung zugrunde gelegt und dabei gewissermaßen ein zwingender Charakter angenommen.[851] Dass dem nicht so ist, wird sogleich zu zeigen sein. Kann nämlich der Herausgabeanspruch modifiziert werden, etwa indem vereinbart wird, dass der Vorstand Kopien der Unterlagen, die ihm auch während seiner Amtszeit zur Verfügung standen, anfertigen darf, so wirft dies die Frage nach der Rechtfertigung der Beweisbelastung des Vorstands auf, wenn ihm dieses Recht nicht zugestanden wird.

Dadurch, dass die Gesellschaft trotz der Zulässigkeit den Herausgabeanspruch nicht abbedingt bzw. modifiziert, zeigt sich nämlich, dass unter dem

---

847 Haas/Ziemons in Michalski, GmbHG, 2. Aufl. 2010, § 43 Rn. 256; die Grundsätze der Beweisvereitelung kommen deshalb noch nicht zum Tragen, weil der AG hierfür nachgewiesen werden müsste, dass sie dem Vorstand die Beweisführung durch Beseitigung von Akten schuldhaft unmöglich gemacht oder erschwert hat, vgl. Grooterhorst, AG 2011, 389, 391.

848 Zur Figur der Beweisvereitelung in diesem Zusammenhang Grooterhorst, AG 2008, 389, 391; allgemein etwa Prütting in MüKoZPO, 4. Aufl. 2013, § 286 Rn. 80 ff.

849 Grooterhorst, AG 2008, 389, 391.

850 Dazu auch Bachmann, Gutachten E zum 70. DJT, S. 37.

851 Etwa Grooterhorst, AG 2011, 389, 390; Foerster, ZHR 176 (2012) 221, 224.

Kontrollierbarkeitsaspekt die Beweisbelastung der Gesellschaft gerechtfertigt ist. Denn die Gesellschaft ist dann diejenige, die sich die alleinige Einflussnahmemöglichkeit auf die Beweismittel erhält, dem Vorstand also gerade nicht die Kontrolle der potentiellen Beweismittel einräumt.

i) Herausgabepflicht

Der BGH geht davon aus, dass die Frage der Pflicht zur Herausgabe von Geschäftsunterlagen durch ehemalige Vorstände und Geschäftsführer geklärt[852] ist und begründet die Herausgabepflicht mit dem Risiko, dass Gesellschaftsunterlagen in falsche Hände geraten könnten.[853] Auch die Pflicht zur Verschwiegenheit rechtfertige keine abweichende Bewertung.[854] In diesem Zusammenhang wird wegen der Stellung des Vorstands auch auf die §§ 665 ff. BGB rekurriert.[855]

Die Herausgabepflicht des Beauftragten nach Beendigung des Auftrags rechtfertigt sich aus der Fremdnützigkeit des Tätigwerdens des Beauftragten.[856] Erfasst werden neben Geldern auch Geschäftsunterlagen und Urkunden sowie weitere Gegenstände.[857] Denn der Beauftragte führt ein Geschäft des Auftraggebers, nicht ein eigenes.[858]

ii) Exkurs: Übertragbarkeit auf den Vorstand

Die Herausgabepflicht des Beauftragten nach BGB kann bereits nicht unbesehen in das Vorstandsrecht übernommen werden. Zwar ist der Vorstand nach dem Prinzip der Fremdorganschaft tätig. Die völlig andere Haftungsgefahr, der er ausgesetzt ist – nicht zuletzt aufgrund der anderen Beweislastverteilung als im Auftragsrecht[859] – steht aber einer unangepassten Übernahme der Herausgabepflicht entgegen.

Für die Frage der Pflichtwidrigkeit ist es – gerade wegen der Verfahrensbezogenheit der Pflichten – besonders bedeutend, was sich aus den Dokumentationen ergibt. Trotz der anders als im Auftragsrecht verteilten Beweislast nimmt

852 Das hierfür in BGH AG 2008, 743 herangezogene Urteil BGH WM 1963, 161 nimmt zur Frage der Legitimation eines Herausgabeanspruchs nicht Stellung.

853 BGH AG 2008, 743, 744.

854 BGH AG 2008, 743, 744.

855 Etwa Spindler in MüKoAktG, 4. Aufl. 2014, § 93 Rn. 188; für eine gesetzliche Klarstellung, dass kopie der Unterlagen bis zum Ablauf der Verjährungsfrist einbehalten werden dürfen Paefgen, AG 2014, 554, 566.

856 Etwa Mansel in Jauernig, BGB, 15. Aufl. 2014, § 667 Rn. 1.

857 Näher etwa Seiler in MüKoBGB, 6. Aufl. 2012, § 667 Rn. 4.

858 Seiler in MüKoBGB, 6. Aufl. 2012, § 667 Rn. 1.

859 Für den Rechtsanwalt etwa Heermann in MüKoBGB, 6. Aufl. 2012, § 675 Rn. 44.

man dem Vorstand durch die Herausgabepflicht also zusätzlich noch die Möglichkeit, den Beweis zu führen.

Das entspricht nicht dem Gebot der Waffengleichheit[860], sondern beruht auf einer Fehlbewertung der widerstreitenden Interessen. Das Gebot der Waffengleichheit gebietet es, dass die beweisrechtliche Lage ausgewogen ist.[861] Offensichtlich und selbstverständlich hat die Gesellschaft das Interesse, den Zugang Unbefugter zu den Unterlagen zu kontrollieren. Angesichts der bestehenden Geheimhaltungspflichten des Vorstands[862] ist dieses aber wenig gefährdet. Andererseits wird der Vorstand bei Beweisbelastung und Herausgabepflicht der Prozesssituation ausgeliefert, obwohl er im Vorhinein sich möglicherweise zum einen überhaupt nicht pflichtwidrig verhalten hat (genau das soll ja geklärt werden) und zum anderen sogar noch zur eigenen Absicherung seine Entscheidungen stets dokumentierte, was – wie gezeigt – sogar zur Verbesserung der Unternehmensführung beitrug. Die Dokumentation aber wird seiner Kontrolle entzogen unter Hinweis auf nicht überwiegende Gesellschaftsinteressen.

Die Herausgabepflicht wirkt damit in eine Richtung, die für eine Beweisbelastung der Gesellschaft spricht, entsprechend dem Angreiferprinzip, wonach grundsätzlich demjenigen, der materiell-rechtlich die Angreiferposition innehat, die Beweislast auferlegt wird.[863]

Auch die gesetzlich angeordnete und strafbewehrte Geheimhaltungspflicht des Vorstands gemäß §§ 93 Abs. 1 S. 3, 404 AktG spricht dafür, die Herausgabepflicht des Auftragsrechts des BGB nicht unbesehen auf den Vorstand anzuwenden.

Die Geheimhaltungspflicht stellt einen Regelungsrahmen und daraus resultierend eine Pflichtenbindung des ausscheidenden Vorstands her, angesichts derer eine Herausgabepflicht aller Unterlagen an die Gesellschaft nicht mit ihrem

---

860 Zur Maßgeblichkeit dieses Grundsatzes auch für die Beweislastverteilung vgl. E. Schmidt, JuS 2003, 1007, 1010. Zur Tauglichkeit als Sachgrund für die gesetzgeberische Entscheidung über die Verteilung der Beweislast vgl. Baumgärtel, Beweislastpraxis, 1996, Rn. 169.

861 BVerfG NJW 1979, 1925, 1926, einschränkend für die Reichweite von Folgerungen aber auf S. 1927; einschränkend bzgl. der Möglichkeit zur Ableitung gleichmäßiger Beweislastverteilung auch Baumgärtel, Beweislastpraxis, 1996, Rn. 166.

862 Vgl. dazu sogleich.

863 Vgl. dazu Baumgärtel, Beweislastpraxis, 1996, Rn. 164; E. Schmidt, JuS 2003, 1007, 1010.

Interesse an Kontrolle über die Unterlagen gerechtfertigt werden kann.[864] Die Gesellschaft muss also nicht fürchten, dass die Unterlagen „bei ausgeschiedenen Organmitgliedern verstreut bleiben und in unbefugte Hände geraten können“[865]. Es besteht ja gerade eine Pflichtenbindung, die ebendies verhindert.[866]

Darüber hinaus benötigt der Vorstand die Unterlagen für seine Verteidigung, wird sie also bereits deshalb nicht weggeben. Bei vergleichender Betrachtung dürfte es demnach weniger wahrscheinlich sein, dass die verteidigungsrelevanten Unterlagen beim Vorstand abhanden kommen, als bei der Gesellschaft, die bei Beweisbelastung des Vorstands gerade kein Interesse daran hat, die Unterlagen, die seiner Verteidigung dienen könnten, sorgfältig aufzubewahren.[867]

iii) Dispositivität

Die Herausgabepflicht des Vorstands kann individualvertraglich abbedungen werden.[868] Eine Modifikation bzw. Abschaffung scheitert nicht an § 23 Abs. 5 AktG, weil § 23 Abs. 5 AktG nur die Normen des AktG („dieses Gesetzes“) für zwingend erklärt. Die Pflicht zur Herausgabe wird auf § 667 BGB gestützt und beruht auf dem Anstellungsvertrag.[869] Im Bereich der Herausgabepflicht sind aber auch Konstellationen denkbar, bei denen auch die Treuepflicht des Vorstands eine Herausgabepflicht stützt. Dies betrifft aber nur Situationen, in denen die Erlangung des Herauszugebenden im Vorhinein treuwidrig war.[870] Für eine Herleitung der Herausgabepflicht aus Treuebindungen bleibt bei im ordnungsgemäßen

864 In diese Richtung auch Henze, Der Aufsichtsrat 2007, 81 für Aufsichtsratsmitglieder. Der BGH stellt in AG 2008, 743, 744, die Herausgabepflicht von Aufsichtsratsmitgliedern betreffend, darauf ab, dass auch Vorstände trotz Schweigepflicht herausgabepflichtig sind, ohne indes weiter auf das Zusammenspiel mit der Schweigepflicht einzugehen.

865 BGH AG 2008, 743, 744.

866 In diese Richtung auch Bachmann, Gutachten E zum 70. DJT, S. 37.

867 Als endgültigen Rückgabezeitpunkt ist mit Henze, Der Aufsichtsrat 2007, 81 (für Aufsichtsräte) der Ablauf der Verjährungsfrist zu befürworten.

868 Zu den rechtlichen Herausforderungen und deshalb zweifelnd Deilmann/Otte, BB 2011, 1291, 1294.

869 Von einem anstellungsvertraglichen Charakter geht die h.M. aus, vgl. etwa Spindler in MüKoAktG, 3. Aufl. 2008, § 84 Rn. 181; Weber in Hölters, AktG, 2. Aufl. 2014, § 84 Rn. 55.

870 Zur Herausgabe von Schmiergeldern etwa OLG Düsseldorf WM 2000, 1393; zur Treuwidrigkeit der Vorteilsannahme etwa Fleischer in Fleischer, Hdb. des Vorstandsrechts, 2006, S. 302.

Geschäftsgang erlangten Dokumenten hingegen kein Raum.[871] Im Gegenteil: Es ergibt sich bei Abbedingung der Herausgabepflicht im Nachhinein aus der Treuebindung eine besondere Aufbewahrungspflicht sowie die – in § 93 Abs. 1 S. 3 AktG gesetzlich positivierte – nachwirkende Schweigepflicht.

Vorbehaltlich spezialgesetzlicher Vorlage- bzw. Herausgabepflichten ist die Herausgabepflicht also dispositiv.

iv) Zusammenfassung

Die Dispositivität des Herausgabeanspruchs wurde aufgezeigt, um diese Ursache des Risikos, das aus der Beweislastverteilung resultiert, in die Kriterien einer sachgerechten Beweislastverteilung einbringen zu können. Es ist zulässig, den Herausgabeanspruch zu modifizieren und dadurch das Risiko der Beweisbelastung zu verringern. Freilich ist es Sache der Beteiligten, ob sie sich für eine derartige Regelung entscheiden. In dieser Entscheidung manifestiert sich aber das für die Beweislastverteilung erhebliche Kriterium der Kontrollierbarkeit.

f) Zusammenfassende Schlussfolgerungen zu den Kriterien der Beweislastverteilung

Die Beweisbelastung des Vorstands ist eine Entscheidung darüber, welche Rechtsfolge eintritt, wenn es zu einem *non liquet* kommt. Die Vorstandshaftung ist nach der derzeitigen Ausgestaltung zumindest im Fall des *non liquet* eine Erfolgshaftung.[872]

Ein gerade bei der Vorstandshaftung nicht zu vernachlässigender Aspekt der Beweisbelastung ist ihre verhaltensbeeinflussende Wirkung. Es hat sich gezeigt, dass die Beweisbelastung des Vorstands einen erheblichen, positiven Beitrag zur sorgfältigen Unternehmensführung leistet. Deshalb ist sie für die Zeit, in der der Vorstand noch im Amt ist, zu begrüßen.[873]

Mit der sorgfaltserhöhenden Wirkung wirkt die Beweisbelastung des Vorstands in dieselbe Richtung wie die Haftungsandrohung. Sie ist auch deshalb für die Dauer der Amtszeit zu befürworten.

---

871 Auch Fleischer in Spindler/Stilz, AktG, 2. Aufl. 2010, § 84 Rn. 82. Für eine klare Trennung der zwei Ebenen (Anstellungsverhältnis und Organverhältnis) sowie Zurückhaltung in der Begründung typischerweise vertraglicher Pflichten unter Berufung auf Treuebindungen auch Koch in Hüffer, AktG, 11. Aufl. 2014, § 84 Rn. 10.

872 Foerster, ZHR 176 (2012) 221, 226 Fn. 21.

873 Zweifelnd an der generellen Rechtfertigung demgegenüber Foerster, ZHR 176 (2012) 221, 226 Fn. 21.

Diese rechtfertigenden Kriterien entfallen aber mit dem Ausscheiden des Vorstands aus dem Amt. Ab diesem Zeitpunkt ist er nicht mehr zur Sorgfalt verpflichtet, weil er das Unternehmen nicht mehr führt. Die Risikozuweisung wird also nicht mehr getragen von positiven Effekten der Beweisbelastung sondern stellt nunmehr – im Fall des *non liquet* – eine Verfehlung des gesetzgeberischen Ziels, keine Erfolgshaftung zu etablieren, dar.

Zwar geht mit dem Ausscheiden zunächst nur ein Verlust der Beweisnähe einher. Der Verlust der Sachnähe beruht nicht auf dem Ausscheiden, sondern kann sich – mit zunehmendem Zeitablauf – beim Vorstand auch im Laufe der Amtszeit ergeben. Einzuräumen ist gleichwohl, dass nur der Vorstand, der noch Zugriff zu Beweisen hat, sich wieder sachkundig machen kann. Das die Beweisbelastung des Vorstands rechtfertigende Argument, dass die Beweisführung dem Vorstand leichter fällt, entfällt also in der Regel auch nach dieser Sicht.

Die Kontrollierbarkeit existierender Beweismittel ist ein Kriterium, welches in Kombination mit dem Aspekt der Verhaltenssteuerung belegt, dass ein Auseinanderfallen von Beweisbelastung und Kontrolle über die Beweismittel hier nicht zu rechtfertigen ist. Zu hoch sind die Anforderungen etwa für die Grundsätze der Beweisvereitelung. Dies gilt gerade auch, weil die Gesellschaft die Möglichkeit hätte, dem Vorstand das Recht einzuräumen, Kopien der Dokumentationen anzufertigen und ihm damit die Kontrolle zumindest teilweise zu ermöglichen.

Damit ergibt sich folgendes Bild: Hinsichtlich der Pflichtwidrigkeit ist die Beweisbelastung des Vorstands für die Dauer seiner Amtszeit gerechtfertigt. Danach versagen gewichtige Gründe der Legitimation. Hinsichtlich des Verschuldens handelt es sich um ein höchst subjektives Element, bezüglich dessen die Beweisbelastung des Vorstands zu jedem Zeitpunkt nur sachgerecht ist.[874]

IV. Zusammenfassung und Ergebnis

Nach der Gesetzeslage muss die Gesellschaft, um den Vorstand in die Haftung zu nehmen, nur darlegen und beweisen, dass der Vorstand durch ein möglicherweise pflichtwidriges Verhalten bei der Gesellschaft einen Schaden verursacht hat. Es ist sodann am Vorstand, dazulegen und zu beweisen, dass er keine Pflicht verletzt hat oder dass ihn kein Verschulden trifft. Gelingt ihm dieser Nachweis nicht, so trifft ihn die Haftung in vollem Umfang. Diese von der Normalsituation sowohl vertraglicher als (erst recht) auch deliktischer Haftung abweichende Beweislastverteilung lässt sich für den im Amt befindlichen Vorstand aufgrund

874 Foerster, ZHR 176 (2012) 221, 247 f.

einer Reihe von Sachgründen rechtfertigen. Diese Sachgründe stützen aber die Beweisbelastung nicht mehr, sobald der Vorstand ausgeschieden ist.

Deshalb ist die Beweislast bezüglich der objektiven Pflichtwidrigkeit beim ausgeschiedenen Vorstand der Gesellschaft im Wege der teleologischen Reduktion aufzuerlegen.[875] Nach dem eben Gesagten kann es bei der Beweisbelastung des Vorstands aber dann bleiben, wenn die Herausgabepflicht des Vorstands abbedungen wurde.

E. Schiedsvereinbarungen

Auch hinsichtlich der Art der Rechtsdurchsetzung stellt sich die Frage, inwieweit die Gesellschaft mit dem Vorstand Vereinbarungen treffen kann. Gerne gewählt wird die Vereinbarung, dass entstehende Streitigkeiten vor einem Schiedsgericht ausgetragen werden sollen. Denn die Gesellschaft und auch der Vorstand können ein nicht unerhebliches Interesse daran haben, den Tatsachenstoff in einem nicht öffentlichen Prozess aufzuarbeiten. Auf beiden Seiten wird es um die Befürchtung eines Ansehensverlustes gehen. Für die Gesellschaft stehen aber unter Umständen auch Geschäftsgeheimnisse oder brisante Interna auf dem Spiel.

Vor diesem Hintergrund ist fraglich, ob in einem Individualvertrag zwischen der Aktiengesellschaft und dem Vorstand vereinbart werden kann, dass die Haftungsforderung aus § 93 Abs. 2 AktG gegen den Vorstand nur vor einem Schiedsgericht geltend gemacht werden kann. Im Anschluss daran wird zu untersuchen sein, ob auch die Möglichkeit besteht, die Schiedsvereinbarung in der Satzung der AG zu treffen.

I. Das Schiedsverfahren als Mittel der Streitbeilegung

Zunächst soll geklärt werden, was das Schiedsverfahren ausmacht und inwiefern es sich von dem Verfahren vor den ordentlichen Gerichten unterscheidet.

Das Verfahren vor Schiedsgerichten ist alternativ zu dem Verfahren vor den ordentlichen Gerichten. Es beruht auf einer privatautonomen Entscheidung der Parteien. Diese Entscheidung beinhaltet die Abrede der Parteien, „alle oder einzelne Streitigkeiten, die zwischen ihnen in Bezug auf ein bestimmtes Rechtsverhältnis vertraglicher oder nichtvertraglicher Art entstanden sind oder künftig entstehen, der Entscheidung durch ein Schiedsgericht zu unterwerfen", § 1029 Abs. 1 a.E. ZPO. Die staatliche Gerichtsbarkeit wird durch die Abrede

875 Im Ergebnis ist also der unter 5. Teil.D.II.2.b) dargestellten Meinung beizupflichten.

also substituiert zugunsten der abschließenden[876] Entscheidungsbefugnis eines privaten Gerichts.[877] Staatliche Gerichte dürfen nur tätig werden, wenn dies im 10. Buch der ZPO vorgesehen ist, § 1026 ZPO. Die Wirkung der Schiedsgerichtsentscheidung selbst steht dann der Wirkung eines rechtskräftigen Urteils eines staatlichen Gerichts in nichts nach, § 1055 ZPO.

Die Substitution der staatlichen Gerichtsbarkeit wirkt sich insbesondere dahingehend aus, dass bei bestehender wirksamer Schiedsabrede der vor einem ordentlichen Gericht Beklagte gemäß § 1032 Abs. 1 ZPO die Einrede der Schiedsgerichtsbarkeit erheben kann, mit der Folge, dass die Klage vor dem ordentlichen Gericht wegen Unzulässigkeit abgewiesen wird. Die Schiedsabrede entfaltet also Sperrwirkung.[878]

Der Umstand, dass die Zuweisung zu den Schiedsgerichten der Disposition der Parteien unterliegt, bringt es mit sich, dass die Parteien auch in weiten Teilen bestimmen können, wie das Verfahren ablaufen soll, vgl. § 1042 Abs. 3 ZPO.

II. Die Rolle der Schiedsinstitutionen

Es gibt zwei Arten von Schiedsgerichten. Unterschieden wird zwischen ad-hoc-Schiedsgerichten und institutionellen Schiedsgerichten.[879] Letztere sind dauerhaft errichtete, bei einzelnen Schiedsinstitutionen verankerte Gerichte.[880] Demgegenüber werden ad-hoc-Schiedsgerichte beim Auftreten des Streits für den Einzelfall gebildet.[881] Institutionelle Schiedsgerichte haben den Vorteil, dass sie neben einer etablierten Logistik auch für Qualität und Kontinuität stehen.[882] Im Rahmen der Bestimmung, wie das Verfahren ablaufen soll, kann auch auf eine Verfahrensordnung der Institutionen Bezug genommen werden, § 1042 Abs. 3 a.E. ZPO.[883] Diese Verfahrensordnungen treffen dann nähere Bestimmungen

876 An dieser Stelle grenzt sich das Schiedsverfahren vom Schiedsgutachterverfahren ab, vgl. hierzu auch Kreindler/Rust in Beck'sches RA-Hdb., 10. Aufl. 2011, Teil A § 7 Rn. 73 ff.

877 Münch in MüKoZPO, 4. Aufl. 2013, Vorb. §§ 1025 ff. Rn. 2; Musielak in Musielak, ZPO, 11. Aufl. 2014, Einl. Rn. 24.

878 Münch in MüKoZPO, 4. Aufl. 2013, Vorb. §§ 1025 ff. Rn. 3.

879 Wolf/Eslami in Beck'scher OK ZPO, Stand 01.01.2015, § 1025 Rn. 10.

880 Münch in MüKoZPO, 4. Aufl. 2013, Vorb. §§ 1025 ff. Rn. 12.

881 Münch in MüKoZPO, 4. Aufl. 2013, Vorb. §§ 1025 ff. Rn. 11; Wolf/Eslami in Beck'scher OK ZPO, Stand 01.01.2015, § 1025 Rn. 10.

882 Münch in MüKoZPO, 4. Aufl. 2013, Vorb. §§ 1025 ff. Rn. 12.

883 Dazu Wolf/Eslami in Beck'scher OK ZPO, Stand 01.01.2015, § 1025 Rn. 11.

etwa zur Zustellung und der Auswahl der Schiedsrichter und bieten Mustervereinbarungen zur Bestellung des Schiedsgerichts.[884]

III. Vor- und Nachteile schiedsgerichtlicher Streitbeilegung

Fraglich ist, welche Vor- und Nachteile die Streitbeilegung vor einem Schiedsgericht im Vergleich zur Streitbeilegung vor ordentlichen Gerichten hat.

1. Vorteile schiedsgerichtlicher Streitbeilegung

a) Schnelligkeit

Einer der gewichtigsten Vorteile ist die Schnelligkeit des Verfahrens.[885] Häufig haben die Parteien ein großes Interesse daran, schnell Rechtsklarheit zu bekommen. Die Schnelligkeit hängt mit dem bereits an sich schnelleren Procedere der Institutionen zusammen.[886] Sie beruht aber auch wesentlich darauf, dass ein Instanzenzug grundsätzlich nicht vorgesehen ist.[887]

b) Vertraulichkeit, Nichtöffentlichkeit

Ein gewichtiges Argument ist auch, dass das schiedsgerichtliche Verfahren nicht öffentlich geführt werden muss. Darin wird häufig ein großer Vorteil gesehen.[888] Denn gerade im Bereich der Wirtschaftsstreitigkeiten besteht häufig ein großes Bedürfnis nach Vertraulichkeit.[889] Geschäftsgeheimnisse oder Vorgänge, die der Wahrnehmung eines Unternehmens oder einzelner Beteiligter in der Öffentlichkeit schaden könnten, bleiben im vertrauten Kreis, weil die Beteiligten (teils bereits durch die Schiedsverfahrensordnung[890] der jeweiligen Institution) zur Verschwiegenheit verpflichtet werden.[891]

---

884 Kreindler/Rust in Beck'sches RA-Hdb., 10. Aufl. 2011, Teil A § 7 Rn. 51 f.

885 Borris, NZG 2010, 481; Umbeck, SchiedsVZ 2009, 143, 144.

886 Vgl. zur Wichtigkeit der Schnelligkeit des Verfahrens als Anreiz für die Wahl der Schiedsgerichtsbarkeit und die hierfür zu bewältigenden Probleme umfassend Semler, SchiedsVZ 2009, 149.

887 Riegger/Wilske, ZGR 39 (2010) 733, 736; Kreindler/Rust in Beck'sches RA-Hdb., 10. Aufl. 2011, Teil A § 7 Rn. 27.

888 Hirsch, SchiedsVZ 2003, 49, 50; Riegger/Wilske, ZGR 39 (2010) 733, 736.

889 Borris, NZG 2010, 481; Kreindler/Rust in Beck'sches RA-Hdb., 10. Aufl. 2011, Teil A § 7 Rn. 29.

890 Vgl. etwa § 43. 1 DIS-Sch-O.

891 Kreindler/Rust in Beck'sches RA-Hdb., 10. Aufl. 2011, Teil A § 7 Rn. 28.

c) Expertise der Schiedsrichter

Weiterer Vorzug ist die Sachnähe und damit einhergehende Expertise der Schiedsrichter. Gemäß § 2.1 DIS-SchO etwa sind die Parteien bei der Auswahl der Schiedsrichter frei. Aus § 2.2 DIS-SchO folgt, dass als Richter nicht einmal ein Jurist benannt werden muss. Gerade bei komplexer Fachmaterie besteht daher oft der Wunsch, einen Spezialisten des Fachs als Richter zu benennen.[892] Aber auch unter den Juristen ist – gerade in gesellschaftsrechtlichen Fragen, die stets Verknüpfungen zu einer Vielzahl von anderen wirtschaftsrechtlichen Fragen sowie wirtschaftlichen Komplexen selbst beinhalten – höchste Kompetenz gefragt.[893] Die größere Sachnähe trägt auch dazu bei, dass das Verfahren zusätzlich beschleunigt wird, weil ein sachkundiger Schiedsrichter die Einholung von zeitaufwändigen Sachverständigengutachten, auf die er bei Fehlen eigener Expertise angewiesen wäre, obsolet macht.[894]

d) Kosten

Als weiterer Vorteil wird genannt, dass das schiedsgerichtliche Verfahren möglicherweise geringere Kosten verursache.[895] Das ist dann richtig, wenn hohe Streitwerte im Raum sind.[896] Der Kostenvorteil ergibt sich nicht bei geringeren Streitwerten und beruht nicht zuletzt auf dem Fehlen eines Instanzenzuges sowie dem Ausbleiben von Vollstreckungskosten, da Schiedssprüche in der Regel freiwillig befolgt werden.[897] Gerade letzteres Argument ist indes wenig überzeugend, denn eine Parallelbetrachtung desselben Rechtsstreits mit also auch denselben Parteien vor einem staatlichen Gericht ist nicht möglich. Insofern bleibt offen, ob dieselben Parteien nicht aufgrund des Urteils eines ordentlichen Gerichts ebenfalls keine Vollstreckung benötigt hätten.

e) Flexibilität

Weiterhin ist noch das höhere Maß an Flexibilität, das das Schiedsverfahren bringt, als Vorteil zu nennen.[898] Damit können die Parteien das Verfahren ihren

892 Münch in MüKo ZPO, 3. Aufl. 2008, Vorb. §§ 1025 ff. Rn. 55; Hirsch, SchiedsVZ 2003, 49, 50; Kreindler/Rust in Beck'sches RA-Hdb., 10. Aufl. 2011, Teil A § 7 Rn. 26.

893 Westermann, FS Robert Fischer, 1979, S. 853, 856 f.

894 Münch in MüKoZPO, 4. Aufl. 2013, Vorb. §§ 1025 ff. Rn. 68.

895 Schwab/Walter, Schiedsgerichtsbarkeit, 7. Aufl. 2005, Teil 1, Kap. 1 II 2 e).

896 Kreindler/Rust in Beck'sches RA-Hdb., 10. Aufl. 2011, Teil A § 7 Rn. 30, Münch in MüKoZPO, 4. Aufl. 2013, Vorb. §§ 1025 ff. Rn. 67; Lachmann, Hdb. für die Schiedsgerichtspraxis, 3. Aufl. 2008, Rn. 163.

897 Münch in MüKoZPO, 4. Aufl. 2013, Vorb. §§ 1025 ff. Rn. 67.

898 Münch in MüKoZPO, 4. Aufl. 2013, Vorb. §§ 1025 ff. Rn. 73 ff.; Borris, NZG 2010, 481.

Bedürfnissen anpassen. Sie können etwa Vereinbarungen über die Verfahrenssprache oder die Beweisführungsmöglichkeiten[899] treffen, §§ 1045 Abs. 1, 1049 Abs. 1 ZPO.

f) Nachhaltigkeit der Streitbeilegung

Letztlich bietet das Schiedsverfahren häufig die Möglichkeit, den Streit etwas umfassender und auch auf seine nicht unmittelbar entscheidungsrelevanten Tatsachen hin zu beleuchten.[900] Auf diese Weise können zukünftige Streitigkeiten eher vermieden und ein produktives Umfeld wieder hergestellt werden, was gerade im Bereich des Gesellschaftsrechts nicht unbedeutend ist.[901] Dazu dürfte auch die Vertraulichkeit des Verfahren in nicht unerheblichem Maße beitragen. Es können auf diese Weise nämlich Umstände besprochen und aufgearbeitet werden, die in einem öffentlich geführten Verfahren nie zur Sprache kämen. Diese Umstände dürften es aber häufig sein, die zur Erreichung einer endgültigen[902] Klärung des Streits besprochen werden müssen.[903]

2. Nachteile schiedsgerichtlicher Streitbeilegung

Der Übertragung der Streitigkeit an ein Schiedsgericht könnten aber auch Nachteile des Schiedsverfahrens entgegenstehen.

a) Fehlen von Rechtsmitteln

Der Umstand, dass es keine Rechtsmittel gibt, kann auch einen Nachteil darstellen. So kann der Wunsch auftreten, das Urteil überprüfen zu lassen, wenn der Eindruck besteht, dass das Urteil fehlerhaft zu Lasten der eigenen Partei ergangen ist. Die Kontrolle eines schiedsgerichtlichen Urteils durch staatliche Gerichte beschränkt sich indes auf massive Fehler, vgl. § 1059 Abs. 2 ZPO.

Ein in diesem Zusammenhang zu nennender Nachteil ist der Umstand, dass Parteien versuchen, trotz der nur sehr eingeschränkten Kontrolldichte der

---

899 Vgl. hierzu Kreindler/Rust, Beck'sches RA-Hdb. 10. Aufl. 2011, Teil A § 7 Rn. 41.

900 Westermann, FS Robert Fischer, 1979, S. 853, 858 f.

901 Westermann, FS Robert Fischer, 1979, S. 853, 858 f.; zum generell besseren Umfeld für Einigungen und dem Hintergrund Lachmann, Hdb. der Schiedsgerichtspraxis, 3. Aufl. 2008, Rn. 167 ff.

902 Die zugrundeliegenden Rechtsverhältnisse sind i.d.R. auf längere Zeit angelegt, vgl. G. Roth, FS Nagel, 1987, S. 318 und dort Fn. 2.

903 Westermann, FS Robert Fischer, 1979, S. 853, 859 Fn. 12 weist aber darauf hin, dass die Wirtschaftpresse trotz Vertraulichkeit häufig an Informationen betreffend das Verfahren gelangt.

staatlichen Gerichte unliebsame Schiedssprüche unter Berufung auf § 1059 Abs. 2 ZPO zu Fall zu bringen. Dadurch büßt das Verfahren wiederum seinen Geschwindigkeitsvorteil gegenüber staatlichem Rechtsschutz ein.

b) Neutralität der Schiedsrichter

Wird vereinbart, dass jede Partei einen Schiedsrichter benennen darf,[904] so soll hinsichtlich der benannten Schiedsrichter teils das Problem bestehen, dass sie für ihre eigene Partei eingestimmt sind.[905] Das soll mitunter dazu führen, dass das Gericht als Entscheidungsgremium seine Handlungsfähigkeit zumindest teilweise einbüßt.[906] Dies wird indes stark vom Selbstverständnis der Schiedsrichter und dem Gebaren der Parteien abhängen.[907] Die meisten Schiedsrichter werden erkennen, dass ihnen bei langfristiger Betrachtung die Wiederbestellung als Schiedsrichter am ehesten gesichert ist durch ein hohes Maß an Sachkunde und -verstand, gepaart mit Neutralität gegenüber den Parteien.

c) Prozesstaktische Erwägungen

Auch prozesstaktische Erwägungen können für das Belassen der Streitigkeit bei den staatlichen Gerichten sprechen. So besteht – weil das Schiedsverfahren ja nur aufgrund der Privatautonomie der beteiligten Parteien gewählt werden kann – nicht die Möglichkeit, außerhalb des Prozesses stehende Dritte einzubeziehen, wie dies etwa bei der Streitverkündung gemäß § 72 ZPO der Fall ist.[908] Umgekehrt besteht aber schon wegen der fehlenden Öffentlichkeit weniger Gefahr, einer störenden Hauptintervention gemäß § 64 ZPO ausgesetzt zu sein.

d) Das Fehlen von Präjudizien

Ein denkbarer Nachteil ist auch das Fehlen von Präjudizien und damit einhergehend möglicherweise eine höhere Rechtsunsicherheit.[909] Aufgrund der Tatsache, dass Schiedssprüche nur im Einvernehmen der Parteien veröffentlicht werden, ist es möglicherweise schwieriger, Tendenzen zur Bewertung der eigenen Erfolgsaussichten auszumachen. Auch die Kautelarjurisprudenz wird in der

---

904 Die beiden Schiedsrichter bestellen dann den Vorsitzenden, § 1035 Abs. 3 S. 2 ZPO.

905 Schwab/Walter, Schiedsgerichtsbarkeit, 7. Aufl. 2005, Teil 1, Kap. 1 II 3.

906 Münch in MüKoZPO, 4. Aufl. 2013, Vorb. §§ 1025 ff. Rn. 68 ff.

907 Westermann, FS Robert Fischer, 1979, S. 853, 858.

908 Kreindler/Rust in Beck'sches RA-Hdb., 10. Aufl. 2011, Teil A § 7 Rn. 45; Müller/Keilmann, SchiedsVZ 2007, 113, 119.

909 Münch in MüKoZPO, 4. Aufl. 2013, Vorb. §§ 1025 ff. Rn. 72; Lachmann, Hdb. der Schiedsgerichtspraxis, 3. Aufl. 2008, Rn. 170 ff.

vorsichtigen Beratung größere Unwägbarkeiten sehen. Dem ist aber entgegenzuhalten, dass Schiedsgerichte bei Rechtsfragen, die vor staatlichen Gerichten geklärt sind, kaum diametral anders entscheiden werden, da sie damit in gewisser Hinsicht ihre Glaubwürdigkeit verlören. Insoweit wird auch der Vortrag, die Frage sei schon in eine bestimmte Richtung vor staatlichen Gerichten judiziert, nicht ungehört bleiben.

3. *Zusammenfassung*

Es kann nicht kategorial beantwortet werden, für welche Situationen das schiedsgerichtliche Verfahren dem vor den ordentlichen Gerichten überlegen ist. Gerade im Bereich des Wirtschaftsrechts, in dem Fragen wie Prozesskostenhilfe, die bei staatlichen Gerichten gewährt werden kann, keine oder nur eine untergeordnete Rolle spielen, stellt das Schiedsverfahren eine attraktive Alternative zur ordentlichen Gerichtsbarkeit dar. Neben den anderen genannten Vorteilen ist einer der wichtigsten Aspekte dabei die Vertraulichkeit des Verfahrens.

IV. Neuregelung des Schiedsverfahrensrechts

Das Schiedsverfahrensrecht der ZPO wurde 1998 reformiert. Ziel war es, das noch aus dem 19. Jahrhundert stammende Recht den aktuellen Erfordernissen anzupassen, um Deutschland wieder zu einem attraktiven Austragungsort für auch internationale Schiedsstreitigkeiten zu machen.[910] Die Reform hatte dabei auch zum Ziel, die staatliche Justiz zu entlasten, indem das Schiedsverfahren von seinen unattraktiven Aspekten befreit wurde.[911] Dazu zählte insbesondere, dass Schiedssprüche nicht mehr durch eine Reihe von Rechtsbehelfen angreifbar sein sollten, weil gerade diese Möglichkeit erhebliche Geschwindigkeitseinbußen bedeutete.[912]

V. Die Gleichwertigkeit von Schiedsverfahren und staatlichem Gerichtsverfahren

Im Zuge der Reform wurde auch nochmals herausgestellt, dass das Schiedsverfahren einen dem staatlichen Gerichtsverfahren gleichwertigen Rechtsschutz bietet, es also ein dem staatlichen Verfahren insgesamt gleichwertiges Verfahren ist.[913]

910 BT-Drucks. 13/5273, S. 1, 23.
911 BT-Drucks. 13/5273, S. 22.
912 BT-Drucks. 13/5273, S. 22.
913 Vgl. insbesondere BT-Drucks. 13/5273, S. 34.

VI. Das Schiedsverfahren und die Schutzzwecke der Organhaftung

Fraglich ist, ob die Schutzzwecke der Organhaftung dem Abschluss einer Schiedsvereinbarung entgegenstehen. Im Rahmen der Analyse der Funktionen der Organhaftung haben sich nämlich Aspekte aufgetan, die teilweise auch bei den Argumenten für und wider eine Schiedsvereinbarung auftauchen. Zu denken ist hier etwa an die Kriterien der Öffentlichkeit des Verfahrens und die Schnelligkeit des Verfahrens.

1. *Kompensation*

Fraglich ist, ob der Kompensationszweck der Haftung aus § 93 Abs. 2 AktG durch den Abschluss einer Schiedsvereinbarung berührt wird.

Das ist nicht der Fall. Im Gegenteil geht die Beilegung des Streits vor einem Schiedsgericht häufig deutlich schneller von statten. Dadurch ist nicht nur gewährleistet, dass der Gesellschaft potentiell geschuldete Gelder schneller zufließen und sie damit schneller wieder disponieren kann. Sollte sich die Vermögenssituation des Vorstands nach seinem Ausscheiden in Ermangelung einer (ebenso) einträglichen Anschlusstätigkeit verschlechtern, steht zu einem früheren Zeitpunkt auch noch eine größere Haftungsmasse zur Verfügung.

In vielen Fällen wird dabei bereits der Schiedsspruch als solcher genügen um den Vorstand zur Leistung zu bewegen, sodass eine – wiederum verzögernde – Vollstreckbarkerklärung nach § 1060 ZPO obsolet ist.[914] Sollte diese dennoch erforderlich sein, so dürfte das Schiedsverfahren in vielen Fällen wegen der Vielzahl der Rechtsbehelfe im Prozess vor staatlichen Gerichten gleichwohl schneller sein.[915]

Die Schnelligkeit des Verfahrens bringt also auch eine Erhöhung der Planungssicherheit mit sich.

Überdies sind die mittelbaren Schadensfolgen bei schnellerer Erledigung deutlich geringer. Das beginnt damit, dass der Aufsichtsrat sich weniger häufig mit dem Thema beschäftigen muss, die Reputation der Gesellschaft schneller wieder hergestellt werden kann.[916] Weiterhin ist zu bedenken, dass die Gesellschaft im Regelfall die Kosten ihrer Rechtsanwälte (weitgehend) selbst

914 Dies wiederum deshalb, weil die Vertraulichkeit im Verfahren nach § 1060 ZPO nicht gewährleistet ist.

915 Vgl. dazu auch Peltzer, NZG 2009, 970, 974.

916 Peltzer, NZG 2009, 970, 974.

tragen muss. Trotz Anlehnung an die gesetzlichen Kostenerstattungsregeln[917] werden die Erstattungsansprüche gegen den unterlegenen Gegner häufig nicht die gesamten Honorarforderungen hochqualifizierter Berater decken.[918] Bei hohen Haftungssummen besteht zusätzlich die Gefahr, dass die Gesellschaft ohnehin nicht die gesamte Forderung beitreiben kann, weil die Haftungsmasse beschränkt ist. Gerade bei der Vereinbarung stundenbasierter Abrechnung besteht also ein großes Interesse an einem schnellen Verfahren, welches gleichwohl alle relevanten Fragen umfassend und sachkundig klärt. Auch die gerade bei hohen Streitwerten im Vergleich zum staatlichen Gericht geringeren Verfahrenskosten des Schiedsgerichts können unter Kompensationsgesichtspunkten für das Schiedsverfahren sprechen. Insgesamt sprechen also Kompensationsgesichtspunkte der Organhaftung nicht gegen den Abschluss einer Schiedsvereinbarung.

2. *Prävention*

Fraglich ist, wie sich eine Schiedsvereinbarung zum Präventionszweck der Haftung nach § 93 Abs. 2 AktG verhält.

a) Interessenlage

Die Entscheidung durch ein Schiedsgericht könnte die Präventionswirkung, die von der vermögensmäßigen Haftung ausgeht, schärfen. Denn die Aussicht auf eine schnelle Entscheidung durch ein Schiedsgericht lässt die Haftungsandrohung eventuell unmittelbarer erscheinen. Zusätzlich kann die möglicherweise sachnähere Bewertung des Falles durch Schiedsrichter dem Vorstand die Möglichkeit versperren, sich unter Berufung auf Praktiken, die dem ordentlichen Richter zumindest nicht abwegig erscheinen, zu entlasten. Die Sachnähe könnte also dazu beitragen, dass die Möglichkeiten, wieder aus der Haftung „herauszukommen", von vornherein geringer sind. Das hätte disziplinierende Wirkung.

Die fehlende Öffentlichkeit der Verhandlung und Entscheidung des Schiedsgerichts könnte aber die präventive Wirkung, die von einem potentiellen Haftungsfall ausgeht, auch konterkarieren. Mangels öffentlicher Verhandlung und

---

917 Zur grundsätzlichen Anwendbarkeit Lachmann, Hdb. der Schiedsgerichtspraxis, 3. Aufl. 2008, Rn. 1944 ff.

918 Nur die Kosten eines Verfahrensbevollmächtigten sind erstattungsfähig, Lachmann, Hdb. der Schiedsgerichtspraxis, 3. Aufl. 2008, Rn. 1945.

Entscheidung des Falles funktioniert nämlich möglicherweise die Arbeitsmarktsteuerung nicht. Der Vorstand muss nicht fürchten, dass mit seiner Person ein Haftungsfall verknüpft wird, der bei zukünftigen Bewerbungs- und oder Gehaltsverhandlungen thematisiert werden könnte. Insofern wird er *ex ante* vielleicht weniger umsichtig mit Risiken umgehen.

Für die Thematik, wie intensiv die Haftungsandrohung präventive Wirkungen entfalten kann, ist zwischen der Frage, ob der Vorstand in die Haftung genommen wird, und der Frage, wie er in die Haftung genommen wird, zu unterscheiden. Beide Fragen werden prinzipiell vom Aufsichtsrat als dem Kontrollgremium der Gesellschaft entschieden.[919] Nur wenn der Aufsichtsrat auch generell dazu bereit ist, den Vorstand überhaupt („ob") in Anspruch zu nehmen, kann die Haftungsandrohung ihre Wirkungen entfalten. Der Aufsichtsrat muss dafür eine eigenständige Entscheidung treffen. Bei dieser Entscheidung muss er sich von gewissen Kriterien leiten lassen.[920] Im Folgenden soll untersucht werden, ob das Vorhandensein einer Schiedsvereinbarung im Haftungsfall die Entscheidung des Aufsichtsrats beeinflussen könnte, sie also anders ausfiele, wenn der Streit vor staatlichen Gerichten zu entscheiden wäre.

b) Prävention und die Grundsätze der ARAG/Garmenbeck- Entscheidung

In dem grundlegenden Fall ARAG/Garmenbeck[921] ging es um die Frage, wann der Aufsichtsrat verpflichtet ist, potentielle Haftungsansprüche gegen den Vorstand geltend zu machen und welche Situationen bzw. Interessenlagen Ausnahmen hiervon bedingen können.[922]

Das Urteil stellt klar, dass der Aufsichtsrat grundsätzlich verpflichtet ist, Ansprüche gegen den Vorstand geltend zu machen.[923] Dafür muss zunächst der die Haftungspflicht begründende Tatbestand durch den Aufsichtsrat festgestellt werden.[924] Sodann muss eine Analyse erfolgen, wie das Prozessrisiko und die

---

919 Fleischer in Handbuch des Vorstandsrechts, 2006, S. 363.

920 Vgl. dazu sogleich.

921 BGHZ 135, 244; Koch, NZG 2014, 934 bescheinigt der dem Urteil vielfach entnommenen Verfolgungspflicht des Aufsichtrates eine „schleichende Erosion"; dem tritt Mayer, NZG 2014, 1208 unter Berufung auf BGH NZG 2014, 1058 entgegen; zur Interpretation jüngst Paefgen, AG 2014, 554, 571 ff.

922 Auch Leuering setzt das ARAG/Garmenbeck-Urteil jüngst in Relation zu den Eigenschaften des Schiedsverfahrens, NJW 2014, 657, 658.

923 BGHZ 135, 244 Tz. 23 (Tz. nach juris); relativierend Goette, Liber Amicorum M. Winter, 2011, S. 153, 161 und ZHR 176 (2012) 588, 591 und passim.

924 BGHZ 135, 244 Tz. 22 (Tz. nach juris).

Beitreibbarkeit der Forderung aussehen.[925] Dabei muss der Aufsichtsrat sorgfältig vorgehen und hat insoweit keine Einschätzungsprärogative.[926] Der Aufsichtsrat muss nicht mit absoluter Sicherheit vom Bestehen und der Beitreibbarkeit der Forderung überzeugt sein.[927] Vielmehr genügt die Prognose, dass der Gesellschaft voraussichtlich Schadensersatzansprüche gegen den Vorstand zustehen, für die grundsätzliche Pflicht des Aufsichtsrats, diese Ansprüche auch geltend zu machen.[928] Auf erster Stufe hat also die Prüfung zu erfolgen, ob eine Anspruchsverfolgung angezeigt ist. Dies ist bei voraussichtlichem Bestehen eines Anspruchs grundsätzlich der Fall.

Es ist aber denkbar, dass der Aufsichtsrat dennoch (auf einer zweiten Stufe[929]) von der Rechtsverfolgung absehen darf.[930] Dies bedarf angesichts der grundsätzlich bestehenden Pflicht zur Inanspruchnahme aber der Rechtfertigung. Diese Rechtfertigung muss im Unternehmenswohl selbst wurzeln.[931] Das ergibt sich daraus, dass auch die Schadensersatzpflicht der Schadloshaltung der Gesellschaft und damit ihrem Wohl dient.[932] Soll also von der Schadloshaltung abgesehen werden, so muss das aus einem am selben Bezugspunkt ansetzenden Belang gerechtfertigt sein. Es müssen „gewichtige Interessen und Belange der Gesellschaft dafür sprechen, den ihr entstandenen Schaden ersatzlos hinzunehmen."[933] Diese Belange sind in eine Abwägung einzustellen und müssen den Gründen für eine Rechtsverfolgung zumindest annähernd gleichwertig sein.[934] Diese Belange können „negative Auswirkungen auf Geschäftstätigkeit und[935] Ansehen der

925 BGHZ 135, 244 Tz. 22 (Tz. nach juris).
926 BGHZ 135, 244 Tz. 23 (Tz. nach juris).
927 BGHZ 135, 244 Tz. 24 (Tz. nach juris).
928 BGHZ 135, 244 Tz. 24 f. (Tz. nach juris).
929 Vgl. Götz, NJW 1997, 3275, 3276.
930 BGHZ 135, 244 Tz. 24 ff. (Tz. nach juris); diese zwei Stufen sind laut Goette, Liber Amicorum M. Winter, 2011, S. 153, 162 f. aber – gerade wegen der Maßgeblichkeit des Unternehmenswohls – nicht als starre Reihenfolge der Prüfung zu sehen, sodass der Aufsichtsrat u.U. sofort mit der zweiten Stufe zu beginnen hat.
931 Henze, NJW 1998, 3309, 3311.
932 BGHZ 135, 244 Tz. 25 (Tz. nach juris).
933 BGHZ 135, 244 Tz. 25 (Tz. nach juris).
934 BGHZ 135, 244 Tz. 25 (Tz. nach juris).
935 Fraglich ist, ob nicht eine alternative Formulierung bezweckt war, also negative Auswirkungen auf nur einen von beiden Belangen genügen können. Dies dürfte wegen der anzustellenden Abwägung und ihrem intensitären Charakter zu bejahen sein.

Gesellschaft in der Öffentlichkeit"[936], die „Behinderung der Vorstandstätigkeit", oder die „Beeinträchtigung des Betriebsklimas" sein.[937] Darüber hinaus können nicht dem Unternehmenswohl dienende Belange nur in Ausnahmefällen ein Absehen von der Anspruchsverfolgung rechtfertigen.[938] Auf zweiter Stufe erst ist dann also die Frage zu stellen, ob von einer Anspruchsverfolgung abgesehen werden kann.

i) Erste Stufe

Gerade bei hohen Streitwerten kann das Schiedsverfahren kostengünstiger sein als ein Verfahren vor ordentlichen Gerichten.[939] Für die auf erster Stufe anzustellende Analyse des Prozessrisikos ist auch wichtig, welche Kosten die Rechtsverfolgung potentiell verursachen kann[940] und wie diese Kosten in Relation zu dem erstrebten Nutzen, also der angestrebten Verurteilung stehen. Besteht nun infolge der voraussichtlich schnelleren Streitentscheidung die Aussicht, geringere (Schieds-)Gerichtskosten, aber auch geringere Beraterkosten tragen zu müssen, so wird das Prozessrisiko als geringer einzustufen sein.

Das aber verschiebt – gerade in Grenzfällen – das Abwägungsergebnis in Richtung hin zu einer Inanspruchnahme, weil es sich bei den Kosten um gegen eine Inanspruchnahme sprechende Aspekte handelt.

ii) Zweite Stufe

Auf der zweiten Stufe könnte sich auswirken, dass ein schiedsgerichtliches Verfahren nicht öffentlich geführt werden muss und dass es schneller ist. Diese Umstände könnten geeignet sein, die in ARAG/Garmenbeck aufgezeigten Entscheidungsparameter für den Aufsichtsrat über ein ausnahmsweises Absehen von der Anspruchsverfolgung zu beeinflussen.

---

936 Hierzu kritisch Götz, NJW 1997, 3275, 3277, der argumentiert, dies führe zu der widersinnigen Lage, dass größere, potentiell mehr negative Schlagzeilen einbringende Fälle eher nicht verfolgt werden als kleinere, harmlosere Fälle. Dies verkennt aber, dass bei zunehmender Schadenshöhe ja auch das Kompensationsinteresse ansteigt. Damit wird aber ein potentiell höheres Interesse der Öffentlichkeit gerade nicht die Anspruchsverfolgung zurückdrängen.

937 BGHZ 135, 244 Tz. 25 (Tz. nach juris).

938 BGHZ 135, 244 Tz. 25 (Tz. nach juris).

939 Freilich kann bei letzteren das Kostenrisiko mittels einer Teilklage minimiert werden.

940 Dies wird freilich auch von der Frage abhängen, ob eine (vorrangige) Vereinbarung über die Kosten besteht, § 1057 Abs. 1 S. 1 ZPO.

Wie in Ziff. 4 des Leitsatzes des ARAG/Garmenbeck-Urteils herausgestellt, kann eine Ausnahme von der grundsätzlichen Pflicht zur Inanspruchnahme bestehen, wenn gewichtige Gründe des Gesellschaftswohls dagegen sprechen. Einen solchen Grund kann etwa das „Ansehen der Gesellschaft in der Öffentlichkeit" darstellen.[941]

Wird ein Fall vor staatliche Gerichte gebracht, so wird er öffentlich verhandelt. Das Interesse der Medien, aber auch der Mitbewerber wird immens sein. Zu sehr hat in den letzten Jahren das Bewusstsein für regelkonforme Unternehmensführung zugenommen. Der Aufsichtsrat wird sich also gut überlegen müssen, ob die Schadloshaltung der Gesellschaft die negativen Auswirkungen einer öffentlichen Streiterörterung überwiegt.[942]

Ganz anders sieht es beim Bestehen einer Schiedsabrede aus. Hier besteht Vertraulichkeit, die Parteien können steuern, ob und welche Informationen in die Öffentlichkeit gelangen.[943] Die positive Wahrnehmung der Gesellschaft in der Öffentlichkeit ist grundsätzlich nicht mehr in Gefahr. Das hat zur Folge, dass sich der Aufsichtsrat nicht auf den Ausnahmetatbestand „Ansehen der Gesellschaft in der Öffentlichkeit" berufen kann.[944]

Auch „negative Auswirkungen auf die Geschäftstätigkeit" können einen Grund darstellen, weshalb von einer Anspruchsverfolgung abgesehen werden könnte. Versteht man hierunter eine Beeinträchtigung der Geschäfte infolge der Verringerung des Vorsprungs vor der Konkurrenz wegen Erörterung von Geschäftsgeheimnissen in der öffentlichen Verhandlung,[945] so wird dies durch ein vertraulich geführtes Schiedsverfahren verhindert. Gleiches gilt, wenn man hierunter drohende Kundenverluste infolge eines Reputationsverlusts der Gesellschaft versteht.[946]

Die Vertraulichkeit eines Schiedsverfahrens sichert also die Regel, dass der Vorstand in Anspruch genommen werden muss, ab, indem sie einen Ausnahmetatbestand zurückdrängt.

Die Aspekte des Schiedsverfahrens, die dem Eintritt eines Ausnahmetatbestandes entgegenwirken, könnten aber die potentielle Inanspruchnahme aus Sicht des Vorstands so „verharmlosen", dass das Verfahren (aus Gründen des Unternehmenswohls bzw. zur Erhaltung der Funktionen der Haftung) besser vor staatlichen Gerichten geführt werden sollte. Angesprochen ist damit, dass

941 BGHZ 135, 244 Tz. 25 (Tz. nach juris) und oben 5. Teil.E.VI.2.b).

942 Ähnlich auch Leuering, NJW 2014, 657, 658 f.

943 Vgl. oben 5. Teil.E.III.1.b).

944 Ähnlich auch Leuering, NJW 2014, 657, 658 f.

945 So auch Leuering, NJW 2014, 657, 658 f.

946 Ähnlich auch Leuering, NJW 2014, 657, 658 f.

auch der (ausgeschiedene) Vorstand daran interessiert ist, die Aufarbeitung des Streitstoffes geheim zu erledigen, damit seine Person danach gleichwohl unbemakelt bei der Bewerbung um Anschlusstätigkeiten wahrgenommen wird. Man könnte insoweit also die Arbeitsplatzsteuerung[947] als (mittelbaren) Teil der Präventionswirkung in Frage stellen.

Die Interessenlage des Vorstands steht aber der Entscheidung des Aufsichtsrats für ein Schiedsverfahren nicht entgegen. Denn der Aufsichtsrat hat sich bei seiner Entscheidung gerade am Unternehmenswohl zu orientieren.[948] Interessen des Vorstands sind grundsätzlich nicht maßgeblich[949] und können nur in absoluten Ausnahmefällen bei der Entscheidung über die Inanspruchnahme Berücksichtigung finden.[950]

Selbst wenn man umgekehrt darauf abstellte, dass eine Präventionswirkung durch voraussichtlich öffentliche Verhandlung stärker wäre und damit wiederum im Unternehmensinteresse läge, ändert das nichts. Denn die sich aus dem Urteil ARAG/Garmenbeck ergebenden Implikationen betreffen die Sicherung der Kompensation als Teil des Unternehmenswohls, damit korrelierend eine im Nachhinein[951] bestehende Pflichtenbindung des Aufsichtsrats[952]. Eine hiervon zu trennende Frage ist, ob *ex ante* geringere Präventionswirkung besteht.[953]

Ginge man gleichwohl davon aus, dass aufgrund des Präventionszwecks der Haftung eine Verhandlung vor staatlichen Gerichten geboten ist, so würde damit wiederum die Chance für den Vorstand erhöht, dass der Aufsichtsrat mit Rücksicht auf „negative Auswirkungen auf das Ansehen der Gesellschaft in der Öffentlichkeit" ihn gar nicht in Anspruch nimmt.

Insofern kann der Abschluss einer Schiedsvereinbarung an sich bereits ein Handeln im Sinne des Unternehmenswohls bedeuten.

---

947 Vgl. dazu oben 2. Teil.B.II.4.d).

948 BGHZ 135, 244 Tz. 25 (Tz. nach juris); zuletzt Reichert, ZHR 177 (2013), 756, 763, der aber dann (S. 765) betont, dass die Reaktion mit Augenmaß ebenfalls im Interesse der Gesellschaft liegen kann.

949 So für den Fall, dass von einer Inanspruchnahme aus persönlichen Gründen Abstand genommen werden soll, Heermann, AG 1998, 201, 206; anders wohl jüngst Reichert, ZHR 177 (2013) 756, 765.

950 BGHZ 135, 244 Tz. 25 (Tz. nach juris).

951 Vgl. BGHZ 135, 244 Tz. 25 (Tz. nach juris); vgl. zu der Differenzierung *ex ante/ex post* auch Götz, NJW 1997, 3275, 3277; Henze, NJW 1998, 3309 f.

952 Vgl. dazu auch umfassend Hüffer, NZG 2007, 47 ff.

953 Dazu siehe bereits oben.

Insgesamt kommt daher eine Schiedsvereinbarung der Ausrichtung am Unternehmenswohl im Hinblick auf Diskretion und Wahrnehmung der Gesellschaft in der Öffentlichkeit entgegen.[954] Dadurch, dass Vertraulichkeit im Schiedsverfahren gewährleistet werden kann, werden die Risiken, die eine Anspruchsverfolgung für die Gesellschaft birgt, geringer. Das wird den Aufsichtsrat bei seiner Abwägung im Sinne der ARAG/Garmenbeck-Rechtsprechung gerade in Grenzfällen eher dazu bringen, den Anspruch zu verfolgen.[955]

Das wiederum hat eine weitere, im Sinne der Präventionszwecke der Haftung positive, Folge. Der Vorstand weiß nämlich bei Bestehen einer Schiedsabrede im Vorhinein ebenfalls, dass kaum Chancen bestehen werden, in den Genuss dieses Ausnahmetatbestandes zu kommen. Dadurch wird der Druck, der von einer potentiellen Haftung im Vorhinein ausgeht, verstärkt. Die Kehrseite der Vertraulichkeit, nämlich die möglicherweise geringere Disziplinierungswirkung, fällt demgegenüber weniger ins Gewicht.

Ein weiterer Grund, von einer Anspruchsverfolgung abzusehen, kann darin liegen, dass andernfalls die Vorstandsarbeit behindert würde.[956] Teilweise erweiternd wird das auch dahingehend verstanden, dass die Motivation des Vorstands nicht beeinträchtigt werden soll.[957] Eine so gewichtige Behinderung der Vorstandsarbeit dürfte zwar schwer denkbar sein, wenn sich der Vorstand auf Seiten der Aktivlegitimierten befindet, zumal mit der Anspruchsverfolgung ja auch bei ausgeschiedenen Vorstandsmitgliedern der Aufsichtsrat betraut ist.[958] Denkbar ist also allenfalls eine gewichtige Behinderung der Vorstandstätigkeit im Falle der Passivlegitimation des Vorstands im Haftungsprozess. Diese Situation dürfte aber schon wegen § 84 Abs. 3 S. 2 AktG selten vorkommen, weil bei schweren Pflichtverletzungen der Vorstand häufig bereits abberufen sein wird.

Selbst wenn man die Situation gleichwohl für möglich hält, trägt aber das Vorliegen einer Schiedsvereinbarung zur Verringerung der den Ausnahmetatbestand begründenden Umstände bei. Denn die Behinderung der Vorstandsarbeit fällt zumindest in zeitlicher Hinsicht geringer aus, wenn der Fall vor einem Schiedsgericht verhandelt wird. Die schnellere Gewissheit um den Verfahrensausgang sorgt dafür, dass der Haftungsprozess eher von den Tagesordnungen gestrichen werden und der (neue) Vorstand sich den zukunftsgerichteten Aufgaben zuwenden kann.

954 Ähnlich auch Leuering, NJW 2014, 657, 659.

955 Ähnlich auch Leuering, NJW 2014, 657, 659: „verschiebt sich [...] die materielle Rechtslage."

956 BGHZ 135, 244 Tz. 25 (Tz. nach juris).

957 Heermann, AG 1998, 201, 207.

958 Siehe dazu bereits oben.

Auch die Vertraulichkeit des Verfahrens dürfte einen Beitrag zur Entlastung des Vorstands leisten. Dadurch muss sich der Vorstand nämlich weniger um die Rechtfertigung des prozessualen Verhaltens nach außen hin bemühen, kann sich mithin stärker dem Tagesgeschäft widmen.

Somit wird auch die Wahrscheinlichkeit des Eintretens dieser Ausnahme allenfalls verringert. Auch dadurch verstärkt sich *ex ante* die Gewissheit, gegebenenfalls in Anspruch genommen zu werden. Die Disziplinierungswirkung wird gesteigert.

Ähnliche Erwägungen gelten für den Ausnahmetatbestand „Beeinträchtigung des Betriebsklimas". Wird der Haftungsprozess nicht publik, so kann sich daraus auch kein der Produktivität der Angestellten des Unternehmens abträgliches Stimmungsbild entwickeln.

Insofern trägt ein vertraulich geführtes Schiedsverfahren auch dazu bei, dass die Möglichkeit einer „Beeinträchtigung des Betriebsklimas" verringert wird, wodurch der Disziplinierungseffekt infolge der Erhöhung der Chancen einer Anspruchsverfolgung weiter steigt.

Denkbar wäre noch, danach zu differenzieren, ob eine Schiedsvereinbarung von Anfang an bestand oder erst anlässlich des Ausscheidens des Vorstandsmitglieds bzw. der Entstehung von Streit geschlossen wurde. Im zweiteren Falle nämlich ließe sich argumentieren, dass die Steuerungswirkung *ex ante* entfalle und damit die Vorteile einer Schiedsvereinbarung für die Gesellschaft weniger ins Gewicht fielen.

Damit würde aber wiederum zu stark auf die Sichtweise des Vorstands abgestellt. Maßgeblich sind zuvörderst die Belange der Gesellschaft, insbesondere Kompensation als Teil des Unternehmenswohls. Hat aber die Inanspruchnahme negativen Einfluss auf das Wohl des Unternehmens, kann von ihr evtl. abzusehen sein, was vom Aufsichtsrat in eigener Verantwortung zu entscheiden ist.[959]

Die Entscheidung durch ein Schiedsgericht lässt die Ausnahmen von der grundsätzlichen Anspruchsverfolgungspflicht aber unabhängig vom Zeitpunkt des Abschlusses der Schiedsvereinbarung weniger ins Gewicht fallen.

Damit ist eine Differenzierung nach Zeitpunkt des Abschlusses der Schiedsvereinbarung nicht angezeigt.

c) Ergebnis Prävention

Die positiven Auswirkungen einer Schiedsvereinbarung überwiegen also unter Präventionsgesichtspunkten.

---

959 Vgl. dazu bereits oben 5. Teil.E.VI.2.b).

Die Vertraulichkeit und Schnelligkeit des Verfahrens bewirken, dass die Ausnahmetatbestände der ARAG/Garmenbeck-Rechtsprechung seltener bejaht werden können bzw. im Rahmen der am Unternehmenswohl auszurichtenden Abwägung ein geringeres Gewicht haben. Dadurch erhöht jedenfalls das bereits anfängliche Vorliegen einer Schiedsvereinbarung die Wahrscheinlichkeit der Inanspruchnahme und damit auch die Präventionswirkung der angedrohten Haftung.

3. *Ergebnis Schutzzwecke*

Eine Schiedsvereinbarung steht mithin nicht im Widerspruch zu den Schutzzwecken der Organhaftung. Vielmehr leistet die Schiedsvereinbarung an vielen Stellen einen gewichtigen Beitrag zur besseren Umsetzung des Haftungsinstrumentariums. Die erstrebten Wirkungen können also leichter erreicht werden.

VII. Schiedsvereinbarungen in Individualverträgen

Im Folgenden soll untersucht werden, ob eine Schiedsvereinbarung im Anstellungsvertrag oder anlässlich der Auflösung des Dienstverhältnisses des Vorstands getroffen werden kann.[960] Weitere Situationen, in denen ein Vertrag zwischen der Aktiengesellschaft und dem Vorstand geschlossen wird, sind denkbar. Zur Abgrenzung zu satzungsmäßig oder anderweitig mehrseitig getroffenen Schiedsvereinbarungen wird hier der Terminus „Individualvertrag" verwendet.

1. *Zivilprozessrechtliche Seite*

Nachfolgend soll untersucht werden, welche Probleme sich aus zivilprozessrechtlicher Sicht beim Abschluss von Schiedsvereinbarungen zwischen Aktiengesellschaften und Vorständen ergeben können.

a) Schiedsfähigkeit, § 1030 ZPO

Über die Schiedsfähigkeit des Organhaftungsanspruchs aus § 93 Abs. 2 AktG dürfte mittlerweile Einigkeit bestehen.[961] Gemäß § 1030 Abs. 1 S. 1 ZPO ist mittlerweile nämlich jeder „vermögensrechtliche" Anspruch schiedsfähig. Das

---

960 Bedenken im Hinblick auf europarechtliche Fragen bzw. §§ 305 ff. BGB äußert jüngst v. Westphalen, ZIP 2013, 2184. Diese tragen allerdings jedenfalls bei Individualvereinbarungen nicht.

961 Umbeck, SchiedsVZ 2009, 143, 144; zweifelnd, aber zu allgemein jüngst Bauer/Medem NZA 2014, 238, 241.

Kriterium, dass sich die Parteien über den Gegenstand vergleichen können müssen, wurde zum 1.1.1998 mit der Reform des Schiedsverfahrensrechts aufgegeben, sodass das Verzichts- und Vergleichsverbot in § 93 Abs. 4 S. 3 AktG insoweit nicht mehr entgegensteht.[962]

b) Schiedsabrede oder Schiedsklausel

Es kann eine selbständige Vereinbarung getroffen werden (Schiedsabrede) oder in einen Vertrag eine Klausel (Schiedsklausel) aufgenommen werden, dass die Streitigkeiten der Entscheidung durch ein Schiedsgericht unterworfen werden, § 1029 Abs. 2 und 1 ZPO.

c) Form

Zu beachten ist, dass bei individualvertraglicher Vereinbarung § 1031 Abs. 5 ZPO Anwendung findet.[963] Dieser regelt Formerschwerungen für den Fall, dass an der Schiedsvereinbarung ein Verbraucher beteiligt ist, § 1031 Abs. 5 ZPO. Insbesondere dürfen in der eigenhändig zu unterzeichnenden Urkunde über die Schiedsvereinbarung keine anderen Vereinbarungen als solche, die sich auf das schiedsrichterliche Verfahren beziehen, enthalten sein, es sei denn, es erfolgt notarielle Beurkundung, § 1031 Abs. 5 S. 3 ZPO.

Der Vorstand ist nämlich „Verbraucher" im Sinne des § 1031 Abs. 5 ZPO. Die Verbrauchereigenschaft ist anhand des § 13 BGB zu bewerten und beim Vorstand gegeben, da er weder gewerblich noch selbständig tätig ist.[964] Dies gilt, obwohl der Vorstand gemäß § 76 Abs. 1 AktG eigenverantwortlich, also auch frei von Weisungen, tätig wird.[965] Der Vorstand ist nämlich nicht in eigenem Namen, auf eigene Rechnung und eigenes Risiko tätig, was aber weitere Voraussetzungen einer selbständigen Tätigkeit wären.[966]

d) Zusammensetzung des Gerichts und Bestellung der Schiedsrichter

Sowohl bei der Anzahl der Schiedsrichter als auch bei der Frage, wer Schiedsrichter sein soll, können die Parteien entscheiden, §§ 1034, 1035 ZPO. Auch

962 BT-Drucks. 13/5273, S. 34; an der Legitimation der Schiedsgerichtsbarkeit teils zweifelnd Voit in Musielak, ZPO, 11. Aufl. 2014, § 1030 Rn. 1.

963 Etwa Hölters in Hölters, AktG, 2. Aufl. 2014, § 93 Rn. 344.

964 OLG Hamm AG 2007, 910, 911; a.A. Mertens/Cahn in KölnerKommAktG, 3. Aufl. 2010, § 84 Rn. 99.

965 OLG Hamm AG 2007, 910, 911 f.

966 OLG Hamm AG 2007, 910, 912.

letzteres kann bereits in der Schiedsvereinbarung bestimmt werden.[967] Es kann aber auch angeordnet werden, dass die Schiedsrichter nach einem (vorbestimmten) Verfahren bestellt werden.[968]

e) Zusammenfassung

Zivilprozessrechtlich birgt eine individualvertragliche Schiedsvereinbarung also keine größeren Probleme. Die Parteien sind weitgehend frei darin, ihren Bedürfnissen entsprechende Anordnungen zu treffen.

2. *Aktienrechtliche Seite, Auswirkungen des § 93 Abs. 4 S. 3 AktG*

Fraglich ist, ob aktienrechtliche Erwägungen gegen den Abschluss einer Schiedsvereinbarung sprechen. Möglicherweise wird hier zu differenzieren sein, ob die Schiedsvereinbarung im Rahmen der Anstellung oder im Rahmen der Auflösung des Dienstverhältnisses mit dem Vorstand getroffen wird.

Wie bereits gezeigt, wird § 93 Abs. 4 S. 3 AktG teils in analoger Anwendung herangezogen, um privatautonome Regelungen bezüglich des Anspruchs aus § 93 Abs. 2 AktG binnen der Dreijahresfrist zu unterbinden und nach Ablauf der Dreijahresfrist den dort geregelten Einschränkungen zu unterwerfen.

Insoweit könnte man argumentieren, auch eine Schiedsvereinbarung in einem Individualvertrag unterfalle § 93 Abs. 4 S. 3 AktG.

a) Alte Rechtslage der ZPO und Zusammenspiel mit § 93 Abs. 4 S. 3 AktG

Vor Änderung des 10. Buches der ZPO im Jahre 1998 war für die Schiedsfähigkeit eines Anspruchs noch erforderlich, dass dieser „vergleichsfähig“ war, § 1025 Abs. 1 ZPO a.F.[969] Nachdem in § 93 Abs. 4 S. 3 AktG geregelt ist, dass ein Vergleich vor Ablauf der Dreijahresfrist gänzlich unzulässig ist, war der Anspruch insoweit nicht „vergleichsfähig“. Es konnte also vor Ablauf der Dreijahresfrist in § 93 Abs. 4 S. 3 AktG keine Schiedsvereinbarung getroffen werden.[970]

---

967 Schwab/Walter, Schiedsgerichtsbarkeit, 7. Aufl. 2005, Teil 1, II, Kap. 10 Rn. 1.

968 Vgl. hierzu Schwab/Walter, Schiedsgerichtsbarkeit, 7. Aufl. 2005, Teil 1, II, Kap. 10 Rn. 3 ff.

969 Vgl. dazu Münch in MüKoZPO, 4. Aufl. 2013, § 1030 Rn. 5 ff.; Westermann, FS Robert Fischer, 1979, S. 853, 854 f.

970 Vgl. etwa Zimmermann, FS Duden, 1977, S. 773, 786; ebenso Mertens, FS Fleck, 1988, S. 209, 211; unklar, ob noch auf alter Rechtslage basierend oder in analoger Anwendung des § 94 Abs. 4 S. 3 AktG Hopt in GroßKommAktG, 4. Aufl. (1999), § 93 Rn. 375 a.E.

b) Analoge Anwendung des § 93 Abs. 4 S. 3 AktG?

Das Kriterium der „Vergleichsfähigkeit" ist nunmehr abgeschafft, weil der Gesetzgeber nur wenige, elementar wichtige Bereiche außerhalb der Vermögenshaftung den staatlichen Gerichten vorbehalten wollte.[971] Im Übrigen sah man für die Zuweisung zu staatlichen Gerichten aufgrund der Gleichwertigkeit von staatlicher Gerichtsbarkeit und Schiedsgerichtsbarkeit keinen Anlass.[972]

Damit entfällt bezüglich der Schiedsvereinbarungen aber im Rahmen der Analogievoraussetzungen das zwingend erforderliche Kriterium der planwidrigen Regelungslücke. Die Frage, ob eine Schiedsvereinbarung getroffen werden kann, ist ebenso nur ein Teilaspekt der Privatautonomie wie die Frage, ob sich die Parteien über einen bestimmten Gegenstand vergleichen können.[973] Waren diese Aspekte früher über die Norm des § 1025 Abs. 1 ZPO a.F. mit dem Merkmal „Vergleichsfähigkeit" verknüpft und wurde diese Verknüpfung entfernt, so steht dahinter der gesetzgeberische Wille, den Gleichlauf zwischen Verneinung der Schiedsfähigkeit und Vergleichsverbot aufzulösen.[974] Würde man nun über eine analoge Anwendung des § 93 Abs. 4 S. 3 AktG eine Schiedsvereinbarung in einer Individualabrede wieder verbieten, so widersetzte man sich bewusst dem Willen des Gesetzgebers.

Auch besteht keine vergleichbare Interessenlage zum Verzichtskriterium in § 93 Abs. 4 S. 3 AktG. Es wurde bereits gezeigt, dass es sich um eine vermögensmäßige Schmälerung des Anspruchs aus § 93 Abs. 2 AktG selbst handeln muss.[975] Die Schiedsvereinbarung betrifft aber nur die Frage, ob ein staatliches oder privates Gericht über den Anspruch entscheidet. Der „Verzicht" auf staatlichen Rechtsschutz ist nicht mit einem solchen gemäß § 93 Abs. 4 S. 3 AktG gleichzusetzen, weil es eben nicht um eine vermögensmäßige Minderung des Anspruchs selbst geht. Das aber ist – wegen der Sonderstellung des Verzichtsmerkmals – zwingende Voraussetzung.

Ferner macht die Gleichwertigkeit von staatlichem und schiedsgerichtlichem Rechtsschutz eine Analogiebildung auch aus Schutzzweckerwägungen obsolet.

---

971 BT-Drucks. 13/5274, S. 34.

972 BT-Drucks. 13/5274, S. 34.

973 Gottwald/Adolphsen, DStR 1998, 1017, 1018.

974 Vgl. auch Gottwald/Adolphsen, DStR 1998, 1017, 1018.

975 Siehe oben 4. Teil.B.I.

c) Schiedsvereinbarung im Rahmen eines „Vergleichs" im Sinne des § 93 Abs. 4 S. 3 AktG

Weiterhin ist zu erwägen, ob der Abschluss einer Schiedsvereinbarung im Rahmen eines Vergleichs möglich ist, der Abschluss der Schiedsvereinbarung also das „Nachgeben" durch die Gesellschaft beim Vergleich darstellt.

Für ein „Nachgeben" genügt an sich schon das geringste Zugeständnis, es muss gerade nicht bei der in Streit stehenden Forderung zugestanden werden.[976]

Der ausscheidende Vorstand könnte etwa auf eine Schiedsvereinbarung hinwirken, weil er noch nicht am Ende seiner Berufstätigkeit steht und seine Reputation auf dem Arbeitsmarkt nicht in Gefahr sehen will. Der Abschluss einer Schiedsvereinbarung ist ein Abrücken von der grundsätzlich staatlichen Gewährung von Rechtsschutz. Insofern ist die herkömmliche Definition des „Nachgebens" im Sinne des § 779 BGB erfüllt.

Legt man nun aber – unter teleologischer Reduktion des Vergleichsmerkmals[977] – die Einschränkung zugrunde, dass ein „Nachgeben" nicht vorliegt, wenn eine vermögensmäßige Gefährdung ausgeschlossen ist, so ergibt sich ein anderes Bild:

Die Schiedsgerichtsbarkeit als der staatlichen Gerichtsbarkeit gleichwertige Form von Rechtsschutz stellt an sich keine Gefahr für das Gesellschaftsvermögen dar. Vielmehr ist wegen größerer Sachnähe und Vertrautheit mit den Abläufen in Vorständen eine schnellere und mindestens ebenso sachlich richtige Beurteilung wie durch ein staatliches Gericht zu erwarten. Freilich bleibt es auch hier eine Frage der allgemeinen Pflichtenbindung des Aufsichtsrats, dass die Einsetzung eines Schiedsgerichts nicht der (kollusiven) Verschonung des scheidenden Vorstandsmitglieds dienen darf, vgl. § 116 S. 1 AktG.

Damit kann die Gesellschaft – in teleologischer Reduktion des § 93 Abs. 4 S. 3 AktG – auch vor dem Ablauf der Dreijahresfrist frei von Zustimmungsvorbehalt und Widerspruchsrecht im Rahmen eines Vergleichs „nachgeben", indem sie einer Schiedsvereinbarung zustimmt.

d) Zusammenfassung

Wegen der Abschaffung des Merkmals „Vergleichsfähigkeit" in der ZPO besteht in direkter Anwendung des Gesetzes kein Hinderungsgrund mehr für den Abschluss einer Schiedsvereinbarung. § 93 Abs. 4 S. 3 AktG kann auch nicht analog

---

976 Siehe oben 4. Teil.B.I.

977 Dazu siehe oben 4. Teil.B.IV.4 sowie Cahn, Vergleichsverbote, 1996, S. 12 ff.

angewendet werden, denn die die Norm maßgeblich tragenden Wertungen werden beim Abschluss einer Schiedsvereinbarung nicht berührt.

Der Abschluss einer Schiedsvereinbarung kann zunächst das „Nachgeben" im Sinne der Vergleichsdefinition des BGB darstellen. Im Rahmen des § 93 Abs. 4 S. 3 AktG ist jedoch in teleologischer Reduktion des zu weit geratenen Vergleichsmerkmals eine Schiedsvereinbarung als „Nachgeben" zulässig. Dies folgt daraus, dass eine Schiedsvereinbarung keine Verminderung des Gesellschaftsvermögens bewirkt und – gerade vor dem Hintergrund der Gleichwertigkeit von Schiedsgerichtsbarkeit und staatlicher Gerichtsbarkeit – als „neutrales" Rechtsgeschäft eingestuft werden muss.

3. *Bindung der D&O Versicherung*

Wie bereits erwähnt, besteht für die meisten Organmitglieder mittlerweile Versicherungsschutz durch eine D&O-Versicherung. Der Abschluss einer Schiedsvereinbarung wird vor diesem Hintergrund nur gewollt sein, wenn dadurch nicht der Versicherungsschutz gefährdet wird.

Die D&O Versicherung ist im VVG nicht eigenständig geregelt, jedoch als Vermögensschadenhaftpflichtversicherung den allgemeinen Regeln zur Haftpflichtversicherung unterworfen.[978]

Insofern ist fraglich, inwiefern gemäß § 106 VVG auch eine schiedsgerichtliche Entscheidung zur Leistung der Versicherung verpflichtet. Richtigerweise ist dies der Fall, denn gemäß § 1055 ZPO steht ein Schiedsspruch unter den Parteien einem rechtskräftigen gerichtlichen Urteil gleich.[979]

Auch in der Praxis sind Ausschlüsse im Falle einer schiedsgerichtlichen Entscheidung die Ausnahme.[980]

Die Schiedsvereinbarung verursacht mithin keine grundsätzlichen Probleme für den Versicherungsschutz einer D&O-Versicherung.[981]

---

978 Beckmann in Beckmann/Matusche-Beckmann, Versicherungsrechts-Hdb., 2. Aufl. 2009, 2. Teil, 1. Abschn., § 28 Rn. 7a.

979 Vgl. auch Littbarski in MüKoVVG, 1. Aufl. 2011, § 106 Rn. 19.

980 Umbeck, SchiedsVZ 2009, 143, 148, unter Heranziehung der Gleichwertigkeitsthese.

981 Vgl. zu den praktischen Problemen und den Bedürfnissen der Abklärung mit den Versicherern Dietz-Vellmer, NZG 2011, 248, 253; Umbeck, SchiedsVZ 2009, 143; sowie allgemein und differenzierend nach Deckungs- und Rechtsschutz umfassend R. Koch, SchiedsVZ 2007, 281; allgemein zur D&O-Versicherung Dreher/Thomas, ZGR 38 (2009) 31.

4. *Reichweite der Bindungswirkungen, Problem §§ 147, 148 AktG*

Im AktG sind Instrumente vorgesehen, mittels derer Ansprüche aus § 93 Abs. 2 AktG in besonderer Weise geltend gemacht werden können. Angesprochen sind damit die §§ 147, 148 AktG.

Beiden Vorschriften ist gemein, dass sie eine wirksame Durchsetzung der Ansprüche aus § 93 Abs. 2 AktG ermöglichen bzw. fördern sollen.[982] Bei beiden muss aber untersucht werden, ob sie in das Gefüge des schiedsgerichtlichen Verfahrens passen, denn es sind jeweils einige prozessuale Besonderheiten vorgesehen. Gegebenenfalls wäre auch denkbar, durch die Vereinbarung gewisser Mechanismen die rechtliche Zulässigkeit auch eines schiedsgerichtlichen Verfahrens abzusichern.

a) Fall des § 147 AktG

§ 147 Abs. 1 AktG sieht eine Pflicht zur Geltendmachung der Ersatzansprüche aus (unter anderem) § 93 Abs. 2 AktG vor, wenn die Hauptversammlung mit einfacher Stimmenmehrheit dies beschließt.[983] Interessant für das Verhältnis zur Schiedsgerichtsbarkeit ist die in § 147 Abs. 2 S. 1 und S. 2 AktG vorgesehene Möglichkeit des Einsatzes eines sog. „besonderen Vertreters".

i) Normaussage

§ 147 Abs. 2 S. 1, 2 AktG lauten:

> *„Zur Geltendmachung des Ersatzanspruchs kann die Hauptversammlung besondere Vertreter bestellen. Das Gericht (§ 14) hat auf Antrag von Aktionären, deren Anteile zusammen den zehnten Teil des Grundkapitals oder den anteiligen Betrag von einer Million Euro erreichen, als Vertreter der Gesellschaft zur Geltendmachung des Ersatzanspruchs andere als die nach den §§ 78, 112 oder nach Satz 1 zur Vertretung der Gesellschaft berufenen Personen zu bestellen, wenn ihm dies für eine gehörige Geltendmachung zweckmäßig erscheint."*

ii) Normzweck

Obwohl der Aufsichtsrat Kontrollfunktion hat, können Situationen bestehen, die eine nachdrückliche Rechtsverfolgung scheitern lassen.[984] Neben der in § 147

---

982 Zu den in jüngerer Zeit diskutierten Reformvorschlägen des § 148 AktG Spindler, AG 2013, 889, 899 ff.

983 Vgl. zum normativen Umfeld und den vielschichtigen Problemen der Norm Nietsch, ZGR 40 (2011) 589 ff.

984 Vgl. Mock in Spindler/Stilz, AktG, 2. Aufl. 2010, § 147 Rn. 1; Spindler in Schmidt/Lutter, AktG, 2. Aufl. 2010, § 147 Rn. 1, 13.

Abs. 1 S. 1 AktG geregelten Pflicht zur Geltendmachung kann daher ein besonderer Vertreter bestellt werden. Dadurch werden Interessenkollisionen noch weiter zurückgedrängt.[985]

iii) Bindungswirkung gegenüber dem besonderen Vertreter?
Fraglich ist, ob eine bestehende Schiedsvereinbarung in einem Individualvertrag zwischen Vorstand und Gesellschaft auch den besonderen Vertreter im Sinne des § 147 AktG bindet.[986] Dabei sind zwei Fragenkreise zu trennen: Ist auch der besondere Vertreter (wenn er einmal bestellt ist) bei der Geltendmachung an die Schiedsvereinbarung gebunden?[987] Und zweitens, welches Gericht hat den besonderen Vertreter ggf. zu bestellen?[988]

(1) Rechtsnatur des Tätigwerdens
Begrifflich gesehen ist der „besondere Vertreter" im Sinne des § 147 AktG Stellvertreter der Gesellschaft. Er macht also ein fremdes Recht in fremdem Namen geltend. Er ist „temporäres Gesellschaftsorgan"[989]. Neben der Struktur der Stellvertretung an sich[990] hat auch die Organqualität des besonderen Vertreters zur Folge, dass er ebenfalls an eine Schiedsvereinbarung gebunden ist.[991]

Der Vertreter macht das fremde Recht in fremdem Namen geltend, sodass auch der Gehalt des fremden Rechts maßgeblich sein muss. Seine Stellung bringt es demzufolge mit sich, dass der besondere Vertreter an die Abreden zwischen den Parteien, also der Gesellschaft und dem Vorstand, gebunden ist.

Auch der organschaftliche Charakter weist in diese Richtung: Die Gesellschaft wird erst vermittels ihrer Organe handlungsfähig.[992] Aufgrund des Prinzips der

---

985 Mock in Spindler/Stilz, AktG, 2. Aufl. 2010, § 147 Rn. 1; Spindler in Schmidt/Lutter, AktG, 2. Aufl. 2010, § 147 Rn. 1.

986 Davon zu trennen ist die Vereinbarung einer Schiedsabrede durch den besonderen Vertreter selbst.

987 Vgl. dazu (1).

988 Vgl. dazu (2).

989 Hirschmann in Hölters, AktG, 2. Aufl. 2014, § 147 Rn. 10; Winnen, Die Innenhaftung, S. 305 nennt ihn „außerordentliches Organ"; allgemein für die Organschaft Kling, ZGR 38 (2009) 190, 212.

990 Diese betrifft freilich nur das Außenverhältnis, vgl. auch Kling, ZGR 38 (2009) 190, 209, 212.

991 Aufgrund seiner organschaftlichen Stellung bejaht Kling konsequenterweise auch eine Haftung des besonderen Vertreters aus § 93 Abs. 2 AktG, vgl. Kling, ZGR 38 (2009) 190, 225 f.

992 Schürnbrand, Organschaft, 2007, S. 435 f.

Rechtspersonalität der Kapitalgesellschaften wird ein Organ gerade nicht selbst Partei eines Vertrages zwischen der Gesellschaft und Dritten. Das Organ macht die Gesellschaft aber handlungsfähig. So ist es auch hier im Falle der Schiedsvereinbarung: Das Organ ist kraft seiner Stellung dazu da, die Gesellschaft handlungsfähig zu machen. Besteht eine Schiedsvereinbarung, wird die Gesellschaft im Schiedsverfahren handlungsfähig.

(2) Bestellung durch das Gericht, § 147 Abs. 2 S. 2 AktG, Schiedsfähigkeit

In § 147 Abs. 2 S. 2 AktG ist geregelt, unter welchen Voraussetzungen das Gericht einen besonderen Vertreter zu bestellen hat. Denkbar wäre, dass bei Bestehen einer Schiedsvereinbarung auch ein Schiedsgericht den besonderen Vertreter gemäß § 147 Abs. 2 S. 2 AktG bestellen kann bzw. muss.

Richtigerweise muss dies aber unterschieden werden von der Geltendmachung des Ersatzanspruchs[993]. Das ergibt sich auch aus § 147 Abs. 2 S. 1 AktG, der besagt, dass der besondere Vertreter „*zur*" Geltendmachung bestellt werden kann.

§ 147 Abs. 2 S. 2 AktG verweist auf § 14 AktG. Dieser trifft seinem Wortlaut nach nur eine örtliche Zuständigkeitsbestimmung. Jedoch ordnet § 375 Nr. 1 FamFG die Bestellung nach § 147 AktG den unternehmensrechtlichen Verfahren, also solchen der freiwilligen Gerichtsbarkeit, § 23a Abs. 2 Nr. 4 GVG, zu.

Das spricht dafür, dass die Bestellung des besonderen Vertreters nicht nur ein Teil der Geltendmachung von Ersatzansprüchen, sondern eine eigenständige (Vor-)Stufe hierzu ist.[994] Denn das Verfahren zur Geltendmachung der Ersatzansprüche findet sodann nach den Regeln der ZPO statt. Damit muss aber auch eine getrennte Betrachtung der Schiedsfähigkeit stattfinden.

Die Bestellung des besonderen Vertreters ist kein vermögensrechtlicher Anspruch[995] im Sinne des § 1030 Abs. 1 S. 1 ZPO, denn es geht hier gerade um die Frage, wer für die besondere Vertretung als Person geeignet ist.

Die Schiedsfähigkeit wäre nach § 1030 Abs. 1 S. 2 ZPO gleichwohl gegeben, wenn über den Gegenstand des Streits ein Vergleich geschlossen werden könnte. Damit geht es um die Frage nach der Dispositionsbefugnis.[996] § 147 Abs. 2 S. 2 AktG sieht zusätzlich zur Möglichkeit der Bestellung eines besonderen Vertreters

993 Vgl. dazu soeben.

994 Auch bei der (möglichen) Auswechslung des besonderen Vertreters sind die Erfolgsaussichten der Klage unbeachtlich, Nietsche, ZGR 40 (2011) 589, 602.

995 Unter dem „Anspruch" ist der Streitgegenstand zu verstehen, vgl. Münch in MüKoZPO, 4. Aufl. 2013, § 1030 Rn. 13.

996 Voit in Musielak, ZPO, 11. Aufl. 2014, § 1030 Rn. 6.

durch die Hauptversammlung die Möglichkeit der Bestellung durch ein Gericht vor. Dabei hat es eine eigenständige Zweckmäßigkeitsprüfung anzustellen.[997] In dieser Situation ist ein Vergleich gerade nicht möglich. Überdies handelt es sich um ein Verfahren der freiwilligen Gerichtsbarkeit,[998] sodass der Gegenstand der Verfügung durch die Parteien entzogen ist.

Es kann also nicht die Zuständigkeit eines Schiedsgerichts für die Bestellung des besonderen Vertreters vereinbart werden.[999]

iv) Zusammenfassung

Der besondere Vertreter gemäß § 147 Abs. 2 AktG ist durch ein staatliches Gericht zu bestellen. Ist er bestellt, muss er sich an eine zwischen der Gesellschaft und dem in die Haftung zu nehmenden Vorstand bestehende Schiedsvereinbarung halten.

b) Fall des § 148 AktG

Deutlich facettenreicher fällt die Analyse zu § 148 AktG aus. Dieser gibt den Aktionären die Möglichkeit, den Anspruch der Gesellschaft aus § 93 Abs. 2 AktG in eigenem Namen geltend zu machen, § 148 Abs. 1 S. 1 AktG.[1000] Vorgeschaltet ist ein Klagezulassungsverfahren, in dem Aktionäre, die zusammen den einhundertsten Teil des Grundkapitals oder einen anteiligen Betrag von 100.000 Euro erreichen,[1001] beantragen können, den Anspruch der Gesellschaft in eigenem Namen zu verfolgen, § 148 Abs. 1 S. 1 AktG.[1002]

Fraglich ist, wie das Schiedsverfahren und die sehr ausdifferenzierten Regelungen des § 148 AktG zusammenspielen. Denn § 148 AktG sieht über das Zulassungsverfahren hinaus eine Reihe von Besonderheiten vor, etwa die Befugnis der Gesellschaft, ihren Anspruch jederzeit selbst geltend zu machen oder das Verfahren der Aktionäre zu übernehmen, § 148 Abs. 3 AktG. Auch ist in § 148

997 Dazu Schröer in MüKoAktG, 3. Aufl. 2013, § 147 Rn. 69.

998 Vgl. dazu bereits oben.

999 Überdies wäre fraglich, wer Partei der Schiedsvereinbarung sein müsste: Der potentielle besondere Vertreter, die Gesellschaft, die Aktionäre bzw. die Aktionärsminderheit im Sinne des § 147 Abs. 2 S. 2 AktG?

1000 Zum Stand der Diskussion Bachmann, Gutachten E zum 70. DJT, S. 73 ff. und 88 ff.

1001 Zur Frage der Aufhebung des Quorums etwa Spindler, AG 2013, 889, 901.

1002 Vgl. zum ökonomischen Hintergrund von Gesellschafterklagen Eckert/Grechenig/Stremitzer in Kalss (Hrsg.), Vorstandshaftung in 15 europäischen Ländern, 2005, S. 95, 141 ff.; zu Reformnotwendigkeiten jüngst Peltzer, FS Hoffmann-Becking, 2013, S. 861, 867 ff.

Abs. 5 AktG eine Rechtskrafterstreckung des Urteils auf nicht klagende Aktionäre vorgesehen.

Diese Besonderheiten könnten einerseits zur Folge haben, dass eine Schiedsvereinbarung insoweit keine Wirkung hat, als Ansprüche im Verfahren nach § 148 AktG geltend gemacht werden.[1003] Es geht im Folgenden nämlich um die Frage der Bindungswirkungen einer Schiedsabrede zwischen der Gesellschaft und dem Vorstand im Anstellungsvertrag oder in einer Vereinbarung anlässlich des Ausscheidens.[1004] Sie könnten aber auch zur Folge haben, dass ein Schiedsverfahren den Bedürfnissen des § 148 AktG anzupassen wäre, dann aber das Verfahren vor staatlichen Gerichten ersetzen könnte.

i) Allgemeine Bedenken im Hinblick auf § 148 AktG und dessen schiedsgerichtliche Behandlung

Im Folgenden werden allgemeine Erwägungen zu § 148 AktG untersucht, die einer schiedsgerichtlichen Streitbeilegung entgegenstehen könnten.

(1) Minderheitenschutz

Betrachtet man den Zweck des § 148 AktG, Haftungsansprüche gegen Organmitglieder auch durch eine Aktionärsminderheit durchsetzbar zu machen, so könnte man argumentieren, dieses Minderheitenrecht[1005] vertrage sich nicht mit den unter Umständen weniger bekannten Grundsätzen schiedsgerichtlicher Streitbeilegung, sodass bereits aus diesem Grund die Erledigung der Streitfragen gemäß § 148 AktG nicht vor einem Schiedsgericht erfolgen könne. Dies entbehrt in dieser Allgemeinheit jedoch konkreter normativer Anknüpfung. Die einzelnen Elemente zivilprozess- und aktienrechtlicher Zulässigkeit einer schiedsgerichtlichen Streitbeilegung müssen insofern einer detaillierten Analyse zugeführt werden.

(2) Kosten des Schiedsverfahrens

Nachdem die Kosten eines Schiedsverfahrens teils höher sind, als dies bei einem Verfahren vor staatlichen Gerichten der Fall wäre, könnte auch insoweit argumentiert werden, dass sich diese zusätzliche Kostenlast nicht mit dem Gedanken

---

1003 Umbeck, SchiedsVZ 2009, 143, 146 scheint etwa davon auszugehen, dass im Rahmen des § 148 AktG Rechtsschutz nur durch staatliche Gerichte vorgesehen ist.

1004 Davon zu trennen sind wiederum Konstellationen, in denen die nach § 148 AktG vorgehenden Aktionäre selbst eine Schiedsabrede mit der Gesellschaft treffen.

1005 RegE UMAG, BT-Drucks. 15/5092, S. 1.

des Minderheitenschutzes, den § 148 AktG zu verwirklichen sucht, verträgt.[1006] Zu bedenken ist dabei aber, dass nicht pauschal behauptet werden kann, dass die schiedsgerichtliche Streitbeilegung kostenintensiver sei als die Erledigung des Streits vor staatlichen Gerichten.[1007] Letztlich muss hier festgehalten werden, dass die Frage nach den Kosten zwar Einfluss auf die Anreizstruktur[1008] haben wird. Die Kostenstruktur eines Schiedsverfahrens ist aber kein geeigneter Punkt, um die generelle Unzulässigkeit schiedsgerichtlicher Streitbeilegung auch im Rahmen von § 148 AktG normativ zu verankern. Zu erwägen ist demnach allenfalls, in der Schiedsabrede eine dem Verfahren angemessene Kostenstruktur zu verankern.

(3) Vorteile des Schiedsverfahrens für das Unternehmenswohl, § 148 Abs. 1 S. 2 Nr. 4 AktG

Diesen allgemeinen und insofern allenfalls für eine generelle Abwägung tauglichen Belangen kann auch entgegengehalten werden, dass die Beilegung der Streitigkeiten vor einem Schiedsgericht die Chancen der Aktionärsklage erhöhen kann. So wie das Zusammenspiel der ARAG/Garmenbeck-Rechtsprechung und die schiedsgerichtliche Streitbeilegung von gewissen Wechselwirkungen geprägt sind,[1009] so kann dies auch bei § 148 AktG der Fall sein. Denn § 148 Abs. 1 S. 2 Nr. 4 AktG setzt für die Klagezulassung voraus, dass „der Geltendmachung des Ersatzanspruchs keine überwiegenden Gründe des Gesellschaftswohls entgegenstehen". Diese Norm setzt die Erkenntnisse aus ARAG/Garmenbeck um, formuliert aber, dass „keine überwiegenden" Gründe gegeben sein dürfen.[1010] Insofern ist zwar der Ausnahmefall des entgegenstehenden Gesellschaftswohls noch schwerer zu begründen als nach den allgemeinen Grundsätzen des ARAG/Garmenbeck-Urteils. Negative Auswirkungen auf das Ansehen der Gesellschaft oder das Betriebsklima können aber auch hier das entgegenstehende Gesellschaftswohl begründen.[1011] Ein Schiedsgericht kann mit größerem Sachverstand,

---

1006 Zu Problemen der Kosten nach der derzeitigen Gesetzeslage sowie denkbaren ökonomischen Anreizen etwa Spindler, AG 2013, 889, 900 f.; Bedenken bzgl. Kosten im Hinblick auf Verbraucherschutz klingen jüngst bei von Westphalen, ZIP 2013, 2184, 2186 an.

1007 Siehe dazu bereits oben.

1008 Dazu Eckert/Grechenig/Stremitzer in Kalss (Hrsg.), Vorstandshaftung in 15 europäischen Ländern, 2005, S. 95, 143.

1009 Dazu siehe soeben.

1010 RegE UMAG, BT-Drucks. 15/5092, S. 22.

1011 Etwa Holzborn/Jänig in Bürgers/Körber, AktG, 3. Aufl. 2014, § 148 Rn. 9.

aber auch dem Verständnis für die Interessenkollisionen der Beteiligten durchaus besser in der Lage sein, das Verfahren ohne größere Beeinträchtigungen für beispielsweise das Betriebsklima zu führen, wodurch wiederum die Klagezulassung wahrscheinlicher wird, weil sich die Voraussetzungen des § 148 Abs. 1 S. 2 Nr. 4 AktG hinsichtlich eines schiedsgerichtlichen Verfahrens nicht begründen lassen.

(4) Zusammenfassung

Aus allgemeinen Erwägungen zur Struktur schiedsgerichtlicher Konfliktbeilegung lässt sich mithin nicht ableiten, dass die Erledigung des Streitstoffs aus § 148 AktG in einem Schiedsverfahren stets zulässig oder unzulässig wäre. Vielmehr sind die strukturellen und funktionalen Besonderheiten der Regelungen in § 148 AktG spezifisch auf ihre Verträglichkeit mit den Grundsätzen schiedsgerichtlicher Streitbeilegung hin zu untersuchen.

ii) Zuständigkeit, § 148 Abs. 2 S. 1 AktG

Teils wurde vertreten, dass wegen der Formulierung des § 148 Abs. 2 S. 1 AktG, wonach das Landgericht entscheidet, in dessen Bezirk die Gesellschaft ihren Sitz hat, allein die staatliche Gerichtsbarkeit entscheiden dürfe,[1012] mithin ein Schiedsverfahren nicht vereinbart werden könne. Richtigerweise enthält § 148 Abs. 2 S. 1 AktG aber nur eine Regelung über die sachliche und örtliche Zuständigkeit, wenn es bei dem Grundsatz, dass die staatlichen Gerichte entscheiden, verbleibt.

Denn ein Vergleich zu § 246 Abs. 3 S. 1 AktG zeigt, dass auch in § 148 AktG kein Ausschluss von Schiedsgerichten bezweckt war. In § 246 Abs. 3 S. 1 AktG wird (ebenso) angeordnet, dass (für die dort geregelte Anfechtungsklage) „ausschließlich das Landgericht, in dessen Bezirk die Gesellschaft ihren Sitz hat" zuständig ist.

Auch bei der Anfechtungsklage stellte sich[1013] die Frage, ob Schiedsfähigkeit gegeben ist. Dort ist mittlerweile höchstrichterlich geklärt, dass § 246 Abs. 3 S. 1 AktG nicht beinhaltet, dass Rechtsschutz nur vor staatlichen Gerichten gewährt werden darf, eine Schiedsvereinbarung also ausgeschlossen ist.[1014] Der BGH

1012 In diese Richtung Umbeck, SchiedsVZ 2009, 143, 146: § 148 AktG sehe Rechtsschutz unmittelbar durch staatliche Gerichte vor. Daher sei eine Schiedsklausel in der Satzung nicht möglich. Es wird aber nicht darauf eingegangen, woraus sich dieser abschließende Charakter ergeben soll.

1013 Für das GmbH-Recht, bei dem die §§ 246 ff. AktG teils analog herangezogen werden.

1014 BGH DStR 1996, 836, 837.

stellt vielmehr ausdrücklich klar, dass § 246 Abs. 3 S. 1 AktG keine Entscheidung dahingehend zu entnehmen ist, ob und wie der Rechtsstreit vor einem privaten Schiedsgericht anstatt vor staatlichen Gerichten geklärt werden kann.[1015] Denn die Regelung betrifft nur die sachliche und örtliche Zuständigkeit innerhalb der staatlichen Gerichtsbarkeit.[1016] Damit ist aber gerade nichts über die Zulässigkeit der Abbedingung der staatlichen Gerichtsbarkeit für den jeweiligen Streitfall vermittels Schiedsvereinbarung gesagt.[1017] Auch der Gesetzgeber des Schiedsverfahrens-Neuregelungsgesetzes (SchiedsVfG) war der Ansicht, dass die ausschließliche Zuständigkeit der Landgerichte bei den Beschlussmängelstreitigkeiten gerade nicht die generelle Schiedsunfähigkeit bedeutet.[1018]

Im Wortlaut nahezu identisch ist die Vorschrift des § 148 Abs. 2 S. 1 und Abs. 4 S. 1 AktG, die ebenfalls eine Zuständigkeit des Landgerichts „in dessen Bezirk die Gesellschaft ihren Sitz hat" (§ 148 Abs. 2 S. 1 AktG) anordnet. Bereits aus dieser Parallelität der Regelungszusammenhänge ergibt sich, dass auch hier keine zwingende Zuordnung zu staatlichen Gerichten getroffen wird. Es wäre ein Widerspruch anzunehmen, § 246 AktG beinhalte eine (bloße) Zuständigkeitsregelung und § 148 AktG impliziere die Unmöglichkeit einer Schiedsvereinbarung. Vielmehr handelt es sich auch hier um eine als (bloße) Zuständigkeitsnorm zu qualifizierende Vorschrift,[1019] die nur gilt, wenn die Streitigkeit auch tatsächlich vor einem staatlichen Gericht entschieden werden soll, also gerade keine Schiedsvereinbarung besteht.

Die Regelung in § 148 Abs. 2 S. 1 AktG steht also einer Schiedsvereinbarung nicht entgegen.

iii) „Hauptsacheverfahren"

Im Folgenden soll untersucht werden, wie sich eine Schiedsvereinbarung in einem Individualvertrag mit dem Vorstand auf die Geltendmachung des Anspruchs aus § 93 Abs. 2 AktG durch die Aktionäre auswirkt.

1015 BGH DStR 1996, 836, 837.

1016 Dörr in Spindler/Stilz, Aktiengesetz, 2. Aufl. 2010, § 246 Rn. 9; Zöllner, AG 2000, 145, 150.

1017 J. Vetter, DB 2000, 705, 706; Dörr in Spindler/Stilz, Aktiengesetz, 2. Aufl. 2010, § 246 Rn. 9; Henze, ZGR 17 (1988) 542, 550.

1018 BT-Drucks. 13/5274, S. 34 f.

1019 Koch qualifiziert § 148 Abs. 2 AktG mit guten Gründen (Entscheidung über die Zulassung durch das Prozessgericht) trotz des insoweit nicht eindeutigen Wortlauts als Anordnung einer ausschließlichen Zuständigkeit, vgl. Koch in Hüffer, AktG, 11. Aufl. 2014, § 148 Rn. 12.

Dies wird der Untersuchung des eigentlich zeitlich vorgelagerten Zulassungsverfahrens nach § 148 Abs. 1 und 2 AktG vorangestellt, weil von der Hauptsache möglicherweise Rückschlüsse auf das Zulassungsverfahren gezogen werden können.

(1) Rechtsnatur der Geltendmachung

Die Formulierung in § 148 Abs. 1 S. 1 AktG, wonach „Aktionäre [...] im eigenen Namen [...] Ersatzansprüche der Gesellschaft geltend [...]" machen können, zeigt, dass es sich um eine (gesetzliche) Prozessstandschaft handelt.[1020] Es wird also ein fremdes Recht in eigenem Namen geltend gemacht.[1021] Prozessrechtlich gesehen hat der Aktionär also „ganz ausnahmsweise"[1022] die Prozessführungsbefugnis zur Geltendmachung eines fremden Rechts in eigenem[1023] Namen.

(2) Folgerungen für die Bindung der Aktionäre an eine Schiedsvereinbarung

Grundsätzlich sind nur die Parteien der Schiedsvereinbarung als Parteien des Prozesses an die Schiedsvereinbarung gebunden,[1024] wobei das Gesetz grundsätzlich von einer Identität der Vereinbarungs- mit den Prozessparteien ausgeht.[1025]

Aus der Definition aber, dass der Prozessstandschafter ein fremdes Recht in eigenem Namen geltend macht, folgt, dass der Prozessstandschafter an die Modalitäten der Geltendmachung im Verhältnis des Gläubigers zum Schuldner gebunden ist.[1026] Für diese Bindung ist nicht erforderlich, dass der Prozessstandschafter

---

1020 H.M., vgl. BT-Drucks. 15/5092, S. 22; Spindler in Schmidt/Lutter, AktG, 2. Aufl. 2010, § 148 Rn. 2; Koch in Hüffer, AktG, 11. Aufl. 2014, § 148 Rn. 11; Hirschmann in Hölters, AktG, 2. Aufl. 2014, § 148 Rn. 4; Mock in Spindler/Stilz, AktG, 2. Aufl. 2010, § 148 Rn. 3.

1021 Vgl. zum prozessualen Hintergrund des formellen Parteibegriffs Lindacher in MüKoZPO, 4. Aufl. 2013, Vorb. §§ 50 ff., Rn. 2 und 41 f.

1022 BT-Drucks. 13/5092, S. 23.

1023 Eine vertretungsweise Geltendmachung würde in fremdem Namen erfolgen.

1024 Lachmann, Hdb. für die Schiedsgerichtspraxis, 3. Aufl. 2008, Rn. 501; Wegen/Barth in Torggler, Schiedsgerichtsbarkeit, 2007, S. 70.

1025 Münch in MüKoZPO, 4. Aufl. 2013, § 1029 Rn. 44; K. Schmidt, ZGR 17 (1988) 523, 530.

1026 Allgemein Münch in MüKoZPO, 4. Aufl. 2013, § 1029, Rn. 49; für den Insolvenzverwalter (der ebenso Prozessstandschafter ist) BGH NZI 2011, 634, 635, mit Hervorhebung der Ausnahmen: Gibt die InsO dem Insolvenzverwalter insolvenzspezifische Rechte, so ist der Schuldner über diese im Vorhinein nicht dispositionsbefugt, sodass diese auch nicht einer vom Schuldner getroffenen Schiedsvereinbarung unterfallen können, vgl. BGH NZI 2011, 634, 636; BGH NJW 2004,

an der Schiedsvereinbarung mitgewirkt hat.[1027] Denn er macht gerade nicht ein eigenes Recht geltend, sondern ein fremdes. Insoweit wird eine eigene Rechtsposition durch die Existenz einer Schiedsvereinbarung auch gar nicht berührt.

Der Prozessstandschafter ist also gerade auch an eine Schiedsvereinbarung zwischen Schuldner und Gläubiger gebunden.

iv) Gleichwertigkeitskautelen – Hauptsacheverfahren

Der BGH hatte im Rahmen der §§ 246 ff. AktG (für ihre analoge Anwendung im Recht der GmbH) zu entscheiden, welche Voraussetzungen erfüllt sein müssen, damit die dort geregelte Anfechtungsklage vor einem Schiedsgericht verhandelt werden kann.[1028] Im Rahmen von „Schiedsfähigkeit II" wurden insoweit sog. „Gleichwertigkeitskautelen"[1029] aufgestellt.

Diese dem Minderheitenschutz dienenden[1030] Gleichwertigkeitskautelen könnten im Rahmen einer „Parallelbetrachtung" des § 148 AktG zu den §§ 246 ff. AktG auch für § 148 AktG relevant sein. Denn in struktureller Hinsicht ergeben sich weder im Hinblick auf das Recht der GmbH im Verhältnis zum Recht der AG, noch im Hinblick auf die Situation in der Anfechtungsklage einerseits und der Aktionärsklage nach § 148 AktG andererseits grundlegende Bedenken. Zu beachten ist allerdings, dass in dem zugrundeliegenden Fall eine satzungsmäßige Schiedsklausel bestand, hier aber gerade die individualvertragliche Schiedsbindung in Rede steht.

Im Folgenden werden daher die Kautelen, wie sie zu §§ 246 ff. AktG aufgestellt wurden, dargestellt, um dann jeweils zu untersuchen, ob sie auch für § 148 AktG Geltung beanspruchen können.

(1) Schiedsvereinbarung

Erste Voraussetzung ist, dass die Schiedsvereinbarung entweder mit Zustimmung aller Gesellschafter in der Satzung der Gesellschaft verankert ist oder

---

2898, 2899; Lachmann, Hdb. für die Schiedsgerichtspraxis, 3. Aufl. 2008, Rn. 516; Schwab/Walter, Schiedsgerichtsbarkeit, 7. Aufl. 2005, Erster Teil Abschn. I Kap. 7 Rn. 33; Voit in Musielak, ZPO, 11. Aufl. 2014, § 1029 Rn. 8; Umbeck, SchiedsVZ 2009, 143, 147.

1027 Vgl. zur Frage der Bindung von nicht beteiligten Aktionären im Fall der Beschlussanfechtung, jedoch noch zur alten ZPO-Rechtslage, K. Schmidt, ZGR 17 (1988) 523, 530 ff.

1028 Vgl. ursprünglich BGH DStR 1996, 836 („Schiedsfähigkeit I") und nunmehr BGH NZG 2009, 620 („Schiedsfähigkeit II").

1029 BGH NZG 2009, 620, 621.

1030 Goette, GWR 2009, 103.

außerhalb der Satzung eine Abrede besteht, an der alle Gesellschafter und die Gesellschaft mitgewirkt haben.[1031]

Auf den Fall des § 148 AktG ist dies nicht vollständig übertragbar. Denn die prozessstandschaftliche Geltendmachung des Schadensersatzanspruchs ist die Geltendmachung eines fremden Rechts. Der Prozessstandschafter muss die Rechtslage so hinnehmen, wie er sie vorfindet.[1032] Aus Sicht des Prozessrechts liegt ein Fall ausnahmsweiser Dritterstreckung der Schiedsvereinbarung vor.[1033]

Anders könnte dies im Hinblick auf das Zulassungsverfahren gemäß § 148 Abs. 1 AktG sein. Hier geht es nämlich um ein *eigenes* Recht der Aktionäre.[1034]

(2) Möglichkeit der Mitwirkung

Weitere Voraussetzung ist im Rahmen der §§ 246 ff. AktG, dass die Aktionäre über Einleitung und Verlauf des Schiedsverfahrens informiert und so in die Lage versetzt werden, sich gegebenenfalls aktiv am Verfahren zu beteiligen.[1035]

Im Rahmen des § 148 AktG wird sicherlich eine Rolle spielen, ob und wie Aktionäre von einer prozessstandschaftlichen Haftungsklage Kenntnis erhalten müssen. Die Notwendigkeit der Information ist aber vor dem Hintergrund des § 148 Abs. 4 S. 3 AktG und seines Normzwecks im Stadium des Hauptsacheverfahrens nicht mehr gegeben. Nach § 148 Abs. 4 S. 3 AktG ist eine Nebenintervention durch Aktionäre nach Zulassung der Klage nicht mehr möglich. Dies hat den Zweck, dass jeder Aktionär, der sich am Verfahren beteiligt, das Zulassungsverfahren persönlich durchlaufen muss und nicht auf dem „Umweg" der Nebenintervention die Voraussetzungen des § 148 Abs. 1 AktG umgeht.[1036]

Eine Bekanntmachung muss sich demnach allenfalls an den Maßstäben des § 149 Abs. 1 AktG orientieren, also im Stadium des Klagezulassungsverfahrens stattfinden.[1037]

1031 BGH NZG 2009, 620, 622.

1032 Vgl. dazu soeben.

1033 Münch in MüKoZPO, 4. Aufl. 2013, § 1029 Rn. 49; Hilbig, SchiedsVZ 2009, 247, 252 und Fn. 85; zum dogmatischen Hintergrund vgl. soeben.

1034 Vgl. dazu sogleich.

1035 BGH NZG 2009, 620, 622.

1036 Koch in Hüffer, AktG, 11. Aufl. 2014, § 148 Rn. 18; Mock in Spindler/Stilz, AktG, 2. Aufl. 2010, § 148 Rn. 139; BT-Drucks. 13/5092, S. 23.

1037 Vgl. aber zu der wenig gelungenen Abstimmung von § 149 Abs. 1 AktG, der auf eine rechtskräftige Zulassung der Klage als Auslöser der Bekanntmachungspflicht abstellt, mit § 148 Abs. 4 S. 3 AktG, der ab dem Zeitpunkt der Zulassung eine Nebenintervention ausschließt etwa Mock in Spindler/Stilz, AktG, 2. Aufl. 2010, § 149 Rn. 4.

(3) Auswahl der Schiedsrichter

Dritte Voraussetzung ist bei der Anfechtung von GmbH-Beschlüssen vor Schiedsgerichten, dass alle Gesellschafter bei der Wahl und Bestellung der Schiedsrichter mitwirken können.[1038] Alternativ kann die Auswahl der Schiedsrichter durch eine neutrale Stelle erfolgen.[1039]

Es ist fraglich, ob diese Maßgabe so auch bei § 148 AktG gilt. Wiederum muss beachtet werden, dass der Prozessstandschafter nur ein fremdes Recht in eigenem Namen geltend macht.

Richtigerweise kann durch die Gesellschaft und den Vorstand im Vorhinein vertraglich ein ständiges Schiedsgericht eingesetzt werden.[1040] Dann erübrigt sich die Frage der Einflussnahmemöglichkeit, weil dann insoweit bereits alles geregelt ist. Der Prozessstandschafter ist an die Besetzung gebunden.[1041]

Wurde noch kein Schiedsrichter bestellt und die Bestellung auch nicht einer neutralen Stelle übertragen[1042], so ist fraglich, ob die Schiedsrichterbestellung durch die Partei des Prozesses oder durch die Partei der Schiedsvereinbarung zu geschehen hat. Denn der Prozessstandschafter ist selbst Partei des Prozesses, nur ist er nicht Partei der Schiedsvereinbarung.

In konsequenter Fortführung der oben aufgezeigten Linie, dass der Prozessstandschafter die Rechtslage so hinzunehmen hat, wie er sie vorfindet,[1043] steht dann im Falle der Anordnung eines Dreierschiedsgerichts dem Prozessstandschafter das Recht auf Auswahl eines Schiedsrichters zu. Insofern müssen entsprechend der Vorgabe des BGH bei §§ 246 ff. AktG alle Aktionäre „an der Auswahl und Bestellung der Schiedsrichter mitwirken können“[1044], wobei aber „im Rahmen der Beteiligung mehrerer Gesellschafter auf einer Seite des

---

1038 BGH NZG 2009, 620, 622.

1039 BGH NZG 2009, 620, 622.

1040 Vgl. für den Fall der §§ 246 ff. AktG Goette, GWR 2009, 103; Göz/Peitsmeier, DB 2009, 1915, 1920, die auch auf die Nachteile vorab getroffener Schiedsrichterregelungen hinweisen.

1041 Für den Insolvenzverwalter Lachmann, SchiedsVZ 2005, 100, 102; ders., Hdb. der Schiedsgerichtspraxis, 3. Aufl. 2008, Rn. 791.

1042 Ebenso unproblematisch dürfte vor dem obigen Hintergrund der Fall des § 1035 Abs. 3 S. 1 ZPO sein, in dem in Ermangelung einer Regelung sowie einer Einigung der Parteien auf einen Einzelschiedsrichter bei der Ad-hoc-Schiedsgerichtsbarkeit ein staatliches Gericht den Einzelschiedsrichter bestellt. Im Falle der institutionellen Schiedsgerichtsbarkeit wird die jeweilige Institution eine Bestellung vornehmen, vgl. Lachmann, Hdb. für die Schiedsgerichtspraxis, 3. Aufl. 2008, Rn. 797.

1043 Lachmann, Hdb. der Schiedsgerichtspraxis, 3. Aufl. 2008, Rn. 791.

1044 BGH NZG 2009, 620, 622.

Streitverhältnisses [...] grundsätzlich das Mehrheitsprinzip zur Anwendung gebracht werden [kann]."[1045]

Die Besetzung des Schiedsgerichts kann also entweder im Vorhinein festgeschrieben werden, dann ist die Festsetzung für die klagenden Aktionäre bindend. Alternativ kann die Bestellung durch eine im Vorhinein zu bestimmende neutrale Stelle erfolgen. Ist nur festgeschrieben, dass ein Dreierschiedsgericht entscheiden soll, die Besetzung hingegen noch offen, so müssen alle Aktionäre die Möglichkeit bekommen, an der Schiedsrichterbestellung mitzuwirken, wobei ein Mehrheitsentscheid ausreicht.[1046]

(4) Konzentration

Zuletzt ist noch die Verfahrenskonzentration zu untersuchen. Auch diese wurde vom BGH im Rahmen der Beschlussmängelstreitigkeiten gefordert.[1047] Entscheidend hierfür ist, dass die Schiedsvereinbarung eine Sperrwirkung der ersten Schiedsklage für später erhobene Schiedsklagen vorsieht.[1048] Bereits aufgrund dieses Aspekts wird sicherzustellen sein, dass alle potentiellen Prozessstandschafter von der Einleitung des Verfahrens Kenntnis erlangen.[1049]

(5) Zusammenfassung

Die vergleichende Betrachtung zu den in §§ 246 ff. AktG getroffenen Anordnungen und den daraus resultierenden Gleichwertigkeitskautelen bringt hervor, dass diese nur teils für § 148 AktG Geltung beanspruchen können. Insbesondere die Beteiligung aller Aktionäre bei Vereinbarung der Schiedsbindung ist wegen der prozessstandschaftlichen Natur des Tätigwerdens im Hauptsacheverfahren nicht erforderlich. Die übrigen Kautelen sind wegen der Parallelität der Regelungen in §§ 246 ff. AktG und § 148 AktG übertragbar, jedoch nicht zwingend von gleicher Wichtigkeit. Somit ist es möglich, das Hauptsacheverfahren – bei Einhaltung der genannten Voraussetzungen – vor einem Schiedsgericht durchzuführen.

1045 BGH NZG 2009, 620, 622.

1046 Die letzte Variante der Bestellung dürfte zumindest bei großen Aktiengesellschaften unpraktikabel sein. Insoweit dürfte ein Anreiz zur vorherigen Festlegung der Besetzung bestehen. Eine andere Option ist die in § 148 Abs. 3 S. 1 AktG geregelte, vgl. dazu sogleich.

1047 Vgl. BGH NZG 2009, 620, 622.

1048 Für §§ 246 ff. AktG Göz/Peitsmeier, DB 2009, 1915, 1920; ebenso Goette, GWR 2009, 103.

1049 Vgl. auch Goette, GWR 2009, 103.

v) Objektive Schiedsfähigkeit des Zulassungsverfahrens

Fraglich ist indes, ob das Zulassungsverfahren überhaupt schiedsfähig gemäß § 1030 Abs. 1 ZPO ist. Dies bestimmt sich nach § 1030 Abs. 1 S. 2 ZPO, weil es sich bei der Klagezulassung selbst um einen nichtvermögensrechtlichen Gegenstand handelt.[1050] Damit müssen die Parteien gemäß § 1030 Abs. 1 S. 2 AktG berechtigt sein, „über den Gegenstand des Streits einen Vergleich zu schließen". Entscheidend ist das Vorliegen einer Dispositionsbefugnis.[1051]

Es ist umstritten, ob der Gegenstand des Klagezulassungsverfahrens einem Vergleich zugänglich und damit objektiv schiedsfähig ist.[1052]

Bei Neuregelung des Schiedsverfahrensrechts wurde das Kriterium der Vergleichsfähigkeit zugunsten einer Ausweitung der Schiedsfähigkeit aufgrund der Gleichwertigkeit der Schiedsgerichtsbarkeit zur staatlichen Gerichtsbarkeit weitgehend aufgegeben.[1053] Im Bereich der nichtvermögensrechtlichen Gegenstände wurde das Kriterium der Vergleichsfähigkeit allerdings aufrecht erhalten, jedoch mit dem Zweck, dem Staat das Entscheidungsmonopol bezüglich besonders schutzwürdiger Rechtsgüter zu bewahren.[1054] Seitens des Gesetzgebers hatte man also Verfahren wie etwa Ehescheidungen im Auge.[1055] Umgekehrt sollte beispielsweise die Streitigkeit über einen Vereinsausschluss auch schiedsgerichtlich entschieden werden können.[1056] Auch bei Beschlussmängelstreitigkeiten ging der Gesetzgeber anscheinend von der grundsätzlichen Schiedsfähigkeit aus.[1057]

1050 Denkbar wäre auch, die Klagezulassung als (noch) vermögensrechtlichen Gegenstand einzuordnen, wenn man davon ausgeht, dass sich die Klagezulassung von dem Hauptanspruch „ableitet", vgl. dazu Münch in MüKoZPO, 4. Aufl. 2013, § 1030 Rn. 13.

1051 Voit in Musielak, ZPO, 11. Aufl. 2014, § 1030 Rn. 6; für das Gesellschaftsrecht allgemein Marburger in Staudinger, BGB, Neubearb. 2009, § 779 Rn. 10.

1052 Für Vergleichsfähigkeit Mock in Spindler/Stilz, AktG, 2. Aufl. 2010, § 148 Rn. 107; Hirschmann in Hölters, AktG, 2. Aufl. 2014, § 148 Rn. 31; Schröer, ZIP 2005, 2081, 2086; dagegen G. Bezzenberger/T. Bezzenberger in GroßKommAktG, 4. Aufl. (2008), § 148 Rn. 197.

1053 BT-Drucks. 13/5274, S. 34.

1054 BT-Drucks. 13/5274, S. 34.

1055 BT-Drucks. 13/5274, S. 35.

1056 BT-Drucks. 13/5274, S. 35.

1057 Für den Bereich der Beschlussmängelstreitigkeiten überantwortet der Gesetzgeber der Rechtsprechung die Aufgabe, die Fragen der Gestaltungswirkung von Anfechtungsurteilen gegenüber nicht beteiligten Aktionären zu lösen, vgl. BT-Drucks. 13/5274, S. 35. Es handelt sich also auch nach Ansicht des Gesetzgebers um zwei getrennt zu beantwortende Fragen, ob Schiedsfähigkeit gegeben ist und wie das

Richtigerweise ist die Entscheidung, ob die Klage zugelassen wird, einer vergleichsweisen Regelung zugänglich.[1058] Der gesetzgeberische Wille, in Anbetracht der Gleichwertigkeitsthese die Schiedsfähigkeit auszuweiten, wirkt sich gerade an Grenzfällen wie dem der Klagezulassung dahingehend aus, dass Schiedsfähigkeit anzunehmen ist.[1059] Die Aktionäre, die Klagezulassung beantragen, sind nicht daran gehindert, vor oder während des Zulassungsverfahrens einen Antragsverzicht oder eine Antragsrücknahmeverpflichtung abzugeben.[1060] Damit können sie grundsätzlich über den Gegenstand des Zulassungsverfahrens disponieren.[1061]

Das zeigt sich auch am Wortlaut des § 148 Abs. 5 S. 2 HS. 2 AktG, wonach ein Vergleich für und gegen die Gesellschaft nur nach Klagezulassung wirkt. Dadurch, dass die Norm auf die Wirkungen *nach* Klagezulassung abstellt und nicht sagt, dass erst dann ein Vergleich überhaupt möglich ist, wird deutlich, dass ein Vergleich auch zuvor geschlossen werden kann und Wirkungen zwischen den anderen Beteiligten hat.

Mithin ist das Klagezulassungsverfahren gemäß § 148 Abs. 1, 2 AktG objektiv schiedsfähig.

vi) Schiedsbindung im Klagezulassungsverfahren, § 148 Abs. 1 AktG

Das Zulassungsverfahren ist ein dem Hauptsacheverfahren vorgeschaltetes Verfahren, welches grundsätzlich nach den Regeln der ZPO[1062] abläuft und sowohl den Zweck hat, den Aktionären ohne Kostenrisiko des Hauptsacheverfahrens die Erfolgsaussichten ihres Vorgehens aufzuzeigen als auch missbräuchliche

---

Verfahren dann ausgestaltet werden muss. Vgl. zur Ausgestaltung insbesondere im Hinblick auf die sog. „Gleichwertigkeitskautelen“ unten.

1058 Mock in Spindler/Stilz, AktG, 2. Aufl. 2010, § 148 Rn. 107.

1059 Münch in MüKoZPO, 4. Aufl. 2013, § 1030 Rn. 10 spricht von „In dubio pro Schiedsfähigkeit“.

1060 Vgl. auch Mock in Spindler/Stilz, AktG, 2. Aufl. 2010, § 148 Rn. 107.

1061 Eine hiervon zu trennende Frage ist, *wem* gegenüber die Disposition durch Vergleich wirkt. Für die objektive Schieds*fähigkeit* ist aber gerade nicht erforderlich, dass ein Vergleich der die Zulassung begehrenden Minderheit auch für andere Aktionäre wirkt, vgl. hierzu Mock in Spindler/Stilz, AktG, 2. Aufl. 2010, § 148 Rn. 107 f.

1062 Es ist also kein Verfahren nach den Regeln der freiwilligen Gerichtsbarkeit, vgl. auch Mock in Spindler/Stilz, AktG, 2. Aufl. 2010, § 148 Rn. 40.

Klagen abzuwehren.[1063] Diese Filterfunktion wird durch den Katalog in § 148 Abs. 1 S. 2 Nrn. 1–4 AktG übernommen.[1064]

Entsprechend seinem Zweck erfolgt nur eine summarische Prüfung des Hauptsacheanspruchs;[1065] bei hinreichender Aussicht auf Erfolg wird die Klage zugelassen.[1066]

Nachdem dem Zulassungsantrag stattgegeben wurde, kann die Klage bei dem Gericht, das auch über die Klagezulassung zu entscheiden hatte, erhoben werden, § 148 Abs. 4 S. 1 AktG.

(1) Konfliktlage

Das Recht, Klagezulassung zu beantragen, ist ein eigenes Recht der Aktionäre.[1067] Es ist also anders als der im Hauptsacheverfahren geltend gemachte Schadensersatzanspruch nicht ein fremdes Recht. Damit kann für die Bindung der Aktionäre an eine bestehende Schiedsabrede zwischen dem Vorstand und der Aktiengesellschaft auch nicht auf die Rechtsnatur der Prozessstandschaft abgestellt werden, weil diese im Klagezulassungsverfahren gerade (noch) nicht vorliegt.

Damit tritt *prima facie* eine Lage ein, bei der die Aktionäre im Hauptsacheverfahren der Schiedsbindung unterliegen. Im Zulassungsverfahren bedarf eine Bindung der Aktionäre an eine solche Schiedsabrede aber gesonderter Begründung.

Gelingt diese Begründung nicht, so sind zwei weitere Folgen denkbar: Zum einen könnte die Klagezulassung vor einem staatlichen Gericht zu beantragen, das sich anschließende Hauptsacheverfahren aber wegen der Schiedsbindung der Aktionäre aufgrund ihrer Prozessstandschaft vor dem Schiedsgericht durchzuführen sein.

Zum anderen könnte aber auch eine „Sperrwirkung" eintreten, die von der Klagezulassung vor dem staatlichen Gericht ausginge, sodass auch das Hauptsacheverfahren vor staatlichen Gerichten zu führen wäre.

1063 BT-Drucks. 13/5092, S. 20.

1064 Raiser/Veil, Recht der Kapitalgesellschaften, 5. Aufl. 2010, S. 70.

1065 Mock in Spindler/Stilz, AktG, 2. Aufl. 2010, § 149 Rn. 90.

1066 Liebscher in Henssler/Strohn, Gesellschaftsrecht, 2. Aufl. 2014, AktG, § 148 Rn. 8.

1067 Spindler in Schmidt/Lutter, 2. Aufl. 2010, § 148 Rn. 3 „Überwachungs- und Kontrollinstrument der Aktionäre"; vgl. auch Raiser/Veil, Recht der Kapitalgesellschaften, 5. Aufl. 2010, S. 70 f.

(2) Lösungsansätze

Es bestehen also gewissermaßen drei denkbare Lösungsansätze: Bindung der Aktionäre im Zulassungs- und Hauptsacheverfahren (dazu (a)), Trennung zwischen Zulassungs- und Hauptsacheverfahren (dazu (b)) und „Sperrwirkung" des Zulassungsverfahrens im Hinblick auf eine eventuelle Schiedsbindung für das Hauptsacheverfahren. Diese drei Lösungsansätze sind im Folgenden näher zu untersuchen.

(a) „Akzessorietät" des Zulassungsverfahrens

Es ließe sich argumentieren, dass die strukturellen Verknüpfungen von Zulassungs- und Hauptsacheverfahren zeigen, dass auch das Zulassungsverfahren vor einem Schiedsgericht ablaufen kann,[1068] wenn denn nur für das Hauptsacheverfahren eine Schiedsvereinbarung besteht. Das Zulassungsverfahren wäre also „akzessorisch" zum Hauptsacheverfahren zu behandeln.

Denn das Zulassungsverfahren ist nur ein vorgeschaltetes Verfahren, welches eine summarische Prüfung der Hauptsache sowie weiterer Zulassungsvoraussetzungen zum Gegenstand hat. Schiedsgerichte bieten einen dem staatlichen Rechtsschutz gleichwertigen Rechtsschutz.[1069] Insofern sind keine Gründe ersichtlich, weshalb nicht das Schiedsgericht auch über das Zulassungsverfahren entscheiden sollte.

Sowohl die Beiladung gemäß § 148 Abs. 2 S. 9 AktG als auch das Rechtsmittel der sofortigen Beschwerde gemäß § 148 Abs. 2 S. 7 AktG sind durch ein (Ober-) Schiedsgericht darstellbar.[1070] Die Schiedsordnungen ständiger Schiedsgerichte sehen teilweise sogar bereits einen Instanzenzug vor.[1071]

Das Zulassungsverfahren stellt demnach also kein Hindernis für eine Erledigung des gesamten Streitstoffs im Rahmen des § 148 AktG vor einem Schiedsgericht dar.

1068 I.E. Mock in Spindler/Stilz, AktG, 2. Aufl. 2010, § 148 Rn. 91, der aber auf eine Schiedsvereinbarung zwischen den antragstellenden Aktionären und dem Antragsgegner ad hoc abstellt.

1069 BT-Drucks. 13/5274, S. 34 und BGH NZG 2009, 620, 621.

1070 Vgl. zur Möglichkeit der Vereinbarung eines Instanzenzuges Klumpp in Beisel/Klumpp, Der Unternehmenskauf, 6. Aufl. 2009, Kap. 18 Rn. 9; Schwab/Walter, Schiedsgerichtsbarkeit, 7. Aufl. 2005, Erster Teil Abschn. IV Kap. 22 Rn. 1 und 4; nicht hingegen kann ein Instanzenzug vom Schiedsgericht zum staatlichen Gericht vereinbart werden, vgl. etwa Lachmann, Hdb. der Schiedsgerichtspraxis, 3. Aufl. 2008, Rn. 6.

1071 Schwab/Walter, Schiedsgerichtsbarkeit, 7. Aufl. 2005, Erster Teil Abschn. IV Kap. 22 Rn. 1.

(b) „Aufspaltung" in Zulassungs- und Hauptsacheverfahren

Dem lässt sich entgegenhalten, dass damit gewissermaßen ein „Schiedsvertrag zu Lasten Dritter" entsteht. Haben die nach § 148 AktG die Zulassung beantragenden Aktionäre nicht gesondert eine Schiedsabrede unterzeichnet,[1072] besteht keine Rückführbarkeit ihrer Schiedsbindung auf einen rechtsgeschäftlichen Legitimationsakt.[1073] Schiedsbindung besteht aber grundsätzlich aufgrund privatautonomen Handelns des Einzelnen. Dieses muss nicht zwingend in einem Individualvertrag zum Ausdruck kommen – es sind durchaus auch andere Formen privatautonomer Bindung denkbar.[1074]

Daraus könnte sodann abgeleitet werden, dass die Zulassungsentscheidung durch das Landgericht gemäß § 148 Abs. 2 S. 1 AktG getroffen wird und sich daran das schiedsgerichtliche Hauptsacheverfahren anschließt. Nachteilig an dieser „Aufspaltung" wäre, dass damit nicht mehr dasselbe Gericht über Zulassung und Hauptsache entscheidet, was aber angesichts des summarischen Vorprüfungscharakters des Zulassungsverfahrens möglicherweise bezweckt war.

(c) „Sperrwirkung" für das gesamte Verfahren nach § 148 AktG

Man könnte auch argumentieren, die fehlende Schiedsbindung der Aktionäre im Zulassungsverfahren bedeute, dass das gesamte Aktionärsklageverfahren nicht vor einem Schiedsgericht ablaufen kann, es sei denn, die klagenden Aktionäre haben sich ad hoc einer Schiedsbindung unterworfen.

Im Ergebnis würde die Gesellschaft ihrer angestrebten schiedsgerichtlichen Streitbeilegung nicht verlustig gehen, denn § 148 Abs. 3 S. 1 HS. 1 AktG sieht vor, dass die Gesellschaft jederzeit berechtigt ist, selbst den Ersatzanspruch geltend zu machen. Dies hat gemäß § 148 Abs. 3 S. 1 HS. 2 AktG die Wirkung, dass ein anhängiges (Zulassungs- oder Hauptsache-) Verfahren der Aktionäre unzulässig wird. Insofern könnte argumentiert werden, eine so verstandene Sperrwirkung entfalte keine Unbilligkeiten zu Lasten der Gesellschaft und trage dem Umstand Rechnung, dass mangels rechtsgeschäftlicher Legitimation des Schiedsgerichts für die Klagezulassung die Aktionäre nicht schiedsgebunden sind.[1075]

1072 Dazu Mock in Spindler/Stilz, AktG, 2. Aufl. 2010, § 148 Rn. 91.

1073 Zur Notwendigkeit einer solchen Zustimmung siehe oben bei den „Gleichwertigkeitskautelen".

1074 Beckmann, Statutarische Schiedsklauseln, 2006, S. 141; siehe dazu im einzelnen unten.

1075 Anders wäre es dann im Fall des § 148 Abs. 3 S. 2 AktG: Ist das Verfahren durch die Aktionäre vor einem staatlichen Gericht anhängig gemacht worden, so kann die

(d) Lösung

Erachtet man die strukturelle Besonderheit, dass das Zulassungsverfahren nur Vorstufe ist und teleologisch sowie aus Gründen der Prozessökonomie wohl vom selben Gericht wie die Hauptsache entschieden werden sollte, nicht als ausreichend für eine Schiedsbindung der Aktionäre auch im Zulassungsverfahren, weil man umgekehrt auf das rechtsgeschäftliche Legitimationsdefizit abstellt, so ist der „Aufspaltungslösung" zuzustimmen.

Die „Sperrwirkungslösung" verkennt die Wirkungen, die von der prozessstandschaftlichen Natur des Tätigwerdens in der Hauptsache ausgehen. Das Zulassungsverfahren hat nur vorgeschaltete Funktion, ist nur Mittel zur Erreichung der Prozessstandschaft. Letztere ist auch die Realisierung des Schutzzwecks von § 148 AktG, den Aktionären ein eigenständiges Verfolgungsinstrument an die Hand zu geben. Die „Sperrwirkungslösung" ist also letztlich mit kehrseitigen Argumenten abzulehnen wie die „Akzessorietätslösung". Denn hinsichtlich der Hauptsache besteht gerade eine rechtsgeschäftliche Legitimation und Bindung der Aktionäre. Diese darf nicht ignoriert werden.

Die „Aufspaltungslösung" trägt demnach den dogmatisch und rechtsgeschäftlich bestehenden Strukturen am besten Rechnung. Sie ist freilich dem Vorwurf geringerer Praktikabilität ausgesetzt. Bei teleologischer Betrachtung scheint angesichts des Gewichts des Klagezulassungsverfahrens im Gesamtgefüge sowie des Umstands, dass schiedsgerichtliche Streitbeilegung auch die Chancen einer Klagezulassung erhöhen kann, die „Akzessorietätslösung" ebenso vertretbar.

vii) Gleichwertigkeitskautelen – Klagezulassungsverfahren

Hinsichtlich der ersten Voraussetzung der individuellen Bindung besteht bereits Klarheit. Hinsichtlich der zweiten (Mitwirkungsbefugnisse) und vierten (Konzentration) Voraussetzung ergeben sich keine Besonderheiten bezüglich des Klagezulassungsverfahrens.

Einzugehen bleibt auf die dritte Voraussetzung der Gleichwertigkeit, die Möglichkeit zur Auswahl der Schiedsrichter. Das Zulassungsverfahren bedeutet den „Eintritt" in das Verfahren nach § 148 AktG, sodass auch hier schon die Frage nach der Schiedsrichterbestellung relevant wird. Mit den soeben diskutierten Lösungsansätzen hinsichtlich der Bindungswirkungen bestehen aber auch hier keine strukturellen Probleme:

Gesellschaft nur vor dem staatlichen Gericht weiter prozessieren, denn sie „übernimmt" das Verfahren ja nur.

Folgt man der „Akzessorietätslösung“, wonach der prozessstandschaftliche Charakter des Hauptsacheverfahrens auch eine Bindung für das Zulassungsverfahren bedeutet, so treten die Aktionäre in die Stellung der Gesellschaft ein. Sie sind also an eine bestehende Schiedsrichtervereinbarung gebunden und können im Falle bisher nicht erfolgter Bestellung einen Schiedsrichter bestellen.[1076]

Folgt man hingegen der „Aufspaltungslösung“, so stellt sich das Problem der Schiedsrichterbestellung nicht, weil das Zulassungsverfahren dann vor einem staatlichen Gericht abläuft und im Hauptsacheverfahren ohnehin die Regeln der Prozessstandschaft gelten.[1077]

viii) Eintrittsrecht/eigene Klage, § 148 Abs. 3 AktG

Die Rechtsfolgen der Regelung gemäß § 148 Abs. 3 AktG, wonach die Gesellschaft jederzeit selbst ihren Anspruch geltend machen kann, mit der Folge, dass eine durch die Aktionäre erhobene Klage unzulässig wird (§ 148 Abs. 3 S. 1 AktG), bzw. dass die Gesellschaft auch das Verfahren der Aktionäre übernehmen darf (§ 148 Abs. 3 S. 2 AktG), sind auch im Schiedsverfahren möglich.[1078]

Die Alternativität dieser Handlungsmöglichkeiten stützt auch das oben zur Schiedsrichterbestellung gefundene Ergebnis: Haben die Aktionäre Schiedsrichter bestellt, die die Gesellschaft nicht bestellt hätte, so ist nach Erhebung einer eigenen Klage das (neue) Schiedsgericht neu zu besetzen.

ix) Rechtskrafterstreckung, § 148 Abs. 5 AktG

Fraglich ist, ob die in § 148 Abs. 5 AktG geregelte Rechtskrafterstreckung auf am Prozess unbeteiligte Aktionäre einer Verhandlung des Streitstoffs vor einem Schiedsgericht entgegensteht.

§ 148 Abs. 5 S. 1 AktG lautet: „*Das Urteil wirkt, auch wenn es auf Klageabweisung lautet, für und gegen die Gesellschaft und die übrigen Aktionäre.*“

Angesichts des Wortlauts der Norm („Urteil“) wird deutlich, dass sich diese Wirkung nur auf die Entscheidung im Hauptsacheverfahren bezieht. Denn der Antrag auf Klagezulassung wird durch Beschluss verbeschieden, vgl. § 148 Abs. 2 S. 1 AktG.

1076 Siehe dazu eingehend oben.

1077 Siehe dazu eingehend oben.

1078 Habersack, ZHR 177 (2013) 782, 790 sieht in der Übernahmemöglichkeit einen Grund für die bislang geringe Annahme des Verfahrens nach § 148 AktG; für die Abschaffung auch Brommer, AG 2013, 121.

(1) Erforderlichkeit der Beteiligung aller Aktionäre am Abschluss der Schiedsvereinbarung?

Im Bereich der Anfechtungsklage wurde in der in § 248 Abs. 1 AktG angeordneten Rechtskrafterstreckung das Problem gesehen, dass sich die Entscheidungswirkungen nicht auf Aktionäre erstrecken dürften, die der Schiedsvereinbarung nicht in irgendeiner Weise zugestimmt hätten.[1079]

Bei den §§ 246 ff. AktG erfolgt keine prozessstandschaftliche Geltendmachung von Ansprüchen, sondern es geht um die Anfechtung von Beschlüssen. Insoweit ist zwar die Anordnung der Rechtskrafterstreckung in § 248 Abs. 1 AktG der in § 148 Abs. 5 AktG ähnlich. Die Notwendigkeit einer positiven Anordnung der Rechtskrafterstreckung ist damit für den Bereich des § 148 AktG aber noch nicht belegt. Anders gesagt ist es denkbar, dass die Anordnung in § 148 Abs. 5 AktG nur deklaratorischer Natur ist, weil sie sich dogmatisch bereits aus anderen Erwägungen ergibt.

(2) Auswirkungen der prozessstandschaftlichen Stellung der Aktionäre

Bei § 148 Abs. 5 AktG ist der Fall anders als in §§ 246 ff. AktG gelagert. Denn hier folgt bereits aus der Rechtsnatur der Prozessstandschaft, dass eine Rechtskrafterstreckung stattfindet.[1080] Bei den §§ 246 ff. AktG kommt diese Wirkung mangels Prozessstandschaft hingegen nicht zum tragen.

Der Prozessstandschafter macht ein fremdes Recht geltend. Er hat sich also am Gehalt dieses Rechts zu orientieren. Die Prozessstandschaft führt nur zu einer Erweiterung des Kreises der Klagebefugten. Nicht hingegen führt sie zu einer Modifikation des Anspruchs selbst,[1081] denn der Prozessstandschafter muss für die Begründetheit der Klage gerade Leistung an den materiell Berechtigten verlangen und darf nicht Leistung an sich[1082] verlangen. Insofern darf

1079 BGH NZG 2009, 620, 621 f.; und Anm. Goette, GWR 2009, 103; Borris, NZG 2010, 481, 484; dabei kommt grundsätzlich eine Beteiligung des Einzelnen an der Schiedsvereinbarung oder aber die Bindungswirkung über korporativ wirkende Satzungsklauseln in Betracht.

1080 Koch in Hüffer, AktG, 11. Aufl. 2014, § 148 Rn. 19; allgemein zur Rechtskrafterstreckung bei Prozessstandschaft Münch in MüKoZPO, 4. Aufl. 2013, § 1029 Rn. 49; auch die RegBegr., BT-Drucks. 13/5092, S. 23 sieht den Grund der Rechtskrafterstreckung in der ausnahmsweise gestatteten Prozessstandschaft.

1081 In diese Richtung auch BT-Drucks. 13/5092, S. 23.

1082 In diesem Falle würde die Klage mangels materieller Befugnis wegen Unbegründetheit abgewiesen.

das Vorhandensein einer Prozessstandschaft nicht zu einer Vervielfachung der Rechtsverfolgung gegen den Schuldner führen.[1083]

Somit ist auch für die Bindung des Prozessstandschafters an die Schiedsvereinbarung nicht erforderlich, dass dieser in seiner Person der Schiedsvereinbarung zugestimmt hat. Vielmehr muss für eine Bindung des Prozessstandschafters der materiell Berechtigte (hier also die Gesellschaft) zugestimmt haben. Daraus folgt sodann auch, dass die vom Schiedsgericht getroffene Entscheidung Rechtskraft gegenüber den übrigen Aktionären im Sinne des § 148 Abs. 5 S. 1 AktG entfaltet.[1084]

(3) Gegenprüfung: Identische Folgerungen aus Gestaltungswirkung bei § 248 AktG?

Fraglich ist aber, ob sich nicht aus der Gestaltungswirkung eines Urteils im Anfechtungsprozess auch schon eine Rechtskrafterstreckung – ähnlich wie bei § 148 AktG aus der Prozessstandschaft – folgern ließe. Dann wäre der positiven Anordnung der Rechtskrafterstreckung möglicherweise doch ein eigener Sinngehalt beizumessen.

Bei den §§ 246 ff. AktG ist die Anordnung erforderlich, weil es rechtstechnisch denkbar wäre, den angefochtenen Beschluss nur „relativ" für unwirksam zu erklären. Es wäre also vorstellbar, dass der Beschluss gegenüber den Aktionären, die ihn angefochten haben, für nichtig erklärt wird, den anderen gegenüber aber Bestand hat.[1085]

Eine ähnliche Konstruktion ist im Bereich des § 148 AktG nicht denkbar: Entweder der Vorstand muss an die Gesellschaft leisten oder nicht. Eine „relative" Leistungspflicht ist schon deswegen undenkbar, weil aktivlegitimiert bei § 148 AktG stets die Gesellschaft ist, die Aktionäre eben nur eine besondere Klagebefugnis haben.

Damit ist die in § 248 Abs. 1 S. 1 AktG angeordnete Rechtskrafterstreckung rechtstechnisch erforderlich, weil andernfalls nicht alle Aktionäre von den Wirkungen der Entscheidung erfasst wären. Die Anordnung in § 248 Abs. 1 S. 1 AktG wirkt also anders als in § 148 Abs. 5 AktG konstitutiv.

1083 BT-Drucks. 13/5092, S. 23; Koch in Hüffer, AktG, 11. Aufl. 2014, § 148 Rn. 19.

1084 So (allgemein) auch Koch in Hüffer, AktG, 11. Aufl. 2014, § 148 Rn. 19.

1085 Dörr in Spindler/Stilz, AktG, 2. Aufl. 2010, § 248 Rn. 1; Englisch in Hölters, AktG, 2. Aufl. 2014, § 248 Rn. 2; Hüffer in MüKoAktG, 3. Aufl. 2011, § 248 Rn. 3.

(4) Folgerungen

Jeder Aktionär kann sich als Prozessstandschafter betätigen, wenn er nur die Voraussetzungen in § 148 Abs. 1 AktG erfüllt. Damit ist jeder Aktionär potentieller Prozessstandschafter. Muss aber jeder (potentielle) Prozessstandschafter die Modalitäten der Geltendmachung des Anspruchs sowie die betreffs des Anspruchs ergangenen Entscheidungen gegen sich gelten lassen, so folgt daraus, dass eine Zustimmung eines jeden Aktionärs zur Schiedsvereinbarung nicht nötig ist.

Vielmehr folgt aus der Rechtsnatur der Prozessstandschaft, dass die Rechtskraft sich auch auf diejenigen Aktionäre erstreckt, die bislang am Verfahren unbeteiligt waren. Denn es kann keinen Unterschied machen, ob über den Anspruch bereits entschieden ist, weil der materiell Berechtigte selbst (also die Gesellschaft) klagte oder ein anderer Prozessstandschafter. In beiden Fällen ist nämlich über den Anspruch des materiell Berechtigten bereits entschieden.

Die Anordnung in § 148 Abs. 5 S. 1 AktG ist also deklaratorisch. Die Erstreckung der Rechtskraft auf am Verfahren unbeteiligte Aktionäre folgt bereits aus ihrer Stellung als (potentieller) Prozessstandschafter.

x) Zusammenfassung zu § 148 AktG

Sowohl die Zuständigkeitsregelung in § 148 Abs. 2 AktG als auch die Besonderheit, dass die Aktionäre den Anspruch verfolgen, ändert nichts an der Bindungswirkung einer Schiedsvereinbarung im Hauptsacheverfahren. Im Gegenteil macht die prozessstandschaftliche Art des Tätigwerdens eine gesonderte Zustimmung jedes einzelnen Aktionärs für die Herbeiführung der Bindungswirkung obsolet. Die angepasste Einhaltung der zu §§ 246 ff. AktG aufgestellten Gleichwertigkeitskautelen sichert, dass aus der schiedsgerichtlichen Erörterung des Streitstoffs keine Nachteile für die Aktionäre resultieren.

Das Klagezulassungsverfahren kann vor einem Schiedsgericht geführt werden. Hinsichtlich der Bindung der die Zulassung beantragenden Aktionäre besteht kein Problem, wenn diese Aktionäre einer ad hoc-Schiedsabrede zustimmen. Besteht eine solche individuelle Legitimation der Schiedsgerichtsbarkeit nicht, so trägt die „Aufspaltungslösung" diesem Umstand Rechnung: Das Zulassungsverfahren muss dann vor einem staatlichen Gericht stattfinden. Stellt man hingegen die vorgeschaltete Funktion des Zulassungsverfahrens in den Vordergrund, so erscheint es mit der „Akzessorietätslösung" auch denkbar, eine Bindung der Aktionäre auch ohne individuelle Legitimation anzunehmen.

Ein Schiedsspruch erstreckt sich in seiner Rechtskraft auch auf nicht am Verfahren beteiligte Aktionäre. Dies folgt bereits aus der Struktur der prozessstandschaftlichen Geltendmachung.

5. *Zusammenfassung Schiedsvereinbarungen in Individualverträgen*

Es hat sich gezeigt, dass eine Schiedsvereinbarung für den Haftungsanspruch aus § 93 Abs. 2 AktG weder zivilprozess- noch aktienrechtlichen Bedenken begegnet. Gerade im Hinblick auf die Reichweite der Bindungswirkungen sind jedoch die Besonderheiten der indiviualvertraglichen Vereinbarung einer Schiedsbindung zu beachten: Schiedsgerichtsbarkeit beruht auf der privatautonomen Entscheidung der Beteiligten. Die Art der Legitimation kann variieren. Erforderlich ist aber eine Rückführbarkeit der Legitimation hin zum jeweiligen Beteiligten. Den Kritikpunkt eines dahingehenden Defizits muss sich die „Akzessorietätslösung" gefallen lassen.

VIII. Schiedsvereinbarung in der Satzung

1. *Motivationslage für die Aufnahme einer Schiedsvereinbarung in die Satzung*

Eine weitere Möglichkeit zur Etablierung einer Schiedsvereinbarung besteht darin, in die Satzung eine entsprechende Klausel aufzunehmen. Gerade wegen der korporativen Wirkung der Satzung könnte dies interessant sein. Wird eine Lösung angestrebt, bei der möglicherweise nicht die Schwächen der individualvertraglichen Schiedsabrede bestehen, könnte eine satzungsmäßige Schiedsklausel weiterhelfen.

Im Folgenden wird untersucht, welche zivilprozessrechtlichen und aktienrechtlichen Fragen dabei auftauchen. Es wird insbesondere um die Frage gehen, wer durch eine satzungsmäßige Schiedsvereinbarung gebunden ist und was zur Herbeiführung der Bindungswirkung erforderlich ist. Im Folgenden werden insbesondere die Problemkreise vertieft, die aufgrund der satzungsmäßigen Verankerung Abweichungen im Vergleich zu individualvertraglichen Schiedsvereinbarungen bringen.

2. *Zivilprozessrechtliche Seite*

Die ZPO hält neben den §§ 1025 ff. ZPO auch § 1066 ZPO bereit, der besagt, dass ein Schiedsgericht auch durch „andere[,] nicht auf Vereinbarung beruhende Verfügung angeordnet werden" kann. § 1066 ZPO hat vornehmlich deklaratorische Bedeutung, denn er setzt die wirksame Schiedsbindung nach materiellem Recht voraus.[1086] Dies ergibt sich aus der Formulierung „in gesetzlich statthafter Weise"

1086 Münch in MüKoZPO, 4. Aufl. 2013, § 1066 Rn. 2.

in § 1066 ZPO.[1087] Dadurch werden „materielle Wirksamkeitserfordernisse zu prozessualen Gültigkeitsbedingungen erhoben."[1088]

Es ist umstritten, ob § 1066 ZPO immer bei satzungsmäßigen Schiedsvereinbarungen Anwendung findet, oder ob je nach Situation unterschieden werden muss, woraus sich eine Bindung ergeben kann. Entscheidend ist dies vor allem im Hinblick auf die Formvorschrift des § 1031 ZPO, die im Falle des § 1066 ZPO nicht zur Anwendung kommt.[1089]

Unter Berücksichtigung der modifizierten Normtheorie[1090] ist dem Ansatz von *Haas*, der für die Anwendbarkeit des § 1066 ZPO nach dem gesellschaftsrechtlichen Stadium der Bindung (Gründungsvertrag, Einführung durch Satzungsänderung, Beitritt, Übertragung des Anteils) differenziert, beizupflichten.[1091] Nach der modifizierten Normtheorie ist die Bindung der Gründer noch vertraglicher Natur, erst mit Abschluss des Gründungsvorgangs verselbständigt sich die Satzung und bekommt ihren normativen Charakter.[1092] Insoweit ist es folgerichtig, diesen Sachverhalt noch als einen „auf Vereinbarung beruhende[n]" im Sinne des § 1066 ZPO zu sehen, sodass es bei der direkten Anwendbarkeit des § 1025 ZPO verbleibt. In den späteren Stadien hingegen ist die Verselbständigung der Satzung hin zu einem normativ wirkenden Element der Kapitalgesellschaft abgeschlossen, sodass die Bindung an die Satzung auf der normativen Wirkung der Satzung beruht. In diesen Fällen kommt dann § 1066 ZPO zur Anwendung, soweit das Mehrheitsprinzip gilt.[1093]

Abzulehnen ist demgegenüber die Einordnung von satzungsmäßigen Schiedsvereinbarungen als einen stets § 1066 ZPO zuzuordnenden Fall.[1094] Damit würde die Verwandlung von einem Vertrag hin zu einer normativ wirkenden Satzung nicht hinreichend berücksichtigt.

1087 Albrecht, NZG 2010, 486, 487.

1088 Münch in MüKoZPO, 4. Aufl. 2013, § 1066 Rn. 12 (ebenso bereits id Voraufl.); ihm folgend auch Albrecht, NZG 2010, 486, 487.

1089 U. Haas, SchiedsVZ 2007, 1, 2.

1090 Vgl. dazu bereits oben.

1091 Vgl. zum Ganzen U. Haas, SchiedsVZ 2007, 1.

1092 Siehe dazu oben.

1093 U. Haas, SchiedsVZ 2007, 1, 10.

1094 So wohl Münch in MüKoZPO, 4. Aufl. 2013, § 1066 Rn. 8; Ebbing, NZG 1998, 281; Hölters in Hölters, AktG, 2. Aufl. 2014, § 93 Rn. 345.

3. *Aktienrechtliche Seite*

Im Folgenden werden die aktienrechtlichen Probleme einer Schiedsvereinbarung in der Satzung einer Aktiengesellschaft erörtert.

a) Satzungsstrenge, § 23 Abs. 5 AktG

Soll eine Schiedsvereinbarung in der Satzung verankert werden, so stellt sich zunächst die Frage, ob die Satzungsstrenge, § 23 Abs. 5 AktG, dies zulässt.

Die Aufnahme einer Schiedsvereinbarung in die Satzung einer Aktiengesellschaft stellt keine Abweichung im Sinne des § 23 Abs. 5 S. 1 AktG dar.[1095] Eine ausdrückliche Zulassung der Satzungsbestimmung durch das Gesetz ist also nicht erforderlich, § 23 Abs. 5 S. 1 AktG. Denn das AktG äußert sich bei § 93 AktG nicht zu der Frage der staatlichen Gerichtsbarkeit.[1096] Es ist für eine Abweichung aber gerade erforderlich, dass die Satzung etwas anderes als das Aktiengesetz anordnet.[1097]

Weil das Aktiengesetz zu der Frage der Gerichtsbarkeit schweigt, ist anschließend festzustellen, dass das Gesetz in dieser Frage auch nicht als abschließend zu bewerten ist.[1098]

Das Aktiengesetz äußert sich zu der Frage der (staatlichen) Gerichtsbarkeit für die Geltendmachung von Ansprüchen aus § 93 Abs. 2 AktG gar nicht.[1099] Insofern kann es auch die Frage der Gerichtsbarkeit nicht abschließend regeln. Es wird also mit einer satzungsmäßigen Bestimmung der Schiedsgerichtsbarkeit nur eine Ergänzung[1100] einer nicht abschließenden[1101] Regelung i. S. v. § 23 Abs. 5 AktG getroffen. Eine Ergänzung ist mithin prinzipiell möglich.

Die in § 23 Abs. 5 AktG geregelte Satzungsstrenge stellt also kein Hindernis für die Verankerung einer Schiedsvereinbarung in der Satzung dar.[1102]

1095 Vgl. zum Begriff ausführlich oben.

1096 Umbeck, SchiedsVZ 2009, 143, 147; Hölters in Hölters, AktG, 2. Aufl. 2014, § 93 Rn. 345.

1097 Vgl. dazu bereits oben 1. Teil.B.II.2.d)iii)(1).

1098 Vgl. dazu allgemein oben 1. Teil.B.II.2.d)iii)(2).

1099 Umbeck, SchiedsVZ 2009, 143, 147; Hölters in Hölters, AktG, 2. Aufl. 2014, § 93 Rn. 345.

1100 Eine Abweichung würde eine Positivierung im Gesetz erfordern, vgl. oben und etwa Seibt in Schmidt/Lutter, AktG, 2. Aufl. 2010, § 23 Rn. 54.

1101 Vgl. dazu oben und etwa Solveen in Hölters, AktG, 2. Aufl. 2014, § 23 Rn. 31.

1102 A.A. (insb. für §§ 246 ff. AktG) K. Schmidt, ZHR 162 (1998) 265, 282; ders., AG 1995, 551, 553; ders., ZGR 17 (1988) 523, 537; zweifelnd auch Voit in Musielak, ZPO, 11. Aufl. 2014, § 1066 Rn. 8; für die Zulässigkeit etwa Hölters in Hölters,

b) Bindungswirkungen

Einer der Hauptvorteile der Verortung von Schiedsvereinbarungen in der Satzung einer Aktiengesellschaft wird darin gesehen, dass sich eine Bindung verschiedener Beteiligter auch ohne individualvertragliche Zustimmung herstellen lässt. Wegen gleichmäßiger Geltung für alle ist auch ein gewisser Vereinheitlichungseffekt gegeben und regelmäßig erwünscht.[1103] Fraglich ist aber zum einen, welche Beteiligten durch die Satzung gebunden werden und zum anderen, ab welchem Zeitpunkt diese Bindungswirkung eintritt. Im Folgenden sollen daher die dogmatischen Hintergründe der Bindung an eine satzungsmäßige Schiedsvereinbarung unter diesen beiden Aspekten näher untersucht werden.

Die Zuständigkeit der Schiedsgerichtsbarkeit basiert auf dem Konsens der Beteiligten. Damit ist aber noch nicht beantwortet, *wie* dieser Konsens auszusehen hat. Allerdings sind ohne weiteres Konstellationen denkbar, in denen der Einzelne einer Schiedsklausel durch die Satzung unterworfen werden soll, obwohl ein Konsens in dem Sinne, dass jeder Einzelne individuell zugestimmt hat, nicht vorliegt.

i) Subjektive Bindungswirkungen

Prinzipiell kann die Satzung die Aktionäre binden. Auch der Vorstand kann an ihre Be-stimmungen gebunden sein, ebenso wie „die Gesellschaft selbst", um deren Verfassung es sich bei der Satzung handelt.[1104]

Die Satzung ist das Organisationsstatut der Aktiengesellschaft. Durch sie wird die Gesellschaft als solche erst existent. Die Gesellschaft als Zuordnungssubjekt von Rechten und Pflichten gerade auch gegenüber den Aktionären und ihren Organen ist mithin an satzungsmäßige Bestimmungen gebunden.[1105]

Wie bereits gezeigt, entfaltet die Satzung normative Wirkungen.[1106] Das hat zur Folge, dass auch neu hinzukommende Aktionäre durch ihren Beitritt an die Bestimmungen in der Satzung gebunden sind.[1107]

AktG, 2. Aufl. 2014, § 93 Rn. 345; Umbeck, SchiedsVZ 2009, 143, 147; Hauschild/Böttcher, DNotZ 2012, 577, 586 f.

1103 Umbeck, SchiedsVZ 2009, 143, 145.

1104 Zur Rechtsnatur der Satzung allgemein nochmals oben 1. Teil.B.II.2.a).

1105 Beckmann, Statutarische Schiedsklauseln, 2006, S. 289; Albrecht, NZG 2010, 486 f.; BGH DStR 1996, 836, 838.

1106 Vgl. dazu ausführlich oben.

1107 Etwa Geimer in Zöller, ZPO, 30. Aufl. 2014, § 1066 Rn. 9; dies ist in Bezug auf die Schiedsvereinbarung für Ansprüche aus § 93 Abs. 2 AktG hier noch nicht

Der Vorstand ist aufgrund seiner Stellung als Organ an die Organisationsverfassung der Gesellschaft gebunden.[1108] Die Bindung entsteht durch die Bestellung als Organ und besteht damit jedenfalls[1109] ab dem Zeitpunkt der Bestellung.[1110]

ii) Zeitliche Bindungswirkungen

Im Folgenden ist zu untersuchen, in welchen zeitlichen Grenzen die Bindungswirkungen bestehen. Gerade bei großen Gesellschaften oder bei solchen, deren Struktur sich seit der Gründung stark gewandelt hat, besteht möglicherweise ein Interesse an einer nachträglichen Einführung einer Schiedsvereinbarung in die Satzung.

Wenig problematisch ist die Verankerung einer Schiedsvereinbarung in der Gründungssatzung. Hier beteiligen sich alle Gründer an der Satzungsfeststellung, sodass sie bereits insoweit gebunden sind.[1111] Mit der Annahme der Bestellung[1112] zum Vorstand wird sodann auch das jeweilige Vorstandsmitglied dem Satzungsregime unterworfen.[1113]

Fraglich ist, unter welchen Umständen eine Einführung von Schiedsvereinbarungen durch nachträgliche Satzungsänderung möglich ist. An dieser Stelle soll in erster Linie die Bindung des Vorstands an eine nachträglich eingeführte Schiedsvereinbarung untersucht werden.[1114]

Unstreitig ist der Vorstand an eine neu in die Satzung eingefügte Bestimmung, wonach die Streitigkeiten aus § 93 Abs. 2 AktG vor einem Schiedsgericht ausgetragen werden sollen, gebunden, sofern er ihr zustimmt.[1115]

---

unmittelbar relevant, weil der Aktionär in dem Streit i.d.R. weder auf Aktiv-, noch auf Passivseite steht. Eine Rolle wird dies hingegen bei § 148 AktG spielen.

1108 Vgl. bereits oben und etwa Hölters in Hölters, AktG, 2. Aufl. 2014, § 93 Rn. 345; für die Schiedsvereinbarung Riegger/Wilske, ZGR 39 (2010) 733, 742; Geimer in Zöller, ZPO, 30. Aufl. 2014, § 1066 Rn. 4; Umbeck, SchiedsVZ 2009, 143, 146.

1109 Vgl. zu einer genauen Analyse sowie Folgerungen für den Beginn der Bindung sogleich.

1110 Hölters in Hölters, AktG, 2. Aufl. 2014, § 93 Rn. 345.

1111 Auch im Hinblick auf die nach obiger Ansicht anwendbare Formvorschrift des § 1031 ZPO treten insoweit keine Probleme auf.

1112 Vgl. zum Annahmeerfordernis etwa Thüsing in Fleischer, Hdb. des Vorstandsrechts, 2006, S. 102.

1113 Hölters in Hölters, AktG, 2. Aufl. 2014, § 93 Rn. 345.

1114 Die Frage der Bindung von Aktionären wird im Rahmen des § 148 AktG zu untersuchen sein, hier ist sie hingegen wegen der Parteirollen von Gesellschaft als Aktivlegitimierter und Vorstand als Passivlegitimiertem nicht relevant.

1115 Umbeck, SchiedsVZ 2009, 143, 146.

Fraglich ist aber, ob eine solche Zustimmung überhaupt erforderlich ist, oder ob nicht der Vorstand bereits aufgrund seiner organschaftlichen Stellung an die jeweils aktuellen (und an sich wirksamen) Bestimmungen der Satzung gebunden ist.

(1) Zustimmung des Vorstands erforderlich

Teils wird behauptet, für die Bindung des Vorstands an eine im Wege der Satzungsänderung eingeführte Schiedsvereinbarung sei eine individuelle Zustimmung des jeweiligen Vorstands erforderlich.[1116] Dies ergebe sich daraus, dass für die Bindung eines Betroffenen an eine Schiedsvereinbarung ein freier Willensentschluss desjenigen erforderlich sei.[1117] Er verzichte auf den gesetzlichen Richter.[1118] Die Möglichkeit der Amtsniederlegung als Alternative im Falle einer Bindung an eine dergestalt eingeführte Schiedsvereinbarung sei unverhältnismäßig.[1119]

Unterstützend wird dazu ein Urteil des BGH zum Vereinsrecht angeführt,[1120] in dem es um die Frage ging, ob ein Vereinsmitglied an eine im Wege der Satzungsänderung mit Mehrheitsentscheid eingeführte Schiedsvereinbarung gebunden ist.[1121] Das nämliche Vereinsmitglied hatte bei der Abstimmung gegen die Einführung der Schiedsvereinbarung in die Satzung gestimmt. In diesem Fall entschied der BGH, dass das Vereinsmitglied nicht an die Schiedsvereinbarung gebunden war.[1122]

(2) Zustimmung des Vorstands nicht erforderlich

Richtigerweise ist die Zustimmung des Vorstands zu einer im Wege der Satzungsänderung eingeführten Schiedsvereinbarung nicht erforderlich. Dies ergibt sich aus einer Reihe von Gründen.

1116 Etwa Hölters in Hölters, AktG, 2. Aufl. 2014, § 93 Rn. 346; tendenziell auch Umbeck, SchiedsVZ 2009, 143, 146.

1117 Hölters in Hölters, AktG, 2. Aufl. 2014, § 93 Rn. 346; etwas zurückhaltender, aber ähnlich Umbeck, SchiedsVZ 2009, 143, 146.

1118 In diese Richtung Umbeck, SchiedsVZ 2009, 143, 146.

1119 Hölters in Hölters, AktG, 2. Aufl. 2014, § 93 Rn. 346; tendenziell auch Umbeck, SchiedsVZ 2009, 143, 146, allerdings mit Abwägung.

1120 Etwa bei Hölters in Hölters, AktG, 2. Aufl. 2014, § 93 Rn. 346.

1121 BGH NJW 2000, 1713 = BGHZ 144, 146.

1122 BGH NJW 2000, 1713. An dieser Stelle genügt der Hinweis, dass es sich um ein Vereinsmitglied und nicht ein Organ handelte. Vgl. zu dem Inhalt der Entscheidung und der Frage der Übertragbarkeit auf die vorliegende Problematik eingehend unten.

Als erster und allgemeiner Grund ist die Struktur der Kapitalgesellschaft zu nennen. Die Kapitalgesellschaft als eigenes Rechtssubjekt[1123] bedarf für ihre Existenz zwingend einer Satzung. Die Satzung organisiert die Kapitalgesellschaft, bringt sie zur Existenz. Sie ordnet[1124] ferner die Funktionen der Gesellschaftsorgane,[1125] welche die Gesellschaft erst handlungsfähig[1126] machen. Die Organe der Kapitalgesellschaft werden also gewissermaßen durch die Satzung „geordnet", wohingegen die Satzung selbst „ordnender" Part in dieser Betrachtung ist.[1127] Bereits daraus folgt, dass – vorbehaltlich der inhaltlichen Wirksamkeit einer Satzungsregelung – das Organ als Zuordnungsadressat[1128] an die Satzungsbestimmungen gebunden ist. Dies gilt dann aber gerade auch bei nach der Bestellung des Organs erfolgten Satzungsänderungen. Denn ansonsten würde das Gefüge von Ordnungsgeber und Ordnungsadressat ins Gegenteil verkehrt – das Organ als Ordnungsadressat könnte durch Vorenthalten seiner Zustimmung zu der Satzungsänderung gewissermaßen die Rolle des Ordnungsgebers übernehmen.[1129]

Diese Situation ist auch nicht vergleichbar mit der einer Satzungsänderung, die ein Mitglied der Körperschaft betrifft. In dem dortigen Kontext wird sodann die Frage nach unaufhebbaren Sonderrechten bzw. der Kernbereichslehre gestellt.[1130] Das aber zeigt, dass die Situationen sachlich in keiner Weise vergleichbar sind, weil es einmal um die aus der Mitgliedschaft resultierenden Rechtspositionen und das andere mal um die organisatorische Einbindung eines

---

1123 Vgl. dazu etwa Raiser/Veil, Recht der Kapitalgesellschaften, 5. Aufl. 2010, S. 9.

1124 Freilich ist eine gewisse Organisation bereits durch das Gesetz vorgegeben. Das ändert aber nichts an dem „schaffenden" Charakter der Satzung; in diese Richtung auch Schürnbrand, Organschaft, 2007, S. 49; vgl. allgemein zum Verhältnis von Satzung und Gesetz hinsichtlich Organisation etwa Mertens/Cahn in KölnerKomm-AktG, 3. Aufl. 2010, Vorb. § 76 Rn. 9 ff.

1125 Wicke in MüKoGmbHG, 2. Aufl. 2015, § 3 Rn. 102.

1126 Schürnbrand, Organschaft, 2007, S. 436.

1127 Freilich hat sich diese Ordnung in den Grenzen der Privatautonomie zu halten, vgl. etwa Schürnbrand, Organschaft, 2007, S. 49, doch geht es an dieser Stelle allein um die Wirkungsweise, die dadurch nicht in Frage gestellt wird.

1128 Schürnbrand, Organschaft, 2007, S. 59 und 375.

1129 Freilich muss – auf der organschaftlichen Ebene – eine hinreichende Legitimation bestehen, vgl. dazu sogleich.

1130 Dazu sogleich.

Dritten in das Geflecht der Kapitalgesellschaft nach dem Prinzip der Fremdorganschaft[1131] geht.

Ferner ist das Mitglied der Körperschaft zugleich Satzungsgeber.[1132] Es steht also eher auf Seiten der Zuweisung von Rechten und Pflichten als auf Seiten der Entgegennahme der Zuordnungsentscheidung, auf der der Vorstand zu sehen ist.

Weiteres, damit einhergehendes Argument für die Bindung des Vorstands an eine nachträgliche Satzungsänderung ist, dass die organschaftliche Seite streng von der schuldrechtlichen (=anstellungsvertraglichen) Seite zu trennen ist.[1133] Deshalb darf auch nicht auf Elemente individualvertraglicher Bindung abgestellt werden. Der organschaftliche Charakter der Vorstandstätigkeit bringt eine spezielle Pflichtenbindung mit sich, der der Vorstand kraft seines Amtes und gerade nicht aufgrund rechtsgeschäftlicher Legitimation unterworfen ist.[1134] Es geht also fehl, im Bereich der organschaftlichen Bindungen eine individualvertragliche Legitimation zu fordern. Damit würden die zwei voneinander getrennt zu haltenden Ebenen miteinander in unzulässiger Weise vermengt, weil eine schuldvertragliche Bindung nur erforderlich ist auf der Ebene des Anstellungsvertrages.[1135]

Die Haftung aus § 93 Abs. 2 AktG sanktioniert gerade den Verstoß gegen organschaftliche Pflichten.[1136] Die Frage der Rechtsdurchsetzung ist eine mit der Frage der Haftung eng verknüpfte. Daraus folgt aber auch, dass – vorbehaltlich der Zulässigkeit einer satzungsmäßigen Gestaltung an sich[1137] – die Rechtsdurchsetzung durch organisatorische Gestaltungsinstrumente modifiziert werden kann.

Aus der Sicht des Verfahrensrechts werden die zwei völlig unterschiedlichen und streng zu unterscheidenden Möglichkeiten zur Legitimation eines Schiedsgerichts vermengt. In § 1029 ZPO wird die individualvertragliche Bindung

---

1131 Vgl. dazu etwa Raiser/Veil, Recht der Kapitalgesellschaften, 5. Aufl. 2010, S. 126 und 444.

1132 Welche Konsequenzen sich hieraus ergeben und vor allem inwieweit das Mehrheitsprinzip auch beim Mitglied eine individuelle Zustimmung obsolet macht, wird bei der Frage des § 148 AktG untersucht.

1133 In diese Richtung Beckmann, Statutarische Schiedsklauseln, 2006, S. 295; vgl. zur herrschenden Trennungstheorie etwa Fleischer, Hdb. des Vorstandsrechts, 2006, S. 100; Mertens/Cahn in KölnerKommAktG, 3. Aufl. 2010, § 84 Rn. 4 ff.

1134 Beckmann, Statutarische Schiedsklauseln, 2006, S. 295; Fleischer, Hdb. des Vorstandsrechts, 2006, S. 100.

1135 Beckmann, Statutarische Schiedsklauseln, 2006, S. 295.

1136 Krieger/Sailer-Coceani in Schmidt/Lutter, AktG, 2. Aufl. 2010, § 93 Rn. 2.

1137 Schiedsvereinbarungen für § 93 Abs. 2 AktG sind *per se* zulässig, vgl. oben.

geregelt, in § 1066 ZPO ist vorgesehen, dass eine Bindung an eine Schiedsvereinbarung kraft „nicht auf Vereinbarung beruhende[r] Verfügung" besteht. Dabei wird § 1066 ZPO gerade auf solche Fälle entsprechend angewendet, in denen eine Schiedsbindung sich losgelöst von einem vertraglichen Bindungstatbestand ergibt.[1138] Fordert man nun für die Bindung an eine satzungsmäßige Schiedsvereinbarung die Zustimmung des Einzelnen, vernachlässigt man, dass diese nur im Falle der individualvertraglichen Schiedsvereinbarung[1139] erforderlich ist.[1140]

Das in diesem Zusammenhang zitierte Urteil zum Vereinsrecht hilft an dieser Stelle nicht weiter. Wie soeben bereits angedeutet, ist die Problemlage sowohl bezüglich der Rechtspositionen, die durch eine Schiedsvereinbarung tangiert werden können, als auch bezüglich der Legitimation einer satzungsmäßigen Bindung in jeglicher Hinsicht unterschiedlich. Eine Heranziehung des Urteils zur Beantwortung von im organschaftlichen Bereich wurzelnden Problemen verbietet sich bereits aus diesem Grund.

In diesem Zusammenhang wird – analog zur Austrittsmöglichkeit des Vereinsmitglieds – vertreten, es sei nicht zumutbar, vom Vorstand die Niederlegung seines Amtes zur Befreiung von der nachträglich eingeführten satzungsmäßigen Schiedsklausel zu fordern.[1141] Dies sei gerade keine freiwillige Unterwerfung unter die Schiedsvereinbarung.[1142] Der zweite Aspekt geht wiederum bereits aus den soeben genannten Gründen fehl: Die satzungsmäßige Bindung macht eine „freiwillige Unterwerfung" im Sinne einer vertraglichen Disposition des Einzelnen gerade entbehrlich. Es ist allenfalls auf der korporativen Ebene ein auf die Organschaft bezogener Willensakt erforderlich.[1143] Auf dieser Ebene ist dann nach der Intensität der Beeinträchtigung durch die Satzungsgestaltung zu fragen. Damit korreliert die Zumutbarkeit der Verweisung auf das Recht, das Amt niederzulegen.

1138 Voit in Musielak, ZPO, 11. Aufl. 2014, § 1066 Rn. 1.

1139 Die Schiedsbindung aufgrund „Verfügung" i.S.d. § 1066 ZPO beruht gerade nicht auf Vertrag, Münch in MüKoZPO, 4. Aufl. 2013, § 1066 Rn. 10.

1140 So für die Mitglieder eines Vereins auch Ebbing, NZG 2000, 897, 899; allgemein zur Entbehrlichkeit individueller Zustimmung Münch in MüKoZPO, 4. Aufl. 2013, § 1066 Rn. 16; vgl. auch U. Haas, SchiedsVZ 2007, 1, 2 f.

1141 Hölters in Hölters, AktG, 2. Aufl. 2014, § 93 Rn. 346; Umbeck, SchiedsVZ 2009, 143, 146.

1142 Hölters in Hölters, AktG, 2. Aufl. 2014, § 93 Rn. 346.

1143 Vgl. zum Erfordernis der Annahme der Bestellung zum Vorstand etwa Thüsing in Fleischer, Hdb. des Vorstandsrechts, 2006, S. 102.

Die Frage der Zumutbarkeit dürfte indes wegen der Gleichwertigkeit[1144] der Schiedsgerichtsbarkeit und der staatlichen Gerichtsbarkeit zu bejahen sein, sodass für eine Bindung keine gesonderte Zustimmung des Vorstands erforderlich ist. Denn durch die Gleichwertigkeit des Schiedsverfahrens ist gesichert, dass der Vorstand keine grundlegenden Nachteile erleidet. Überdies handelt es sich bei einer Schiedsklausel um eine Regelung, die unmittelbare Wirkungen einzig auf der Rechtsdurchsetzungsebene zeitigt.[1145] Will er gleichwohl der schiedsmäßigen Bindung für den Anspruch aus § 93 Abs. 2 AktG entkommen, so ist unter diesen Umständen eine Amtsniederlegung sehr wohl zumutbar.[1146]

Auch das Argument, aus Art. 101 Abs. 1 S. 2 GG ergebe sich das Erfordernis individueller Zustimmung, geht fehl.[1147] Die Zuweisung eines Streits zu einem Schiedsgericht und damit die Abbedingung der staatlichen Gerichtsbarkeit wurzeln in einer satzungsautonomen Entscheidung. Die hierfür erforderliche Freiheit wurzelt in Art. 9 GG.[1148] Der Vorstand ist den Satzungsregelungen aufgrund ihres normativen Charakters und seiner Position als Organ der Gesellschaft unterworfen.[1149] Die Möglichkeit zur Amtsniederlegung ist insoweit ausreichend, um eine Bindung an die Satzungsbestimmung in zurechenbarer Weise zu begründen.[1150]

(3) Zusammenfassung und Ergebnis

Entgegen wohl herrschender Meinung ist eine Zustimmung des Vorstands zu einer nachträglichen Satzungsänderung zur Erzielung einer Bindung an die Schiedsvereinbarung nicht erforderlich. Die Gründe liegen im materiellen Recht und wurzeln in der organschaftlichen Position des Vorstands.[1151] Das

1144 Vgl. dazu oben.

1145 Zu fernliegend wäre es, auf die mittelbaren Wirkungen einer Schiedsklausel, die im Zusammenhang mit ARAG/Garmenbeck diskutiert wurden, abzustellen.

1146 Differenzierend nach dem Einzelfall insoweit Umbeck, SchiedsVZ 2009, 143, 146, die aber auch darauf abstellt, dass die Möglichkeit zur Amtsniederlegung das die Freiwilligkeit der Unterwerfung ersetzende Moment ist.

1147 Beckmann, Statutarische Schiedsklauseln, 2006, S. 140.

1148 Vgl. allgemein dazu oben 1. Teil.B.I.1.

1149 Vgl. dazu soeben.

1150 Siehe oben; vgl. zum Kriterium der Zurechenbarkeit als das den privatautonomen Charakter begründendes Element im Rahmen des Mehrheitsentscheids Beckmann, Statutarische Schiedsklauseln, 2006, S. 141.

1151 In diese Richtung für die Mitglieder und das dort auftretende Problem der Bindung des beim Mehrheitsentscheid dissentierenden Mitglieds auch Beckmann, Statutarische Schiedsklauseln, 2006, S. 141.

Prozessrecht vermag an dieser Stelle keinerlei Vorgaben zu machen, weil § 1066 ZPO gerade eine Bindung aufgrund des materiellen Rechts in anderer als individualvertraglicher Weise voraussetzt. Aufgrund der Gleichwertigkeit der Schiedsgerichtsbarkeit zur staatlichen Gerichtsbarkeit ist es dem Vorstand auch zumutbar, sein Amt niederzulegen, will er die neue Satzungsbestimmung nicht gegen sich gelten lassen.

4. Reichweite der Bindung, Problem der §§ 147, 148 AktG

a) Fall des § 147 AktG

Hinsichtlich des besonderen Vertreters der Aktiengesellschaft gemäß § 147 Abs. 2 AktG stellt sich die Situation bei einer satzungsmäßigen Schiedsabrede nicht anders dar als bei einer individualvertraglichen Schiedsvereinbarung. Die Bestellung des besonderen Vertreters ist *per se* nicht schiedsfähig gemäß § 1030 Abs. 1 ZPO.[1152]

Im Hauptsacheverfahren ergibt sich die Bindung wiederum bereits daraus, dass der besondere Vertreter als Organ die Gesellschaft vertritt, also im Innenverhältnis organschaftlichen Bindungen unterliegt.[1153]

b) Fall des § 148 AktG

Fraglich ist, wie sich eine satzungsmäßige Schiedsvereinbarung auf § 148 AktG auswirkt. An einigen Stellen dürften die Ergebnisse nicht von denen bei Bestehen einer individualvertraglichen Schiedsvereinbarung abweichen. Die Besonderheit der satzungsmäßigen Verankerung könnte aber eine spezifisch satzungsmäßige Bindung der Aktionäre mit sich bringen, die möglicherweise die Strukturen bei Individualvereinbarung überlagert bzw. abweichende Ergebnisse rechtfertigt. Es wird sich die Frage stellen, welche Anforderungen an eine aktionärsseitige Bindung an die Schiedsvereinbarung in der Satzung zu stellen sind.

i) Zuständigkeit und Hauptsacheverfahren

Wird eine Schiedsvereinbarung in die Satzung aufgenommen, so ergeben sich gegenüber einer individualvertraglichen Regelung betreffs der Zuständigkeitsproblematik keinerlei Abweichungen. § 148 Abs. 2 S. 1 AktG trifft einzig Anordnungen über die sachliche und örtliche Zuständigkeit des Gerichts, *sofern* die staatliche Gerichtsbarkeit entscheidungsbefugt ist.[1154] Es wird gerade keine

1152 Vgl. eingehend dazu oben 5. Teil.E.VII.4.a)iii)(2).
1153 Vgl. bereits oben 5. Teil.E.VII.4.a)iii)(1).
1154 Vgl. eingehend dazu oben 5. Teil.E.VII.4.b)ii).

Aussage über die Frage, ob die grundsätzlich staatliche Gerichtsbarkeit durch Einsetzung eines Schiedsgerichts abbedungen werden kann, getroffen.[1155]

Im Hauptsacheverfahren, also der prozessstandschaftlichen Geltendmachung des Anspruchs aus § 93 Abs. 2 AktG gemäß § 148 Abs. 1 S. 1 AktG, ergeben sich ebenso keine Besonderheiten gegenüber einer individualvertraglichen Schiedsvereinbarung. Der Grund liegt in der Struktur der Prozessstandschaft und der Folge, dass der Prozessstandschafter an die zwischen Schuldner und Gläubiger bestehenden Modalitäten der Geltendmachung gebunden ist.[1156]

Bereits aus der Prozessstandschaft folgt also, dass der Aktionär, der den Anspruch aus § 93 Abs. 2 AktG gemäß § 148 AktG verfolgt, an die Schiedsvereinbarung gebunden ist.

ii) Zulassungsverfahren, § 148 Abs. 1 AktG

Fraglich ist, wie eine Schiedsvereinbarung mit dem dem Hauptsacheverfahren vorgeschalteten Zulassungsverfahren in § 148 Abs. 1 AktG zusammenspielt. Anders als im Hauptsacheverfahren steht den Aktionären hier ein eigenes Recht auf Klagezulassung zu.[1157] Sie handeln also gerade nicht prozessstandschaftlich.

Damit tritt die Frage auf, ob neben einer etwaigen „akzessorischen" Handhabung[1158] des vorgeschalteten Zulassungsverfahrens weitere Möglichkeiten bestehen, die Zulassung ebenfalls vor dem Schiedsgericht zur Entscheidung zu bringen. Steht man nämlich auf dem Standpunkt, dass der Charakter des Zulassungsverfahrens als vorgeschaltetes, summarisches Verfahren nicht ausreicht zur Begründung der schiedsgerichtlichen Zuständigkeit, so unterliegt die Herstellung schiedsgerichtlicher Zuständigkeit weiteren Begründungsanforderungen.

Vor diesem Hintergrund könnte eine satzungsmäßige Schiedsvereinbarung aufgrund der korporativen Wirkungsweise satzungsmäßiger Bestimmungen die Aktionäre auch hinsichtlich des Zulassungsverfahrens an eine Schiedsvereinbarung binden. Dafür wird freilich erforderlich sein, dass die satzungsmäßige Bestimmung den Fall des Zulassungsverfahrens in die Schiedsbindung

1155 Vgl. oben 5. Teil.E.VII.4.b)ii).

1156 Vgl. eingehend dazu oben 5. Teil.E.VII.4.b)iii).

1157 Spindler in Schmidt/Lutter, 2. Aufl. 2010, § 148 Rn. 3: „Überwachungs- und Kontrollinstrument der Aktionäre"; vgl. auch Raiser/Veil, Recht der Kapitalgesellschaften, 5. Aufl. 2010, S. 70 f.

1158 Vgl. insoweit die hierfür sprechenden Argumente oben 5. Teil.E.VII.4.b)vi)(2)(a).

einbezieht.[1159] Im Folgenden wird daher untersucht, ob eine satzungsmäßige Schiedsbindung zustande kommen kann und welche Reichweite die Bindung gegebenenfalls hat.

(1) Grundannahme

Ausgegangen wird hierbei von der aktienrechtlichen Grundannahme, dass satzungsmäßige Bestimmungen die Aktionäre kraft ihrer normativen Wirkung zu binden vermögen.[1160] Wie sich zeigte, steht die Verankerung einer Schiedsvereinbarung auch in Einklang mit § 23 Abs. 5 AktG.

Die Bindung der Gesellschafter über eine satzungsmäßige Bestimmung kann aber nur im Hinblick auf mitgliedschaftliche Rechtsbeziehungen entstehen, nicht hingegen bezüglich den Gesellschaftern zustehenden Individualansprüchen.[1161]

(2) Verankerung einer satzungsmäßigen Schiedsvereinbarung in der Gründungssatzung

Als relativ unproblematisch stellt sich die Verankerung einer Schiedsvereinbarung in der Gründungssatzung dar.[1162] Beim Gründungsvorgang geben die Gründer dahin gerichtete Erklärungen ab, mit dem Inhalt der Satzung einverstanden zu sein.[1163] Unabhängig von der Rechtsnatur des Gründungsvorgangs[1164] also bringen die Gründer zum Ausdruck, auch mit einer Schiedsbindung für das Klagezulassungsverfahren gemäß § 148 Abs. 1 AktG einverstanden zu sein, sofern die Satzung eine dahingehende Bestimmung enthält. In vergleichbaren Fällen wird demgemäß auch eine Schiedsbindung der Aktionäre angenommen.[1165]

1159 Für das Hauptsacheverfahren stellt sich diese Frage hingegen nicht, weil hier eine Bindung bereits aufgrund der prozessstandschaftlichen Natur des Tätigwerdens besteht.

1160 Vgl. allgemein dazu oben.

1161 Reichert/Harbarth, NZG 2003, 379, 380; Münch in MüKoZPO, 4. Aufl. 2013, § 1066 Rn. 18.

1162 Beckmann, Statutarische Schiedsklauseln, 2006, S. 117; Borris, NZG 2010, 481, 484.

1163 Beckmann, Statutarische Schiedsklauseln, 2006, S. 117.

1164 Hierzu etwa Koch in Hüffer, AktG, 11. Aufl. 2014, § 23 Rn. 7; Pentz in MüKoAktG, 3. Aufl. 2008, § 23 Rn. 10 f.; Arnold in KölnerKommAktG, 3. Aufl. 2011, § 23 Rn. 27.

1165 In Bezug auf den Fall des § 246 AktG etwa Hilbig, SchiedsVZ 2009, 247, 252 f.; allgemein Münch in MüKoZPO, 4. Aufl. 2013, § 1066 Rn. 16; G. Roth, FS Nagel, 1987, S. 318, 322; U. Haas, SchiedsVZ 2007, 1, 4.

(3) Bindung an bestehende Satzungsbestimmung aufgrund Erwerbs von Aktien

Ist in der Satzung der Gesellschaft eine Schiedsvereinbarung enthalten, so stellt sich die Frage, ob ein neu hinzukommender Aktionär an die Schiedsvereinbarung kraft seines Erlangens der Aktionärsstellung gebunden ist.

Aufgrund der korporativen Wirkungsweise der Satzung[1166] und des Umstands, dass das Zulassungsverfahren ein spezifisch an die Mitgliedschaft geknüpftes ist, hier bestehende Rechte also auch mitgliedschaftlicher Natur sind,[1167] tritt eine Bindung des Erwerbers unabhängig von seinem speziell hierauf gerichteten Willen ein.[1168]

(4) Einführung der Schiedsvereinbarung durch Satzungsänderung

Praxisrelevant dürfte vor allem die Frage sein, ob und gegebenenfalls unter welchen Voraussetzungen eine Schiedsvereinbarung nachträglich im Wege der Satzungsänderung eingeführt werden kann. Gerade bei größeren Gesellschaften wäre dies vorteilhaft, weil bei der Einführung möglicherweise eine qualifizierte Mehrheit gemäß § 179 Abs. 2 S. 1 AktG ausreicht.

Wegen der Strukturverwandtschaft kann hier auch auf das Vereinsrecht rekurriert werden.[1169] Im Folgenden wird zur Erörterung der Problematik auch auf das Vereinsrecht einzugehen sein.

(a) Rechtsprechung

Der BGH hatte dem bereits erwähnten Fall zum Vereinsrecht[1170] entschieden, dass ein Mitglied eines eingetragenen Vereins an eine nachträglich im Wege der Satzungsänderung durch Mehrheitsentscheid eingeführte Schiedsvereinbarung nicht gebunden ist. Das nämliche Mitglied hatte der Satzungsänderung nicht zugestimmt. Die Besonderheit der Interessenlage lag darin, dass der Verein „der zuchtbuchführende Rassezuchtverein für den deutschen Schäferhund“[1171] war,

---

1166 Vgl. dazu eingehend oben 1. Teil.B.II.2.b)i).

1167 U. Haas, SchiedsVZ 2007, 1, 9; vgl. zu dem Erfordernis mitgliedschaftlicher Streitinhalte in Abgrenzung zu individualrechtlichen Gegenständen oben die Grundannahme.

1168 U. Haas, ZGR 30 (2001) 325, 326; ders., SchiedsVZ 2007, 1, 9; Goette, Anm. DStR 2000, 937, 939; Borris, NZG 2010, 481, 484; Hilbig, SchiedsVZ 2009, 247, 252; Geimer in Zöller, ZPO, 30. Aufl. 2014, § 1066 Rn. 9.

1169 Vgl. dazu oben 1. Teil.B.I.

1170 BGH NJW 2000, 1713.

1171 BGH NJW 2000, 1713.

und die Züchter auf eine Mitgliedschaft angewiesen waren, um deutsche Schäferhunde züchten zu können.[1172]

Der BGH betonte aber auch, dass in Fällen, in denen die Mitglieder nicht auf die Mitgliedschaft angewiesen seien, der Verzicht auf einen Austritt aus dem Verein eine freiwillige Unterwerfung unter die satzungsmäßig eingeführte Schiedsvereinbarung bedeuten könne.[1173] Jedoch ist eine Entscheidung darüber, „ob gleichwohl die Möglichkeit des Vereinsaustritts in ausreichendem Maße die Freiwilligkeit des Verzichts auf den Zugang zu den staatlichen Gerichten und auf den gesetzlichen Richter ersetzen kann,“[1174] ausdrücklich nicht ergangen.

In dem zu entscheidenden Fall wäre wegen der für die Zucht deutscher Schäferhunde erforderlichen Mitgliedschaft in diesem Verein der Austritt aus dem Verein nicht freiwillig gewesen. Damit konnte nach der Auffassung des BGH das Verbleiben in dem Verein trotz Aufnahme einer Schiedsvereinbarung in die Satzung nicht als freiwillig angesehen werden.[1175] Daraus folgerte der BGH, dass das Mitglied, welches einer dahingehenden Satzungsänderung nicht zugestimmt hatte, auch nicht der Schiedsbindung unterlag.[1176]

In „Schiedsfähigkeit II“ hatte der BGH zu einer Schiedsklausel in der Satzung einer GmbH für den Fall der Beschlussanfechtung zu entscheiden. In den Entscheidungsgründen wird ausgeführt, welche Mindestanforderungen eine Schiedsklausel zu Beschlussmängelstreitigkeiten erfüllen muss:

> *„Die Schiedsabrede muss grundsätzlich mit Zustimmung sämtlicher Gesellschafter in der Satzung verankert sein; alternativ reicht eine außerhalb der Satzung unter Mitwirkung sämtlicher Gesellschafter und der Gesellschaft getroffene Absprache aus.“*[1177]

Der BGH führt aus, dass bereits das Berufungsgericht dies „zutreffend erkannt hat“[1178]. Tatsächlich verhält sich das Berufungsurteil des OLG Köln zu dieser Fragestellung nicht.[1179] Vielmehr führt das OLG Köln aus:

> *„Die Entscheidung über die Wirksamkeit oder Unwirksamkeit von Gesellschafterbeschlüssen muss gegenüber allen Beteiligten (d.h. der Gesellschaft, ihrer Organe und der Gesellschafter) verbindlich sein. Das setzt zunächst voraus, dass alle Beteiligten der*

1172 BGH NJW 2000, 1713 f.
1173 BGH NJW 2000, 1713.
1174 BGH NJW 2000, 1713.
1175 BGH NJW 2000, 1713.
1176 Vgl. BGH NJW 2000, 1713.
1177 BGH DStR 2009, 1043, 1045 = BGHZ 180, 221; “Gleichwertigkeitskautele I”.
1178 BGH DStR 2009, 1043, 1045.
1179 Vgl. OLG Köln vom 20.03.2008, 18 U 98/07 = BeckRS 2009, 11048.

Schiedsvereinbarung unterliegen. Dies ist bei einer im Gesellschaftsvertrag enthaltenen Schiedsvereinbarung gegeben. Denn der Gesellschaftsvertrag bindet Gesellschafter, alle Organe und die Gesellschaft."[1180]

Das OLG Köln hat damit – anders als die Entscheidungsgründe des BGH in „Schiedsfähigkeit II" suggerieren – gerade nicht zu der Frage Stellung bezogen, ob für die Einführung der Schiedsabrede in die Satzung die Zustimmung aller Gesellschafter erforderlich ist.

(b) Herrschende Meinung

Die herrschende Auffassung in der Literatur ist der Ansicht, dass das Recht auf Zugang zu staatlichen Gerichten sowie[1181] auf den gesetzlichen Richter gemäß Art. 101 Abs. 1 S. 2 GG auch bei (nachträglichen) satzungsmäßigen Anordnungen der Schiedsgerichtsbarkeit eine individuelle Zustimmung eines jeden Mitglieds erforderlich machen.[1182]

(c) Eigener Ansatz

Im Folgenden wird aber aufgezeigt, dass die Einführung einer Schiedsklausel für das Zulassungsverfahren in § 148 AktG durch Mehrheitsentscheid keinen durchgreifenden Bedenken begegnet. Dafür müssen die einzelnen Argumentationslinien einer kritischen Würdigung unterzogen werden.

(i) Grundprinzip kapitalgesellschaftlicher Willensbildung

Berücksichtigt man das Mehrheitsprinzip als Grundprinzip kapitalgesellschaftsrechtlicher Willensbildung,[1183] so muss richtigerweise zunächst einmal davon ausgegangen werden, dass die Zustimmung jedes einzelnen Aktionärs nicht erforderlich ist für eine Schiedsbindung aller Aktionäre.[1184] Etwas anderes kann

---

1180 OLG Köln vom 20.03.2008, 18 U 98/07 Tz. 39 (Tz. nach Juris).

1181 Die Begründungen variieren im Detail, folgen aber im Wesentlichen diesem Muster.

1182 Für den Verein Goette, Anm. zu BGH II ZR 373–98 DStR 2000, 937, 939; für GmbH/AG Reichert/Harbarth, NZG 2003, 379, 380; Berger, ZHR 164 (2000) 295, 300 f.; G. Roth, FS Nagel, 1987, S. 318, 326 („zumindest" für die GmbH); Ebbing, NZG 1998, 281 (für die GmbH, anders aber für die AG); wohl auch Hilbig, SchiedsVZ 2009, 247, 252; Witte/Hafner, DStR 2009, 2052, 2053; wohl auch Lüke/Blenske, ZGR 27 (1998) 253, 299; Riegger/Wilske, ZGR 39 (2010) 733, 745; Albrecht, NZG 2010, 486, 487.

1183 Vgl. dazu oben 1. Teil.B.II.2.c)ii)(1).

1184 I.E. G. Roth, FS Nagel, 1987, S. 318, 326; ebenso i.E. Ebbing, NZG 2000, 897, 899; ders., NZG 1998, 281; für das Vereinsrecht ähnlich U. Haas, SchiedsVZ 2007, 1, 5,

bereits auf dieser Ebene nur gelten, wenn die Satzung dahingehende Erfordernisse aufstellt.[1185]

Denn mit der Beteiligung an der Gründung bzw. dem Erwerb von Aktien nimmt es der Aktionär hin, dass die Willensbildung im Kollektiv anderen Strukturen folgt als seine individuelle Willensbildung.[1186] Diesen Strukturen ist das Risiko immanent, auch an Beschlüsse gebunden zu sein, bei denen man überstimmt wurde. Dies gilt auch und mit Selbstverständlichkeit für Satzungsänderungen. In der Aktiengesellschaft ist also eine Einführung einer Schiedsvereinbarung durch Mehrheitsentscheid an sich möglich.[1187]

Die „Kehrseite" dessen stellt gewissermaßen die Möglichkeit, die Anteile an der Aktiengesellschaft zu veräußern, dar.[1188] Das Nichtveräußern der Anteile manifestiert insoweit eine hinreichende Zustimmung zur satzungsmäßigen Schiedsbindung.[1189] Zu Recht wird in Bezug auf den in § 1066 ZPO einzig explizit geregelten Fall der Einsetzung eines Schiedsgerichts durch letztwillige Verfügung argumentiert, auch hier beruhe die Schiedsbindung auf einer Entscheidung für ein Unterlassen, nämlich das Unterlassen der Ausschlagung der Erbschaft.[1190] So wie sich im Erbrecht eine Bindung des Erben losgelöst von seiner individuellen Zustimmung einstellen kann, so kann sich auch im Gesellschaftsrecht eine Schiedsbindung des Einzelnen ohne dessen individuelle Zustimmung einstellen.[1191]

Die Unzumutbarkeit des Austritts, so wie sie im Fall des Vereins zur Züchtung von Schäferhunden bejaht wurde, stellt einen Ausnahmefall dar. Das Vereinsmitglied hätte sonst keine Schäferhunde mehr züchten können.

---

der dann auch eine Übertragung auf das Kapitalgesellschaftsrecht befürwortet, SchiedsVZ 2007, 1, 7 f.; ders., ZGR 30 (2001) 325, 342 (ebenf. zum Verein).

1185 Vgl. für die AG insoweit § 179 Abs. 2 S. 2 AktG, der die satzungsmäßige Regelung anderer Kapitalmehrheiten für Satzungsänderungen zulässt. Für die Änderung des Unternehmensgegenstandes ist jedoch nur die Bestimmung größerer Kapitalmehrheiten zulässig.

1186 Ebbing, NZG 2000, 897, 899; vgl. dazu auch oben.

1187 Ebbing, NZG 1998, 281 (qualifizierter Mehrheitsbeschluss); ders., NZG 1999, 754, 755, 757; ders., NZG 2000, 897, 898 f. (für den Verein); Beckmann, Statutarische Schiedsklauseln, 2006, S. 148 und 159; U. Haas, SchiedsVZ 2007, 1, 8; ders., ZGR 30 (2001) 325, 342 (für den Verein); J. Vetter, DB 2000, 705, 708.

1188 Ausführlich U. Haas, ZGR 30 (2001) 325, 341 ff.

1189 U. Haas, SchiedsVZ 2007, 1, 5 und 7 f.; ders., ZGR 30 (2001) 325, 341 ff.

1190 U. Haas, SchiedsVZ 2007, 1, 5.

1191 U. Haas, SchiedsVZ 2007, 1, 5.

Sieht man überdies die Möglichkeit der Anteilsveräußerung in der Kapitalgesellschaft als Korrelat zum Mehrheitsprinzip, so ist für den hier in Rede stehenden Fall einer Aktiengesellschaft – jedenfalls bei Börsennotierung – wegen größtmöglicher Fungibilität des Anteils ein weiterer Punkt gegeben, der für das Ausreichen eines Mehrheitsentscheids spricht.

(ii) Kernbereichslehre

Das Erfordernis individueller Zustimmung kann sich demnach nur auf zweiter Stufe ergeben, wenn danach gefragt wird, ob wegen des *Inhalts*[1192] des Beschlusses wiederum doch eine Zustimmung aller Aktionäre gefordert werden muss.

Häufig wird in diesem Zusammenhang die Kernbereichslehre bemüht: Die Einsetzung eines Schiedsgerichts berühre den Kernbereich der Mitgliedschaft, weshalb wiederum die individuelle Zustimmung des einzelnen Mitglieds der Körperschaft erforderlich sei.[1193]

Die Kernbereichslehre in ihrer damit interessierenden Ausprägung[1194] besagt, dass es eine Summe all derer Rechte gibt, die dem Gesellschafter ohne seine individuelle Zustimmung[1195] unentziehbar sind.[1196] Wegen des Erfordernisses individueller Zustimmung wird diese Ausprägung auch als „mehrheitsfester"[1197] Kernbereich bezeichnet. Zum Kernbereich der Mitgliedschaft gehören demnach das Stimmrecht, Gewinnbeteiligungen, Informationsrechte, sowie das Recht auf die Liquidationsquote, Beschlussanfechtungsrechte, die *actio pro socio*, sowie Sonderrechte.[1198]

1192 Vgl. zu der Unterscheidung zwischen Beschlussmodus und –inhalt Beckmann, Statutarische Schiedsklauseln, 2006, S. 144 und 148 sowie die Ausführungen dazu oben.

1193 Etwa Albrecht, NZG 2010, 486, 487.

1194 Zu den verschiedenen Verständnissen der Kernbereichslehre eingehend Hermanns, ZGR 25 (1996) 103, 108 ff.

1195 Diese kann sowohl im Rahmen der Abstimmung im Kollektiv als auch außerhalb des Beschlussverfahrens erteilt werden, Hermanns, ZGR 25 (1996) 103, 109.

1196 Hermanns, ZGR 25 (1996) 103, 109; K. Schmidt, Gesellschaftsrecht, 4. Aufl. 2002, S. 472.

1197 K. Schmidt, Gesellschaftsrecht, 4. Aufl. 2002, S. 472; ders., ZHR 158 (1994) 205, 227; Hermanns, ZGR 25 (1996) 103, 109.

1198 K. Schmidt, Gesellschaftsrecht, 4. Aufl. 2002, S. 472; Enzinger in MüKoHGB, 3. Aufl. 2011, § 119 Rn. 65; Beckmann, Statutarische Schiedsklauseln, 2006, S. 155.

Hier könnte darauf abgestellt werden, dass die Aktionärsklage gemäß § 148 AktG als *actio pro socio*[1199] dem Kernbereich zugehörig sei.

Es geht hier aber nur um die Frage, ob das in § 148 AktG verankerte Recht der Aktionäre, die Klagezulassung zu beantragen, um sodann Ansprüche der Gesellschaft prozessstandschaftlich geltend machen zu können, dem Kernbereich der Mitgliedschaft zuzuordnen ist. Die actio *pro socio* selbst, nämlich die Befugnis zur prozessstandschaftlichen Geltendmachung, betrifft das Hauptsacheverfahren.[1200] Dieses richtet sich aufgrund seiner Rechtsnatur inhaltlich nach den Vereinbarungen zwischen den materiell Berechtigten.[1201]

Es muss also richtigerweise gefragt werden, ob eine Zuweisung des Klagezulassungsantragsrechts zu einem Schiedsgericht den Kernbereich der Mitgliedschaft berührt. Dabei ist zu berücksichtigen, dass eine Schiedsvereinbarung, die eine Klagezulassung vor das Schiedsgericht bringt, nicht bedeutet, dass Klagezulassung nicht mehr beantragt werden kann.[1202] Insofern ist zwischen dem „ob" des Mitgliedschaftsrechts und dem „wie" desselben zu differenzieren:[1203] Nur wenn auch das „wie" der Geltendmachung dem Kernbereich der Mitgliedschaft zuzuordnen ist, kann eine Schiedsvereinbarung hieran scheitern. Denn die Frage des „ob", also der Umstand, dass effektiver gerichtlicher Rechtsschutz besteht, ist nicht berührt durch eine Schiedsvereinbarung. Insofern beinhaltet die Aussage, zum Kernbereich der Mitgliedschaft gehöre das Recht, Rechtsschutz vor staatlichen Gerichten zu erhalten, eine Verkürzung, die die zwei Ebenen zu wenig auseinander hält.[1204]

1199 Zur Qualifikation BT-Drucks. 15/5092, S. 23. Der Begriff ist ungenau, betrifft er doch in seiner eigentlichen Bedeutung die Geltendmachung von Ansprüchen der Gesellschaft gegen einen Gesellschafter durch einen Mitgesellschafter, vgl. etwa Ulmer/Schäfer in MüKoBGB, 6. Aufl. 2013, § 705 Rn. 204; K. Schmidt in MüKoHGB, 3. Aufl. 2011, § 105 Rn. 198.

1200 Etwa Koch in Hüffer, AktG, 11. Aufl. 2014, § 148 Rn. 15.

1201 Siehe dazu bereits oben.

1202 In seiner Substanz kann der Rechtschutz nicht abbedungen werden, vgl. BGH DStR 2009, 1043, 1045.

1203 Auch der BGH differenziert nach Gewährung und Ausgestaltung von Rechtsschutz, vgl. BGH NZG 2009, 620, 622: „Wegen seiner für den Bestand der Rechtsordnung wesentlichen Bedeutung kann der Rechtsschutz durch Parteivereinbarung allenfalls in einzelnen konkreten Ausgestaltungen, nicht aber in seiner Substanz abbedungen werden."

1204 So aber Reichert/Harbarth, NZG 2003, 379, 380 f. (zwar zunächst offen gelassen, wegen Justizgewährungsanspruch und Art. 101 Abs. 1 S. 2 GG dann aber doch

Das „ob", also der Umstand, dass gerichtlicher Rechtsschutz gesucht werden können muss, bleibt von einer Schiedsvereinbarung unberührt.[1205] Schiedsgerichte üben ebenfalls materielle Rechtsprechung aus.[1206] Auch durch sie wird effektiver Rechtsschutz gewährleistet.

Die Einsetzung eines Schiedsgerichts ist hingegen auf der Ebene, „wie" Rechtsschutz gewährt werden muss, anzusiedeln. Hier ist aber zu berücksichtigen, dass die Schiedsgerichtsbarkeit der staatlichen Gerichtsbarkeit gleichwertig ist.[1207] Sowohl der Gesetzgeber[1208] als auch ihm folgend die staatlichen Gerichte gehen von dieser Gleichwertigkeit aus.[1209]

Nun könnte man argumentieren, dass § 148 AktG den Aktionären ja direkt ein Klagezulassungsrecht, mithin ein prozessuales Recht, gibt.[1210] Es geht also unmittelbar um die Zuweisung von prozessualen Rechten, nicht hingegen steht die Durchsetzung eines materiellen Rechts in Rede. In letzterem Fall ließe sich argumentieren, das materielle Recht sei zwar möglicherweise dem Kernbereich zuzuordnen, nicht aber die Durchsetzungsebene dieser materiellen Rechtsposition.[1211] Hier hingegen könnte direkt das Klagezulassungsrecht gerade vor einem staatlichen Gericht dem Kernbereich der Mitgliedschaft zuzuordnen sein.

Unter Zugrundelegung der bereits genannten Definition, dass dem Kernbereich nur die essentiellen Mitgliederrechte zuzuordnen sind, wird deutlich, dass dies bei der Klagezulassung *gerade vor einem staatlichen Gericht* nicht der Fall ist.[1212]

Hätte der Gesetzgeber die Klagezulassung gerade vor einem staatlichen Gericht regeln wollen, so hätte dies deutlicher zum Ausdruck kommen müssen. Im Gegenteil wurde bei Neuregelung des Schiedsverfahrensrechts davon

---

einen „unmittelbar kernbereichsrelevante[n] Eingriff" erblickend); differenzierend, jedoch gleichwohl ohne jegliche Begründung Albrecht, NZG 2010, 486, 487.

1205 In diese Richtung auch U. Haas, SchiedsVZ 2007, 1, 5.

1206 Niklas, Die subjektive Reichweite von Schiedsvereinbarungen, 2008, S. 22.

1207 U. Haas, SchiedsVZ 2007, 1, 5 und 8 sowie ausführlich oben.

1208 BT-Drucks. 13/5274, S. 34.

1209 Ebbing, NZG 1999, 754, 755; Wolff, NJW 2009, 2021; J. Vetter, DB 2000, 705, 708.

1210 In diese Richtung wohl allgemein Beckmann, Statutarische Schiedsklauseln, 2006, S. 156.

1211 Für diese Differenzierung zwischen materiellem Gehalt des möglicherweise dem Kernbereich zuzuordnenden Rechts und Durchsetzungsebene für das Personengesellschaftsrecht Habersack, SchiedsVZ 2003, 241, 245 und wohl auch U. Haas, SchiedsVZ 2007, 1, 5.

1212 Ähnlich Habersack, SchiedsVZ 2003, 241, 245 allgemein zu Schiedsklauseln in Gesellschaftsverträgen.

ausgegangen, dass bei dem ähnlich gelagerten Fall der Beschlussanfechtung die (zu § 148 AktG inhaltsgleiche) landgerichtliche Zuständigkeitsregelung keinen Ausschluss der Schiedsgerichtsbarkeit bedeutet.[1213]

Überdies muss auch im Rahmen der Bestimmung des Gewichts des Klagezulassungsverfahrens in Rechnung gestellt werden, dass es sich nur um ein vorgeschaltetes Verfahren handelt.[1214] Dieses soll ausweislich der Gesetzesbegründung zu § 148 AktG die Erfolgs-aussichten eines sodann prozessstandschaftlich geführten Haftungsprozesses vor Augen führen.[1215] Es wäre widersinnig, dieses nur vorgeschaltete Verfahren dem Kernbereich der Mitgliedschaft zuzuordnen, ist doch die Hauptsache als prozessstandschaftliches Verfahren abhängig von den Abreden zwischen Schuldner und Gläubiger.[1216] Kehrseite der (prozessualen Frage nach der) Prozessstandschaft ist materiell denn auch die Anspruchsinhaberschaft. Der Aktionär wird nicht in eigenem, sondern im Interesse der Gesellschaft tätig. Auch deshalb lässt sich feststellen, dass das Verfahren nach § 148 AktG zwar nur Aktionären eröffnet ist, wegen der Fremdnützigkeit der Prozessstandschaft aber nicht im Kern dem jeweiligen Aktionär dient, also auch nicht dem Kernbereich seiner Mitgliedschaft zugerechnet werden kann.[1217]

Die Kernbereichslehre trifft überdies nur Aussagen bezüglich aus der Mitgliedschaft resultierender Rechte. Die Möglichkeit, Rechtsschutz vor einem staatlichen Gericht zu suchen, besteht indes unabhängig von einer Mitgliedschaft.[1218] Schon deshalb vermag die Kernbereichslehre als spezifisch mitgliedschaftliche Positionen schützendes Konstrukt nicht weiterzuhelfen.

Selbst wenn man annähme, die Art der Gewährung gerichtlichen Rechtsschutzes sei „implizit" mitbestimmt, so zeigt sich doch spätestens mit der Gleichwertigkeit der Schiedsgerichtsbarkeit zur staatlichen Gerichtsbarkeit, dass kein „Eingriff" in den – dann angenommenen – Kernbereich vorläge, der eine Zustimmung des einzelnen Aktionärs erforderlich machte.[1219]

1213 BT-Drucks. 13/5274, S. 35.

1214 Vgl. dazu bereits oben.

1215 Vgl. RegE UMAG, BT-Drucks. 15/5092, S. 20.

1216 Siehe dazu bereits eingehend oben.

1217 Ähnlich in Bezug auf das Recht zur Beschlussanfechtung Beckmann, Statutarische Schiedsklauseln, 2006, S. 156.

1218 Beckmann, Statutarische Schiedsklauseln, 2006, S. 156.

1219 Wolff, NJW 2009, 2021, 2022; J. Vetter, DB 2000, 705, 708 (für Anfechtungsklagen); ähnlich Beckmann, Statutarische Schiedsklauseln, 2006, S. 157, der darauf abstellt, dass der unabhängig von der Mitgliedschaft bestehende Rechtsschutzanspruch nicht beeinträchtigt, sondern modifiziert werde.

Nicht gleichzusetzen ist die Klagezulassungsmöglichkeit der Aktionäre damit mit den von der Kernbereichslehre teils genannten Beschlussanfechtungsrechten. Diese haben ein deutlich höheres Gewicht im Gesamtgefüge der mitgliedschaftlichen Rechte, weil sie als Gegenpol zum Mehrheitsprinzip dem Einzelnen gerade die inhaltliche Beschlusskontrolle eröffnen und in der Mitgliedschaft selbst wurzeln.[1220] Damit findet die Beschlusskontrolle Anknüpfungspunkt und Legitimation in den Grundprinzipien kapitalgesellschaftsrechtlicher Willensbildung.[1221] Ein vergleichbares Gewicht ist bei dem Zulassungsverfahren des § 148 AktG – gerade auch im Hinblick auf die nur prozessstandschaftliche Natur des Hauptsachverfahrens – nicht erkennbar.

Es zeigt sich also, dass hier auch unter dem Aspekt des Kernbereichsschutzes der Mitgliedschaft kein anderes Ergebnis zutage gefördert werden kann. Zwar gehört zur Mitgliedschaft, dass Rechtsschutz gesucht werden kann, sofern dies zur Durchsetzung von mit der Mitgliedschaft verbundenen Rechtspositionen erforderlich ist. Es ist aber damit nicht gesagt, dass dies nur vor einem staatlichen Gericht geschehen könnte. Rechtsschutz kann ebenso effektiv vor einem Schiedsgericht gewährt werden.

Dies ist auch im Rahmen einer eventuellen Inhaltskontrolle[1222] des Mehrheitsbeschlusses zu berücksichtigen:[1223] Die Verankerung einer Schiedsvereinbarung in der Satzung begegnet aber keinen inhaltlichen Bedenken, weil sie nach § 23 Abs. 5 AktG möglich ist und auch sonst keine Gründe entgegenstehen.[1224]

(iii) Art. 101 Abs. 1 S. 2 GG

Auch aus Art. 101 Abs. 1 S. 2 GG folgt nichts anderes. *Beckmann* ist darin zu folgen, dass die Vorschrift nicht zum Ziel hat, privatautonom mögliche Gestaltungen zu beschränken, sondern sich vielmehr an Träger von Hoheitsgewalt

---

1220 Casper in Spindler/Stilz, AktG, 2. Aufl. 2010, Vorb. §§ 241 ff. Rn. 6.

1221 Wandrey, Materielle Beschlusskontrolle, 2012, S. 28 und passim.

1222 Vgl. zu der Trennung von Beschlussmodus und -inhalt bereits eingehend oben.

1223 Dies ist der vorzugswürdige Weg, um der Bindung aller Aktionäre auch an mehrheitlich gefasste Beschlüsse gerecht zu werden. Die Alternative, in solchen Fällen Einstimmigkeit zu fordern, ist klar abzulehnen, weil sie nicht zwischen Beschlussmodus und -inhalt trennt, vgl. U. Haas, SchiedsVZ 2007, 1, 6, der auch darauf abstellt, dass auch im Falle der testamentarischen Schiedsbindung Nachteile für den Erben bestehen können, daraus aber richtigerweise auch nicht das Erfordernis individueller Zustimmung abgeleitet wird.

1224 Vgl. zur inhaltlichen Zulässigkeit bereits oben.

richtet.[1225] Das Mehrheitsprinzip ist Fortsetzung der auf Art. 2 Abs. 1 GG fußenden Privatautonomie, kann somit nicht durch Art. 101 Abs. 1 S. 2 AktG beschnitten werden.[1226]

(iv) Entzug des Zugangs zu staatlichen Gerichten

Auch der aus dem Rechtsstaatsprinzip hergeleitete[1227] Anspruch des Einzelnen auf Zugang zu den staatlichen Gerichten steht der Einführung einer Schiedsklausel im Wege der mehrheitlich beschlossenen Satzungsänderung nicht entgegen. Hier gilt ebenfalls, dass in Fortsetzung der Privatautonomie eine Mehrheitsentscheidung hinreichende Legitimationsbasis für die Begründung schiedsgerichtlicher Zuständigkeit ist.

(v) Zusammenfassung Mehrheitsentscheid

Damit verbleibt es bei der Regel der mehrheitlichen Beschlussfassung. Eine (individuelle) Zustimmung jedes einzelnen Aktionärs ist damit auch für die Einführung einer Schiedsvereinbarung für das Zulassungsverfahren nach § 148 Abs. 1 AktG nicht erforderlich.

(d) Zusammenfassung Einführung durch Satzungsänderung

Eine statutarische Verankerung einer Schiedsvereinbarung kann mithin auch nachträglich mit satzungsändernder Mehrheit geschehen. Die Zustimmung jedes einzelnen Aktionärs ist also nicht erforderlich.

Vergleicht man schließlich die statutarische Verankerung der Schiedsvereinbarung mit einer individualvertraglichen, so zeigt sich, dass in Bezug auf das bei § 148 AktG problematische Zulassungsverfahren mit einer satzungsmäßigen Schiedsvereinbarung die größere Sicherheit bezüglich der Bindung aller Aktionäre erreicht werden kann. Denn ohne Rücksicht auf die Tragfähigkeit des Akzessorietätsgedankens, demzufolge das Zulassungsverfahren wegen seines summarischen Charakters als Vorschaltverfahren den Regeln der Hauptsache folgen muss, kann durch eine Satzungsbestimmung eine unmittelbare korporative Bindung hergestellt werden.

1225 Beckmann, Statutarische Schiedsklauseln, 2006, S. 140 f. und allgemein zu Art. 101 Abs. 1 S. 1 GG im Hinblick auf die Schiedsgerichtsbarkeit S. 9 ff.

1226 Beckmann, Statutarische Schiedsklauseln, 2006, S. 140 f.

1227 Etwa BGH NJW 2000, 1713.

iii) Gleichwertigkeitskautelen

Auch in Bezug auf die „Gleichwertigkeitskautelen", die der BGH zu den §§ 246 ff. AktG aufgestellt hat,[1228] könnten sich nunmehr aufgrund der satzungsmäßigen Verankerung abweichende Konstellationen ergeben.

Entgegen der Ansicht des BGH[1229] ist gerade nicht die Zustimmung sämtlicher Gesellschafter erforderlich. Es zeigt sich, dass die Forderung nach Zustimmung sämtlicher Gesellschafter den Prinzipien kapitalgesellschaftsrechtlicher Willensbildung zuwider läuft.[1230] Hinsichtlich der Beteiligungsrechte und der Sicherstellung der Möglichkeit zur Beteiligung ergeben sich keine Abweichungen zu den individualvertraglichen Schiedsvereinbarungen.[1231] Die verschiedenen Möglichkeiten zur Bestellung der Schiedsrichter wurden bereits dargelegt.[1232] Für die satzungsmäßige Schiedsvereinbarung bietet sich die Festlegung des Schiedsgerichts bereits in der Satzung an. Dies bringt indes den Nachteil mit sich, schon deutlich im Vorhinein die Besetzung des Schiedsgerichts festlegen zu müssen. Vor diesem Hintergrund kann es auch vorzugswürdig sein, in der Satzung einen neutralen Dritten zu benennen, der sodann die Schiedsrichterauswahl tätigen soll.[1233] Die Konzentration aller Aktionärsklagen auf ein Schiedsgericht kann zentral in der Satzung geregelt werden, indem der ersten Aktionärsklage vor dem Schiedsgericht Sperrwirkung für andere Klagen zugemessen wird.[1234]

iv) Eintrittsrecht und Rechtskrafterstreckung

Bezüglich des in § 148 Abs. 3 AktG geregelten Eintrittsrechts bestehen gegenüber einer individualvertraglichen Schiedsvereinbarung keine Besonderheiten.

Nachdem § 148 Abs. 5 S. 1 AktG die Rechtskrafterstreckung an sich nur deklaratorisch regelt,[1235] weil sie sich ebenso bereits aus der Natur der Prozessstandschaft ergibt, stellen sich bei der satzungsmäßigen Anordnung eines Schiedsgerichts insoweit keine abweichenden Probleme.[1236] Aus diesem Grund

1228 BGH NZG 2009, 620.

1229 Vgl. BGH NZG 2009, 620, 622 („mit Zustimmung sämtlicher Gesellschafter in der Satzung verankert").

1230 Vgl. zum Ganzen sowie dem Ausreichen einer Mehrheitsentscheidung oben.

1231 Vgl. zu den Besonderheiten auch im Hinblick auf § 148 Abs. 4 S. 3 AktG oben.

1232 Siehe dazu oben.

1233 BGH NZG 2009, 620, 622.

1234 Vgl. dazu oben.

1235 Vgl. dazu eingehend oben 5. Teil.E.VII.4.b)ix)(2).

1236 Vgl. zu der Rechtskrafterstreckung im Falle der individualvertraglichen Schiedsbindung oben.

ist auch eine gesonderte statutarische Anordnung der Rechtskrafterstreckung nicht erforderlich. Sie könnte demnach ohnehin nur deklaratorische Wirkungen entfalten.

v) Zusammenfassung zu § 148 AktG

Die Erledigung des Klage- und insbesondere des Klagezulassungsverfahrens nach § 148 AktG durch ein Schiedsgericht ist möglich. Anders als im Hauptsacheverfahren werden die Aktionäre bei der Klagezulassung nicht aus fremdem, sondern aus eigenem Recht tätig. Leitet man deshalb eine schiedsgerichtliche Entscheidungsbefugnis für das Zulassungsverfahren nicht aus der Zuständigkeit für das Hauptsacheverfahren ab, so stellt sich die Frage, welche Voraussetzungen für eine Schiedsbindung aller Aktionäre erfüllt sein müssen. Unproblematisch ist dabei der Fall, in dem die Gründer einer Aktiengesellschaft eine Schiedsvereinbarung in die Gründungssatzung aufnehmen. Auch durch den späteren Erwerb von Aktien wird eine hinreichende Zustimmung zur Unterwerfung unter die statutarische Schiedsvereinbarung kundgetan. Entgegen herrschender Meinung kann eine Schiedsvereinbarung aber auch nachträglich durch Satzungsänderung eingeführt werden mit der Wirkung, dass alle Aktionäre gebunden werden. Hierbei genügt die für eine Satzungsänderung erforderliche Mehrheit. Bezüglich der sog. „Gleichwertigkeitskautelen" und der Anordnung einer Rechtskrafterstreckung auf auch am Verfahren nicht beteiligte Aktionäre bestehen keine Besonderheiten gegenüber individualvertraglichen Schiedsvereinbarungen.

IX. Zusammenfassung Schiedsvereinbarungen

Schiedsvereinbarungen bieten die Chance, schnelle, kompetente und problemgerechte Streitbeilegung zu erhalten. Gerade die Vertraulichkeit und die Nichtöffentlichkeit des Verfahrens stellen erhebliche Vorteile dar, die auch im Haftungsprozess gegen Organmitglieder für eine schiedsgerichtliche Streitbeilegung sprechen. Durch die Neuregelung des Schiedsverfahrensrechts wurde die Gleichwertigkeit der Schiedsgerichtsbarkeit zur staatlichen Gerichtsbarkeit betont, weshalb sie im Rahmen einzelner Gestaltungsansätze zu berücksichtigen ist.

Stellt man Verbindungen zwischen den Schutzzwecken der Organhaftung einerseits und den spezifischen Besonderheiten der Schiedsgerichtsbarkeit andererseits her, so zeigt sich, dass zum Teil unerwartete Effekte eintreten können: So ließe sich bei vordergründiger Betrachtung argumentieren, die fehlende Öffentlichkeit des Verfahrens reduziere die von einer potentiellen Haftung ausgehende Disziplinierungswirkung, weil ein nicht öffentlich geführtes Verfahren weniger Ansehensverlust und damit einhergehend Einbußen an Karrierechancen für den betroffenen Vorstand mit sich bringe. Bei näherer Betrachtung hingegen zeigt sich – insbesondere im Wechselspiel mit den Vorgaben der ARAG/Garmenbeck-Rechtsprechung des BGH, dass der Aufsichtsrat einer AG bei Bestehen einer Schiedsabrede noch weniger Möglichkeiten haben wird, von einer Haftungsklage abzusehen. Dadurch wird aber letztlich die disziplinierende Wirkung der Haftungsandrohung gesteigert, weil nämlich eine andere Komponente deutlich in den Vordergrund tritt: In der *ex ante* Sicht ist dem Vorstand klar, dass er nicht – auch nicht mit Glück – verschont werden wird. Letztlich trägt eine Schiedsvereinbarung also passgenau zur Erreichung der Schutzzwecke der Organhaftung bei.

Prinzipiell kann eine Schiedsvereinbarung für Organhaftungsansprüche sowohl individualvertraglich als auch satzungsmäßig verankert werden. Da im Falle einer Entscheidung für eine schiedsgerichtliche Streitbeilegung das Interesse der Beteiligten dahin gehen dürfte, dass jegliche Form der Anspruchsverfolgung gegen Organmitglieder erfasst ist, tritt die Frage auf, inwieweit auch der Fall des § 148 AktG von einer Schiedsvereinbarung erfasst sein kann. Hierbei ist zwischen Klagezulassungsverfahren und Hauptsacheverfahren zu differenzieren. Bei letzterem ergibt sich in beiden Fällen der Einsetzung eines Schiedsgerichts eine Bindung der klagenden Aktionäre an die Schiedsvereinbarung aufgrund ihrer Position als Prozessstandschafter.

Unterschiede ergeben sich im Hinblick auf die Schiedsbindung der Aktionäre für das Zulassungsverfahren. Hält man es nicht für ausreichend, auf den Charakter des Zulassungsverfahrens und seine Funktion für das Hauptsacheverfahren abzustellen („Akzessorietätslösung"), findet bei Schiedsbindung von Vorstand und Gesellschaft durch einen Individualvertrag (und in Ermangelung einer gesonderten Schiedsabrede mit den Aktionären) eine Aufspaltung statt.

Man fordert also eine lückenlose Legitimationskette der Aktionäre hin zum Schiedsgericht. Eine solche Legitimationskette liefert eine Schiedsklausel in der Satzung der Aktiengesellschaft, weil die Satzung aufgrund ihrer normativen Wirkungen alle Aktionäre bindet. Freilich muss aus der Schiedsklausel hervorgehen, dass auch das Zulassungsverfahren gemäß § 148 Abs. 1 und 2 AktG erfasst ist. Eine solche Schiedsklausel kann auch nachträglich durch satzungsändernde Mehrheit eingeführt werden. Eine Zustimmung jedes einzelnen Aktionärs ist nicht erforderlich für eine Schiedsbindung aller Aktionäre.

Eine Einführung der Schiedsklausel durch Satzungsänderung nach Bestellung des Vorstands bindet diesen aufgrund seiner Organstellung.

F. Zusammenfassung

Es hat sich gezeigt, dass die privatautonomen Gestaltungsmöglichkeiten im Bereich der Vorstandshaftung weiter reichen als bislang meist angenommen wird. Dort, wo das Aktienrecht keine expliziten Regelungen über die Zulässigkeit einzelner Gestaltungen trifft, muss der Schutzzweck der Organhaftung den Ausgangspunkt bilden. Dann können auch nicht geregelte Gestaltungsansätze einer sachgerechten Lösung zugeführt werden. Tendenziell kann gesagt werden, dass Gestaltungen, die zeitlich nach Realisierung der tatbestandlichen Haftungsvoraussetzungen getroffen werden, eher zulässig sind als solche, die davor getroffen werden. Ab dem Zeitpunkt der Verwirklichung aller Tatbestandsvoraussetzungen tritt die Präventionsfunktion nämlich deutlich zurück.

Es hat sich aber auch gezeigt, dass Gestaltungen genau in die Richtung wirken können, in die bereits die Haftungsandrohung selbst wirkt, bzw. dass manche Gestaltungen den Schutzzwecken zumindest nicht zuwider laufen. In diesen Konstellationen ist die Gestaltung freilich schon vor Realisierung der Haftungsvoraussetzungen zulässig.

6. Teil. Rechtsvergleichende Betrachtung – Delaware Corporation

Nachdem sich der weitgehend zwingende Charakter des Aktienrechts gerade im Kernbereich der Vorstandshaftung und im Besonderen die gleichwohl teilweise bestehenden Gestaltungsfreiräume, aber auch etwa die strengen Regeln zur Beweislastverteilung gezeigt haben, soll nun eine Kontrastierung mit dem Recht der General Corporation[1237] nach dem Gesellschaftsrecht des Staates Delaware stattfinden. Dieses ist seit Langem für seine weitgehende Gestaltungsfreiheit bekannt. Gerade in den letzten Jahren haben die Gerichte des Staates Delaware diese Freiheiten auch energisch verteidigt.[1238] Nicht von ungefähr haben in Delaware mehr Unternehmen ihren Sitz als im Rest der USA zusammen.[1239]

Die gefundenen Ergebnisse zum deutschen Recht bringen zwar begrenzte Gestaltungsmöglichkeiten in den Randbereichen der Haftung (insbesondere nach deren Realisierung) doch hat sich auch gezeigt, dass weitergehende Haftungserleichterungen oder Enthaftungen *de lege lata* im Grunde unmöglich sind.[1240] Die Kontrastierung mit einem weitgehend nachgiebigen Recht und seinen Rechtfertigungen verspricht damit Erkenntnisse für die Beantwortung der Frage, ob *de lege ferenda* das deutsche Aktienrecht im Bereich der Vorstandshaftung flexibler ausgestaltet werden sollte.

A. Organisationsstruktur der Corporation – monistisches System

Bevor die Haftungsregelungen analysiert und einer kontrastierenden Betrachtung zugeführt werden, soll die Organisationsstruktur der amerikanischen Corporation vorgestellt werden. Nur so kann ein Bild davon entstehen, inwieweit

---

1237 Die englischsprachigen Termini des amerikanischen Rechts werden im Folgenden zur Vermeidung von Ungenauigkeiten beibehalten.

1238 Thompson, 29 Del. J. Corp. L. 779 (2004).

1239 Thompson, 29 Del. J. Corp. L. 779, 783 (2004).

1240 Es hat sich zwar gezeigt, dass die Argumente, die für den zwingenden Charakter des Haftungsmaßstabs bemüht werden, nur von begrenzter Tragfähigkeit sind. Doch besteht weiterhin erhebliche Rechtsunsicherheit, wollte man etwa den Sorgfaltsmaßstab der Binnenhaftung modifizieren.

sich die dort getroffenen gesetzgeberischen und richterrechtlichen Wertungen möglicherweise in das deutsche Recht übertragen lassen.

In Delaware[1241] wird zwischen der *close corporation* und der *public corporation* unterschieden. Diese Unterscheidung bezeichnet indes nicht zwei verschiedene Gesellschaftsformen, sondern verschiedene Ausprägungen bzw. Ausgestaltungen einer Gesellschaftsform, wobei der Übergang zwischen den beiden fließend ist.[1242] Für die *public corporation* gelten aber aufgrund ihrer Teilnahme am Kapitalmarkt zusätzliche Regelungen außerhalb des Gesellschaftsrechts. Denn anders als das Gesellschaftsrecht, für das die Gesetzgebungskompetenz bei den Bundesstaaten liegt, stellt das kompetenzmäßig beim Bundesgesetzgeber liegende Kapitalmarktrecht viele bindende Regelungen auf, die insoweit die gesellschaftsrechtliche Gestaltungsfreiheit mittelbar beschränken.[1243]

Grundsätzlich existieren zwei Organe im Recht der Delaware Corporation: Die Hauptversammlung als Gesamtheit der Anteilseigner und das *board of directors*. Das *board of directors* kann als Verwaltungsrat bezeichnet werden – ihm obliegen sowohl Geschäftsführungs- als auch Überwachungsaufgaben. Zur besseren Unterscheidbarkeit vom deutschen (dualistischen, also Hauptversammlung, Aufsichtsrat, Vorstand) System soll im Folgenden ein auffächernder Überblick gegeben werden.

I. Shareholders

Die *shareholders* sind die Residualeigentümer der Gesellschaft. Sie geben der *corporation* ihre Verfassung, sind auch für Änderungen des Gesellschaftsvertrages zuständig. Die *shareholders* wählen die *directors*.[1244] Bei besonders bedeutsamen (unternehmerischen) Entscheidungen sind sie zu beteiligen[1245] und üben grundsätzlich die Kontrollfunktion in der Gesellschaft aus.[1246]

1241 Wie auch im Rest der USA.

1242 Rehm in Eidenmüller, Ausl. KapGes., 1. Aufl. 2004, § 11 Rn. 4 und 5: Dies liegt nicht zuletzt auch an der größeren Gestaltungsfreiheit im Gesellschaftsrecht.

1243 Rehm in Eidenmüller, Ausl. KapGes., 1. Aufl. 2004, § 11 Rn. 1; Merkt/Göthel, US-amerikanisches Gesellschaftsrecht, 2. Aufl. 2006, Rn. 232.

1244 Bauman et. al., Corp. Law and Policy, 6th Ed., 2007, S. 25; Klein/Coffee, Bus. Org. and Fin., 11th Ed., 2010, S. 123.

1245 Bauman et. al., Corp. Law and Policy, 6th Ed., 2007, S. 25; Bungert, Gesellschaftsrecht, 3. Aufl. 2003, S. 39.

1246 Merkt/Göthel, US-amerikanisches Gesellschaftsrecht, 2. Aufl. 2006, Rn. 567.

II. Directors

Die *directors* haben zugleich Leitungs- und Überwachungsaufgaben. Sie treffen die unternehmerischen Entscheidungen,[1247] haben aber auch die *officers* bei der Geschäftsleitung zu überwachen.[1248] Sie bilden das *board of directors*, von dem die Leitungsmacht im Unternehmen ausgeht.[1249] Dieses ist als Organ von den *shareholders* weisungsunabhängig.[1250] Das *board* agiert grundsätzlich als Kollegialorgan – einzelne *directors* sind demnach nicht in der Lage, Verträge für und gegen die Gesellschaft zu schließen.[1251] Es ist zu verzeichnen, dass in den letzten Jahren die Überwachungsfunktion stärker hervortritt.[1252]

Es gibt gewissermaßen drei[1253] Arten von *directors*: Angestellte der Gesellschaft, mit der Gesellschaft in Verbindung stehende Personen und völlig unabhängige Dritte.[1254] In den letzten Jahren wurden die Forderungen nach unabhängigen *directors*, also der letzten Gruppe, stärker,[1255] wobei gleichzeitig in der Wissenschaft kritisch hinterfragt wird, ob nicht das Informationsdefizit sowie mangelndes Eigeninteresse an der Richtigkeit der internen Abläufe und fehlendes ökonomisches Verständnis der von außen kommenden Überwacher deren Aufgabenerfüllung unmöglich machen.[1256]

1247 Bungert, Gesellschaftsrecht, 3. Aufl. 2003, S. 39.

1248 Klein/Coffee, Bus. Org. and Fin., 11th Ed., 2010, S. 123.

1249 Klein/Coffee, Bus. Org. and Fin., 11th Ed., 2010, S. 123; Merkt/Göthel, US-amerikanisches Gesellschaftsrecht, 2. Aufl. 2006, Rn. 607; die Leitungsmacht ist in jedem Fall den *directors* zugewiesen, wie die Formulierung von § 141 (a) DGCL zeigt: „The business and affairs of every corporation organized under this chapter shall be managed by or under the direction of a board of directors [...]".

1250 Merkt/Göthel, US-amerikanisches Gesellschaftsrecht, 2. Aufl. 2006, Rn. 573.

1251 Branson et. al., Bus. Enterpr., 2009, S. 262; Bungert, Gesellschaftsrecht, 3. Aufl. 2003, S. 40; Merkt/Göthel, US-amerikanisches Gesellschaftsrecht, 2. Aufl. 2006, Rn. 586.

1252 Klein/Coffee, Bus. Org. and Fin., 11th Ed., 2010, S. 132.

1253 Bauman et. al., Corp. Law and Policy, 6th Ed., 2007, S. 25 zählt Angestellte und mit dem Unternehmen verbundene *directors* als eine Gruppe der "*inside directors*"; dazu auch Bastuck, Enthaftung, 1986, S. 7 ff.

1254 Klein/Coffee, Bus. Org. and Fin., 11th Ed., 2010, S. 134 f.

1255 Branson et. al., Bus. Enterpr., 2009, S. 262; die Vorschriften des Sarbanes-Oxley-Act haben solche Forderungen und die nach Einrichtung eines unabhängigen audit committees aufgestellt, Spindler in MüKoAktG, 3. Aufl. 2008, Vor § 76 Rn. 74; zu den Entwicklungen um die unabhängigen Direktoren rechtsvergleichend Hopt, ZHR 175 (2011) 444, 472 ff.

1256 Klein/Coffee, Bus. Org. and Fin., 11th Ed., 2010, S. 135, die sich mit den wesentlichen Argumenten für die Unabhängigkeit von Überwachern befassen; vgl. zum Stand

III. Officers

Die *officers* werden unmittelbar vom *board of directors* bestimmt.[1257] Sie sind für das Tagesgeschäft und die Vertretung der Gesellschaft nach außen zuständig.[1258] Ihre Vertretungsmacht[1259] ergibt sich aus den Beschlüssen des *board of directors*.[1260] *Officers* werden durch die *directors* bestimmt und sind bei vielen (jedenfalls bei grundlegenden) Entscheidungen auf die Genehmigung durch die *directors* angewiesen.[1261] Die *officers* sind also reines „Exekutivorgan", denn nach dem Grundmodell erfüllen sie die ihnen vom *board* aufgetragenen Tätigkeiten, wobei ihnen[1262] gleichwohl bereits kraft ihrer Position[1263] ein gewisser Entscheidungsspielraum zugebilligt wird.[1264]

IV. Zusammenfassung

Für die folgende Parallelbetrachtung ist also in Erinnerung zu behalten, dass die *corporation* strukturell nicht mit der AG identisch ist.

Die *directors* stehen zum einen nicht zwingend an vorderster Front – die Ausführung der Entscheidungen obliegt – abhängig von der konkreten Ausgestaltung – häufig einem *officer*. Dies kann insofern entlastend wirken, als die öffentliche Angreifbarkeit der Leitungspersonen, die gerade bei großen Kapitalgesellschaften heute so groß ist wie nie zuvor, zumindest auf mehrere Akteure

---

der Diskussion um „*independence*" und neuere Einflüsse Branson et. al., Bus. Enterpr., 2009, S. 262 f. und Spindler in MüKoAktG, 3. Aufl. 2008, Vor § 76 Rn. 74.

1257 Merkt/Göthel, US-amerikanisches Gesellschaftsrecht, 2. Aufl. 2006, Rn. 605; Bastuck, Enthaftung, 1986, S. 6.

1258 Bauman et. al., Corp. Law and Policy, 6th Ed., 2007, S. 25; Branson et. al., Bus. Enterpr., 2009, S. 272; Bungert, Gesellschaftsrecht, 3. Aufl. 2003, S. 39.

1259 Die *officers* sind immer unter der Überwachung durch die *directors* tätig. Es kann aber auch geregelt werden, dass die *officers* in der Geschäftsleitung größere Freiräume haben, vgl. Merkt/Göthel, US-amerikanisches Gesellschaftsrecht, 2. Aufl. 2006, Rn. 573.

1260 Rehm in Eidenmüller, Ausl. KapGes., 1. Aufl. 2004, § 11 Rn. 47.

1261 Klein/Coffee, Bus. Org. and Fin., 11th Ed., 2010, S. 137 f.

1262 Dies gilt insbesondere für den *president*, vgl. Klein/Coffee, Bus. Org. and Fin., 11th Ed., 2010, S. 137.

1263 "Inherent authority", Bungert, Gesellschaftsrecht, 3. Aufl. 2003, S. 40; vgl. umfassend dazu auch Merkt/Göthel, US-amerikanisches Gesellschaftsrecht, 2. Aufl. 2006, Rn. 608.

1264 Klein/Coffee, Bus. Org. and Fin., 11th Ed., 2010, S. 137 f.

im Verband der *corporation* verteilt wird. Dennoch sind die *directors* die Verantwortungsträger.

Stark vom Modell der deutschen AG abweichend ist auch die Doppelaufgabe des *board of directors*: Anders als in der AG, bei der Leitung und Überwachung klar zwischen Vorstand und Aufsichtsrat abgegrenzt sind, hat das *board* als Kernaufgaben sowohl die Leitung des Unternehmens als auch die Überwachung der Unternehmensleitung.

Vor diesem Hintergrund dürfte auch die Bedeutung von Aktionärsklagen größer sein als dies im deutschen Recht der Fall ist.[1265] Grundsätzlich ist es aber die Aufgabe des *board of directors*, pflichtvergessene directors in Anspruch zu nehmen.[1266]

Enge Parallelen bestehen bezüglich der Eigenverantwortlichkeit der Unternehmensleitung: Die *directors* treffen die wesentlichen unternehmerischen Entscheidungen eigenverantwortlich. Diese Parallele ist für die im Rahmen dieser Arbeit anzustellende Vergleichsbetrachtung und die sich möglicherweise ergebenden Implikationen für rechtspolitische Erwägungen besonders wichtig. Denn die Anerkennung der Notwendigkeit eigenverantwortlich auszufüllender Handlungsfreiräume für die Unternehmensleitung einerseits und die Hervorhebung der verhaltenssteuernden Komponente im Bereich der Vorstandshaftung andererseits legen es nahe, ein System zu betrachten, in dem vornehmlich der erste Parameter als fundamental betrachtet wird, in dem der zweite Parameter, die Haftung, hingegen deutlich anders ausgestaltet ist als dies im deutschen Recht der Fall ist.[1267]

B. Grundannahmen und Problemsicht

I. Wertungsfragen

Bereits an dieser Stelle ist – gewissermaßen als Einstimmung auf die folgende Analyse – zu betonen, dass im Recht des Staates Delaware teils grundlegend andere Wertungen zugrunde gelegt werden, wenn es um die Frage geht, ob und inwieweit *directors* einer *corporation* mit ihrem persönlichen Vermögen haften sollen oder nicht.

1265 Zur großen Bedeutung von Aktionärsklagen Veasey/Finkelstein/Bigler, 42 Bus. Law. 399, 405 (1987).

1266 Bauman et. al., Corp. Law and Policy, 6th Ed., 2007, S. 949.

1267 Insoweit zeigte sich auch bei 5. Teil.A.I, dass aus der Eigenverantwortlichkeit der Leitung nicht zwingend eine Haftung folgen muss.

Scheint in Deutschland der – auch politisch – leicht vermittelbare Gedanke, dass „gierige" und „eigennützige" Vorstände zur Rechenschaft gezogen werden müssen, im Vordergrund zu stehen, wird in den USA – und insbesondere im Staat Delaware – eher umgekehrt gedacht und gefragt, mit welchen Mitteln Unternehmen Anreize setzen können, um gute, gewissenhafte Manager zu gewinnen.[1268] Diese sollen dann – davon wird selbstverständlich, aber auch zutreffend ausgegangen – unternehmerische Risiken wahrnehmen, weil sich nur so auch wirtschaftliche Erfolge einstellen können. Diese sind ja gerade erwünscht. Zwar klingt dieser zutreffende Grundgedanke auch im deutschen Recht teilweise an, prägender ist er in den USA aber jedenfalls.[1269] In den USA wird eine Hauptschwierigkeit der Unternehmen bei der Suche nach guten, gewissenhaften Managern darin gesehen, dass die gesetzlich und richterrechtlich bestehenden enormen Haftungsrisiken nur noch risikoaverse Manager anziehen bzw. risikofreudige (und damit nach dem Grundverständnis gern gesehene) Manager zu risikoaversem Verhalten zwingen.[1270]

Dass der Typus des gewissenhaften und umsichtigen Managers gewissermaßen als Grundannahme vorausgesetzt wird und daran auch erst einmal nicht gerüttelt wird, zeigt etwa auch die Argumentation, dass es für eine gute *Corporate Governance* erforderlich ist, ein solides Freistellungs- und Enthaftungsregime zu bieten, weil andernfalls eben keine ausreichend guten Manager gefunden werden können, die den Grundsätzen guter *Corporate Governance* Rechnung tragen könnten.[1271]

Hinzu kommt das Problem des sog. *hindsight bias*[1272], also die Gefahr, dass ein Gericht, welches den potentiellen Haftungsfall zu evaluieren hat, sich vom

---

1268 Veasey/Finkelstein/Bigler, 42 Bus. Law. 399, 401 (1987). Doch ist auch in den USA – insbesondere seit dem Fall Enron – eine kritischere Grundhaltung den *directors* gegenüber zu verzeichnen, vgl. Haas in Schwartz/Goodman, Corp. Gov.: Law and Practice, March 2012, Vol. 2, § 4.03, S. 4–20.

1269 Das zeigt sich bereits daran, dass auch die Business Judgment Rule eher nur dem Namen nach, nicht aber in ihrer eigentlich Dimension in das deutsche Recht übernommen wurde, vgl. dazu Fest, Jb. junger Zivilrechtswissenschaftler 2011, 119, 152 und passim. sowie jüngst etwa Hopt, ZIP 2013, 1793, 1797 und 1799; ebenso dazu jüngst Paefgen, AG 2014, 554, 566.

1270 Veasey/Finkelstein/Bigler, 42 Bus. Law. 399, 401 (1987).

1271 McPhee in Schwartz/Goodman, Corp. Gov.: Law and Practice, March 2012, Vol. 2, § 5.02, S. 5–4; zur Diskussion etwa Veasey/Finkelstein/Bigler, 42 Bus. Law. 399, 401 (1987).

1272 Diese Problem besteht in Deutschland freilich ebenso. Dazu etwa Casper, ZHR 176 (2012) 617, 635.

Fehlgang in seiner Entscheidung leiten lässt und dabei vergisst, dass es gerade auf das korrekte Procedere, nicht aber auf einen bestimmten Ausgang der unternehmerischen Entscheidung ankommt.[1273]

II. Die Rolle der Gerichte

In Delaware spielt die Rechtsprechung eine gewichtige Rolle im Gesamtsystem des Gesellschaftsrechts. Nicht nur das systematische Verständnis, sondern auch die Durchdringung ökonomischer Hintergründe sowie der Besonderheiten unternehmerischen Handelns in der Richterschaft der jeweiligen Fachgerichte sind hoch.[1274] Aufgrund des relativ flexiblen – und bewusst allgemein gehaltenen – Regelungswerks hat die Rechtsprechung erhebliche Konkretisierungs- und Ausgestaltungsaufgaben.[1275] Die Gerichte haben überdies auch ein Selbstverständnis, welches als dienstleitungsorientiert bezeichnet werden kann[1276] – der Standort Delaware ist nur dann interessant für Unternehmen, wenn ein zufriedenstellendes Umfeld geboten wird, wozu auch eine hochqualifizierte und schnell arbeitende[1277] Richterschaft gehört.

Im Folgenden wird zunächst die gesetzliche Lage nach dem Gesellschaftsrecht des Staates Delaware dargestellt, sodann die Rechtsprechung dazu beleuchtet. Im Anschluss daran hat eine Auseinandersetzung mit der auf den dortigen Regelungen beruhenden wissenschaftlichen Diskussion stattzufinden. Diese soll die Sinnhaftigkeit und den Nutzen der dortigen Regelung herausstellen.

C. Überblick über das Haftungsregime

Zunächst muss überblicksweise das Haftungssystem in der *general corporation* untersucht werden. So werden die potentiellen Haftungsrisiken greifbar. Dabei wird grundsätzlich nur die Binnenhaftung untersucht. Diese beruht auf *common law*-Grundsätzen und entsteht bei schuldhafter Verletzung einer der den *directors* obliegenden Pflichten.[1278]

1273 Dazu jüngst Bachmann, ZHR 177 (2013) 1, 4 ff.

1274 Zur herausragenden Expertise der Richter allgemein Fest, Jb. junger Zivilrechtswissenschaftler 2011, 119, 125.

1275 Thompson, 29 Del. J. Corp. L. 779, 782 f. (2004); Bauman et. al., Corp. Law and Policy, 6th Ed., 2007, S. 27.

1276 Chandler/Strine, 152 U. Pa. L. Rev. 953, 984 (2003).

1277 Thompson, 29 Del. J. Corp. L. 779, 784 (2004).

1278 Bungert, Gesellschaftsrecht, 3. Aufl. 2003, S. 41; Merkt/Göthel, US-amerikanisches Gesellschaftsrecht, 2. Aufl. 2006, Rn. 631; die Pflichten konzentrieren sich

I. Duty of care

Directors unterliegen der Sorgfaltspflicht, sog. *duty of care*.[1279] Bei der Ausgestaltung der Sorgfaltspflicht wird aber in Rechnung gestellt, dass zum einen die Wahrnehmung unternehmerischer Risiken erwünscht ist und sich daher die Nichtrealisierung des erhofften Erfolgs nicht zwangsläufig in einer Haftung auswirken darf, zum anderen es Gerichten nur begrenzt möglich ist, die unternehmerischen Erwartungen in ein Geschäft zu rekonstruieren und letztlich, dass die *directors* wenig Möglichkeiten haben, sich durch Streuung der Risiken gegen Verluste abzusichern.[1280]

Bereits durch die richterrechtlich entwickelte sog. Business Judgment Rule wird das Haftungsrisiko, dem ein *director* in den USA ausgesetzt ist, deutlich verringert.[1281] Es ist aber zu beachten, dass die Business Judgment Rule in erster Linie die Kontrolldichte der Gerichte betrifft, der Sorgfaltsmaßstab hingegen bleibt von ihr unberührt.[1282] Das Haftungsrisiko wird reduziert, weil die Prüfung des Sachverhalts endet, sofern die Business Judgment Rule greift.[1283] Teilweise betonen die Gerichte Delawares darüber hinaus, dass eine Haftung im Bereich unternehmerischer Entscheidungen nur für *„gross negligence"*, also grobe Fahrlässigkeit, in Betracht kommt.[1284] Entscheidend ist hierfür das

---

in den USA starker auf die Aktionäre, und erst im Insolvenzfall treten Gläubiger als Schutzadressaten hinzu, vgl. Cahn/Donald, Comparative Company Law, 2010, S. 335 f.

1279 Haas in Schwartz/Goodman, Corp. Gov.: Law and Practice, March 2012, Vol. 2, § 4.03, S. 4–9.

1280 Klein/Coffee, Bus. Org. and Fin., 11th Ed., 2010, S. 157.

1281 Haas in Schwartz/Goodman, Corp. Gov.: Law and Practice, March 2012, Vol. 2, § 4.03, S. 4–22; Merkt/Göthel, US-amerikanisches Gesellschaftsrecht, 2. Aufl. 2006, Rn. 843.

1282 Pinto/Branson, Understanding Corporate Law, 3rd Ed. 2009, S. 223.

1283 Merkt/Göthel, US-amerikanisches Gesellschaftsrecht, 2. Aufl. 2006, Rn. 843; insofern hat die Business Judgment Rule also eine erhebliche prozessuale Dimension.

1284 Aronson v. Lewis, 473 A.2d 805, 812 a.E.; Klein/Coffee, Bus. Org. and Fin., 11th Ed., 2010, S. 158; Merkt/Göthel, US-amerikanisches Gesellschaftsrecht, 2. Aufl. 2006, Rn. 858; dies dürfte indes eher eine Aussage bzgl. der tatsächlichen Haftungssituation sein und den Sorgfaltsmaßstab unberührt lassen, dieser ist sog. „due care", Branson, 36 Val. U. L. Rev. 631, 638 (2001–2002); in diese Richtung wohl auch Paefgen, AG 2004, 245, 254.

dogmatische Verständnis der Business Judgment Rule.[1285] Die Business Judgment Rule wirkt vornehmlich auf die Einhaltung gewisser Verfahrensregeln hin. In Delaware beinhaltet sie die Vermutung,[1286] dass die *directors* bei einer unternehmerischen Entscheidung aufgrund angemessener Informationsbasis und *„in good faith"* handelten und sich in dem Glauben befanden, zum Besten der Gesellschaft zu handeln.[1287] Überdies darf kein Interessenkonflikt bestehen.[1288] Die Business Judgment Rule besteht als widerlegbare Vermutung, sodass sich der *director* erst entlasten muss, wenn klägerseitig die Vermutung widerlegt werden konnte.[1289]

Die Business Judgment Rule steht also in einem gewissen Wechselspiel mit der Sorgfaltspflicht, ist mit ihr aber nicht identisch.[1290]

II. Duty of Loyalty

Demgegenüber verpflichtet die *duty of loyalty* die *directors* und *officers* zur Treue gegenüber der Gesellschaft.[1291] Der Pflichtenadressat muss seine Interessen denen der Gesellschaft und der Aktionäre unterordnen, es sei denn, es besteht ein Interessengleichlauf.[1292] Die *duty of care* greift damit tendenziell in Situationen, in denen ein Gleichlauf der Interessen der Gesellschaft mit denen der Entscheidungsträger besteht, wohingegen die *duty of loyalty* den Pflichtadressaten dann anspricht, wenn seine Interessen von denen der *corporation* abweichen.[1293]

1285 In Delaware hat die Business Judgment Rule den Charakter einer widerleglichen Vermutung, wohingegen die Formulierungen etwa des American Law Institute die directors mit der Darlegungslast belegen, vgl. dazu und zum Ganzen Branson, 36 Val. U. L. Rev. 631, 634 ff. (2001–2002); zu der Vermengung von „due care" und „business judgment rule" Johnson, 55 Bus. Law. 625, 643 Fn. 81 (1999–2000).

1286 Pinto/Branson, Understanding Corporate Law, 3rd Ed. 2009, S. 223.

1287 Smith v. Van Gorkom, 488 A.2d 858, 872.

1288 Merkt/Göthel, US-amerikanisches Gesellschaftsrecht, 2. Aufl. 2006, Rn. 830.

1289 Merkt/Göthel, US-amerikanisches Gesellschaftsrecht, 2. Aufl. 2006, Rn. 844.

1290 Wendler, Die Justiziabilität ökonomischer Unternehmensentscheidungen, 2006, S. 71 mit weiteren Aspekten.

1291 Merkt/Göthel, US-amerikanisches Gesellschaftsrecht, 2. Aufl. 2006, Rn. 877 ff.

1292 McPhee in Schwartz/Goodman, Corp. Gov.: Law and Practice, March 2012, Vol. 2, § 5.02, S. 5–7.

1293 Bauman et. al., Corp. Law and Policy, 6th Ed., 2007, S. 736; ein fallgruppenorientierter Überblick findet sich bei Bungert, Gesellschaftsrecht, 3. Aufl. 2003, S. 44; ausführlich dazu Merkt/Göthel, US-amerikanisches Gesellschaftsrecht, 2. Aufl. 2006, Rn. 877 ff.

III. Duty to act in *good faith*?

In letzter Zeit wurde teils erwogen, ob es eine eigenständige *duty to act in good faith* gibt.[1294] Hintergrund ist, dass in § 102(b)(7)(ii) DGCL[1295] geregelt ist, dass eine Haftungsreduktion nicht möglich ist für Handlungen, die nicht „*in good faith*" geschahen.

Mittlerweile ist das Zusammenspiel zwischen den beiden Hauptpflichten, der *duty of care* und der *duty of loyalty*, und der Pflicht, „*in good faith*" zu handeln, geklärt. Die Pflicht, in „*good faith*" zu handeln, ist ein Unterfall der Loyalitätspflicht.[1296] Um sie zu verletzen, ist mindestens bewusstes Handeln erforderlich.[1297]

IV. Duty of oversight

Ferner bestehen Überwachungspflichten, sodass die *directors* den Lauf der Geschäfte sowie das Verhalten der Mitarbeiter im Auge behalten müssen.[1298] Daraus folgt nicht, dass ohne jedwede Anhaltspunkte jegliche Tätigkeit zu überwachen ist – vielmehr bedeutet dies, dass bei Bestehen von Anhaltspunkten für Unregelmäßigkeiten diesen nachgegangen werden muss, weil ohne das Bestehen von konkreten Anhaltspunkten grundsätzlich auf ordnungsgemäßes Verhalten der Mitarbeiter vertraut werden darf.[1299] Im *Caremark*-Fall wurde dies weiter präzisiert: Es ist ein Überwachungssystem einzurichten, welches die Geschäftsleitung und das *board* über die laufenden Geschäfte, größere Vorkommnisse und die Befolgung maßgebender Regelungen informiert.[1300]

Zunächst wurde die *duty of oversight* als Teil der *duty of care* qualifiziert, weil das Gericht feststellte, dass eine Satzungsregelung gemäß § 102(b)(7) DGCL zum

---

1294 Vgl. zum Ganzen Thompson, Georgetown Publ. L. and Leg. Th. Res. Paper No. 10–64.

1295 Delaware General Corporation Law; vgl dazu sogleich unter 6. Teil.D.I.

1296 Haas in Schwartz/Goodman, Corp. Gov.: Law and Practice, March 2012, Vol. 2, § 4.03, S. 4–15 ff.

1297 Haas in Schwartz/Goodman, Corp. Gov.: Law and Practice, March 2012, Vol. 2, § 4.03, S. 4–17.

1298 Haas in Schwartz/Goodman, Corp. Gov.: Law and Practice, March 2012, Vol. 2, § 4.03, S. 4–17.

1299 Graham v. Allis-Chalmers Mfg. Co., 188 A.2d 125, 130; Haas in Schwartz/Goodman, Corp. Gov.: Law and Practice, March 2012, Vol. 2, § 4.03, S. 4–17.

1300 Haas in Schwartz/Goodman, Corp. Gov.: Law and Practice, March 2012, Vol. 2, § 4.03, S. 4–17.

Entfall der Haftung führen könne.[1301] Der Delaware Supreme Court stellt demgegenüber darauf ab, dass die *duty of oversight* ein Teil des „*good faith*"-Merkmals – und damit ein Teil der Loyalitätspflicht[1302] – ist.[1303] Dies dürfte Auswirkungen für die Frage der Zulässigkeit von Enthaftungen[1304] einerseits und auf die Frage des zu fordernden Sorgfaltsmaßes[1305] andererseits haben.

D. Schutz vor persönlicher Haftung der Geschäftsleiter

Es gibt vier Stufen, auf denen ein Schutz der Geschäftsleiter vor persönlicher Haftung ansetzen kann.[1306] Auf erster Stufe steht die Haftungsbegrenzung nach § 102(b)(7) DGCL, die in Delaware allerdings nur *directors* zugute kommen kann.[1307] Sie bezieht sich allerdings nicht auf Verletzungen der Loyalitätspflicht und Handlungen, die nicht in „*good faith*" vorgenommen wurden.[1308] Auf zweiter Stufe steht die Business Judgment Rule, nach der vermutet[1309] wird, dass *directors* und *officers* auf Basis vollständiger Information und „*in good faith*" bestmöglich im Interesse der Gesellschaft handeln.[1310] Sodann gibt es noch die Möglichkeit der Freistellung im Falle der (realisierten) Haftung, nach der der *director* oder *officer* seine Prozesskosten oder auch die Haftungssumme selbst von der Gesellschaft erstattet bekommen kann, § 145 DGCL.[1311] Letztlich bietet auch die D&O-Versicherung Schutz vor persönlicher Haftung, wobei sie besonders dazu

1301 Vgl. dazu Caremark, 698 A.2d 959, 970 Fn. 27; Haas in Schwartz/Goodman, Corp. Gov.: Law and Practice, March 2012, Vol. 2, § 4.03, S. 4–19.

1302 Vgl. dazu soeben.

1303 Stone v. Ritter, 911 A.2d 362, 369; Haas in Schwartz/Goodman, Corp. Gov.: Law and Practice, March 2012, Vol. 2, § 4.03, S. 4–19.

1304 § 102(b)(7) DGCL setzt insoweit nur bei der duty of care an.

1305 Für „*bad faith*" ist ja gerade bewusstes Handeln erforderlich, vgl. oben.

1306 Branson et. al., Bus. Enterpr., 2009, S. 591.

1307 Branson et. al., Bus. Enterpr., 2009, S. 591; die directors müssen sich im Prozess aktiv auf die Exkulpationsklausel berufen. Ist der Anspruch nur auf die Verletzung der Sorgfaltspflicht gestützt, endet der Prozess bereits an dieser Stelle, vgl. Malpiede v. Thownson, 780 A.2d 1075, 1095; vgl. auch McPhee in Schwartz/Goodman, Corp. Gov.: Law and Practice, March 2012, Vol. 2, § 5.02, S. 5–17.

1308 § 102(b)(7)(i) und (ii) DGCL.

1309 Diese Vermutung ist vom Kläger zu widerlegen, was schwerlich gelingt, Branson et. al., Bus. Enterpr., 2009, S. 591; vgl. dazu auch bereits oben.

1310 Branson et. al., Bus. Enterpr., 2009, S. 591.

1311 Branson et. al., Bus. Enterpr., 2009, S. 591.

dient, die nicht durch Exkulpation und Freistellung sowie Business Judgment Rule abgedeckten Bereiche finanzieller Haftung abzudecken.[1312]

Die gesetzlichen Regelungen werden ihrer Ziel- bzw. Wirkungsrichtung nach dargestellt. Dadurch ist es im Nachgang einfacher, Destillate für den Vergleich mit den deutschen Regelungen zu erhalten.

I. § 102(b)(7) DGCL

1. Normaussagen des § 102(b)(7) DGCL

Gemäß § 102(b)(7) DGCL ist es möglich,[1313] in das *certificate of incorporation*[1314] eine Bestimmung aufzunehmen, die die persönliche Haftung des *directors* für Pflichtverletzungen gegenüber der Gesellschaft oder ihren Aktionären ausschließt oder beschränkt, wobei es einen Ausnahmenkatalog von Bereichen, in denen die Haftung nicht beschränkt oder ausgeschlossen werden darf, gibt:

- Demnach ist es nicht zulässig, die Haftung für die Verletzung der Loyalitätspflicht gegenüber der Gesellschaft oder den Aktionären zu reduzieren (i)[1315].
- Nicht möglich ist auch eine Enthaftung für Handlungen oder Unterlassungen, die nicht in gutem Glauben geschahen oder die vorsätzliches Fehlverhalten oder eine bewusste Rechtsverletzung beinhalteten (ii).
- Die *directors* haften auch bei Verstoß gegen § 174 DGCL, also bei unerlaubter Dividendenausschüttung oder unrechtmäßigem Anteilsrückkauf (iii).
- Nicht reduziert werden kann die Haftung auch für Transaktionen, aus denen der *director* einen unangemessenen persönlichen Vorteil gezogen hat (iv).

Eine solche Regelung kann die Haftung eines *directors* wegen Handlungen oder Unterlassungen nicht für die Zeit vor ihrem Inkrafttreten regeln.

2. Interpretation der Norm und Ausformung durch die Gerichte

§ 102(b)(7) DGCL gibt Gesellschaften die Möglichkeit, ihre *directors* vor einer persönlichen Haftung wegen Verletzungen der Sorgfaltspflicht zu schützen.[1316] Die Regelung wurde eingeführt, weil man nach dem Urteil in *Smith v. Van*

1312 Branson et. al., Bus. Enterpr., 2009, S. 591.

1313 Normaussagen vom Verf. übersetzt.

1314 Dies ist die Gründungsurkunde.

1315 Die römischen Zahlen in Klammern bezeichnen die auch im Originaltext bestehenden Untergliederungen der Norm im Fließtext.

1316 Branson et. al., Bus. Enterpr., 2009, S. 592 f.

Gorkom[1317] befürchtete, es würde sich niemand mehr bereit erklären, *director* zu werden bzw. als *director* unternehmerische Risiken einzugehen.[1318] Als Hintergrund muss auch in Rechnung gestellt werden, dass die Verfügbarkeit von D&O-Versicherungsschutz im Nachgang von Judikaten, die in Richtung der Bejahung einer *director's liability* gingen, stets abnahm, sodass auch insoweit das Bedürfnis nach internen Freistellungsmöglichkeiten größer wurde.[1319]

Teilweise bestehen nach wie vor Schwierigkeiten, der Norm und insbesondere ihren Ausnahmen zu einer Konturierung zu verhelfen. Dies ist vor dem Hintergrund, dass eine Abbedingung der Haftung Anreize bieten und Sicherheit vermitteln soll, problematisch.[1320]

Verstöße gegen die Loyalitätspflicht („*duty of loyalty*") führen stets zur Haftung. Erleichterungen oder Abbedingung der Haftung sind in diesem Bereich nicht möglich, § 102(b)(7) DGCL. Pflichtverletzungen, die nicht in gutem Glauben geschahen bzw. die ein wissentliches Fehlverhalten oder eine bewusste Rechtsverletzung beinhalten („*acts or omissions not in good faith or which involve intentional misconduct or a knowing violation of law*", § 102(b)(7)(ii) DGCL), führen ebenfalls zur Haftung.

Das „*good faith*"-Merkmal bietet – besonders seit dem Enron-Fall – Anknüpfungspunkt für die Frage, ob Manager, die sich darüber im Klaren sein müssen, ihre Pflichten nicht einzuhalten, also grob fahrlässig handeln, noch in „*good faith*" handeln, ob also grobe Fahrlässigkeit bösgläubig machen kann.[1321]

1317 Vgl. dazu im Detail sogleich.

1318 Branson et. al., Bus. Enterpr., 2009, S. 591; McPhee in Schwartz/Goodman, Corp. Gov.: Law and Practice, March 2012, Vol. 2, § 5.02, S. 5–4; zum Grundgedanken dieser Norm auch In re Goldman Sachs Group, Inc. S'holders Litig., 2011 Del. Ch. LEXIS 151, 78.

1319 McPhee in Schwartz/Goodman, Corp. Gov.: Law and Practice, March 2012, Vol. 2, § 5.02, S. 5–4; McPhee beobachtet auch seit dem Enron-Fall eine Verteuerung des Versicherungsschutzes, wobei der zwischenzeitliche Rückgang nunmehr seit der *Subprime*-Krise wiederum zu Prämienerhöhungen führte, vgl. McPhee in Schwartz/Goodman, Corp. Gov.: Law and Practice, March 2012, Vol. 2, § 5.02, S. 5–4 f.; zweifelnd, insgesamt in der Sache aber wenig überzeugend Brown/Gopalan, 42 Ind. L. Rev. 285, 298 und 302 f. (2009) und passim.

1320 In dem Fall In re Walt Disney Co. Derivative Litig., 906 A.2d 27, 64 f. stellte der Delaware Supreme Court fest: "[...] some conceptual guidance to the corporate community may be helpful".

1321 McPhee in Schwartz/Goodman, Corp. Gov.: Law and Practice, March 2012, Vol. 2, § 5.02, S. 5–9 und 5–12; McPhee zitiert hierfür bei S. 5–9 Strine, 57 Bus. Law. 1371, 1393 (2002), der dieses Argument aber nur antizipiert und Gerichte zu besonderer

Dem wurde durch den Delaware Supreme Court eine klare Absage erteilt.[1322] Das Gericht stützt sich dabei in erster Linie auf den systematischen Zusammenhang des § 102(b)(7) DGCL. Nachdem es § 102(b)(7) DGCL der Gesellschaft erlaube, *directors* bei Verletzungen der *duty of care* zu exkulpieren, eine solche Exkulpation aber ausgeschlossen ist für Handlungen, die nicht „*in good faith*" geschehen, vgl. § 102(b)(7)(ii) DGCL, seien die Fragen getrennt zu halten.[1323] Ein Verständnis, wonach eine grob fahrlässige Sorgfaltspflichtverletzung einen Entfall des „*good faith*" bedeute, würde die Enthaftungsmöglichkeit bezüglich der *duty of care* unterlaufen.[1324] An der Norm zeige sich also die klare Unterscheidung zwischen den beiden Pflichten. Gleiches gelte für § 145 DGCL. Aus § 145 DGCL ergebe sich, dass ein *director* zwar für Verletzungen der Sorgfaltspflicht, nicht aber für Verletzungen der Pflicht, in „*good faith*" zu handeln, freigestellt werden kann.[1325] Eine Aufgabe des gesetzgeberischen Ziels, *directors* deutlich vor der Haftung zu schützen, sei nicht zu rechtfertigen.[1326]

Umgekehrt vermag aber ein Verstoß gegen die Pflicht, in „*good faith*" zu handeln, sehr wohl eine Verletzung der Loyalitätspflicht auszumachen, wenngleich das Fehlen von „*good faith*" nur ein Teil der Haftungsvoraussetzungen ist.[1327] Es gibt also keine eigenständige „*duty to act in good faith*".[1328]

Vorsicht mahnt, weil *directors* niemals *compliance* garantieren, sondern nur ihr Bestes zu deren Umsetzung tun können. *Strine* hebt vielmehr die Bedeutung des „*good faith*"-Konzepts für die Frage der Haftung hervor, weil „*good faith*" unabdingbare Handlungsmaxime für *directors* ist und sich insofern niemand darauf berufen kann und soll, nicht gewusst zu haben, dass ein *director* dessen Beachtung schuldet, Strine, 57 Bus. Law. 1371, 1394 (2002).

1322 In re Walt Disney Co. Derivative Litig., 906 A.2d 27, 65; zum Verfahrensgang McPhee in Schwartz/Goodman, Corp. Gov.: Law and Practice, March 2012, Vol. 2, § 5.02, S. 5–9 ff.

1323 In re Walt Disney Co. Derivative Litig., 906 A.2d 27, 65.

1324 In re Walt Disney Co. Derivative Litig., 906 A.2d 27, 65.

1325 In re Walt Disney Co. Derivative Litig., 906 A.2d 27, 66.

1326 In re Walt Disney Co. Derivative Litig., 906 A.2d 27, 66.

1327 Stone v. Ritter, 911 A.2d 362, 369 f.

1328 McPhee in Schwartz/Goodman, Corp. Gov.: Law and Practice, March 2012, Vol. 2, § 5.02, S. 5–13 und bereits oben.

3. *Die prozessuale Dimension von § 102(b)(7) DGCL*

§ 102(b)(7) DGCL hat auch eine nicht zu unterschätzende prozessuale Dimension.[1329] Diese beruht gewissermaßen auf ihrer Ausstrahlungswirkung in das Prozessrecht. In *McMillan v. Intercargo Corp.* wurde betont, dass § 102(b)(7) DGCL gerade auch den Effekt hat, die vor dem Hauptprozess aufwändige und kostspielige *discovery*[1330] abzuwehren, sofern der Kläger ausschließlich Umstände dartut, die eine Haftung wegen Verletzung der Sorgfaltspflicht, nicht aber der Loyalitätspflicht oder wegen eines Verstoßes gegen das „*good faith*"-Konzept stützen.[1331]

4. *Rechtsprechung in Verbindung mit § 102(b)(7) DGCL*

Im Folgenden werden einige ausgewählte[1332] Fälle im Zusammenhang mit § 102(b)(7) DGCL dargestellt, um so die Bedeutung der Vorschrift etwas deutlicher hervortreten zu lassen.

a) Smith v. Van Gorkom

Der Fall *Smith v. Van Gorkom* ist im Bereich der Organhaftung einer der prominentesten Fälle. Kernaussage ist, dass Mitglieder des *board* für grob fahrlässig verursachte Fehler im Entscheidungsprozess haften können.[1333] Der Maßstab grober Fahrlässigkeit ist auch anzuwenden, wenn es um die Frage geht, ob eine unternehmerische Entscheidung aufgrund einer hinreichenden Informationsbasis erging.[1334]

1329 McPhee in Schwartz/Goodman, Corp. Gov.: Law and Practice, March 2012, Vol. 2, § 5.02, S. 5–16.

1330 *Discovery* beudeutet, dass vom Prozessgegner aber auch von Dritten die Offenlegung sämtlicher prozessrelevanter Informationen verlangt werden kann. Dieses Verfahren ist sehr aufwändig und birgt erhebliche Risiken, weil umfangreich offengelegt werden muss, Stempfle in Terbille, MüAnw.Hdb. Versicherungsrecht, 2. Aufl. 2008, § 33 Rn. 13.

1331 McMillan v. Intercargo Corp., 768, A.2d 492, 501 f.

1332 Selbstverständlich kann die Auswahl der Entscheidungen keinesfalls als abschließend bezeichnet werden. Maßgeblich für die Auswahl war sowohl die Prominenz als auch die Anschaulichkeit der Fälle.

1333 Smith v. Van Gorkom, 488 A.2d 858.

1334 Smith v. Van Gorkom, 488 A.2d 858, 873.

b) In re Walt Disney Co. Derivative Litig., 907 A.2d 693

In diesem Fall wurde dem *board of directors* vorgeworfen, seine Pflichten bei der Einstellung von *president*[1335] Ovitz sowie bei dessen Ausscheiden verletzt zu haben.[1336] Ovitz war *president* der Walt Disney Corporation von 1995 bis 1996. Bei der Einstellung, die maßgeblich auf Betreiben des CEO, Michael Eisner, hin erfolgte,[1337] hätte der Vertrag mit Herrn Ovitz so nicht genehmigt werden dürfen[1338] und dessen Ausscheiden hätte nicht auf Basis einer *„non-fault"* Klausel geschehen dürfen, aufgrund derer Ovitz bei seinem Ausscheiden erhebliche finanzielle Ansprüche erwuchsen.[1339]

Den *directors* wurde vorgeworfen, die Entscheidung über die Einstellung dem CEO überlassen und ihre Pflichten im Rahmen der Einstellung und Entlassung des *president* verletzt zu haben.[1340] Der Vertrag enthielt eine sog. *„non-fault"*-Klausel, nach der Ovitz Anspruch auf erhebliche Abfindungssummen im Falle der Beendigung des Vertrages ohne Grund hatte.[1341] Deshalb lag ein Vorwurf gegen die *directors* darin, die Auszahlung einer Abfindung sei im Hinblick auf Pflichtverletzungen von Ovitz unrechtmäßig erfolgt.[1342] Eine Kündigung aus wichtigem Grund hätte zur Folge gehabt, dass kein Abfindungsanspruch entstanden wäre. Ovitz hatte aber nach den Feststellungen des Court of Chancery of Delaware im Rahmen seiner Tätigkeiten keinerlei Pflichtverletzungen begangen,[1343] sodass insoweit eine Anknüpfung nicht möglich – mithin auch kein Schadensersatzanspruch gegen die *directors* begründbar war.[1344]

Zusätzlich arbeitete das Gericht heraus, dass sich das *board of directors* weder bei der Entscheidung, Ovitz einzustellen, noch bei der Genehmigung des Vertrages, den Eisner mit Ovitz ausgehandelt hatte,[1345] grob fahrlässig oder nicht in *„good faith"* verhalten hatte.[1346] *„Bad faith"* konnte bei den *directors* nicht

1335 Der *president* ist ein *officer* in einer Führungsposition.
1336 In re Walt Disney Co. Derivative Litig., 907 A.2d 693, 697, 760.
1337 In re Walt Disney Co. Derivative Litig., 907 A.2d 693 (case summary) und 700.
1338 In re Walt Disney Co. Derivative Litig., 907 A.2d 693, 760.
1339 In re Walt Disney Co. Derivative Litig., 907 A.2d 693, 704, 758 f.
1340 In re Walt Disney Co. Derivative Litig., 907 A.2d 693 (case summary) und 760 ff.
1341 In re Walt Disney Co. Derivative Litig., 907 A.2d 693 (case summary).
1342 In re Walt Disney Co. Derivative Litig., 907 A.2d 693 (case summary).
1343 In re Walt Disney Co. Derivative Litig., 907 A.2d 693, 757.
1344 In re Walt Disney Co. Derivative Litig., 907 A.2d 693 (case summary).
1345 In re Walt Disney Co. Derivative Litig., 907 A.2d 693, 760; Eisner stand dem Geschehen insofern am Nächsten, als er Ovitz seit Langem persönlich kannte und auch sonst das *board of directors* mit ihm durchaus nahestehenden Personen besetzte.
1346 In re Walt Disney Co. Derivative Litig., 907 A.2d 693, 760 ff.

festgestellt werden, weil das Gericht zu der Überzeugung kam, dass die *directors* in dem Glauben, das Beste für die Gesellschaft zu tun, gehandelt hatten.[1347] Auch grobe Fahrlässigkeit verneinte das Gericht, weil es zwar Anhaltspunkte zu Zweifeln,[1348] Grund für weitere Nachforschungen über die Personalie Ovitz,[1349] und teilweise gering erscheinende Anteilnahme und Befassung mit der Materie gab,[1350] dies aber allenfalls normale Fahrlässigkeit begründete.

Das Gericht betont, dass viele Dinge so liefen, dass sie nicht guter *Corporate Governance* entsprachen.[1351] Das Gericht betont aber zugleich auch, dass es keinen Gleichlauf mit den Pflichten der *directors* gibt, ein Verstoß gegen gute *Corporate Governance* nach dem Recht Delawares also nicht zugleich einen (haftungsbegründenden) Pflichtenverstoß bedeuten muss.[1352] Das Recht Delawares sanktioniert nicht die Missachtung des „*aspirational ideal of best practice*"[1353].[1354]

Auch der Delaware Supreme Court kam zu keinem anderen Ergebnis: Die Entscheidung, den Anstellungsvertrag von Herrn Ovitz zu genehmigen und ihn als *president* einzustellen und ihn sodann aufgrund der „*non-fault*"- Klausel zu verabschieden, waren geschützte unternehmerische Entscheidungen, die keine Pflichtverletzungen begründeten.[1355]

Auch die klägerische Argumentation, die Auszahlung der Abfindung sei Verschwendung von Gesellschaftsvermögen („*waste-claim*"), drang nicht durch.[1356] Denn zum Zeitpunkt des Ausscheidens war die Gesellschaft vertraglich zur Zahlung der Abfindung verpflichtet[1357] – Kündigungsgründe, die zur Nichtanwendbarkeit der „*non-fault*"-Klausel geführt hätten, waren nicht gegeben. Auch die Aufnahme der Abfindungsklausel in den Anstellungsvertrag selbst sah das Gericht nicht als Verschwendung von Gesellschaftsvermögen an. Vielmehr lag darin wiederum eine unternehmerische Entscheidung: Herr Ovitz sollte von

1347 In re Walt Disney Co. Derivative Litig., 907 A.2d 693, 763 (für Eisner).

1348 In re Walt Disney Co. Derivative Litig., 907 A.2d 693, 763.

1349 In re Walt Disney Co. Derivative Litig., 907 A.2d 693, 764 f.; *director* Russel war etwa nicht verpflichtet, alle nur erdenklichen Informationen über Ovitz einzuholen, sondern durfte sich mit dem „*reasonably*", also vernünftigerweise verfügbaren Material zufrieden geben.

1350 In re Walt Disney Co. Derivative Litig., 907 A.2d 693, 771.

1351 In re Walt Disney Co. Derivative Litig., 907 A.2d 693, 697.

1352 In re Walt Disney Co. Derivative Litig., 907 A.2d 693, 772.

1353 In re Walt Disney Co. Derivative Litig., 907 A.2d 693, 697.

1354 In re Walt Disney Co. Derivative Litig., 907 A.2d 693, 697.

1355 In re Walt Disney Co. Derivative Litig., 906 A.2d 27, 73.

1356 In re Walt Disney Co. Derivative Litig., 906 A.2d 27, 73 f.

1357 In re Walt Disney Co. Derivative Litig., 906 A.2d 27, 74.

seinem anderen Arbeitgeber abgeworben werden, wozu finanzielle Anreize nötig waren.[1358]

Der Delaware Supreme Court entwickelte aber auch das „*good-faith*"-Konzept weiter: Die Kläger hatten argumentiert, ein Verstoß gegen die Sorgfaltspflicht bedeute zugleich immer, dass der Handelnde nicht mehr in „*good faith*" handele. Der Supreme Court hatte das Problem nicht zu entscheiden, weil es bereits an einer Pflichtverletzung fehlte.[1359] Doch nahm er die Gelegenheit wahr, um klarzustellen, dass die zwei Pflichten auseinanderzuhalten sind.[1360] Eine Verletzung der Sorgfaltspflicht bedeutet damit nicht automatisch, dass sich der Handelnde nicht mehr in dem Glauben befindet, zum Besten der Gesellschaft zu handeln.[1361]

c) In re Goldman Sachs, 2011 Del. Ch. LEXIS 151

Der Fall hatte die erheblichen Verluste einer Bank aufgrund der *Subprime*-Krise in den USA zum Inhalt. Es ging (u.a.[1362]) darum, ob die *directors* haften sollten, weil sie die Risiken, die von *subprime securities* ausgingen, falsch eingeschätzt hatten.[1363] Die *directors* hätten – obwohl sie die Geschäftspraktiken von Goldman Sachs kannten oder hätten kennen müssen – keine geeigneten Maßnahmen ergriffen.[1364] Die *directors* kannten aber die Risiken und waren bemüht, sowohl die Risiken zu reduzieren als auch ein Risikoerkennungssystem zu etablieren.[1365] Das Gericht betont, dass Überwachungspflichten der *directors* gerade nicht dazu dienen, Haftung für fehlgegangene unternehmerische Entscheidungen zu aktivieren.[1366] Solange die *directors* informiert sind, kann ihnen demnach insoweit nichts vorgeworfen werden.[1367] Sie schulden gerade nicht den unternehmerischen Erfolg, sondern sie sind verpflichtet, in „*good faith*", also in dem Glauben, das Beste für die Gesellschaft zu tun, zu handeln.[1368]

1358 In re Walt Disney Co. Derivative Litig., 906 A.2d 27, 75.

1359 In re Walt Disney Co. Derivative Litig., 906 A.2d 27, 63.

1360 In re Walt Disney Co. Derivative Litig., 906 A.2d 27, 64 f.

1361 In re Walt Disney Co. Derivative Litig., 906 A.2d 27, 64 f.

1362 Daneben ging es um die Frage, ob das Vergütungssystem bei Goldman Sachs so hätte genehmigt/installiert werden dürfen, weil es falsche Anreize im Umgang mit Risiken gesetzt haben soll.

1363 In re Goldman Sachs Group, Inc. S'holders Litig., 2011 Del. Ch. LEXIS 151, 74.

1364 In re Goldman Sachs Group, Inc. S'holders Litig., 2011 Del. Ch. LEXIS 151, 74.

1365 In re Goldman Sachs Group, Inc. S'holders Litig., 2011 Del. Ch. LEXIS 151, 75.

1366 In re Goldman Sachs Group, Inc. S'holders Litig., 2011 Del. Ch. LEXIS 151, 76.

1367 In re Goldman Sachs Group, Inc. S'holders Litig., 2011 Del. Ch. LEXIS 151, 76, 77.

1368 In re Goldman Sachs Group, Inc. S'holders Litig., 2011 Del. Ch. LEXIS 151, 77.

Das Gericht betont, dass die Hürde für ein Überwachungsverschulden bewusst hoch gelegt wird, weil andernfalls die Kläger, denen es nicht gelingt „*bad faith*" zu beweisen, um so den Schutz des *directors* gemäß § 102(b)(7) DGCL entfallen zu lassen, einen Vorwurf des Überwachungsdefizits nach *Caremark* (*duty of loyalty*) daraus ableiten könnten.[1369] Dort wiederum ist eine Haftungsbeschränkung nicht möglich, vgl. § 102(b)(7) DGCL.

5. *Kritik an § 102(b)(7) DGCL*

§ 102(b)(7) DGCL steht – soweit ersichtlich – relativ wenig in der Kritik. Teilweise werden aber insbesondere an der Legitimation bzw. der Notwendigkeit der Norm Zweifel angemeldet. So wird etwa argumentiert, die Vorschrift sei gerade nicht von dem Gedanken getragen, dass gute Manager angesichts großer Haftungsrisiken einer solchen Tätigkeit fernblieben.[1370] Sie hätten die Tätigkeit schlicht gescheut, weil sie dann mehr zu arbeiten bzw. aufmerksamer zu sein hätten.[1371] Die Einführung von § 102(b)(7) DGCL habe vielmehr mit den Entwicklungen im Versicherungsmarkt zu tun und sei damit allein eine gesetzgeberische Entscheidung zur Senkung der Versicherungsprämien[1372] sowie zur Bindung der Unternehmen an den Staat Delaware – die nachfolgende Übernahme von gleichartigen Freistellungsregimen in anderen Staaten sei nicht dem Nutzen der Norm, sondern vielmehr der Furcht vor Abwanderung der vorhandenen Unternehmen geschuldet.[1373]

Es ist nicht von der Hand zu weisen, dass derartige Freistellungsmöglichkeiten gewisse Anreize für ein Unternehmen bieten, unter gerade diesem Gesellschaftsrecht zu inkorporieren. Es muss aber in Rechnung gestellt werden, dass gerade die Rolle der Gerichte und ihre Rechtssicherheit bietende Funktion ebenso große Anreize zu setzen vermögen.

Ein gewisses strukturelles Problem wurzelt in den Regelungen zur Änderung des *certificate of incorporation*.[1374] Als Grundentscheidung ist die Regel des

1369 In re Goldman Sachs Group, Inc. S'holders Litig., 2011 Del. Ch. LEXIS 151, 74.

1370 Brown/Gopalan, 42 Ind. L. Rev. 285, 304 (2009) und passim.

1371 Brown/Gopalan, 42 Ind. L. Rev. 285, 304 (2009); dies unterstellt – freilich ohne belastbare Indizien – ein großes Motivationsdefizit und ist überdies viel zu kategorial.

1372 Brown/Gopalan, 42 Ind. L. Rev. 285, 297 (2009); das Urteil Smith v. Van Gorkom sei hingegen nicht der Auslöser für die Entwicklungen im Versicherungsmarkt gewesen, Brown/Gopalan, 42 Ind. L. Rev. 285, 298.

1373 Brown/Gopalan, 42 Ind. L. Rev. 285, 306 (2009).

1374 Dazu Brown/Gopalan, 42 Ind. L. Rev. 285, 307, 312 ff. (2009); zu den insgesamt aus Effizienzgesichtspunkten erwachsenden Fragen Bebchuk/Hamdani, 96 NW. U. L. Rev. 489, 492 ff. (2002).

§ 102(b)(7) DGCL, die Haftungsbegrenzung von der Aktivierung durch die Aktionäre abhängig zu machen, vorzugswürdig gegenüber einem Regelungsmodell, welches die Exkulpation als Grundregel und die Haftung als Ausnahme sieht.[1375]

Ist die Gesellschaft aber erst einmal existent, können Änderungen des *certificate of incorporation* nur noch auf Vorschlag des *board of directors* hin stattfinden.[1376] Die Aktionäre sind nicht in der Lage, alleine auf eine Änderung bzw. Abschaffung einer bestehenden Haftungsbegrenzung hinzuwirken,[1377] weil für jede Änderung ein Beschluss des *board of directors* („*declaration of advisability*") nötig ist.[1378]

Zwar lässt eine Haftungsbegrenzung die bestehenden Pflichten ja gerade unberührt.[1379] Gerade weil die Pflichten aber weiterhin bestehen, sollte für den *director* jedoch auch klar sein, dass eine Missachtung der Pflichten die (Wieder-) Einführung einer Haftungsandrohung zur Folge haben kann.[1380] Umgekehrt ist es denkbar, einem *director* bei „guter Führung" zukünftige Exkulpation in Aussicht zu stellen.

Die bestehenden Regelungen sind zwar dispositiver Natur, bewirken aber nicht, dass Waffengleichheit besteht zwischen dem potentiellen Haftungsadressaten und den (zumindest auch durch eine Haftungsandrohung) geschützten Aktionären, weil Letztere ab dem Zeitpunkt des Bestehens von Exkulpationsregelungen nicht mehr auf Änderungen hinwirken können.[1381]

Relativierend muss aber betont werden, dass diese geringen Einflussnahmemöglichkeiten den Aktionären bei Erwerb ihrer Beteiligungen bekannt sind. Insoweit wird also auch nicht eine Situation geschaffen, in der sie ungewollt „ausgeliefert" sind.

II. Business Judgment Rule

Die Business Judgment Rule die zweite der vier Säulen, die ein haftungsbefreites Tätigwerden der Unternehmensleiter ermöglichen.[1382] Wie bereits

1375 Bebchuk/Hamdani, 96 NW. U. L. Rev. 489, 493, 508 (2002).

1376 § 242(b)(1) DGCL; Bebchuk/Hamdani, 96 NW. U. L. Rev. 489, 502 (2002); Brown/Gopalan, 42 Ind. L. Rev. 285, 312 (2009); vgl. zum gesamten Verfahren etwa Merkt/Göthel, US-amerikanisches Gesellschaftsrecht, 2. Aufl. 2006, Rn. 1460 ff.

1377 Bebchuk/Hamdani, 96 NW. U. L. Rev. 489, 502 (2002).

1378 Merkt/Göthel, US-amerikanisches Gesellschaftsrecht, 2. Aufl. 2006, Rn. 1467.

1379 Einhellige Meinung, vgl. etwa Balotti/Gentile, 12 Del. J. Corp. L. 5, 15 (1987).

1380 In diese Richtung Brown/Gopalan, 42 Ind. L. Rev. 285, 314 (2009).

1381 Brown/Gopalan, 42 Ind. L. Rev. 285, 314 (2009).

1382 Vgl. dazu bereits oben.

dargestellt, ist die Business Judgment Rule in Delaware als prozessuale Vermutung ausgestaltet.[1383]

III. § 145 DGCL - Indemnification

§ 145 DCGL bietet ein Freistellungsregime,[1384] wobei für den Umfang der Freistellung zu differenzieren ist, wem gegenüber die potentielle Haftung droht.[1385] Auch ist zwischen freiwilliger und verpflichtender Freistellung zu unterscheiden. Bei der freiwilligen Freistellung (*permissive indemnification*) hat die Gesellschaft unter bestimmten Voraussetzungen das Recht, freizustellen, bei der verpflichtenden (*mandatory indemnification*) hingegen steht dem *director* bei Vorliegen der Voraussetzungen ein Anspruch auf Freistellung zu.[1386]

1. Haftung gegenüber Dritten, § 145(a) DGCL

§ 145(a) DGCL[1387] bietet die Möglichkeit der Freistellung von Verfahrenskosten[1388] (inklusive Rechtsanwaltskosten), Verurteilungen[1389], Geldstrafen[1390] und Streitbeilegungskosten[1391].[1392] Es können *directors*, *officers*, Angestellte oder *agents*[1393] der Gesellschaft von Kosten aufgrund von Verfahren in Bezug zu Dritten[1394] freigestellt werden, sofern sie aufgrund ihrer Stellung[1395] zur Gesellschaft in einen Prozess oder ein sonstiges Verfahren, sei es zivilrechtlicher,

---

1383 Siehe oben 6. Teil.D; allerdings ist die Business Judgment Rule anders als in Deutschland in Delaware nicht gesetzlich geregelt, vgl. dazu und zur Ausgestaltung Hopt/ Roth in GroßKommAktG, 4. Aufl. (2006), § 93 Abs. 1 Satz 4 nF Rn. 5 ff.

1384 Daneben kann eine Freistellung nach *common law*-Grundsätzen in Betracht kommen, auf die hier nicht weiter eingegangen wird. Siehe dazu überblicksweise Merkt/ Göthel, US-amerikanisches Gesellschaftsrecht, 2. Aufl. 2006, Rn. 642.

1385 Bainbridge, Corp. Law and Ec., 2002, S. 301.

1386 Bauman et. al., Corp. Law and Policy, 6th Ed., 2007, S. 712.

1387 Normaussagen vom Verf. übersetzt.

1388 „*expenses*".

1389 „*judgments*".

1390 „*fines*".

1391 "*amounts paid in settlement*".

1392 McPhee in Schwartz/Goodman, Corp. Gov.: Law and Practice, March 2012, Vol. 2, § 5.03, S. 5-20.

1393 Vgl. zum Begriffsverständnis in jüngerer Rechtsprechung Johnston/Simmermann/ Gorris, 6 N.Y.U. J. L. & Bus. 81, 88 (2009).

1394 Vgl. § 145(a) DGCL: "(*other than an action by or in the right of the corporation*)".

1395 „*by reason of the fact*", vgl. zu dem erforderlichen Bezug Johnston/Simmermann/ Gorris, 6 N.Y.U. J. L. & Bus. 81, 86 (2009).

öffentlich-rechtlicher oder strafrechtlicher Natur, verwickelt werden.[1396] Die Freistellung kann die genannten Zahlungen umfassen, solange sie tatsächlich und vernünftigerweise von der Person aufgrund des Verfahrens verursacht wurden.[1397] Weitere Voraussetzung ist, dass die Person „*in good faith*" handelte, sich also in dem Glauben befand, im Interesse der Gesellschaft oder zumindest nicht ihren Interessen zuwider zu handeln bzw. im Hinblick auf strafrechtliche Verfahren nicht glaubte, sich gesetzeswidrig zu verhalten.[1398]

2. *Haftung gegenüber der corporation, § 145(b) DGCL*

Gemäß § 145(b) DGCL ist eine Freistellung auch möglich, wenn die Kosten in einem Verfahren entstanden, in dem Aktivlegitimierte die Gesellschaft selbst ist. Wiederum können *directors*, *officers*, Angestellte oder *agents* der Gesellschaft von den Kosten freigestellt werden, sofern sie aufgrund ihrer Stellung zur Gesellschaft in einen Prozess oder ein sonstiges Verfahren, verwickelt werden.[1399] Gegenüber der Gesellschaft werden aber nur „*expenses*"[1400], also Aufwendungen einschließlich Rechtsanwaltskosten erfasst.[1401] Auch diese müssen tatsächlich und vernünftigerweise entstanden sein und in Verbindung mit der Verteidigung oder Beilegung einer solchen Streitigkeit stehen.[1402] Ebenfalls muss die Person „*in good faith*" gehandelt und geglaubt haben, im Interesse der Gesellschaft oder zumindest nicht ihren Interessen zuwider gehandelt zu haben.[1403]

Allerdings darf keine Freistellung erfolgen, soweit die Person bereits zur Zahlung an die Gesellschaft verurteilt wurde.[1404] Hier kann ausnahmsweise[1405] der

1396 § 145(a) DGCL.

1397 § 145(a) DGCL.

1398 § 145(a) DGCL.

1399 Das größte Gewicht haben dabei die sog. „*derivative suits*", also Aktionärsklagen, vgl. Veasey/Finkelstein/Bigler, 42 Bus. Law. 399, 405 (1987).

1400 Bei § 145(a) DGCL werden demgegenüber „*expenses (including attorneys' fees), judgments, fines and amounts paid in settlement [...]*" erfasst.

1401 Damit soll anscheinend eine Freistellung von möglichen Verurteilungen, also der Haftung selbst, gegeüber der Gesellschaft gerade ausgeschlossen werden. Dies ist angesichts des Wortlauts („*expenses*") aber keineswegs eindeutig, vgl. etwa Bauman et. al., Corp. Law and Policy, 6th Ed., 2007, S. 717, der "*expenses*" als "*including court costs, attorneys' fees, fines, judgments and amounts paid in settlement*" definiert.

1402 § 145(b) DGCL.

1403 § 145(b) DGCL.

1404 § 145(b) DGCL; Bainbridge, Corp. Law and Ec., 2002, S. 301.

1405 Im Fall der Verurteilung ist die Zustimmung des Gerichts zwingend erforderlich, Bainbridge, Corp. Law and Ec., 2002, S. 301.

Court of Chancery oder das Gericht, welches zur Zahlung verurteilte, auf Antrag trotz der Verurteilung und unter Abwägung aller Umstände des Einzelfalles entscheiden, dass eine solche Person gerechter- und vernünftigerweise eine Freistellung für solche Aufwendungen insoweit verdient, als es der Court of Chancery oder das jeweils andere Gericht für angemessen erachtet.[1406]

3. *Zwingende Freistellung, § 145(c) DGCL*

Sofern und soweit ein *director* oder *officer* in einem der Fälle von Absatz (a) oder (b) in der Sache erfolgreich war oder eine Klage gegen ihn abgewiesen wurde[1407], *muss*[1408] die Gesellschaft Freistellung für Aufwendungen (einschließlich Rechtsanwaltskosten), die tatsächlich und vernünftigerweise im Zusammenhang mit dem Verfahren entstanden sind, gewähren.[1409]

4. *Beurteilungsmaßstab und Entscheidungsmodus, § 145(d) DGCL*

§ 145(d) DGCL besagt, dass (außer in den Fällen, in denen das Gericht entscheidet) jede Freistellung, die von der Gesellschaft gewährt wird, von dieser nur aufgrund der Entscheidung erfolgen soll, dass die Freistellung der jeweiligen Person auch angebracht ist, weil diese Person den Verhaltensstandards hinreichend Rechnung getragen hat, die in Absatz (a) und (b) verankert sind. Bei *directors* oder *officers*, die zur Zeit der Entscheidung im Amt sind, ist (1) ein Mehrheitsentscheid der *directors*, die nicht Partei des Verfahrens sind, selbst wenn sie zu wenige für das Erreichen des Quorums sind, zu treffen; oder (2) durch ein Komitee solcher *directors*, das durch Mehrheitsentscheid der *directors* gewählt wird, selbst wenn diese nicht das Quorum erreichen, zu entscheiden; oder (3) für den Fall, dass solche *directors* nicht existieren oder falls die vorhandenen *directors* dahingehend entscheiden, durch einen unabhängigen Rechtsberater eine schriftliche Stellungnahme abzugeben; oder (4) durch die Aktionäre zu entscheiden.[1410]

1406 § 145(b) DGCL.

1407 Dies ist von Fall zu Fall zu betrachten, sodass *indemnification* auch dann möglich ist, wenn eine ablehnende Entscheidung ohne Entscheidung in der Sache erging, Johnston/Simmermann/Gorris, 6 N.Y.U. J. L. & Bus. 81, 90 ff. 2009.

1408 „*mandatory indemnification*".

1409 Dabei taucht die unter dem Begriff „*fees on fees*" diskutierte Problematik auf, ob solche Aufwendungen ersatzfähig sind, die bei der Durchsetzung des Aufwendungsersatzes betreffs der Hauptsache entstehen, vgl. dazu etwa Johnston/Simmermann/Gorris, 6 N.Y.U. J. L. & Bus. 81, 112 f. (2009).

1410 § 145(d) DGCL.

5. *Vorschüsse, § 145(e) DGCL*

Auch ist es möglich, dem *director* oder *officer*, der sich ein einem zivil-, straf-, oder öffentlich-rechtlichen Verfahren verteidigt, Vorschüsse zu zahlen, die allerdings zurückgefordert werden können, sollte sich letztendlich herausstellen, dass die jeweilige Person keinen Anspruch auf Freistellung durch die Gesellschaft nach § 145 DGCL hat.[1411] Die Rückzahlung des Vorschusses kann die Gesellschaft selbst mit den aus ihrer Sicht angebrachten Bedingungen regeln.[1412] Diese Norm hat wegen der in USA teils existenzbedrohenden Prozess- und Verteidigungskosten erhebliche Bedeutung,[1413] in einem Fall aus dem Jahr 2009 standen Vorschussforderungen für Rechtsverteidigungskosten in Höhe von $ 119 Mio. in Rede.[1414]

Durch Sec. 402 des Sarbanes-Oxley Act wurde in den Securities and Exchange Act 1934[1415] eine neue Norm, Sec. 13(k) SEA, eingeführt, wonach es einer Gesellschaft grundsätzlich verboten ist, Kredite auszureichen oder aufrechtzuerhalten, [...], in Form von persönlichen Darlehen an *directors* oder *executive officers*.[1416] Deshalb ist es umstritten, ob der Verfahrenskostenvorschuss gemäß § 145(e) DGCL überhaupt mit Sec. 13(k) SEA zu vereinbaren ist.[1417] Ein solcher Verfahrenskostenvorschuss stellt aber wohl aus teleologischen Gründen keinen Verstoß gegen Sec. 13(k) SEA dar.[1418]

1411 § 145(e) DGCL.

1412 § 145(e) DGCL.

1413 Bainbridge, Corp. Law and Ec., 2002, S. 302; Bastuk, Enthaftung, 1986, S. 57; im Fall Enron wurden etwa alleine für die Rechtsverteidigung Jeffrey Skillings Kosten in Höhe von $ 70 Mio. gezahlt, vgl. Johnston/Simmermann/Gorris, 6 N.Y.U. J. L. & Bus. 81, 83 (2009).

1414 Johnston/Simmermann/Gorris, 6 N.Y.U. J. L. & Bus. 81, 83 (2009).

1415 Im Folgenden: "SEA".

1416 Sec. 13(k) SEA: „It shall be unlawful [...] to extend or maintain credit, to arrange for the extention of credit, or to renew an extention of credit, in the form of a personal loan to or for any director or executive officer (or equivalent thereof) [...]".

1417 Bauman et. al., Corp. Law and Policy, 6th Ed., 2007, S. 716; zum Streitstand auch McPhee in Schwartz/Goodman, Corp. Gov.: Law and Practice, March 2012, Vol. 2, § 5.03, S. 5–45 f.

1418 Bauman et. al., Corp. Law and Policy, 6th Ed., 2007, S. 716; in Tafeen v. Homestore, Inc., 2004 Del. Ch. LEXIS 38, 40 f. arbeitete der Court of Chancery heraus, dass Sec. 13(k) SEA nicht für ausgeschiedene *directors* gilt. Der US District Court von New York hat in Envirokare Tech, Inc. v. Pappas, 420 F. Supp. 2d. 291, 293 ff. herausgestellt, dass Sec. 13(k) SEA es deutlich gemacht hätte, wenn die bis dahin zulässigen *advancements* für unzulässig befunden werden hätten sollen. Überdies

6. *Weitere Aussagegehalte*

§ 145(f) DGCL stellt klar, dass die Entscheidung über die Freistellung andere Rechte der *directors* und *officers* unberührt lässt. Ferner wird eine Art Bestandsschutz gewährt für Freistellungsregelungen, die im *certificate of incorporation* oder den *bylaws* verankert wurden: Nachdem die streitgegenständliche Pflichtverletzung geschehen ist, darf die Regelung nicht mehr zum Negativen hin geändert werden, es sei denn, dies war in der ursprünglichen Regelung zum Zeitpunkt der Pflichtverletzung explizit vorgesehen.[1419]

§ 145(g) DGCL stellt sodann fest, dass die Gesellschaft für *directors*, *officers*, Angestellte oder *agents* der Gesellschaft Versicherungsschutz erwerben darf, der jede behauptete bzw. durch solche Personen im Zusammenhang mit ihrem Amt verursachte Haftung erfasst. Irrelevant ist dabei, ob die Gesellschaft insoweit gemäß § 145 DGCL freistellen dürfte.[1420]

7. *Analyse des § 145 DGCL*

Für die Reichweite der Freistellungsmöglichkeiten ist die Frage der Aktivlegitimation im Haftungsfall maßgebend. Während es nach der Vorgängerregelung zu § 145 DGCL noch verboten war, Freistellung zu gewähren, sofern der *director* zur Haftung (auch gegenüber Dritten) verurteilt wurde,[1421] ist es nunmehr insoweit denkbar, dass ein *director* freigestellt wird. Enthaftung bezüglich potentieller Haftungssummen ist allerdings nach wie vor nur bei Haftung gegenüber Dritten vorgesehen. Mittlerweile[1422] könnte argumentiert werden, dass Enthaftungsmöglichkeiten bei Haftung gegenüber der Gesellschaft nicht erforderlich sind, weil § 102(b)(7) DGCL insoweit bereits Anordnungen trifft.

Es sind aber durchaus Fälle denkbar, in denen keine Exkulpationsbestimmung in der Satzung existiert und gleichwohl nach Eintritt des Haftungsfalles Enthaftung erzielt werden soll. Hier könnte § 102(b)(7) S. 2 DGCL sogar die Wertung entnommen werden, dass in einem solchen Fall Enthaftung gar nicht zulässig ist.[1423]

---

stellt das Gericht teleologische Erwägungen an und kommt zu dem Ergebnis, dass *advancement of expenses* kein „personal loan" im Sinne der Norm ist.

1419 § 145(f) DGCL.

1420 § 145(g) DGCL.

1421 Bishop, 1972 Duke L.J. 1153, 1158.

1422 § 145 DGCL wurde vor § 102(b)(7) DGCL eingeführt.

1423 § 102(b)(7) DGCL: „No such provision shall eliminate or limit the liability of a director for any act or omission occurring prior to the date when the provision becomes effective."

Insofern besteht ein bemerkenswertes Systemverständnis: Enthaftung im Vorhinein ist zulässig, Enthaftung im Nachhinein hingegen nicht. Dies verblüfft, weil im Nachhinein das Schadensausmaß und der Schadenshergang viel besser überblickt werden können als im Vorhinein. Insoweit wäre es einleuchtend, Haftungsdispositionen *ex post* eher zuzulassen als *ex ante*.[1424] Auch aus der Perspektive der Verhaltenssteuerung wäre eine Enthaftungsmöglichkeit *ex post* weniger einschneidend als *ex ante*.

§ 145(e) DGCL regelt die Gewährung von Vorschüssen an die *directors*. Die Norm bekräftigt mit der Zuordnung der Entscheidungsbefugnis über die Rückzahlungsmodalitäten zur Gesellschaft die Gesellschaftsautonomie. Indem Vorschüsse auch dann zulässig sind, wenn eine spätere Rückforderung mangels Freistellungsanspruchs des *directors* möglich erscheint, wird deutlich, dass die Verlagerung von Insolvenzrisiken *per se* nicht als Ausschlusskritierum für Vorlagen gesehen wird. Dies ist keineswegs selbsterklärend, weil gerade in der Situation der Inanspruchnahme eines *directors* wegen Vermögensschäden die potentielle Haftung erheblichen Einfluss auf das Insolvenzrisiko hat und dieses damit letztendlich die Gesellschaft trägt.

E. Zusammenspiel mit bundesgesetzlichen Regelungen

Wie bereits angedeutet, ist das Recht Delawares in den letzten Jahren zunehmend einer „Parallelisierung" durch Bundesrecht ausgesetzt. Zwar werden selten direkt im Konflikt zu Delaware-Gesetzen stehende Normen auf Bundesebene verabschiedet.[1425] Vielmehr ist die grundsätzliche Gestaltungsfreiheit durch die zahlreichen bundesgesetzlichen Normierungen in Bedrängnis geraten.[1426]

I. Reichweite der Regelungen

Das Recht Delawares kann nur das Recht Delawares einschränken. *Federal law*, also Bundesrecht, bleibt mithin unberührt.[1427] Dies ist insofern von Bedeutung, als in der Vergangenheit gerade im Hinblick auf Deregulierungsbemühungen

---

1424 Zu diesem generellen Prinzip Fleischer, BB 2011, 2435, 2439.

1425 Der bereits erwähnte Fall der „personal loans" kann als dieser Kategorie zugehörig betrachtet werden.

1426 Thompson, 29 Del. J. Corp. L. 779, 790 (2004); eine Aufzählung solcher Regelungen findet sich bei Merkt/Göthel, US-amerikanisches Gesellschaftsrecht, 2. Aufl. 2006, Rn. 635.

1427 McPhee in Schwartz/Goodman, Corp. Gov.: Law and Practice, March 2012, Vol. 2, § 5.02, S. 5–8; Balotti/Gentile, 12 Del. J. Corp. L. 5, 13 (1987).

der einzelnen Bundesstaaten teils eine Zunahme der bundesrechtlichen Regelungen zu verzeichnen war.[1428]

Mittlerweile nehmen bundesstaatliche Regelungen häufig die Funktion ein, Sorgfaltspflichtverstöße über bundesgesetzlich konkretisierte Regelungen zu sanktionieren.[1429] Der Umstand, dass die konkrete Pflicht bundesgesetzlicher Natur ist, führt dazu, dass Haftungsbegrenzungen nach § 102(b)(7) DGCL nicht greifen.[1430]

Im Bereich der *indemnification* gemäß § 145 DGCL wurde etwa von der SEC der Standpunkt vertreten, eine Freistellung sei nicht möglich, wenn sich die Haftung der *directors* aus bundesrechtlichen Normen ergebe – dies verstoße gegen die *public policy*.[1431] Denn der Haftung etwa für den Verstoß gegen kapitalmarktrechtliche Pflichten wohne sowohl ein Sanktionierungs- als auch ein Verhaltenssteuerungselement inne.[1432] Selbst wenn Freistellungen gewährt werden, so fallen diese bei bundesrechtlichem Bezug jedenfalls geringer aus, als dies bei einzelstaatlicher Haftung der Fall wäre.[1433]

Bei § 102(b)(7) DGCL ergibt sich aus Bundesrecht beispielsweise die Besonderheit für sog. *Investment Companies*. Nach Sec. 17(h) des Investment Company Act of 1940 ist es für registrierte Gesellschaften verboten, in der Gründungsurkunde, der Satzung oder ähnlichen Dokumenten eine Bestimmung zu haben, die es bezweckt, die *directors* oder *officers* einer solchen Gesellschaft gegen jegliche Haftung gegenüber der Gesellschaft oder ihren Anteilseignern abzuschirmen, der sie andernfalls infolge bewussten Missbrauchs, *bad faith*, grober Fahrlässigkeit oder rücksichtsloser Nichtbeachtung ihrer Handlungspflichten ausgesetzt wären.[1434] Insofern haben solche Gesellschaften bereits bei Gründung oder bei jeder Satzungsänderung die Vorgaben durch Bundesrecht zu beachten.[1435]

Zu bedenken ist indes, dass § 102(b)(7) DGCL ohnehin nur eine Haftungsbegrenzung betreffs Ansprüchen der Gesellschaft bzw. der Aktionäre ermöglicht,

---

1428 Merkt/Göthel, US-amerikanisches Gesellschaftsrecht, 2. Aufl. 2006, Rn. 29 ff.

1429 Thompson, 29 Del. J. Corp. L. 779, 789 (2004).

1430 Thompson, 29 Del. J. Corp. L. 779, 789 f. (2004).

1431 Merkt/Göthel, US-amerikanisches Gesellschaftsrecht, 2. Aufl. 2006, Rn. 655; Bishop, 1972 Duke L.J. 1153, 1162 m.w.N.

1432 Bishop, 1972 Duke L.J. 1153, 1162 m.w.N.

1433 Merkt/Göthel, US-amerikanisches Gesellschaftsrecht, 2. Aufl. 2006, Rn. 655.

1434 Sec 17(h) Investment Company Act of 1940; dazu Balotti/Gentile, 12 Del. J. Corp. L. 5, 13 und Fn. 32 (1987).

1435 Balotti/Gentile, 12 Del. J. Corp. L. 5, 13 und Fn. 32 (1987).

mithin potentielle Ansprüche anderer ohnehin nicht entfallen können.[1436] Wird hingegen durch die *corporation* im Außenverhältnis eine Pflicht verletzt und gibt dies Anlass, die *directors* im Innenverhältnis in Anspruch zu nehmen, so sind wiederum die Regelungen des Staates Delaware maßgeblich, mithin auch § 102(b)(7) DGCL.

II. Offenlegungspflichten

Im Bereich der Sorgfaltspflichtverletzungen sind es gerade Offenlegungspflichten, die vor ihrer Positivierung im Bundesrecht Teil der Sorgfaltspflichten und damit landesgesetzlicher Natur waren.[1437] Mit der „Abwanderung" der Regelungsmaterie geht aber beispielsweise auch die in § 102(b)(7) DGCL verankerte Exkulpationsmöglichkeit verloren.

III. Anforderungen an directors

Durch den Sarbanes-Oxley Act, der Änderungen in vielen Gesetzeswerken brachte, wurden persönliche Anforderungen an Mitglieder des *board of directors* etabliert, die bislang nicht existierten und das Recht Delawares insofern durch ihre Parallelwirkung einschränken.[1438]

F. Analysierende Schlussfolgerungen

I. Schutzzwecke in Delaware

In Delaware wird die Frage nach der Haftung von Geschäftsleitern von anderen Grundannahmen geleitet als in Deutschland. Dort fürchtet man sehr stark die abschreckende Wirkung einer Haftungsandrohung. Gläubigerschützender Charakter wird in der Haftungsandrohung – soweit ersichtlich – nicht gesehen,[1439] vielmehr geht es um die Gesellschaft und die Aktionäre als Profiteure der Organhaftung. Deshalb ist ihnen im Falle des § 102(b)(7) DGCL auch die Entscheidungsbefugnis eingeräumt, ob vom Grundfall der Haftung abgewichen werden soll. Problematisch in diesem Zusammenhang ist, dass die Aktionäre keinen Druck mehr aufzubauen vermögen, sobald eine Enthaftungsregelung erst einmal

---

1436 Balotti/Gentile, 12 Del. J. Corp. L. 5, 12 (1987).

1437 Thompson, 29 Del. J. Corp. L. 779, 789 und 790 (2004).

1438 Thompson, 29 Del. J. Corp. L. 779, 791 (2004).

1439 Zu diesbezüglichen Liberalisierungstendenzen und ihren Wechselwirkungen mit der Haftung vgl. Merkt/Göthel, US-amerikanisches Gesellschaftsrecht, 2. Aufl. 2006, Rn. 634.

in Kraft ist, weil das Initiativrecht für Änderungen des *certificate of incorporation* bei dem *board of directors* liegt. Wird also die Haftung gerade zur Disposition der Aktionäre gestellt, weil die Freistellung Anreize bieten soll für unternehmerisch erwünschte Wagnisse, so wäre zu erwägen, ob nicht die Möglichkeit der Rückstellung auf den gesetzlichen Normalfall bzw. das Belassen des Normalfalles als Anreiz für gute Unternehmensführung eingesetzt werden könnte.

Dies ist allerdings nur möglich, wenn man eine Haftungsandrohung nicht kategorial als Abschreckung begreift, sondern erkennt, dass bei richtiger Dosierung auch verhaltenssteuernde Facetten entstehen. Zwar ist gemäß § 102(b)(7) DGCL eine Haftungsbegrenzung nur möglich bezüglich der Sorgfaltspflichten, nicht hingegen bezüglich der Loyalitätspflichten. Solange die *directors* dann aber gutgläubig waren, also nicht wussten, dass sie sich sorgfaltswidrig verhalten, sind sie exkulpierbar.[1440] Doch sind auch im Bereich der Sorgfalt Fälle denkbar, in denen eine Haftungsandrohung eher positive Auswirkungen haben kann, weil die schlichte Existenz einer Haftungsandrohung zu genauerem Hinsehen motiviert. Das Wissen um die Haftungsandrohung vermag also zur Vergegenwärtigung von Verhaltensstandards zu führen, bezüglich derer man vor angestrengtem Nachdenken möglicherweise noch „gutgläubig" gewesen wäre.

§ 145 DGCL soll dazu beitragen, dass gute Manager sich für die Wahrnehmung von Geschäftsleiteraufgaben entscheiden und die Geschäftsleitung sodann darin bestärken, unberechtigte Klagen abzuwehren.[1441] Die Vorschrift muss damit aber auch vor dem Hintergrund der Kostentragungsregelungen im amerikanischen Zivilprozess gesehen werden.[1442] Bei der Freistellung von der Haftung gegenüber Dritten greift dieser Gedanke weniger Platz, doch kommt auch hier der zentrale Gedanke deutlich zum Vorschein: Der *director* wird im Interesse der Gesellschaft tätig und geht um der Maximierung ihres Gewinns willen Risiken ein. So ist es nur folgerichtig, wenn der Nutznießer der Risikoeingehung letztlich auch mit den Folgekosten der Risikoeingehung belastet wird. Freilich ergibt sich die Notwendigkeit einer solchen Regelung aus den teils exorbitanten Verfahrenskosten. Doch ändert dies nichts am die Regelung tragenden Gedanken.

II. Destillate für die deutsche rechtspolitische Diskussion

Allen vier Elementen der Abschirmung von *directors* gegen eine persönliche Haftung ist eines gemein: Der die jeweilige Privilegierung rechtfertigende

---

1440 Merkt/Göthel, US-amerikanisches Gesellschaftsrecht, 2. Aufl. 2006, Rn. 872.
1441 Merkt/Göthel, US-amerikanisches Gesellschaftsrecht, 2. Aufl. 2006, Rn. 641.
1442 Bastuck, Enthaftung, 1986, S. 57.

Gedanke ist, dass die *directors* im Interesse der Gesellschaft tätig werden.[1443] Die Gesellschaft profitiert von der Expertise der *directors* – durch sie wird eine erfolgreiche Unternehmung erst möglich, das Unternehmen wäre ohne sie nicht handlungsfähig. Das Handeln nach ihrer Expertise ist es, was dem Unternehmen Erfolg verspricht.

Selbstverständlich bestehen wegen der Fremdnützigkeit der Betätigung Pflichtenbindungen. Es ist aber auch zutreffend, dass die Anteilseigner daran interessiert sind, dass qualifizierte *directors* überhaupt für das Unternehmen tätig werden und dies mit vollem Engagement tun. Die Anteilseigner können und wollen gerade nicht selbst versuchen, sich in dem jeweiligen Geschäftsfeld gewinnbringend zu betätigen. Sie können sich aber nicht von jeglichem unternehmerischen Risiko befreien, etwa indem dieses im Falle von Misserfolgen vom Vorstand zu tragen ist.

Umgekehrt lässt sich aber sagen, dass der *director* durch weitgehende Enthaftung besser gestellt wird, als würde er sein eigenes Unternehmen leiten. Denn ihn treffen dann auch nicht die Folgen (einfach) fahrlässigen Handelns. Diese träfen einen Einzelkaufmann, der sein eigenes Unternehmen führt, aber sehr wohl.[1444] Diese Besserstellung geschieht durch jede Form verschuldensabhängiger Haftung und wurzelt gerade im fremdorganschaftlichen Charakter des Tätigwerdens.[1445]

Die Ausdehnung der Privilegierung setzt einen gestaltenden Akt voraus. Dieser Akt kann gerechtfertigt nur durch die Residualeigentümer bzw. durch sie legitimierte Personen geschehen.[1446] Denn gerade ihnen gegenüber bestehen die treuhänderischen Bindungen des Leitungsorgans. Die Entscheidungsbefugnis der Aktionäre ist damit richtig – es besteht gewissermaßen ein Wechselspiel: Entscheidungen solchen Inhalts können durch die Residualeigentümer getroffen

---

1443 Zwar wird – soweit ersichtlich – in der Judikatur und dem Schrifttum auf das Erfordernis, Anreize für gute Manager zu setzen, abgestellt. Doch lässt sich eine Vorschrift mit dieser Tragweite vor dem Hintergrund der ökonomischen Theorien der Unternehmung (s. dazu oben) sehr wohl auch wie hier deuten. Teils ist die Rechtfertigung, nur so gelange man an gute Manager, nur die Vorstufe. Läge das Tätigwerden nicht im Interesse des Unternehmens, bedürfte es hierfür nämlich auch keiner guten Manager.

1444 Zum deutschen Recht Spindler in MüKoAktG, 4. Aufl. 2014, § 93 Rn. 5.

1445 Zum deutschen Recht Spindler in MüKoAktG, 4. Aufl. 2014, § 93 Rn. 5.

1446 Er wirkt sich auch unmittelbar darauf aus, welche unternehmerischen Risiken noch vom Aktionär zu tragen sind.

werden – gerade weil die Residualeigentümer entscheidungsbefugt sind, muss eine solche Entscheidung möglich sein.[1447]

Wenn § 102 DGCL die Exkulpation *ex ante* ermöglicht, dann kann ein sachlich richtiger Gedanke darin erblickt werden, dass derjenige, der sich redlich anstrengt und – infolge seiner grundsätzlich vorhandenen Qualifikation – dies auch auf hohem Niveau tut, im Dienste der Gesellschaft tätig wird und infolgedessen Schutz verdient. Es wäre dann – so ließe sich argumentieren – inkonsequent, die Gesellschaft als Profiteurin erfolgreichen Geschäftsleiterhandelns anzuerkennen, sie aber von dem Risiko des (auch auf Fahrlässigkeit beruhenden) Scheiterns zu befreien. Die Befreiung von dem Risiko gelänge nur vermittels Abwälzung des Risikos auf andere. Der Geschäftsleiter als Abwälzungsadressat wäre aber abgeschreckt und nicht mehr bereit, zur Erfolgsmaximierung der Gesellschaft beizutragen.

Deutlich klingt die Wertung, dass der Geschäftsleiter in dem Bestreben, der Gesellschaft zu nutzen, handelte, auch bei § 145 DGCL an. Hier ist es das Merkmal des „*good faith*", welches den im Interesse der Gesellschaft Handelnden von dem nicht im Interesse der Gesellschaft handelnden Geschäftsleiter trennt. Nur ersterer verdient es, selbst bei Fehlschlägen freigestellt zu werden.

1447 Dies hat auch in den Argumentationslinien zum deutschen Recht eine erhebliche Rolle gespielt.

7. Teil. Rechtspolitische Erwägungen/ Reformvorschläge

Es hat sich gezeigt, dass die Betreuung mit einer eigenverantwortlichen Leitungsaufgabe nicht automatisch einhergehen muss mit zwingenden Haftungsandrohungen. Vielmehr verdeutlicht der Blick auf das Gesellschaftsrecht des Staates Delaware, dass durchaus Systeme vorstellbar sind, in denen die Haftung weitergehend zur Disposition der Anteilseigner steht, als dies im deutschen Recht der Fall ist.

Für eine rechtspolitische Aussage zum deutschen Recht ist dies interessant, weil mit dem Recht des Staates Delaware eine Rechtsordnung zur Verfügung steht, die durch vom deutschen Recht abweichende Gewichtung der maßgebenden Interessen „die Weichen anders stellt". Nun soll für das deutsche Recht keineswegs für eine unangepasste Übernahme dieser Weichenstellungen votiert werden. Als deutlichen Kontrast ist das Delaware Corporation Law aber in Erinnerung zu halten ebenso wie die zuvor gewonnenen Erkenntnisse hinsichtlich der Steuerungswirkungen einer Haftungsandrohung.

Das folgende Kapitel hat das Ziel, existierende Reformvorschläge im Lichte der hier gewonnenen Erkenntnisse zu untersuchen und zu bewerten sowie daran anschließend einen eigenen Ansatz zu entwickeln, welche Wertungen Eingang finden sollten in eine Reform der Vorstandshaftung. Dabei soll eine Darstellung und Erörterung der wichtigsten, bzw. der am deutlichsten hervortretenden Reformvorschläge stattfinden.

I. Gegenwärtige Reformvorschläge

In jüngerer Zeit wird verstärkt nach Lösungen gesucht, wie die Haftung von Vorständen eingegrenzt werden kann.[1448] Hintergrund sind nicht zuletzt die als Verschärfung empfundene ARAG/Garmenbeck-Rechtsprechung[1449] sowie gesetzgeberische Unternehmungen, das Haftungsregime zu straffen, aber auch die Höhe der teils in Rede stehenden Haftungsforderungen.

1448 Umfangreich die Darstellung von Casper, ZHR 176 (2012) 617, 623 ff.; die jüngsten Diskussionsbeiträge sind bei den jeweiligen Meinungsströmen abgebildet, umfassend Bachmann, Gutachten E zum 70. DJT; den Meinungsstand ebenfalls gut abbildend Koch, AG 2014, 513.

1449 Hierzu jüngst Goette, Liber Amicorum M. Winter, 2011, S. 153; ders., ZHR 176 (2012) 588; Casper, ZHR 176 (2012) 617.

Gerade die Höhe der Haftungsforderungen ist einer der Hauptauslöser der Diskussion. Denn es ist offensichtlich, dass – selbst bei der herausragenden Entlohnung weniger Spitzenmanager[1450] – Haftungssummen in dreistelliger Millionenhöhe nicht erfüllt werden können. Die Haftung erfährt also schon aus diesem praktischen Grund eine Limitierung.[1451]

Hinzu kommt, dass Sachverhaltsungewissheiten sowie die Komplexität der Entscheidungsfindung erhebliche Rechtsverfolgungskosten zur Folge haben, sodass die Unternehmen für eine Aufarbeitung des Sachverhalts häufig auf die Mitwirkung des betroffenen Vorstandsmitglieds angewiesen sind. Diese Bereitschaft wird aber nur bestehen, wenn im Gegenzug bei der Haftungsforderung erhebliche Zugeständnisse gemacht werden.[1452]

Auch ist zu bedenken, dass die Haftpflichtversicherungen, die gegebenenfalls auch höhere Haftungssummen zur Schadloshaltung der Gesellschaft abdecken könnten, zumeist von der Gesellschaft selbst bezahlt werden.[1453] Es entsteht also gewissermaßen ein „Zahlungskreislauf".[1454] Die Policen sind zudem durchzogen von Ausschlusstatbeständen, was wiederum der Gewissheit um eine Deckung abträglich ist.[1455]

In unbegrenzter Höhe wird ein Versicherungsschutz sich ohnehin nicht erwerben lassen, vielmehr bleiben gerade die extrem hohen Haftungsforderungen unkompensiert, weil insoweit keine Deckung erzielbar sein wird.

Schon vor diesem praktischen Hintergrund muss also die Frage gestellt werden, ob die derzeit bestehende Ausgestaltung der Vorstandshaftung reformbedürftig ist.[1456]

1450 Es wird häufig übersehen, dass viele Vorstände keineswegs derart hohe Bezahlungen erhalten, dass dadurch eine völlig abweichende Handhabung etwa im Vergleich zu gut bezahlten Arbeitnehmern gerechtfertigt werden könnte.

1451 Schug, Risikoeinschränkung, 2009, S. 98.

1452 Casper, ZHR 176 (2012) 617, 646.

1453 Schug, Risikoeinschränkung, 2009, S. 98.

1454 Schug, Risikoeinschränkung, 2009, S. 97 f.

1455 Der Kompensation ist dies also selbstverständlich abträglich. Ungeachtet dessen ist diese Ungewissheit aus Sicht der Prävention begrüßenswert, vgl. oben 2. Teil.B.II.3.e).

1456 Ausgeklammert werden Ansätze, die um eine Relativierung der ARAG/Garmenbeck-Rechtsprechung bemüht (dahingehend Goette, Liber Amicorum M. Winter, 2011, S. 153; ders., ZHR 176 (2012) 588) bzw. für Erweiterung der Doktrin um eine dritte Stufe (Casper, ZHR 176 (2012) 617) sind. Diese Ansätze sind inhaltlich teils zu begrüßen, setzen aber spezifisch bei dieser Rechtsprechung an und sind demnach weniger geeignet für die Diskussion um die richtigen Gestaltungen *de lege ferenda*.

1. *Sektorale Ansätze, Vorteilsausgleichung oder generelle Ansätze?*

Zu unterscheiden sind die Ansätze zunächst danach, ob die Vorstandshaftung nach dem zugrundeliegenden Sachverhalt und damit anknüpfend an das jeweils maßgebliche Spezialrecht[1457] oder generell gewisse Beschränkungen erfahren soll. Zu der ersten Gruppe sind sektorale[1458] Lösungen sowie das Konzept der Vorteilsausgleichung[1459] zu rechnen.

Im Rahmen dieser Untersuchung sollen nur generelle, im Aktienrecht selbst verortbare Ansätze einer eingehenden Analyse zugeführt werden. Zwar können sektorale Lösungen oder auch das Konzept der Vorteilsausgleichung[1460] durchaus zu sachlich richtigen Ergebnissen führen.[1461] Sie haben aber den Nachteil der Einzelfallbezogenheit und wurzeln in ihren Argumentationen teils stark in den Wertungen des haftungsbegründenden Spezialrechts.[1462] Dies macht sie bei der

---

Gegen eine Abmilderung deutlich etwa Schöne/Petersen, AG 2012, 700; umfassend zu Reformvorschlägen jüngst Bachmann, Gutachten E zum 70. DJT, S. 28 ff., der neben den im Folgenden zu diskutierenden Ansätzen auch die Einführung einer „Billigkeitsklausel" erörtert und positiv bewertet; dazu jüngst Paefgen, AG 2014, 554, 570.

1457 Hier im untechnischen Sinne: Gemeint ist das jeweils maßgebliche Rechtsgebiet, welches dem Haftungsfall zugrunde liegt, im Falle der Regressnahme wegen Belegung der AG mit einer Kartellbuße also das Kartellrecht.

1458 Casper, ZHR 176 (2012) 617, 624 f. mit weiterer Differenzierung der Ansätze.

1459 Dazu etwa Koch in Hüffer, AktG, 11. Aufl. 2014, § 93 Rn. 49; Fleischer in Spindler/Stilz, AktG, 2. Aufl. 2010, § 93 Rn. 38 ff.; ders., mit beachtlichen Argumenten, DStR 2009, 1204, 1209 f.; Spindler in MüKoAktG, 4. Aufl. 2014, § 93 Rn. 171; zur Vorstandsverantwortlichkeit bei Kartellrechtsverstößen generell jüngst monographisch Hack, Vorstandsverantwortlichkeit bei Kartellrechtsverstößen, 2011; zur Vorteilsanrechnung ders., Vorstandsverantwortlichkeit bei Kartellrechtsverstößen, 2011, S. 81 ff.; zur entsprechenden Anwendung der Grundsätze der Vorteilsausgleichung BGH II ZR 90/11, BeckRS 2013, 03523 – dazu etwa Illhardt, DZWIR 2013, 512.

1460 Dazu etwa Grigoleit/Tomasic in Grigoleit, AktG, 1. Aufl. 2013, § 93 Rn. 16 und 65; jüngst Fleischer, ZIP 2014, 1305, 1307.

1461 Ähnlich auch Reichert, ZHR 177 (2013) 756, 772.

1462 Casper, ZHR 176 (2012) 617, 625; ähnlich auch Grunewald, AG 2013, 813, 814; zur fehlenden Übertragbarkeit auch Koch, Liber Amicorum M. Winter, 2011, S. 327, 333; so sind häufig speziell die kartellrechtlichen Wertungen Anknüpfungspunkt für Haftungsbeschränkungen im Regressverhältnis.; zur Frage der Kartellbuße als Schaden Hack, Vorstandsverantwortlichkeit bei Kartellrechtsverstößen, 2011, S. 75 ff. und Kaulich, Die Haftung von Vorstandsmitgliedern, 2011, S. 287 ff.; zum Vorteilsausgleich jüngst auch Bachmann, Gutachten E zum 70. DJT, S. 31.

Suche nach im Aktienrecht selbst wurzelnden bzw. zu verankernden Wertungen weniger interessant. Freilich tragen sie den Umständen mancher besonderer Rechtsgebiete zutreffend Rechnung. Sie sind vor diesem Hintergrund eher als Ergänzung denn als Alternative zu aktienrechtlichen Wertungsentscheidungen zu verstehen.

Damit ist freilich nicht ausgeschlossen, eine generelle Regelung anzustreben, die eine Einzelfallberücksichtigung zulässt. Eine solche Lösung würde geradezu die Vorteile beider Kategorien miteinander vereinen: Einzelfall-basierte Lösungen tragen den Besonderheiten des schädigenden Ereignisses stets besser Rechnung als generelle Regelungen. Umgekehrt könnte so aber möglicherweise eine Lösung im Aktienrecht selbst Verankerung finden, was angesichts der originär aktienrechtlichen Natur der Binnenhaftung wünschenswert ist.[1463]

2. *Modifizierbarkeit des Haftungsmaßstabs*

a) Vorschlag

Vorgeschlagen wird teils, den Sorgfaltsmaßstab dispositiv auszugestalten.[1464] In der Satzung könnte dann verankert werden, dass eine Haftung des Vorstands beispielsweise nur für grob fahrlässige Pflichtverstöße droht.[1465]

1463 Für eine generelle Lösung auch Casper, ZHR 176 (2012) 617, 625; zur Diskussion jüngst auch Koch in Hüffer, AktG, 11. Aufl. 2014, § 93 Rn. 51.

1464 Schug, Risikoeinschränkung, 2009, S. 97; Krieger/Sailer-Coceani in Schmidt/Lutter, AktG, 2. Aufl. 2010, § 93 Rn. 3 a.E. Teils wird wohl auch für eine generelle Haftungsmilderung bei leichter Fahrlässigkeit plädiert, etwa Peltzer, FS Hoffmann-Becking, 2013, S. 861, 865; ähnlich auch Spindler, AG 2013, 889, 895; gegen eine generelle Haftungsmilderung, satzungsmäßige Haftungsreduktionen wie bei § 102 (b)(7) DGCL hingegen für möglich haltend, Fleischer, ZIP 2014, 1305, 1311 f.; ähnlich Paefgen, AG 2014, 554, 569 f.; gegen sowohl gesetzliche Haftungsreduktion als auch insoweit Satzungsautonomie Bayer/Scholz, NZG 2014, 926, 929 und 931.

1465 Krieger/Sailer-Coceani in Schmidt/Lutter, AktG, 2. Aufl. 2010, § 93 Rn. 3 a.E.; ähnlich auch Reichert, ZHR 177 (2013) 756, 780; Schug, Risikoeinschränkung, 2009, S. 97 befürwortet eine dem § 93 Abs. 5 S. 3 AktG entsprechende Klarstellung, dass Gläubigern gegenüber eine solche Modifikation nicht wirkt. Dies ist angesichts der oben aufgezeigten Systematik, dass für die Gläubigerrechte ohnehin eine „gröbliche“ Pflichtverletzung erforderlich ist, nur teils zutreffend.

b) Bewertung

Dieser Vorschlag hat den Vorzug, dass eine allgemeingültige Lösung erreicht wird. Ähnlich wie im Delaware General Corporation Law[1466] könnte dann eine Haftungserleichterung *ex ante* vorgenommen werden.[1467]

Vorteil ist, dass damit die Motivation qualifizierter Manager zur Übernahme des Postens gesteigert werden kann. Auch die Wahrnehmung unternehmerisch erwünschter Risiken kann gefördert werden. Zu bedenken ist aber, dass dieses Ziel eigentlich schon durch Einführung der Business Judgment Rule erreicht werden sollte.[1468] Insoweit ist eher an dieser Stelle anzusetzen, wenn es gerade um die Wahrnehmung unternehmerischer Risiken geht.

Der Nachteil einer Möglichkeit der Haftungsmilderung *ex ante* liegt darin, dass die sorgfaltserhöhende Wirkung einer Haftungsandrohung nachlässt.[1469] Zwar ist eine strengere Haftung nicht zwingend besser, weil mit ihr hohe Sorgfaltskosten sowie Vermeidungsverhalten einhergehen.[1470] Doch haben diese Argumente weniger Schlagkraft, je deutlicher eine Abgrenzung von der Gefährdungshaftung stattfindet. Eine Verschuldenshaftung hat nämlich immer zur Voraussetzung, dass dem Vorstand der Vorwurf einer gewissen Nachlässigkeit gemacht werden können muss, sodass damit auch die Kontrollierbarkeit der Haftung mittels des eigenen Verhaltens einhergeht. In systematischer Hinsicht wäre die Beschränkung der Haftung etwa nur auf grobe Fahrlässigkeit ein schwer zu rechtfertigender Fremdkörper, weil derartige Haftungserleichterungen sonst in der Regel mit einem unentgeltlichen Tätigwerden korrelieren.[1471]

1466 Siehe oben 6. Teil.D.I.1.

1467 So auch Fleischer, ZIP 2014, 1305, 1311 f.; ähnlich Paefgen, AG 2014, 554, 569 f.; ebenso Bachmann, Gutachten E zum 70. DJT, S. 59, der in der Modifizierbarkeit des Haftungsmaßstabs ein funktionales Äquivalent zur D&O-Versicherung sieht, weil auch dadurch Schadenskosten (mittelbar) von der Gesellschaft getragen werden. Dem ist entgegenzuhalten, dass die Präventionswirkungen in den beiden Fällen unterschiedlich ausfallen, vgl. auch Bachmann, Gutachten E zum 70. DJT, S. 59 Fn. 218 m.w.N.; insoweit gegen Satzungsautonomie Bayer, NJW 2014, 2546, 2547.

1468 RegE UMAG, BT-Drucks. 15/5092, S. 1.

1469 So auch Habersack, ZHR 177 (2013) 782, 803 f.; vgl. dazu oben 5. Teil.A.VII und etwa Merkt, FS Hommelhoff, 2012, S. 711, 728, der betont, dass diese geringere Disziplinierungswirkung gerade bei den Landesbanken, bei denen nur für grobe Fahrlässigkeit gehaftet wird, das Problem ist; a.A. wohl Spindler, AG 2013, 889, 895 f.; zweifelnd jüngst auch Bachmann, Gutachten E zum 70. DJT, S. 60; Koch, AG 2014, 513, 524 scheint die höhere Vorhersehbarkeit eher als Vorteil zu sehen.

1470 Siehe dazu oben 3. Teil.B.V und 5. Teil.A.III.

1471 Ulmer, DB 2004, 859, 862.

Es hat sich zudem gezeigt, dass Dispositionen leichter mit den Schutzzwecken der Haftung in Einklang zu bringen sind, wenn sie nach der Haftungsrealisierung stattfinden.[1472] Wird hingegen bereits vor der Haftungsrealisierung auf das Haftungsregime eingewirkt, verschiebt sich das Anreizschema, der Vorstand kann sich bereits im Vorhinein sicher sein, maximal mögliche[1473] Sorgfalt nicht walten lassen zu müssen.[1474] Freilich betrifft dies nur die haftungsmäßige Facette der verhaltenssteuernden Elemente.[1475] Die Sorgfaltspflichten blieben unberührt. Es hat sich aber auch gezeigt, dass mit einem Haftungsfall stets weitere Unannehmlichkeiten wie etwa der Reputationsverlust einhergehen, die den Haftungsfall selbst so unangenehm erscheinen lassen.[1476] Veränderte man den Sorgfaltsmaßstab, so gingen diese Effekte ebenso verloren.

Von einer dispositiven Ausgestaltung der Haftungsandrohung hinsichtlich des Sorgfaltsmaßstabs ist mithin abzuraten.[1477]

3. *Haftungshöchstgrenzen*

a) Vorschlag

Weiterer Vorschlag ist die Einführung von Haftungshöchstgrenzen.[1478] Dabei wird zum Teil Bezug genommen auf den Jahresverdienst des jeweiligen

---

1472 Siehe etwa 5. Teil.B.III.

1473 Diese ist freilich nicht immer identisch mit dem effizientesten Maß an Sorgfalt.

1474 Siehe oben 5. Teil.A.III.

1475 Siehe zum gesamten „System“ oben 2. Teil.B.II.4.

1476 Siehe oben 2. Teil.B.II.4.

1477 So i.E. auch Grunewald, AG 2013, 813, 815 mit Verweis auf die fließenden Übergänge der Fahrlässigkeitsstufen; a.A. (unter gewissen Bedingungen) Bachmann, Gutachten E zum 70. DJT, S. 61.

1478 Etwa Schug, Risikoeinschränkung, 2009, S. 98; in diese Richtung auch Casper, ZHR 176 (2012) 617, 640; Semler, AG 2005, 321, 325; Peltzer, FS Hadding, 2004, S. 593, 598 f.; Baums, Verhandlungen des 63. DJT, 2000, F 238; Spindler, AG 2013, 889, 895 (möglich auch durch den Satzungsgeber, vgl. S. 903); Grunewald, AG 2013, 813, 815, die ebenfalls dem Satzungsgeber die Entscheidung überantworten will; Peltzer, FS Hoffmann-Becking, 2013, S. 861, 865, der dies mit einer Haftungsmilderung bei leichter Fahrlässigkeit verbinden will; zögernd Fleischer, WM 2005, 909, 915, weil dadurch die Kompensationsfunktion zu kurz gerate; vgl. jedoch auch jüngst Fleischer, ZIP 2014 1305, 1312 f. (satzungsmäßige Haftungshöchstgrenzen erwägenswert); jüngst dazu auch Bachmann, Gutachten E zum 70. DJT, S. 62 ff.; ebenso Bayer/Scholz, NZG 926, 930 und 932 f. (in Kombination mit einem Verbot der D&O-Fremdversicherung durch die AG sowie Unversicherbarkeit der gedeckelten Haftung durch den Vorstand selbst); aufgeschlossen jüngst auch Hemeling, ZHR

Vorstandsmitglieds und ein bestimmter Faktor zur Errechnung der Höchstgrenze herangezogen.[1479]

b) Bewertung

Vorteil dieses Modells ist, dass die Steuerungsfunktion der Haftung *ex ante* durch Aufrechterhaltung der Haftungsandrohung prinzipiell bestehen bleibt.[1480] Den praktischen Limitierungen der Haftung kann Rechnung getragen werden.[1481] Es wird berücksichtigt, dass der Vorstand gerade nicht ein eigenes Unternehmen führt, sondern ein fremdes. Partizipiert er nicht voll am Gewinn, muss er folglich auch nicht in vollem Umfang am Verlust beteiligt werden.[1482]

Nachteil dieses Modells ist, dass die tatsächlich eingetretene Schadenshöhe keinerlei Berücksichtigung findet, sobald die Haftungshöchstgrenze überschritten ist.[1483] Wird als Bezugsgröße etwa das Jahresgehalt herangezogen und ein fester Multiplikator angewendet, so kann der durch die Höchstgrenze eintretende Schutz relativ betrachtet völlig unterschiedlich ausfallen, je nachdem, wie stark der tatsächliche Schaden die Kappungsgrenze übersteigt.[1484] Ist die Höchstgrenze erst einmal erreicht, „tut es immer gleich weh", egal worin die haftungsbegründende Pflichtverletzung bestand. Dies ist unter Steuerungsaspekten kontraindiziert und stellt eine Ungleichbehandlung dar.[1485]

---

178 (2014) 221, 224 (Anknüpfung an Vergütung); ebenso befürwortend mit umfangreicher Begründung Wagner, ZHR 178 (2014), 227, 275 ff.

1479 Schug, Risikoeinschränkung, 2009, S. 98; Casper, ZHR 176 (2012) 617, 640.

1480 So wohl auch Spindler, AG 2013, 889, 895; ebenfalls Grunewald, AG 2013, 813, 816; zu unerwünschten Wechselwirkungen in der Abwägung, welche Sorgfaltsmaßnahmen in concreto erforderlich sein könnten, sogleich.

1481 Casper, ZHR 176 (2012) 617, 640 spricht sich für eine Berücksichtigung nicht nur des (multiplizierten) Jahreseinkommens des Vorstands, sondern auch des Privatvermögens des Vorstands aus.

1482 Weitere Vorteile nennt Bachmann, Gutachten E zum 70. DJT, S. 63.

1483 Ähnlich auch Habersack, ZHR 177 (2013), 782, 803: „könnte auf die Besonderheiten des Einzelfalls nicht gebührend Rücksicht nehmen [...]"; ähnlich jüngst Fleischer, ZIP 2014, 1305, 1314 f.; Bedenken äußert auch Paefgen, AG 2014, 554, 569 f., der letztlich eine Ermächtigung der Gerichte zur Reduktion der Haftung unter Billigkeitsgesichtspunkten für denkbar hält.

1484 Ähnlich auch Habersack, ZHR 177 (2013), 782, 803: Loslösung vom Kriterium der Leistungsfähigkeit.

1485 In diese Richtung auch Grunewald, AG 2013, 813, 817, jedoch im Hinblick auf § 93 Abs. 3 AktG; a.A. unter Hinweis auf den sich ebenfalls stets gleich auswirkenden Selbstbehalt: Spindler, AG 2013, 889, 895. Indes wird dabei verkannt, dass der Selbstbehalt das Vorliegen einer D&O-Versicherung voraussetzt und nicht generell

Zwar ist das mögliche Schadensausmaß zum Zeitpunkt einer potentiell schädigenden Handlung nicht immer voll absehbar, die Haftungsandrohung hat aber sehr wohl zum Zweck, einen Abwägungsvorgang beim Pflichtadressaten in Gang zu setzen, bei dem auch das mögliche Schadensausmaß sowie die Wahrscheinlichkeit des Eintritts des Schadens zu berücksichtigen sind. Das Maß der Sorgfalt wird daran auszurichten sein: Ergibt die Prognose, dass die Wahrscheinlichkeit eines Schadenseintritts sehr gering ist, der Schaden aber gegebenenfalls sehr hoch wäre, so wird ähnlich sorgfältig zu verfahren sein, wie wenn zwar nur ein geringer Schaden droht, der Eintritt des Schadens aber sehr wahrscheinlich ist.[1486] Indem die Haftungshöchstgrenze alleine auf die Schadenshöhe abstellt, erfolgt eine Privilegierung der Situation, in der (zwar mit geringer Wahrscheinlichkeit) ein sehr hoher Schaden droht. Denn der (wahrscheinlichere) geringere Schaden wird möglicherweise voll zu ersetzen sein, bzw. nur weniger deutlich über der Haftungshöchstgrenze liegen, sodass nur eine geringere Kappung erfolgen kann.

In praktischer Hinsicht ist zu bedenken, dass die Anknüpfung an das Jahresgehalt erhebliche Unsicherheiten erfährt, wenn variable Vergütungsbestandteile existieren.[1487] Wird etwa nur an das Fixum angeknüpft, so besteht der Anreiz, größere Teile als (vermeintlich) variabel auszugestalten.[1488]

Damit zeigt sich, dass die Einführung von Haftungshöchstgrenzen nur dann zu sachgerechten Ergebnissen auch aus verhaltenssteuernder Sicht führen könnte, wenn die Schäden immer gleich hoch ausfielen. Es fehlt in diesem Modell eine Komponente, die die Sichtweise, die der Vorstand *ex ante* billigerweise haben durfte, berücksichtigt.

Offensichtlich wird auch die Kompensationsfunktion beeinträchtigt. Die Einführung von Haftungshöchstgrenzen entlastet den Vorstand selbst dann, wenn er den Betrag aufbringen könnte. Gerade in einer solchen Situation sollte die

---

in das Haftungsgefüge eingreift. Greift die D&O-Versicherung (etwa wegen eines Ausschlusses) nicht, so steht wieder die volle Haftung in Rede.

1486 Dieser Zusammenhang klingt auch bei Lutter, DZWIR 2011, 265, 276 Fn. 20 an; ebenso jüngst Bayer/Scholz, NZG 2014, 926, 932 (unterschiedliche Haftungshöchstgrenzen bei unterschiedlichen Fahrlässigkeitsgraden).

1487 Zu allgemein deshalb jüngst etwa Bayer/Scholz, NZG 2014, 926, 930.

1488 Dies spricht dafür, die Entscheidung über die Haftungshöchstgrenzen dem Satzungsgeber zu überlassen, Grunewald, AG 2013, 813, 817 f. – auch dann bleiben aber die oben geäußerten Bedenken bestehen.

Entscheidung, dass keine volle Kompensation begehrt wird, aber auf eine Legitimation der Residualeigentümer zurückzuführen sein.[1489]

4. Grundsätze der Arbeitnehmerhaftung („Wertungstransfer")

Ein weiterer Vorschlag im Hinblick auf die zukünftige Handhabung der Vorstandshaftung findet seinen Ursprung in den Grundsätzen der Arbeitnehmerhaftung.

a) Vorschlag

Wiederholt wurde zu der Frage, ob die Grundsätze der Arbeitnehmerhaftung auch für Vorstandsmitglieder zur Anwendung kommen können, Stellung genommen.[1490] Im Hinblick auf den Vorstand wird betont, dass die eigenverantwortliche Stellung des Vorstands gemäß § 76 AktG und seine damit einhergehende Weisungsunabhängigkeit einer Anwendung der auf Arbeitnehmer zugeschnittenen Rechtsprechung entgegenstehen.[1491]

Jüngst hat *Koch* vorgeschlagen, einen vorsichtigen „Wertungstransfer" vorzunehmen, um den Gedanken der Arbeitnehmerhaftung auch für die Vorstandshaftung fruchtbar machen zu können.[1492]

Grundgedanke ist, dass der Gesellschaft das Tätigwerden des Vorstands zugute kommt und demnach auch die Gesellschaft die Risiken des unternehmerischen

---

1489 Aus diesem Grund sieht Bachmann, Gutachten E zum 70. DJT, S. 64 die Möglichkeit, die Frage den Aktionären zur satzungsmäßigen Gestaltung zu überlassen.

1490 Umfangreich Bastuck, Enthaftung, 1986, S. 80 ff.; jüngst Schug, Risikoeinschränkung, 2009, S. 99; Koch, Liber Amicorum M. Winter, 2011, S. 327, 336; Kaulich, Die Haftung von Vorstandsmitgliedern, 2011, S. 296 f.

1491 Schug, Risikoeinschränkung 2009, S. 99 ff. und Bastuck, Enthaftung, 1986, S. 84 stellen (zusätzlich) auf den gläubigerschützenden Charakter der Binnenhaftung ab. Dem ist mit den in 5. Teil.A.V genannten Argumenten nicht zuzustimmen; i.E. gegen Anwendbarkeit Wellhöfer in Wellhöfer/Peltzer/Müller, Die Haftung, 2008, § 2 Rn. 36; Dauner-Lieb in Henssler/Strohn, Gesellschaftsrecht, 2. Aufl. 2014, AktG, § 84 Rn. 21; Kaulich, Die Haftung von Vorstandsmitgliedern, 2011, S. 296 f.; allgemein gegen die Arbeitnehmereigenschaft etwa Wiesner in Münchener Hdb. des Gesellschaftsrechts, Bd. 4, 3. Aufl. 2007, § 21 Rn. 5.

1492 Die Argumentationslinien können hier nur skizziert werden, variieren aber auch in dogmatischer Hinsicht. Sehr facettenreich Koch, Liber Amicorum M. Winter, 2011, S. 327; ders., AG 2012, 429; ders. (mit Auseinandersetzung mit der Kritik) AG 2014, 513; zustimmend jüngst Hopt, ZIP 2013, 1793, 1804.

Tätigwerdens tragen muss[1493] und dass es ferner unbillig erscheint, die schadenserhöhende Wirkung des Betriebsrisikos alleine dem Vorstand aufzubürden,[1494] dessen Haupteinnahmequelle die Vorstandsvergütung sein dürfte[1495] und mit dessen höherem Gehalt eben auch ein höheres Haftungsrisiko einhergehe.[1496] Die Reduzierung der Regresssumme soll allerdings nicht in den Grundsätzen der Arbeitnehmerhaftung wurzeln, sondern in der gesellschaftsrechtlichen Fürsorgepflicht.[1497]

Die Situation des Vorstands unterscheide sich nicht so stark von der eines Angestellten, dass eine völlig andere Bewertung die Folge sein könne,[1498] denn sowohl den Arbeitnehmer wie auch den Vorstand treffe eine potenzielle Haftung meist unverhältnismäßig hart.[1499] Meist resultiere die Schadenshöhe aus dem unternehmerischen bzw. wirtschaftlichen Kontext, in dem der jeweilige Haftungsadressat tätig ist.[1500] Selbst wenn der Vorstand über ein deutlich höheres Einkommen verfüge, ändere dies nichts an der Unverhältnismäßigkeit einer Haftung, weil eben auch die von Vorständen verursachten Schäden viel drastischere Ausmaße annehmen könnten.[1501]

1493 Koch, Liber Amicorum M. Winter, 2011, S. 327, 337, 340; ders., AG 2012, 429, 436; ähnlich Reichert, ZHR 177 (2013) 756, 776 f.

1494 Koch, Liber Amicorum M. Winter, 2011, S. 327, 343.

1495 Schug, Risikoeinschränkung, 2009, S. 100.

1496 Schug, Risikoeinschränkung, 2009, S. 101; Koch, AG 2012, 429, 436.

1497 Koch, Liber Amicorum M. Winter, 2011, S. 327, 338; ders., AG 2012, 429, 436; Spindler, AG 2013, 889, 894; darauf hat auch schon U. H. Schneider, FS Werner, 1984, S. 795, 806 hingewiesen, der aber auch berücksichtigt, dass damals noch keine Möglichkeit der Versicherung bestand und i.E. gegen eine (vollständige) Übertragung der Arbeitnehmerhaftungsgrundsätze ist.

1498 U. H. Schneider, FS Werner, 1984, S. 795, 807.

1499 Koch, AG 2012, 429, 436; ders., Liber Amicorum M. Winter, 2011, S. 327, 340; zu berücksichtigen sei aber, ob der Vorstand eine Risikoprämie erhalte, wobei auch diese die teils erheblichen Risiken nicht abbedingen könnten, vgl. Koch, Liber Amicorum M. Winter, 2011, S. 327, 341; ders., AG 2012, 429, 437; Schug, Risikoeinschränkung, 2009, S. 101; Bastuck, Enthaftung, 1986, S. 82.

1500 In Bezug auf Bußgelder etwa Koch, Liber Amicorum M. Winter, 2011, 327, 340.

1501 Koch, Liber Amicorum M. Winter, 2011, S. 327, 341; ders., AG 2012, 429, 436.

Im Ergebnis sollen „punktuelle Korrekturen in Ausnahmefällen“[1502] erfolgen.[1503] Abzuwägen ist nach dem Grad des Verschuldens des Geschäftsleiters.[1504] Eine Haftungsmilderung kommt in Betracht, wenn leichte oder mittlere Fahrlässigkeit vorliegt.[1505] Einzustellen in die Abwägung sind das konkrete Schadensrisiko, die Höhe der Entlohnung des betroffenen Vorstands sowie die Vergütungsstruktur, also die Frage, inwieweit der Vorstand am unternehmerischen Erfolg beteiligt wird.[1506]

b) Bewertung

Den Argumenten gegen eine Anwendbarkeit ist entgegenzuhalten, dass auch der Geschäftsführer einer GmbH Organ einer Kapitalgesellschaft ist und für diesen ebenso die Anwendbarkeit der Arbeitnehmerhaftungsgrundsätze verneint wird.[1507] Der Geschäftsführer ist aber im Gegensatz zum Vorstand der AG weisungsabhängig.[1508] Das Kriterium der Weisungsabhängigkeit kann damit nicht das entscheidende Abgrenzungskriterium sein.[1509]

Im Anwendungsbereich der Arbeitnehmerhaftungsgrundsätze ist mittlerweile anerkannt, dass auch leitende Angestellte, die ihren Arbeitsbereich und -ablauf weitgehend eigenverantwortlich organisieren, durch diese Grundsätze privilegiert werden.[1510] Insofern ist auch dem Argument, die Eigenverantwortlichkeit der Leitung stehe einer Anwendung entgegen, der Boden entzogen.

Zuzugeben ist, dass die Grundsätze der Arbeitnehmerhaftung der Lückenfüllung im allgemeinen Zivilrecht dienen und insofern ihren Platz richterrechtlich

---

1502 Koch, Liber Amicorum M. Winter, 2011, S. 327, 345.

1503 U. H. Schneider schlägt zudem eine Differenzierung nach den Pflichten vor und kommt zu dem Ergebnis, dass eine Übertragung der Arbeitnehmerhaftungsgrundsätze nur im Bereich der Obhutspflichten in Betracht kommt, U. H. Schneider, FS Werner, 1984, S. 795, 809, 813, 815.

1504 Koch, AG 2012, 429, 438.

1505 Koch, AG 2012, 429, 438.

1506 Koch, AG 2012, 429, 438 f.

1507 Koch, Liber Amicorum M. Winter, 2011, S. 327, 342.

1508 Koch, Liber Amicorum M. Winter, 2011, S. 327, 342; insoweit nicht differenziert genug Paefgen, AG 2014, 554, 568 f., der i.Ü. ebenfalls gegen eine Übertragung der Grundsätze der Arbeitnehmerhaftung ist.

1509 In diese Richtung Koch, Liber Amicorum M. Winter, 2011, S. 327, 342.

1510 Koch, AG 2012, 429, 437 m.w.N; ders., Liber Amicorum M. Winter, 2011, 327, 343 m.w.N.; Schug, Risikoeinschränkung, 2009, S. 99; zweifelnd an der Unanwendbarkeit der Grundsätze auf den Vorstand aus Gründen der Gleichbehandlung Ritter in Schüppen/Schaub, MüAnw.Hdb. AktG, 2. Aufl. 2010, § 24 Rn. 46.

zugewiesen bekommen konnten,[1511] wohingegen die Geschäftsleiterhaftung speziell geregelt ist, weshalb eine derartige Lückenfüllung nicht Platz greifen kann.[1512]

Vorteilhaft an diesem Modell ist, dass die Umstände des Einzelfalles Berücksichtigung finden können.[1513] Insbesondere das Verhältnis des Schadens zu der Vergütung des Vorstands und die Berücksichtigung der Vergütungsstrukturen an sich sind maßgeblich für eine sachgerechte Verteilung der Risiken. Anders als bei der Einführung von Haftungshöchstgrenzen findet damit eine passgenaue Lösung des Einzelfalles statt.

Sachlich zutreffend findet dieses Modell seinen Ursprung darin, dass der Vorstand seine Arbeitskraft in den Dienst einer fremden Organisation stellt und deren Eigentümer primär von den Erfolgen profitieren. So wie der Arbeitnehmer zum Wohlstand des Arbeitgebers beiträgt, wird die Kapitalgesellschaft erst durch ihre Organe handlungsfähig und so trägt auch das Organ zur Wohlstandsmaximierung bei der Gesellschaft bei.[1514]

Das Modell ist aus verhaltenssteuernder Perspektive aber weniger gut geeignet, *ex ante* den Vorstand zu optimaler Sorgfalt anzuhalten.[1515] Denn es ist dann ähnlich wie bei Absenkung des Sorgfaltsmaßstabs bereits im Vorhinein klar, dass für bestimmte Sorgfaltspflichtverstöße nicht gehaftet wird.[1516]

II. Eigener Ansatz

Im Folgenden soll ein eigener Ansatz entwickelt werden. Grundlage hierfür sind die soeben erörterten Vorschläge sowie ihre Bewertungen und die weiteren Erkenntnisse, die sich insbesondere aus der rechtsvergleichenden Betrachtung

---

1511 Aus diesem Grund spricht sich Bachmann, Gutachten E zum 70. DJT, S. 57 f. gegen eine gesetzliche „Zementierung“ aus und plädiert insoweit für die Möglichkeit satzungsmäßiger Disposition der Aktionäre.

1512 Koch, Liber Amicorum M. Winter, 2011, 327, 337; ähnlich auch Reichert, ZHR 177 (2013) 756, 776; jüngst auch Fleischer, ZIP 2014, 1305, 1306; abweichend insoweit jüngst Koch, AG 2014, 513, 521.

1513 Zweifelnd, ob dies für den Aufsichtsrat faktisch machbar ist, Grunewald, AG 2013, 813, 815.

1514 Ähnlich auch Spindler, AG 2013, 889, 894.

1515 Gegen eine Anwendung dieser Grundsätze mit weiteren Argumenten auch Fleischer, ZIP 2014, 1305, 1306; ebenso Paefgen, AG 2014, 554, 568 f.; ablehnend auch Hemeling, ZHR 178 (2014) 221, 224.

1516 Habersack, ZHR 177 (2013) 782, 802 gibt noch zu bedenken, dass mit diesen Grundsätzen keine Limitierung der Höhe nach erzielt werden kann.

ergeben haben. Dabei sollen zunächst die maßgeblichen Wertungen hervorgehoben werden, um im Anschluss daran ein vorzugswürdiges Modell zu entwerfen.

1. *Wertungen und Grundzüge* de lege ferenda

a) Fremdnütziges Tätigwerden des Vorstands

Es wurde bereits aufgezeigt, dass berücksichtigt werden muss, dass der Vorstand seine Arbeitskraft in die Dienste der Gesellschaft und damit auch der Anteilseigner stellt und diese erheblich davon profitieren.[1517] Die Anteilseigner wollen gerade nicht selbst unternehmerisch tätig werden.[1518] Dieser Gedanke klingt bei nahezu allen Modellen für Gestaltungen *de lege ferenda* an, besonders deutlich tritt er jedoch bei dem Modell von *Koch* hervor.[1519] Die Eigenverantwortlichkeit des Vorstandshandelns ist aber ein gewichtiger Sachgrund für die grundsätzliche Androhung einer Haftung.[1520]

Es sind damit die Anteilseigner, die über die Reichweite einer Haftung zu entscheiden haben.[1521] Insoweit ist die bestehende Regelung in § 93 Abs. 4 S. 3 AktG sachlich richtig. Sie greift aber zu kurz, wenn die Anteilseigner nicht auch innerhalb der ersten drei Jahre zu Dispositionen berechtigt sind.[1522]

b) Notwendigkeit der Berücksichtigung aller Umstände des Einzelfalles

Es hat sich auch gezeigt, dass es durchaus Konstellationen gibt, die sehr schadensträchtig sind, auch wenn dies ursprünglich kaum zu überblicken war. So wie die Schadenswahrscheinlichkeit und die potentielle Schadenshöhe auf das Maß der anzuwendenden Sorgfalt im Einzelfall einwirken, so kann auch nur anhand

---

1517 Aus diesem Grund plädiert Wagner, ZHR 178 (2014) 227, 261 für eine Zuordnung der Verluste zur Gesellschaft und damit für eine Haftungsbegrenzung; ähnlich Koch, AG 2014, 513, 514 und 516.

1518 Ähnlich jüngst Bayer/Scholz, NZG 2014, 926, 927.

1519 Etwa Koch, AG 2012, 429, 436 f. und passim.

1520 Siehe oben 5. Teil.A.I und 5. Teil.A.VII.

1521 So auch Habersack, ZHR 177 (2013) 782, 804 (mit Grenzen); jüngst auch E. Vetter, NZG 2014, 921, 922 ff. mit weiterführenden Überlegungen zu möglichen Ausgestaltungen hinsichtlich Informationsbeschaffung und Reichweite der Satzungsautonomie sowie zeitlichen Beschränkungen der Satzungsregelungen zur Organhaftung; zur Notwendigkeit einer informierten Anteilseignerschaft auch Fleischer, ZIP 2014, 1305, 1312 und 1313; gegen Satzungsautonomie insoweit, sondern für eine gesetzliche Regelung Bayer, NJW 2014, 2546, 2548; gegen eine Lockerung der Satzungsstrenge Bayer/Scholz, NZG 2014, 926, 931; Koch, AG 2014, 513, 524 sieht das Risiko, dass die Anteilseigner selbst zu risikoaffin sein könnten.

1522 Siehe oben 4. Teil.C.IV.

des Einzelfalles geklärt werden, ob die Belastung des Vorstands mit den vollen Schadensfolgen sachgerecht ist. Das zeigt sich gerade auch in Fällen wie dem Komplex „Kirch/Breuer", bei denen sich die rechtliche Problematik weniger um die Frage der Fahrlässigkeit als um Fragen der Rechtswidrigkeit bzw. des Kausalzusammenhangs dreht.

c) Aufrechterhaltung der Steuerungsfunktion

In den Analysen der Vorschläge *de lege ferenda* hat sich – ebenso wie in den Untersuchungen der einzelnen Gestaltungsansätze – gezeigt, dass eine Absenkung des Haftungsmaßstabs *ex ante* nicht sinnvoll ist. Zu großes Gewicht hat die Haftungsandrohung im Bereich der präventiven Steuerung. Folglich sollte an den tatbestandlichen Voraussetzungen der Haftungsandrohung so, wie sie derzeit im Gesetz stehen, festgehalten werden.

d) Klarstellungen

Die Untersuchungen haben gezeigt, dass zwar einige Sachgründe bestehen,[1523] die für die Anordnung einer zwingenden Haftung sprechen, dass diese Sachgründe aber nicht denklogisch den zwingenden Charakter der Haftung ausmachen.[1524] Auch das Beispiel Delaware hat dies verdeutlicht. Insofern sollte – gerade auch um der Aufrechterhaltung der Präventionswirkung willen – eine positive Klarstellung erfolgen, dass Modifikationen der Haftungsvoraussetzungen *ex ante* nicht möglich sind. Damit bleibt es auch bei der schutzzweckgeleiteten Zulässigkeit der untersuchten Gestaltungsansätze.

Bei Schäden, die aus der Verletzung der Treuepflicht entstehen, dürfte eine Enthaftung generell nicht möglich sein.[1525] Zwar ist es denkbar, auch diese Entscheidung den Residualeigentümern zuzugestehen. Es erscheint vor dem Hintergrund der Steuerungswirkungen aber sinnvoller, an dieser Stelle nicht einmal die Hoffnung auf potentielle Enthaftung zuzulassen. Dies sollte ebenfalls klargestellt werden.

Zu erwägen ist auch, eine Bestimmung zur Zulässigkeit anderer Dispositionen als des Verzichts zu treffen. Dies würde auf eine generalklauselartige Formulierung hinauslaufen. Denn es hat sich gezeigt, dass stets die gesamten Umstände des Einzelfalles zu berücksichtigen sind, um zu überprüfen, ob eine hinreichende Gefährdung des Gesellschaftsvermögens sowie der hinreichende Bezug zum

---

1523 5. Teil.A.VII.

1524 5. Teil.A.VII.

1525 So auch E. Vetter, NZG 2014, 921, 924; ebenso Fleischer ZIP 2014, 1305, 1311 und 1315.

Haftungsfall gegeben sind. Insofern empfiehlt sich die ausschließliche Nennung des Verzichtsmerkmals – das Vergleichsmerkmal wird also gestrichen – neben der Generalklausel, um das Telos der Vorschrift zutreffend einzugrenzen.

e) Intendiertes Ermessen der Hauptversammlung

Über die Abschaffung der Dreijahresfrist in § 93 Abs. 4 S. 3 AktG hinaus wäre demnach zu erwägen, ob die Entscheidung der Hauptversammlung nicht anhand gewisser Kriterien gewissermaßen zu einer Ermessensentscheidung mit intendiertem Ermessen werden sollte. Erreicht werden könnte dies über einen Kriterienkatalog, der für die Entscheidung der Hauptversammlung vermittels Nennung weicher Kriterien Orientierungshilfe bietet. Dieser muss die Fremdnützigkeit des Vorstandshandelns und die damit einhergehenden Treuebindungen ebenso wie die Motivationslage des Vorstands *ex ante* berücksichtigen und dem Umstand des *hindsight bias* Rechnung tragen, also den Entscheidungsträgern ins Gedächtnis rufen, dass der Geschehensablauf möglicherweise nicht vorhersehbar war.[1526]

f) Eigene Entscheidungsbefugnis des Aufsichtsrats

i) Problem

Es wurde bereits aufgezeigt, dass die Entscheidung über die Enthaftung prinzipiell bei den Anteilseignern liegen muss. Dies bringt indes stets ein sehr aufwändiges und publikumswirksames Procedere[1527] mit sich, was gerade bei für die jeweilige Gesellschaft kleineren Schäden nicht im Interesse der Gesellschaft liegen wird und nicht selten von wenig Erfolg gekrönt ist.[1528]

ii) Lösung

Es liegt deshalb nahe, die Entscheidung über die Enthaftung bis zu einem gewissen Betrag in die Hände des seinerseits pflichtgebundenen Aufsichtsrats zu legen.[1529] So kann ein harmonischer Ausgleich zwischen dem Residualinteresse

1526 Zur Schwierigkeit der Überwindung dieses Rückschaufehlers etwa Bachmann, ZHR 177 (2013) 1, 5.

1527 Auch Ihlas betont, dass die öffentliche Thematisierung auf der Hauptversammlung eine erhebliche Gefahr für die Reputation der Gesellschaft darstellen kann, Ihlas, Organhaftung, 1997, S. 181; ähnlich Zimmermann, FS Duden, 1977, S. 773, 774.

1528 Dietz-Vellmer, NZG 2011, 248.

1529 In diese Richtung hinsichtlich der Entscheidung über die Geltendmachung jüngst Hemeling, ZHR 178 (2014) 221, 223; ebenso für mehr Entscheidungsbefugnisse des Aufsichtsrats jüngst Haarmann/Weiß, BB 2014, 2115, 2116 und 2123.

der Anteilseigner und dem allgemeinen Interesse der Gesellschaft, nicht wegen jeder Verfehlung eines Organmitglieds negative Schlagzeilen zu erhalten, gefunden werden. Die Aufarbeitung schadensstiftender Ereignisse wird deshalb nicht weniger genau, aber mit deutlichem Effizienzgewinn möglich, weil Kosten für die Vorbereitung einer Hauptversammlung gespart werden und dem Unternehmen keine Geschäftseinbußen infolge langgezogener Auseinandersetzungen drohen.

Einer der Hauptgründe für das Zustimmungserfordernis der Hauptversammlung zu etwa einem Verzicht auf die Haftung wird in dem Schutz vor gegenseitiger Verschonung gesehen.[1530] Doch muss bei der Suche eines Normzwecks auch stets das jeweilige normative sowie gesellschaftliche Verständnis berücksichtigt werden.[1531] Seit Entflechtung der „Deutschland-AG" und auch aufgrund des ARAG/Garmenbeck-Urteils hat das Bewusstsein um eine korrekte Überwachungstätigkeit erheblich zugenommen.[1532] Insofern ist nicht damit zu rechnen, dass der seinerseits pflichtgebundene[1533] Aufsichtsrat zu vorschnellen Enthaftungen des Vorstands beitragen wird.

Als Grenze, bis zu der der Aufsichtsrat über Enthaftungen entscheiden kann bzw. ab der die Entscheidung der Hauptversammlung einzuholen ist, kann nicht ein absoluter Wert genannt werden.[1534] Es steht zu befürchten, dass dann nicht für jede Gesellschaft ein angemessener Wert gefunden wird, weil die maximale Ausnutzung dann ähnlich wie in Delaware zum „Standard" würde und andere Gestaltungen von potentiellen Unternehmensleitern vielleicht sogar als Manifestation von Misstrauen gedeutet würden. Ferner trüge dies den Gegebenheiten des Einzelfalles und der Leistungsfähigkeit des Unternehmens und damit einhergehend dem Interesse der Residualeigentümer viel zu wenig Rechnung.

Demgegenüber sollte auch nicht eine völlige Freistellbarkeit geregelt werden, weil andernfalls das Problem vollständig in die materielle Beschlusskontrolle verlagert würde, wenn auch die Hauptversammlung jeder kleinen Gesellschaft beliebig delegieren dürfte.

1530 Siehe oben 4. Teil.A.III und etwa Mertens/Cahn in KölnerKommAktG, 3. Aufl. 2010, § 93 Rn. 161; deshalb schlagen Haarmann/Weiß, BB 2014, 2115, 2123 eine Vorlagemöglichkeit des Aufsichtsrats ähnlich § 119 Abs. 2 AktG vor.

1531 Zur ohnehin gegebenen Pflichtenbindung des Aufsichtsrats vgl. oben 4. Teil und Ihlas, Organhaftung, 1997, 181.

1532 Ähnlich Hölters in Hölters, AktG, 2. Aufl. 2014, § 93 Rn. 23 f.

1533 Etwa Ihlas, Organhaftung, 1997, S. 181 und oben 4. Teil.

1534 Für eine Anknüpfung an die Vergütung jüngst etwa Haarmann/Weiß, BB 2014, 2115, 2116.

Erforderlich ist demnach die Anknüpfung an die Leistungsfähigkeit des Unternehmens bzw. die Erheblichkeit der Disposition für den einzelnen Aktionär. Dies kann entweder durch eine Anknüpfung an bestimmte – vom Gesetzgeber zu benennende[1535] – Unternehmenskennzahlen, oder durch die Aufnahme einer entsprechenden Formulierung geschehen.[1536]

Vor dem Hintergrund der bereits antizipierten Bedenken, eine Aufsichtsratszuständigkeit führe zu gegenseitiger Verschonung und angesichts des Umstands, dass die derzeitige Entscheidungszuständigkeit der Hauptversammlung gemäß § 93 Abs. 4 S. 3 AktG als im Grundsatz sachgerecht befunden wurde, muss auch die Delegation dieser Entscheidungszuständigkeit an den Aufsichtsrat der Hauptversammlung zustehen.[1537]

Auf diese Weise wird dem Bedenken, der Aufsichtsrat verschone den Vorstand, Rechnung getragen.[1538] Wird der Aufsichtsrat für zu milde befunden, so kann entweder eine Ermächtigung gar nicht erst erfolgen oder eine bereits erteilte Ermächtigung – wiederum im Wege der Satzungsänderung – im Nachhinein wieder entzogen werden. Damit tritt eine gewissenhafte Überwachung des Vorstands durch den Aufsichtsrat in das Interesse aller Beteiligten, weil auch der Vorstand daran interessiert sein wird, den Weg für reibungslose Streitbeilegungen frei zu machen, sodass die Einsetzung aufmerksamer Überwacher dann auch in seinem Interesse liegt.

Dadurch werden aber auch alle aus dem Residualeigentum folgenden Befugnisse maximal zur Geltung gebracht und die Aktionäre in die Lage eigenverantwortlicher Entscheidungsmacht versetzt. Steht es prinzipiell ihnen zu, über Verzicht oder Vergleich zu entscheiden, so muss es auch ihnen zustehen,

---

1535 Ähnlich jüngst Haarmann/Weiß, BB 2014, 2115, 2116.

1536 In letzterem Fall ist allerdings die Notwendigkeit der Beschlusskontrolle nicht ausgeschlossen.

1537 Generell für mehr Satzungsfreiheit *de lege ferenda* Hopt in GroßKommAktG, 4. Aufl. (1999), § 93 Rn. 24 a.E; gegen die Übertragbarkeit von Kompetenzen auf andere Organe *de lege lata* (allgemein) etwa Kubis in MüKoAktG, 3. Aufl. 2013, § 118 Rn. 12; eine Übertragungsbefugnis der Aktionäre (jedenfalls für den Fall der Abschaffung von § 23 Abs. 5 AktG) grundsätzlich bejahend Hey, Freie Gestaltung, 2004, S. 194, der eine „Grundlagenzuständigkeit" der Hauptversammlung aber kritisch sieht, ders., Freie Gestaltung, 2004, S. 198. *Hey* ist insofern beizupflichten, als *de lege lata* eine derartige Delegation nicht möglich ist, vgl. auch ders., Freie Gestaltung, 2004, S. 197. Hier würde *de lege ferenda* jedoch gerade eine punktuelle Delegationsbefugnis geschaffen, sodass auch § 23 Abs. 5 AktG nicht entgegensteht.

1538 Haarmann/Weiß wollen dem (bei genereller Aufsichtsratszuständigkeit) durch eine Vorlagebefugnis ähnlich § 119 Abs. 2 AktG Rechnung tragen, BB 2014, 2115, 2123.

das Überwachungsorgan der Gesellschaft mit dieser Entscheidung zu betrauen. Über diese Form der Delegation besteht eine hinreichend deutliche Anbindung an die Entscheidungszuständigkeit der Anteilseigner.

Diese Regelung kann entweder in die Gründungssatzung aufgenommen oder – nach Errichtung der Gesellschaft – mit satzungsändernder Mehrheit modifiziert werden.

g) Verhältnis zu §§ 147, 148 AktG

Besteht eine Regelung in der Satzung, wonach der Aufsichtsrat eigenverantwortlich über die Enthaftung bis zu gewissen Grenzen entscheiden darf und ist dies geschehen, so bleibt für eine Anwendbarkeit der §§ 147, 148 AktG kein Raum mehr. Beide setzen die mögliche Existenz eines Anspruchs gegen den Vorstand voraus. Durfte der Aufsichtsrat aber infolge seiner Ermächtigung über einen potentiellen Anspruch disponieren, so besteht gerade kein Anspruch mehr. Es kann dann mithin nicht mehr auf die Rechte aus §§ 147, 148 AktG zurückgegriffen werden, um gewissermaßen über diesen „Umweg" doch noch zu einer Haftung zu gelangen. Die Aktionäre haben sich vielmehr bewusst der Entscheidungsbefugnis begeben.

Unberührt bleibt davon freilich der Fall, in dem der Aufsichtsrat schlicht untätig bleibt. Hier hat keine Entscheidung aufgrund der Delegation der Hauptversammlung stattgefunden, sodass der Verlust der Rechte aus §§ 147, 148 AktG auch nicht auf den Aktionärswillen zurückgeführt werden kann. In diesem Falle bleiben die Rechte aus §§ 147, 148 AktG bestehen.

h) Zusammenfassung

Für eine passgenaue Reformierung der Vorstandshaftung und ihrer Gestaltbarkeit muss *ex post*, also nach Verwirklichung der haftungsbegründenden Tatbestandsvoraussetzungen, angesetzt werden. Dadurch lassen sich die vorteilhaften Elemente der Verhaltenssteuerung mit dem notwendigen Maß an Einzelfallbezogenheit kombinieren. Dadurch kann auch den besonderen Situationen der Unternehmensführung besser Rechnung getragen werden.

Bislang besteht ein „Zahlungskreislauf": Die Gesellschaften bezahlen die D&O-Versicherungen, die aber nicht selten erhebliche Deckungslücken aufweisen.[1539] Im Haftungsfall kommt sie der Gesellschaft also nicht zwingend zugute. Rechts- und Prozessunsicherheiten schmälern den Nutzen einer Versicherung. Ähnlich wie in den USA ist mit einem Anstieg der Kosten für gute Policen zu

1539 Dazu jüngst Bachmann, Gutachten E zum 70. DJT, S. 47 f.

rechnen.[1540] Es ist daher auch aus dieser Perspektive besser, ein effizientes System zur Klärung der Haftungsfrage zu etablieren.

Grundsätzlich muss die Enthaftung ihre Legitimation aus einem Beschluss der Residualeigentümer ziehen. Diese Legitimation kann auch darin liegen, dass der Aufsichtsrat ermächtigt wird, bis zu einer gewissen Grenze eigenverantwortlich zu disponieren.

Generell sollten der Hauptversammlung Kriterien an die Hand gegeben werden, die in die Entscheidung über eine Enthaftung einzubeziehen sind. Das Vergleichsmerkmal wird gestrichen. Hinzu kommt stattdessen eine Formulierung, die die Schutzzwecke besser effektuiert.

2. *Folgerungen für einen Regelungsvorschlag*

Vorgeschlagen wird damit eine zweistufige Änderung der gesetzlichen Regelung:

Auf der ersten Stufe sollte der zwingende Charakter der Haftungsvoraussetzungen klargestellt sowie die Dreijahresfrist in § 93 Abs. 4 S. 3 AktG abgeschafft werden.[1541] Zu erwägen ist ferner die Einführung eines unverbindlichen Kriterienkatalogs, anhand dessen eine Entscheidung über die nachträgliche Enthaftung des Vorstands erfolgen kann. Auf diese Weise wird ein positiver Verhaltensanreiz an die Pflichtadressaten *ex ante* gesetzt, weil die Kriterien in der Regel Bezug zu den Anstrengungen der Vorstandsmitglieder haben werden, und es wird eine gewisse Konsistenz erzielt. Daneben kann auf diese Weise die Akzeptanz von Enthaftungen im Einzelfall gesteigert werden, weil die Entscheidung durch ihre Kriterienleitung transparenter wird.

Das Widerspruchsrecht der Minderheit in § 93 Abs. 4 S. 3 AktG ist auf dieser Stufe beizubehalten.

Auf der zweiten Stufe sollte eine Regelung eingeführt werden, nach der in die Satzung eine Bestimmung aufgenommen werden kann, bis zu welchem Schadensumfang der Aufsichtsrat in eigener Verantwortlichkeit über die Binnenhaftung disponieren darf.

In dieser Konstellation kann folglich ein Widerspruchsrecht der Minderheit nicht mehr bestehen. Die Legitimation des Aufsichtsrats leitet sich aus der satzungsmäßigen Bestimmung ab, sodass insoweit ein Widerspruchsrecht auch gar nicht erforderlich ist. Denn die Bestimmung war entweder bereits

---

1540 Vgl. dazu McPhee in Schwartz/Goodman, Corp. Gov.: Law and Practice, March 2012, Vol. 2, § 5.02, S. 5–4; zu dieser Problematik auch Peltzer, FS Hadding, 2004, 593, 597 ff.

1541 Siehe bereits oben 4. Teil.C.IV.

von Anfang an in der Satzung oder sie wurde mit satzungsändernder Mehrheit eingeführt. Ab diesem Zeitpunkt ist der Aufsichtsrat weiteren Pflichtenbindungen unterworfen.

Ein Widerspruchsrecht würde letztlich auch das Ziel der Flexibilisierung konterkarieren.

3. *Formulierungsvorschlag*

Die Formulierungen könnten damit lauten:

> *„Vor Entstehung der Pflicht zum Schadensersatz kann die Gesellschaft nicht wirksam über die Voraussetzungen[1542] der Haftung disponieren.[1543] Die Gesellschaft kann vor Entstehung der Schadensersatzpflicht darüber hinaus keinerlei Dispositionen treffen, die die Art der Leistung[1544] des Schadensersatzes zugunsten des Vorstands oder[1545] zum Nachteil der Gesellschaft verändern.[1546] Nach Entstehung der Pflicht zum Schadensersatz kann die Gesellschaft mit Zustimmung der Hauptversammlung auf den Anspruch der Gesellschaft verzichten[1547], wenn nicht eine Minderheit, deren Anteile zusammen den zehnten Teil des Grundkapitals erreichen, zur Niederschrift Widerspruch erhebt.[1548] Andere Regelungen trifft der Aufsichtsrat in eigener Verantwortung[1549], sofern nicht ein deutlicher Bezug zur*

1542 Daduch wird deutlich, dass es hier einzig um die Elemente der Haftung geht, die für das Entstehen einer Schadensersatzpflicht erforderlich sind.

1543 Satz 1 dient der Klarstellung des zwingenden Charakters.

1544 Hierdurch wird verdeutlicht, dass beispielsweise Schiedsabreden unproblematisch möglich bleiben.

1545 Die alternative Formulierung ist erforderlich, weil hier zwei Schutzzwecke erreicht werden müssen: Es muss die Steuerungswirkung der Haftung und es muss der Vermögensschutz der Gesellschaft hinsichtlich der Haftungsforderung aufrechterhalten werden.

1546 Dadurch wird sichergestellt, dass die Steuerungswirkung der Haftung *ex ante* voll aufrechterhalten bleibt und nicht etwa durch Stundungen, die unter den oben dargestellten Voraussetzungen zulässig sein können, die Haftungsandrohung abgemildert wird. Durch die Formulierung „vor Entstehung" wird zugleich aufgezeigt, dass Gestaltungen danach nur unter den engen Grenzen des S. 3 limitiert sind.

1547 Es wird nur noch das Verzichtsmerkmal genannt. Dadurch wird verdeutlicht, dass es teleologisch um Dispositionen bei der Forderung selbst geht und insoweit der Subsumtion unter die Generalklausel sehr enge Grenzen gezogen sind.

1548 Das Widerspruchsrecht der Minderheit bleibt damit aufrechterhalten.

1549 Dieser positiv formulierte Satz dient der Klarstellung, dass die Zustimmungsbedürftigkeit der Hauptversammlung in Satz 3 eine Ausnahme ist.

Haftungsforderung[1550] *besteht und durch die Gestaltung das Gesellschaftsvermögen einem Verzicht ähnlich*[1551] *gemindert wird.*
Für die Entscheidung über den Verzicht auf den Anspruch gegen das Vorstandsmitglied soll[1552] *die Hauptversammlung insbesondere*[1553] *berücksichtigen: a) Die Vorhersehbarkeit des Schadenseintritts, b) die Bemühungen des Vorstands, den Schaden von der Gesellschaft abzuwenden, c) die Bemühungen des Vorstands, zur Sachverhaltsaufklärung beizutragen, d) ob der Vorstand billigerweise annehmen durfte, im Interesse der Gesellschaft oder diesem zumindest nicht zuwider zu handeln, e) die Höhe des Schadens im Verhältnis zum Jahresverdienst des Vorstands, f) die Folgen der Schädigung für das Wohl der Gesellschaft, insbesondere deren Ansehen in der Öffentlichkeit."*

„In die Satzung kann eine Bestimmung aufgenommen werden, durch die der Aufsichtsrat ermächtigt wird, anstelle der Hauptversammlung auf Ansprüche der Gesellschaft aus § 93 Abs. 2 und 3 AktG zu verzichten. Die Bestimmung muss anordnen, bis zu welchem Betrag der Haftungsforderung der Aufsichtsrat ermächtigt wird. Der Betrag muss in einem angemessenen Verhältnis zur Leistungsfähigkeit der Gesellschaft stehen.[1554] *Die begrenzte Befugnis des Aufsichtsrats, eigenverantwortlich*[1555] *über den Anspruch der Gesellschaft zu verfügen, kann je schädigendem Ereignis betragsmäßig nur einmal in Anspruch genommen werden*[1556]*."*

1550 Eigentlich kann dieses Erfordernis bereits daraus gefolgert werden, dass die Regelung in § 93 AktG verortet wird. Es dient aber der Klarstellung, dass hier nur ein haftungsbezogener Vermögensschutz besteht.

1551 Stets ist die Erreichung einer gewissen Intensität erforderlich.

1552 Die Hauptversammlung ist nicht gebunden.

1553 Die Kriterien sind nicht abschließend und in ihrer Wertigkeit grundsätzlich gleich.

1554 Gesetzgeberisch wäre – wie gezeigt – auch die Anknüpfung an bestimmte Unternehmenskennzahlen denkbar. Die hier gewählte Formulierung soll mit „angemessen" verdeutlichen, dass eine Delegation an den Aufsichtsrat nur insoweit in Betracht kommt, als eine dann in Rede stehende Ersatzforderung für die Gesellschaft voraussichtlich nicht von existenzgefährdendem Gewicht ist. Freilich schützt auch hier die fortbestehende Pflichtenbindung des Aufsichtsrats.

1555 Dadurch wird die Pflichtenbindung des Aufsichtsrats nochmals hervorgehoben.

1556 Es wird nochmals klargestellt, dass eine Zerlegung des Schadensfalles in mehrere Teile zum Zwecke der Umgehung der Hauptversammlungszuständigkeit nicht zulässig ist. Das Wort „betragsmäßig" ist erforderlich, weil andernfalls der Eindruck entstehen könnte, dass nur eine Gestaltung getroffen werden darf. Dies ist aber nicht der Fall, vielmehr geht es um die betragsmäßige Absicherung der Hauptversammlungskompetenz.

8. Teil. Zusammenfassung in Thesen

Im Folgenden werden die Grundlagen und Ergebnisse der Arbeit thesenartig zusammengefasst.

A. Zusammenfassung zu Teil 1

Im Recht der Kapitalgesellschaften gilt grundsätzlich die Privatautonomie. Grund hierfür ist die Rückführbarkeit der Existenz der Gesellschaft auf einen privatautonomen Akt der Gründer.

In der bestehenden Gesellschaft ist das Mehrheitsprinzip die Fortsetzung der Privatautonomie. Der damit einhergehenden, möglicherweise nur geringeren Einflussnahmemöglichkeit sind sich die Aktionäre bewusst. Gleichwohl können im Einzelfall bestimmte Beschlussinhalte eine einstimmige Beschlussfassung erforderlich machen.

Als Gestaltungsinstrumente im Bereich der Vorstandshaftung kommen im Aktienrecht Individualverträge zwischen der Gesellschaft und den Organen, schuldrechtliche Nebenabreden sowie Satzungsbestimmungen in Betracht. Gerade für letztere bestehen speziell aktienrechtliche Schranken.

Diese im Aktienrecht bestehenden Beschränkungen der Gestaltungsfreiheit sind angesichts der Zugehörigkeit des Kapitalgesellschaftsrechts zum Privatrecht rechtfertigungsbedürftig.

Zur Rechtfertigung der Satzungsstrenge, § 23 Abs. 5 AktG, wurden bereits viele Versuche unternommen. Dieses Unterfangen steht vor dem strukturellen Problem, dass § 23 Abs. 5 AktG eine Vielzahl von Normen mit völlig unterschiedlichen Schutzrichtungen für zwingend erklärt, die Schutzrichtung dieser Normen sich aber naturgemäß nicht vollständig in § 23 Abs. 5 AktG hineinlesen lassen.

Der Satzungsstrenge kann aufgrund ihrer systematischen Stellung sowie ihres Zusammenspiels mit den Schutzzwecken der besonderen Normen des Aktienrechts nur Mindestschutzfunktion zukommen.

Dieser funktioniert gewissermaßen wie eine widerlegliche Vermutung. Gebietet der Zweck der Satzungsstrenge nicht, dass die spezielle Norm zwingend ist, so ist bei der speziellen Norm anzusetzen und daraus der gegebenenfalls zwingende Charakter herzuleiten.

B. Zusammenfassung zu Teil 2

I. Die Binnenhaftung

Gegenstand der Untersuchung ist die Binnenhaftung aus § 93 Abs. 2 AktG. Einer der Hauptzwecke der Kanalisierung der Haftung auf die Gesellschaft liegt in der Sicherstellung der Gläubigergleichbehandlung im Insolvenzfall.

Bis zu dem Zeitpunkt, in dem die einzelnen Gläubiger der Gesellschaft hinsichtlich ihrer Forderungen nicht mehr (voll) befriedigt werden können, muss der gläubigerschützende Charakter der Binnenhaftung bezweifelt werden.

Die Binnenhaftung wird unter anderem aufgrund des Gläubigerschutzes für zwingend gehalten. Eingedenk des nur mittelbar gläubigerschützenden Charakters und der Ausgestaltung des § 93 Abs. 5 AktG ist dies nicht logisch zwingend. Auch anderen Argumentationslinien, weshalb die Vorstandshaftung zwingender Natur sein soll, kommt eher der Charakter eines Sachgrundes zu, als dass sich aus ihnen alternativlos die zwingende Natur der Haftung folgern ließe.

II. Die Funktionen der Binnenhaftung

Neben der Funktion, den entstandenen Schaden im Innenverhältnis zu kompensieren, kommt der Binnenhaftung nach § 93 Abs. 2 AktG erhebliche Steuerungsfunktion zu. Der Vorstand soll vermittels der Haftungsandrohung zu pflichtgemäßem Verhalten motiviert werden. Die Haftungsandrohung hat im „Strauß der Disziplinierungsinstrumente" erhebliches Gewicht, kann ihre Wirkung aber nur so lange entfalten, bis die konkret zu sanktionierende Handlungsanweisung endgültig nicht befolgt wurde. Ab diesem Zeitpunkt kann allenfalls die konsequente Durchsetzung der Haftung Zeichen für die Zukunft setzen.

Die Haftungsandrohung kann als Reaktion auf eine Principal-Agent-Beziehung zwischen den Aktionären und dem Vorstand gesehen werden. Die Versicherbarkeit des Risikos mittels D&O-Versicherung stellt weder die Steuerungsfunktion noch die Steuerungswirkung der Haftungsandrohung grundsätzlich in Frage.

C. Zusammenfassung zu Teil 3

Auch aus Sicht der Agency-Theorie bringt die Trennung von Eigentum und Kontrolle die Notwendigkeit disziplinierender Instrumente mit sich. Die naturgemäß gegebenen Informationsasymmetrien zwischen den Anteilseignern und dem Leitungsorgan tragen zur Notwendigkeit einer Haftungsandrohung als Steuerungsinstrument bei.

Die ökonomische Theorie mit ihrer an der Effizienz ausgerichteten Perspektive ist aber auch daran interessiert, die optimale, also kostengünstigste Ausgestaltung der Haftungsandrohung zu finden. Eine zu strenge Haftungsandrohung wäre wegen abschreckender Wirkung und daraus folgender Zurückhaltung bei Innovationen schädlich. Zudem brächte sie hohe Sorgfaltskosten, weil Geschäftsleiter dann eine Absicherung für jede auch unwichtige Entscheidung erkaufen würden.

D. Zusammenfassung zu Teil 4

§ 93 Abs. 4 S. 3 AktG stellt eine der wichtigsten Vorschriften dar, wenn es um die Frage nach der Gestaltbarkeit der Vorstandshaftung geht.

I. Legitimation und sachliche Reichweite

Die Vorschrift leidet an einem Legitimationsdefizit, da sich der Gesetzgeber weder bei Einführung, noch zu einem späteren Zeitpunkt hinreichende Gedanken zur sachlichen Rechtfertigung der Norm gemacht hat. Die Bedeutung der Entscheidungszuständigkeit der Hauptversammlung wurde in ihren Auswirkungen weitgehend verkannt. Insbesondere ist die – sachlich richtige – Zuweisung der Entscheidungskompetenz nicht in Einklang zu bringen mit der strengen Dreijahresfrist.

Es hat sich gezeigt, dass bei den Beschränkungen der Privatautonomie in § 93 Abs. 4 S. 3 AktG bei direkter Anwendung stets ein deutlicher Bezug zur Haftungsforderung erforderlich ist.

In sachlicher Hinsicht ist eine nicht zu rechtfertigende, ausufernde Handhabung von § 93 Abs. 4 S. 3 AktG zu verzeichnen. Gerade das Merkmal „Vergleich" ist wegen seiner strukturellen Besonderheiten der Gefahr ausufernder Handhabung ausgesetzt. Hier ist darauf zu achten, dass stets alle Voraussetzungen des jeweiligen Tatbestandsmerkmals vorliegen müssen, um die Rechtsfolge des § 93 Abs. 4 S. 3 AktG auslösen zu können. Die Anwendung der Vorschrift auf ungeregelte Fälle bedarf richtigerweise methodisch präziser Begründung, wobei *in casu* die Bildung einer Analogie in Frage kommt.

Das Vergleichsmerkmal ist einer Analogiebildung insoweit nicht zugänglich, als das analog den Rechtsfolgen des § 93 Abs. 4 S. 3 AktG zu unterwerfende Rechtsgeschäft das Nachgeben einer Partei im Rahmen eines Vergleichs darstellen kann.

II. Die Dreijahresfrist

Die Dreijahresfrist war schon in der Vergangenheit Gegenstand kritischer Diskussion, wobei ein gewichtiger Teil der Literatur für eine Abschaffung der Vorschrift plädierte. Dem ist beizupflichten.

Es lassen sich keinerlei erhebliche Belange als Schutzzweck ausmachen, die die Anordnung einer Dreijahresfrist legitimieren könnten. Das Zustimmungserfordernis der Hauptversammlung bietet hinreichenden Schutz vor kollegialer Verschonung, das Widerspruchsrecht der Minderheit schützt die Minderheit. Gläubigerschutz wird über die Spezialvorschrift des § 93 Abs. 5 AktG in hinreichendem Maße gewährt und auch eine verhaltenssteuernde Zielrichtung lässt sich nicht ausmachen.

Zuzustimmen ist den Kritikern dieser Norm folglich dahingehend, dass die Vorschrift wirtschaftlichen Schaden für die Gesellschaft anrichten kann. Weiterhin ist zu bedenken, dass durch die Sperrfrist der möglichen Entwicklung von Insolvenzrisiken nicht hinreichend Rechnung getragen werden kann.

De lege lata kommt insoweit eine teleologische Reduktion der Norm in Betracht. *De lege ferenda* sollte die Dreijahresfrist ersatzlos gestrichen werden.

E. Zusammenfassung zu Teil 5

Trotz des relativ engen Korsetts des Aktienrechts sind einige Gestaltungen möglich, deren Zulässigkeit bislang verneint oder zumindest kritisch gesehen wurde.

I. Modifikation am Haftungsmaßstab

Es hat sich gezeigt, dass jedes der diskutierten Argumente, weshalb die Haftung zwingender Natur sein soll, als gewichtiger Sachgrund für eine zwingende Haftung bezeichnet werden kann, indes keines von ihnen logisch einzig den zwingenden Charakter der Haftung bedingt. Es erscheint überdies nicht überzeugend, dass diese Gründe einer Abbedingung der Haftung etwa für leichte Fahrlässigkeit entgegenstehen.

Gerade der schwergewichtig erscheinende Belang des Gläubigerschutzes ist angesichts der Ausgestaltung als Binnenhaftung sowie der Existenz von § 93 Abs. 5 AktG nicht berührt, wenn die Haftung für leichte Fahrlässigkeit abbedungen wird.

Über die sachlich richtige Intensität der Ausgestaltung der Organhaftung ist damit keine Aussage getroffen. Festgehalten werden kann an dieser Stelle, dass dies eine im Verantwortungsbereich der Hauptversammlung liegende Fragestellung ist.

II. Stundung

Die in der Literatur anzutreffende Aussage, eine Stundung des Anspruchs aus § 93 Abs. 2 AktG sei ein „Teilverzicht" und mithin nur unter den Voraussetzungen des § 93 Abs. 4 S. 3 AktG zulässig, ist unzutreffend.

Richtigerweise kann die Stundung nur im Wege der Analogiebildung den Rechtsfolgen des § 93 Abs. 4 S. 3 AktG unterworfen werden. Hierbei wird maßgeblich auf die Vergleichbarkeit der Interessenlage abzustellen sein. Besonderes Gewicht kommt dabei der Frage der Entgeltlichkeit der Stundung zu. Maßgeblich hierfür sind sowohl kompetenzielle als auch schadensrechtliche Erwägungen.

Vor diesem Hintergrund sind durchaus – gerade bei Entgeltlichkeit der Stundung – Gestaltungen denkbar, die keinen durchgreifenden Bedenken begegnen und somit nicht § 93 Abs. 4 S. 3 AktG unterfallen.

III. Aufrechnungsverbot

Wenig untersucht war bislang auch die Zulässigkeit eines Aufrechnungsverbots. Auch hier zeigte sich, dass eine kategoriale Aussage über die Zulässigkeit einer solchen Vereinbarung nicht getroffen werden kann.

Die Anwendung des § 93 Abs. 4 S. 3 AktG kann nur im Wege der Analogie erfolgen. Für die vergleichende Betrachtung ist dabei entscheidend, ob dem Aufrechnungsverbot vermögensmäßige Auswirkung beigemessen werden kann. Nur in diesem Fall kommt eine analoge Anwendung des § 93 Abs. 4 S. 3 AktG in Betracht. Eine solche vermögensmäßige Auswirkung kann nicht darin erblickt werden, dass sich einzig die potentielle Parteirolle im Prozess ändert. Erforderlich ist vielmehr, dass das Aufrechnungsverbot gerade auch den Fall der Insolvenz bzw. des sonstigen Vermögensverfalls einbezieht und die Gesellschaft damit ihre gesicherte Position für den Fall der Uneinbringlichkeit der eigenen Forderung aufgibt.

An der analogen Anwendung des § 93 Abs. 4 S. 3 AktG scheitert zudem die Vereinbarung eines Aufrechnungsverbots, welches auch die Haftung aus vorsätzlicher Pflichtverletzung einbezieht.

IV. Beweislastverteilung

Die Untersuchung der Beweislastverteilung im Haftungsprozess gegen den Vorstand hatte weniger zum Ziel, privatautonome Gestaltungen auf ihre Zulässigkeit hin zu untersuchen. Vielmehr hatte sie zum Ziel, die sachliche Richtigkeit der gesetzlichen Regelungen zur Beweislastverteilung zu überprüfen und die

Erkenntnisse gerade zu den Zwecken der Binnenhaftung auch in diesem Bereich fruchtbar zu machen.

Dabei hat sich gezeigt, dass bei der Frage, ob der ausgeschiedene Vorstand beweisbelastet bleiben soll, die Gewährung von Einsichtsrechten und die „Rückkehr" der Beweislast hin zur Verteilung nach der Normtheorie gewissermaßen alternativ gesehen werden. Zu wenig Berücksichtigung fand bislang auch das *non liquet*-Risiko.

Gerade im Bereich der Vorstandshaftung, der erhebliche verhaltenssteuernde Funktion zukommt, sind auch die verhaltenssteuernden Wirkungen der Beweisbelastung zu bedenken. Für die Zeit, in der der Vorstand im Amt ist, trägt die Beweisbelastung deutlich zur Verbesserung der Unternehmensleitung bei, indem der Vorstand zu gewissenhafter Dokumentation auch im eigenen Interesse motiviert wird und im Zuge dessen Fehler aufgedeckt und teils (bei zeitnaher Dokumentation) sogar noch korrigiert werden können. Die Beweisbelastung für im Amt befindliche Vorstände kann somit als wichtiger Baustein zur Schaffung guter *Corporate Governance* gesehen werden und sollte beibehalten werden.

Anders ist es hingegen beim ausgeschiedenen Vorstand: Unter Berücksichtigung aller für die Beweislastverteilung maßgeblichen Umstände sowie ihrer Auswirkungen ist die Beweisbelastung des ausgeschiedenen Vorstands nicht zu rechtfertigen. Sie ist mithin einer Korrektur vermittels teleologischer Reduktion zuzuführen.

V. Schiedsverfahren

Schiedsgerichtliche Streitbeilegung bietet sich gerade im Bereich der Vorstandshaftung an. Schnelligkeit, Vertraulichkeit des Verfahrens sowie die Expertise der Schiedsrichter machen die Attraktivität eines solchen Verfahrens aus.

Im Zuge der Neuregelung des Schiedsverfahrensrechts wurde nochmals verdeutlicht, dass die Schiedsgerichtsbarkeit der staatlichen Gerichtsbarkeit gleichwertig ist.

Eine Schiedsabrede kann sowohl individualvertraglich als auch satzungsmäßig verankert werden. Es bestehen aber einige Unterschiede. Immer jedoch beruht die Einsetzung des Schiedsgerichts auf Konsens.

1. Schiedsabrede und Schutzzwecke der Haftung

Die vorliegende Untersuchung hat gezeigt, dass die Aussagen des BGH im Fall ARAG/Garmenbeck dazu, unter welchen Umständen der Aufsichtsrat den Vorstand in Anspruch zu nehmen hat, mit den Merkmalen schiedsgerichtlicher Streitbeilegung interagieren. So wird besonders die Subsumtion des Merkmals

„Beeinträchtigung des Unternehmenswohls“ bei Bestehen einer Schiedsabrede anders ausfallen als ohne das Bestehen einer solchen. Denn die Unterfälle „Wahrnehmung des Unternehmens in der Öffentlichkeit“, „Behinderung der Vorstandstätigkeit“ sowie „Beeinträchtigung des Betriebsklimas“ werden sich gerade aufgrund der Vertraulichkeit des Schiedsverfahrens weniger leicht begründen lassen. Auf diese Weise trägt eine Schiedsvereinbarung zur Verschärfung der Haftungsandrohung bei.

2. *Schiedsabrede in Individualverträgen*

Die Aktiengesellschaft kann sich mit dem Vorstand dahingehen einigen, dass eventuelle Streitigkeiten aus § 93 Abs. 2 AktG vor einem Schiedsgericht beigelegt werden.

Hinsichtlich der Reichweite der Schiedsbindung ist zu differenzieren: Der besondere Vertreter ist gemäß § 147 AktG an eine bestehende Schiedsabrede gebunden. Die Bestellung des besonderen Vertreters hingegen hat durch ein staatliches Gericht zu erfolgen.

Auch das Verfahren nach § 148 AktG kann grundsätzlich vor einem Schiedsgericht geführt werden. Für die Frage der Bindung der Aktionäre an eine zwischen der Gesellschaft und dem Vorstand bestehende Schiedsabrede muss differenziert werden zwischen dem Hauptsacheverfahren, in dem die Aktionäre in Prozessstandschaft Ansprüche der Gesellschaft gegen den Vorstand geltend machen und dem Zulassungsverfahren, in dem die Aktionäre (aus eigenem Recht) beantragen, im Hauptsacheverfahren prozessstandschaftlich tätig werden zu dürfen.

Für das Hauptsacheverfahren ergibt sich aus den Strukturen der Prozessstandschaft, dass auch die Aktionäre der schiedsgerichtlichen Bindung unterworfen sind.

Bei der Frage der Schiedsbindung der Aktionäre auch im Zulassungsverfahren stellt sich bei Individualverträgen zwischen Gesellschaft und Vorstand ein Legitimationsproblem. Denkbar sind drei Lösungswege, wobei die „Aufspaltungslösung“ vorzugswürdig ist. Sie trägt den Legitimationsstrukturen sowie den rechtlichen Gegebenheiten am besten Rechnung. Demnach muss in einer Konstellation, in der die Gesellschaft und der Vorstand individualvertraglich eine Schiedsbindung herbeigeführt haben, darüber hinaus aber keine Legitimation des Schiedsgerichts auch gegenüber den Aktionären besteht, ein staatliches Gericht über die Klagezulassung entscheiden. Das Verfahren in der Hauptsache ist dann vor dem Schiedsgericht zu führen.

Hinsichtlich der Rechtskrafterstreckung stellen sich bei individualvertraglicher Schiedsbindung der Gesellschaft im Hinblick auf § 148 AktG keine Probleme: Eine Erstreckung der Rechtskraft tritt bereits aufgrund der prozessstandschaftlichen Art der Geltendmachung ein.

3. *Schiedsabrede in der Satzung der AG*

Anders liegt der Fall, wenn eine Schiedsabrede in der Satzung der Gesellschaft verankert wird.

Die Verankerung einer Schiedsklausel in der Satzung einer Aktiengesellschaft ist mit § 23 Abs. 5 AktG vereinbar.

Der Vorstand ist kraft seiner Organstellung an die satzungsmäßige Schiedsklausel gebunden. Diese organschaftliche Position bringt es mit sich, dass eine Zustimmung des Vorstands zur nachträglichen Einführung einer Schiedsklausel im Wege der Satzungsänderung nicht erforderlich ist.

Die Reichweite der Bindungswirkungen einer satzungsmäßigen Schiedsklausel weicht von der individualvertraglicher Schiedsabreden ab.

Gerade beim Zulassungsverfahren des § 148 AktG ergeben sich deutliche Unterschiede. Für das Hauptsacheverfahren besteht eine Schiedsbindung der Aktionäre wiederum bereits aufgrund ihrer Stellung als Prozessstandschafter.

Für das Zulassungsverfahren können die Aktionäre durch die satzungsmäßige Schiedsklausel gebunden werden. Unproblematisch besteht diese Bindung für all diejenigen Aktionäre, die an der Aufnahme der Schiedsklausel in die Gründungssatzung beteiligt waren und für diejenigen, die (zu einem späteren Zeitpunkt) Aktien erwarben, als die Satzung die Schiedsklausel bereits enthielt.

Genauerer Untersuchung bedurfte die Frage, ob Aktionäre auch dann an eine Schiedsklausel gebunden sind, wenn diese im Wege der Satzungsänderung eingeführt wurde und die jeweiligen Aktionäre der Satzungsänderung nicht zugestimmt haben. Im Ergebnis zeigte sich, dass auch für die nicht zustimmenden Aktionäre eine Schiedsbindung entsteht, sofern verfahrensmäßige Mindestvoraussetzungen sichergestellt sind. Grund ist, dass das Mehrheitsprinzip auch für eine solche Satzungsänderung gilt und keinerlei durchgreifende Argumente für das Erfordernis individueller Zustimmung bestehen.

F. Zusammenfassung zu Teil 6

Kontrastierend wurde die Gestaltbarkeit der Haftung der *directors* in der Delaware Corporation untersucht. Zu bedenken ist bei der vergleichenden Betrachtung, dass die Organisationsstruktur in der Delaware Corporation von der in der deutschen Aktiengesellschaft deutlich abweicht.

In Delaware wird die Frage, ob Erleichterungen der Haftung der *directors* möglich sein sollen, mit anderen Grundannahmen betrachtet, als dies im deutschen Recht der Fall ist. Im Vordergrund steht dort die Erwägung, dass eine gewissenhafte und erfolgreiche Unternehmensleitung nur durch qualifizierte Manager erfolgen kann. Um diese nicht zu sehr von der Übernahme von Managementpositionen an sich sowie der Wahrnehmung unternehmerischer Wagnisse abzuschrecken, werden dispositive Regelungen für erforderlich gehalten.

Die wichtigste Vorschrift für die Kontrastierung mit dem deutschen Recht ist § 102(b)(7) DGCL, wonach in der Satzung bestimmt werden kann, dass die *directors* nicht für Sorgfaltspflichtverstöße haften. Der Umfang der Befreiungsmöglichkeit ist im einzelnen strittig, für „normale" Fahrlässigkeit aber kann jedenfalls von der Haftung befreit werden.

Für die rechtspolitische Diskussion interessante Wertungen klingen aber auch in – dem sehr ausdifferenzierten – § 145 DGCL an, der regelt, unter welchen Voraussetzungen *directors* Ersatz für bestimmte Positionen in Verbindung mit dem Haftungsfall bekommen können. Entscheidendes Merkmal ist hierbei, ob die *directors* in *„good faith"*, also in dem Glauben, im Interesse der Gesellschaft oder ihren Interessen zumindest nicht zuwider zu handeln, agierten.

In der Sache richtig ist die Zuweisung der Entscheidung über die Intensität der Haftung zu den Anteilseignern. Als problematisch hat sich im Zuge dessen aber der Umstand herausgestellt, dass die Anteilseigner keine Möglichkeit haben, ohne Mitwirkung der *directors* die Satzung wieder hin zu einer strengeren Haftungsandrohung zu ändern. Damit kann nicht behauptet werden, die Anteilseigner stünden den Geschäftsleitern gleichberechtigt gegenüber.

Weil die Herabsetzung des Haftungsmaßstabs keinen Einfluss auf die Pflichtenbindung der *directors* hat, wirkt dieses Defizit an Verhandlungsmacht seitens der Anteilseigner nicht darauf hin, dass die Pflichten auch ohne Haftungsandrohung eingehalten werden. Denn der *director* muss eine Verschärfung der Haftungsandrohung nicht fürchten.

G. Zusammenfassung zu Teil 7

Im Rahmen der Analyse der im Moment meistdiskutierten Vorschläge für die Gestaltung der Vorstandshaftung *de lege ferenda* hat sich gezeigt, dass im Wesentlichen drei Linien für eine allgemeine Beschränkung der Haftung existieren, wobei teilweise Überschneidungen gegeben sind.

Vorgeschlagen wird zum einen die dispositive Ausgestaltung des Haftungsmaßstabs. In der Satzung könnten so Haftungsmilderungen verankert werden. Zutreffender Ansatzpunkt dieser Ansicht ist, dass der Vorstand als Fremdorgan im Interesse der Gesellschaft tätig wird und zu ihrer Wohlstandsmaximierung sowie der der Aktionäre beiträgt. Zutreffend an diesem Modell ist auch, dass die Entscheidungsbefugnis über eine solche Gestaltung bei den Residualeigentümern verankert werden muss.

Aus der Sicht der Verhaltenssteuerung ist dieses Modell indes abzulehnen. Zwar blieben bei Erleichterung der Haftung die Sorgfaltspflichten unberührt, doch findet eine Verschiebung des Anreizschemas *ex ante* statt.

Gleiches gilt für den weiteren Vorschlag einer Einführung von Haftungshöchstgrenzen. Zwar bleibt hier die Haftungsandrohung unangetastet. Doch wird der Abwägungsprozess bezüglich der in der jeweiligen Situation erforderlichen Sorgfalt empfindlich gestört, wenn der mögliche Regressanspruch gegen den Abwägenden das Schadensausmaß nicht zumindest potentiell widerspiegelt.

Die Vornahme eines Wertungstransfers, bei dem die Grundsätze der Arbeitnehmerhaftung als Modell dienen, geht vom richtigen und deshalb weiter zu verfolgenden Ansatzpunkt aus. Entscheidend ist, dass die Aktiengesellschaft erst durch den Vorstand handlungsfähig wird, er aber nicht in vollem Ausmaße von seinem Tun profitiert. Umgekehrt besteht für den Vorstand aber das Risiko, dass – gerade wegen des Tätigwerdens für die Gesellschaft – zu ersetzende Schäden seine persönliche Leistungsfähigkeit weit übersteigen.

Auch dieses Modell hat aber den Nachteil, die Sorgfaltsanforderungen *ex ante* nicht in vollem Maße zu sanktionieren, weil für leicht fahrlässige Pflichtverstöße Privilegierungen bestehen. Nach dem hier vertretenen Ansatz gehen von einem solchen Modell damit nicht die richtigen Anreize aus.

Vielmehr muss eine Kombination der wünschenswerten Steuerungswirkungen einer Haftungsandrohung *ex ante* und der notwendigen Würdigung aller Umstände des Einzelfalles stattfinden. Nur bei Berücksichtigung der Gesellschaftsstruktur, ihres Unternehmensgegenstandes, beipielsweise dem Stadium ihrer Geschäftsentwicklung, sowie des fallbezogenen Verhaltens des Vorstands kann eine sachgerechte Lösung gefunden werden. Dies ist naturgemäß nur *ex post* möglich. Indem der Vorstand nicht weiß, ob er letztendlich Befreiung von der Haftung erhält, bleibt die Steuerungswirkung aufrechterhalten. Gleichzeitig besteht danach die Chance, für die Zukunft die richtigen Signale zu senden, indem einzelfallbezogen eine Lösung gefunden wird. Der grundsätzlich zuständigen Hauptversammlung sollten unverbindliche Kriterien für die Entscheidung über die Enthaftung des Vorstands an die Hand gegeben werden.

Die Notwendigkeit der Einzelfallbezogenheit bringt eine gewisse Trägheit mit sich, geht man grundsätzlich davon aus, dass über die Frage der Haftungsbefreiung die Hauptversammlung zu entscheiden hat. Kann die Hauptversammlung aber über diese Frage entscheiden, so muss sie die Entscheidungsbefugnis auch an das für die Überwachung der Geschäftsleitung zuständige Organ, namentlich den Aufsichtsrat, delegieren dürfen.

Auf diese Weise wird die einzelfallbezogene Lösung kleinerer Schadenskomplexe möglich, ohne die kosten-, zeit- und publikumsträchtige Einschaltung der Hauptversammlung. Die Entscheidung über die Delegation liegt bei den Residualeigentümern.

Eine sachgerechte Effektuierung dieser Befunde kann *de lege ferenda* durch die Einführung der vorgeschlagenen Regelungen erreicht werden.

Literaturverzeichnis

Albrecht, Frauke: Offene Fragen zu Schiedsfähigkeit II, NZG 2010, 486.

Andres, Dirk/ Leithaus, Rolf: Insolvenzordnung, 3. Auflage, 2014.

Arnold, Arnd: Die Steuerung des Vorstandshandelns, 2007.

Bachmann, Gregor: Reformbedarf bei der Business Judgement Rule?, ZHR 177 (2013) 1.

Bachmann, Gregor: Organhaftung in Europa – die Ergebnisse der LSE-Studie 2013, ZIP 2013, 1946.

Bachmann, Gregor: Reform der Organhaftung? Materielles Haftungsrecht und seine Durchsetzung in privaten und öffentlichen Unternehmen, Gutachten E zum 70. Deutschen Juristentag, 2014.

Bachmann, Gregor/ Eidenmüller, Horst/ Engert, Andreas / Fleischer, Holger/ Schön, Wolfgang: Rechtsregeln für die geschlossene Kapitalgesellschaft, ZGR Sonderheft 18, 2012.

Bainbridge, Stephen M.: Corporation Law and Economics, 2002.

Balotti, R. Franklin/Gentile, Mark J.: Commentary from the bar. Elimination or Limitation od director liability for Delaware Corporations, 12 Delaware Journal of Corporate Law 5, 1987.

Bastuck, Burkhard: Enthaftung des Managements, 1986.

Bauer, Jobst-Hubertus; von Medem, Andreas: Spielregeln und Usancen bei der Beendigung von Vorstandsverträgen, NZA 2014, 238.

Bauman, Jeffrey D./Palmiter, Alan R./Partnoy, Frank: Corporations Law And Policy, Materials And Problems, 6th Ed., 2007.

Baumbach, Adolf/ Hueck, Alfred: Aktiengesetz, 13. Auflage, 1968.

Baumgärtel, Gottfried: Beweislastpraxis im Privatrecht, 1996.

Baums, Theodor: Gutachten F für den 63. Deutschen Juristentag: „Empfiehlt sich eine Neuregelung des aktienrechtlichen Anfechtungs- und Organhaftungsrechts, insbesondere der Klagemöglichkeiten von Aktionären?“, 2000.

Bayer, Walter: Vorstandshaftung in der AG de lege lata und de lege ferenda, NJW 2014, 2546.

Bayer, Walter/ Scholz, Philipp: Haftungsbegrenzung und D&O-Versicherung im Recht der aktienrechtlichen Organhaftung – Grundsatzüberlegungen zum 70. DJT 2014, NZG 2014, 926.

Bebchuk, Lucian Ayre/Hamdani, Assaf: Optimal Defaults for Corporate Law Evolution, 96 Northwestern University Law Review 489 (2002).

Beck'scher Online Kommentar BGB: Bamberger, Heinz Georg/ Roth, Herbert (Hrsg.), Stand 1.11.2013.

Bamberger, Heinz Georg/ Roth, Herbert (Hrsg.), Stand 1.5.2014.

Bamberger, Heinz Georg/ Roth, Herbert (Hrsg.), Stand 1.11.2014.

Beck'scher Online Kommentar ZPO: Vorwerk, Volkert/Wolf, Christian (Hrsg.), Stand 1.1.2015.

Beckmann, Martin: Statutarische Schiedsklauseln im deutschen Recht und internationalen Kontext, 2007.

Beckmann, Roland Michael/ Matusche-Beckmann, Annemarie: Versicherungsrechts-Handbuch, 2. Auflage, 2009.

Beisel, Daniel/ Klumpp, Hans-Herrmann: Der Unternehmenskauf, 6. Aufl. 2009.

Berger, Christian: GmbH-rechtliche Beschlussmängelstreitigkeiten vor Schiedsgerichten, ZHR 164 (2000) 295.

Berle, Adolf A./ Means, Gardiner C.: The Modern Corporation and Private Property, Revised Edition, 1968.

Bernheim, B. Douglas/ Whinston, Michael D.: Common Agency, Econometrica, Vol. 54, No. 4 (Jul. 1986), 923.

Bicker, Eike: Legalitätspflicht des Vorstands – ohne Wenn und Aber?, AG 2014, 8.

Bishop, Joseph W.: New problems in indemnifying and insuring directors: protection against liability under the federal securities laws, 1972 Duke Law Journal, 1153.

Borris, Christian: Die Schiedsfähigkeit gesellschaftsrechtlicher Streitigkeiten in der Aktiengesellschaft, NZG 2010, 481.

Branson, Douglas M.: The Rule that isn't a Rule – The Business Judgment Rule, 36 Valparaiso University Law Review 631 (2002).

Branson, Douglas M./ Heminway, Joan M./ Loewenstein, Mark J./ Steinberg, Marc I. / Warren III, Manning G.: Business Enterprises: Legal Structures, Governance, and Policy – Cases, Materials, and Problems, 2009.

Brommer, Andreas: Folgen einer reformierten Aktionärsklage für die Vorstandsinnenhaftung, AG 2013, 121.

Brown, J. Robert/ Gopalan, Sandeep: Opting only in: Contractarians, waiver of liability provisions, and the race to the bottom, 42 Indiana Law Review 285 (2009).

Büchting, Hans-Ulrich/ Heussen, Benno: Beck'sches Rechtsanwaltshandbuch, 10. Auflage, 2011.

Buck-Heeb, Petra: Kapitalmarktrecht, 6. Auflage, 2013.

Bungert, Hartwin: Gesellschaftsrecht in den USA, 3. Auflage, 2003.

Bürgers, Tobias/ Körber, Torsten: Aktiengesetz, 3. Auflage, 2014.

Cahn, Andreas: Vergleichsverbote im Gesellschaftsrecht, 1994.

Cahn, Andreas/Donald, David C.: Comparative Company Law, 2010.

Casper, Matthias: Hat die grundsätzliche Verfolgungspflicht des Aufsichtsrats im Sinne des ARAG/Garmenbeck-Urteils ausgedient?, ZHR 176 (2012) 617.

Chandler, William B./ Strine, Leo E.: Views from the Bench – The new Federalism of the American Corporate Governance System: Preliminary Reflections of two Residents of one small state, 152 University of Pennsylvania Law Review 953 (2003).

Dahnz, Werner/ Grimminger, Carolin: Manager und ihr Berufsrisiko, 2007.

Deilmann, Barbara/ Otte, Sabine: Verteidigung ausgeschiedener Organmitglieder gegen Schadensersatzklagen – Zugang zu Unterlagen der Gesellschaft, BB 2011, 1291.

Dietz-Vellmer, Fabian: Organhaftungsansprüche in der Aktiengesellschaft: Anforderungen an Verzicht oder Vergleich durch die Gesellschaft, NZG 2011, 248.

Döge, Melanie/ Jobst, Stefan: Aktienrecht zwischen börsen- und kapitalmarktorientiertem Ansatz, BKR 2010, 136.

Dreher, Meinrad: Die selbstbeteiligungslose D&O-Versicherung in der Aktiengesellschaft, AG 2008, 429.

Dreher, Meinrad/ Thomas, Stefan: Die D&O-Versicherung nach der VVG-Novelle 2008, ZGR 38 (2009) 31.

Dreier, Horst: Grundgesetz Kommentar, 2. Auflage, Band 1 (Artikel 1–19), 2004.

Dreier, Thomas: Kompensation und Prävention, 2002.

Druey, Jean Nicolas: Verantwortlichkeit aus Leitung, Festschrift Zöllner zum 70. Geburtstag, Band 1, 1998, S. 129.

Drygala, Tim: Haftung der Geschäftsleiter in den Mitgliedsstaaten der Europäischen Union, ZGR Sonderheft 17, 2006, S. 277.

Easterbrook, Frank/ Fischel, Daniel R.: The economic structure of corporate Law, 1998.

Ebbing, Frank: Schiedsvereinbarungen in Gesellschaftsverträgen, NZG 1998, 281.

Ebbing, Frank: Satzungsmäßige Schiedsklauseln, NZG 1999, 754.

Ebbing, Frank: Schiedsklausel in Vereinssatzung, NZG 2000, 897.

Eckert, Georg/ Grechenig, Kristoffel/ Stremitzer, Alexander: Ökonomische Analyse der Organhaftung in Kalss (Hrsg.), Vorstandshaftung in 15 europäischen Ländern, S. 95.

Eidenmüller, Horst: Kapitalgesellschaftsrecht im Spiegel der ökonomischen Theorie, JZ 2001, 1041.

Eidenmüller, Horst: Ausländische Kapitalgesellschaften im deutschen Recht, 1. Aufl. 2004.

Ek, Ralf: Haftungsrisiken für Vorstand und Aufsichtsrat, 2. Auflage, 2010.

Erlei, Mathias/ Leschke, Martin/ Sauerland, Dirk: Neue Institutionenökonomik, 2. Aufl. 2007.

Fastrich, Lorenz: Funktionales Rechtsdenken am Beispiel des Gesellschaftsrechts, 2001.

Fest, Timo: Der Umgang mit Legal Transplants am Beispiel des Aktienrechts, Jahrbuch junger Zivilrechtswissenschaftler 2011, S. 119.

Fleischer, Holger: Grundfragen der ökonomischen Theorie im Gesellschafts- und Kapitalmarktrecht, ZGR 30 (2001) 1.

Fleischer, Holger: Erweiterte Außenhaftung der Organmitglieder im europäischen Gesellschafts- und Kapitalmarktrecht, ZGR 33 (2004) 437.

Fleischer, Holger: Haftungsfreistellung, Prozesskostenersatz und Versicherung für Vorstandsmitglieder – eine rechtsvergleichende Bestandsaufnahme zur Enthaftung des Managements, WM 2005, 909.

Fleischer, Holger: Handbuch des Vorstandsrechts, 2006.

Fleischer, Holger: Kompetenzüberschreitungen von Geschäftsleitern im Personen- und Kapitalgesellschaftsrecht – Schaden – rechtmäßiges Alternativverhalten – Vorteilsausgleichung, DStR 2009, 1204.

Fleischer, Holger: Zur Einschränkbarkeit der Geschäftsführerhaftung in der GmbH, BB 2011, 2435.

Fleischer, Holger: Ruinöse Managerhaftung: Reaktionsmöglichkeiten de lege lata und de lege ferenda, ZIP 2014, 1305.

Foerster, Max: Beweislastverteilung und Einsichtsrecht bei Inanspruchnahme ausgeschiedener Organmitglieder, ZHR 176 (2012), 211.

Freund, Stefan: Organhaftung von Vorständen und Geschäftsführern, GmbHR 2009, 1185.

Geßler, Ernst: Bedeutung und Auslegung des § 23 Abs. 5 AktG, Festschrift für M. Luther zum 70. Geburtstag, 1976, S. 69.

Geßler, Ernst/ Hefermehl, Wolfgang/ Eckhardt, Ulrich/ Kropff, Bruno: Aktiengesetz Band II, 1973, 1974.

Göbel, Elisabeth: Neue Institutionenökonomik, 2002.

Goette, Wulf: Zur Verteilung der Darlegungs- und Beweislast der objektiven Pflichtwidrigkeit bei der Organhaftung, ZGR 24 (1995) 648.

Goette, Wulf: Leitung, Aufsicht, Haftung – zur Rolle der Rechtsprechung bei der Sicherung einer modernen Unternehmensführung, in Festschrift aus Anlaß des fünfzigjährigen Bestehens von Bundesgerichtshof, Bundesanwaltschaft und Rechtsanwaltschaft beim Bundesgerichtshof, 2000, S. 123.

Goette, Wulf: Anmerkung zu BGH II ZR 373–98, DStR 2000, 937.

Goette, Wulf: Gesellschaftsrechtliche Grundfragen im Spiegel der Rechtsprechung, ZGR 37 (2008) 436.

Goette, Wulf: Neue Entscheidung des Bundesgerichtshofes: Beschlussmängelstreitigkeiten im GmbH-Recht sind schiedsfähig, GWR 2009, 103.

Goette, Wulf: „Zur ARAG/Garmenbeck-Doktrin", Liber Amicorum Martin Winter, 2011, S. 153.

Goette, Wulf: Grundsätzliche Verfolgungspflicht des Aufsichtsrats bei sorgfaltswidrig schädigendem Verhalten im AG-Vorstand?, ZHR 176 (2012) 588.

Gottwald, Peter/ Adolphsen, Jens: Das neue Schiedsverfahrensrecht, DStR 1998, 1017.

Götz, Heinrich: Die Pflicht des Aufsichtsrats zur Haftbarmachung von Vorstandsmitgliedern – Besprechung des ARAG-Urteils des BGH, NJW 1997, 3275.

Göz, Philipp/ Peitsmeyer, Philip: Schiedsfähigkeit von Beschlussmängelstreitigkeiten bei der GmbH, DB 2009, 1915.

Grigoleit, Hans-Christoph: Gesellschafterhaftung für interne Einflussnahme im Recht der GmbH, 2006.

Grigoleit, Hans-Christoph: Aktiengesetz Kommentar, 1. Auflage, 2013.

Grooterhorst, Johannes: Das Einsichtnahmerecht des ausgeschiedenen Vorstandsmitgliedes in Geschäftsunterlagen im Haftungsfall, AG 2011, 389.

Großkommentar Aktiengesetz: Band 1/2, 3. Auflage, 1973,

Band 1/1, 3. Auflage, 1973,

Band 1, 4. Auflage, 2004,

Band 3, 4. Auflage, 2008,

Band 5, 4. Auflage, 2008 (Jahreszahl in Klammern ist jeweiliger Stand).

Grundmann, Stefan: Europäisches Gesellschaftsrecht, 2. Auflage, 2011.

Grunewald, Barbara: Haftungsvereinbarungen zwischen Aktiengesellschaft und Vorstandsmitgliedern, AG 2013, 813.

Haarmann, Wilhelm/ Weiß, Michael: Reformbedarf bei der aktienrechtlichen Organhaftung, BB 2014, 2115.

Haas, Ulrich: Zur Einführung von Schiedsklauseln durch Satzungsänderungen in Vereinen ZGR 30 (2001) 325.

Haas, Ulrich: Reform des gesellschaftsrechtlichen Gläubigerschutzes, Gutachten E zum 66. Deutschen Juristentag Stuttgart 2006.

Haas, Ulrich: Beruhen Schiedsabreden in Gesellschaftsverträgen nicht auf Vereinbarungen i.S. des § 1066 ZPO oder vielleicht doch?, SchiedsVZ 2007, 1.

Habersack, Mathias: Die Personengesellschaft und ihre Mitglieder in der Schiedsgerichtspraxis, SchiedsVZ 2003, 241.

Habersack, Mathias: Wandlungen des Aktienrechts, AG 2009, 1.

Habersack, Mathias: Managerhaftung, Karlsruher Forum 2009: Managerhaftung, 2010, S. 5.

Habersack, Mathias: Die Legalitätspflicht des Vorstands der AG, Festschrift für Uwe H. Schneider zum 70. Geburtstag, 2011, S. 429.

Habersack, Mathias: Perspektiven der aktienrechtlichen Organhaftung, ZHR 177 (2013) 782.

Hack, Frank Sebastian: Vorstandsverantwortlichkeit bei Kartellrechtsverstößen, 2011.

Harbarth, Stephan: § 93 Abs. 4 Satz 3 AktG und kartellrechtliche Kronzeugenregelungen, Liber Amicorum für Martin Winter, 2011, S. 215.

Hart, Oliver: An Economist's Perspective on the Theory of the Firm, 89 Columbia Law Review 1757.

Hasselbach, Kai/ Ebbinghaus, Felix: Anwendung der Business Judgment Rule bei unklarer Rechtslage, AG 2014, 873.

Hauschild, Armin/ Böttcher, Leif: Schiedsvereinbarungen in Gesellschaftsverträgen, DNotZ 2012, 577.

Heermann, Peter W.: Wie weit reicht die Pflicht des Aufsichtsrats zur Geltendmachung von Schadensersatzansprüchen gegen Mitglieder des Vorstands?, AG 1998, 201.

Heidel, Thomas: Aktienrecht und Kapitalmarktrecht, 4. Aufl. 2014.

Hemeling, Peter: Reform der Organhaftung? – Erwartungen an den 70. Deutschen Juristentag, ZHR 178 (2014) 221.

Henssler, Martin/Strohn, Lutz: Gesellschaftsrecht, 2. Aufl. 2014.

Hey, Felix: Freie Gestaltung in Gesellschaftsverträgen und ihre Schranken, 2004.

Henze, Hartwig: Zur Schiedsfähigkeit von Gesellschafterbeschlüssen im GmbH-Recht, ZGR 17 (1988) 542.

Henze, Hartwig: Prüfungs- und Kontrollaufgaben des Aufsichtsrates in der Aktiengesellschaft – Die Entscheidungspraxis des Bundesgerichtshofes, NJW 1998, 3309.

Henze, Hartwig: Entrechtung der Aufsichtsräte?, Der Aufsichtsrat 2007, 81.

Hermanns, Marc: Bestimmtheitsgrundsatz und Kernbereichslehre, ZGR 25 (1996) 103.

Hilbig, Katharina: Schiedsvereinbarungen über GmbH-Beschlussmängelstreitigkeiten, Anm. zu BGH Az. II ZR 255/08, SchiedsVZ 2009, 247.

Hirsch, Günter: Schiedsgerichte – ein Offenbarungseid für staatliche Gerichte?, SchiedsVZ 2003, 49.

Hirte, Heribert: Die aktienrechtliche Satzungsstrenge: Kapitalmarkt und sonstige Legitimation versus Gestaltungsfreiheit, ZGR Sonderheft 13 – Gestaltungsfreiheit im Gesellschaftsrecht, 1998, 61.

Hirte, Heribert: Kapitalgesellschaftsrecht, 7. Auflage, 2012.

Hoffmann, Gunter M.: Existenzvernichtende Haftung von Vorständen und Aufsichtsräten?, NJW 2012, 1393.

Hoffmann-Becking, Michael: Münchener Handbuch des Gesellschaftsrechts, Band 4, Aktiengesellschaft, 3. Auflage, 2007.

Hölters, Wolfgang: Aktiengesetz, 2. Auflage, 2014.

Hommelhoff, Peter: Eigenkontrolle statt Staatskontrolle – rechtsdogmatischer Überblick zur Aktienrechtsreform 1884, in Hundert Jahre modernes Aktienrecht – ZGR Sonderheft 4, 1985, S. 52.

Hopt, Klaus J.: Vergleichende Corporate Governance, ZHR 175 (2011) 444.

Hopt, Klaus J.: Die Verantwortlichkeit von Vorstand und Aufsichtsrat: Grundsatz und Praxisprobleme – unter besonderer Berücksichtigung der Banken, ZIP 2013, 1793.

Hüffer, Uwe: Die leitungsbezogene Verantwortung des Aufsichtsrats, NZG 2007, 47.

Hüffer, Uwe: AktG, 10. Auflage, 2012.

AktG, 11. Auflage, 2014.

Huster, Stefan: Beweislastverteilung und Verfassungsrecht, NJW 1995, 112.

Ihlas, Horst: Organhaftung und Haftpflichtversicherung, 1997.

Ihrig, Hans-Christoph: Organschaftliche Haftung und Haftungsdurchsetzung unter Berücksichtigung der monistisch verfassten SE, in Bachmann, Gregor/ Casper, Matthias/ Schäfer, Carsten/ Veil, Rüdiger (Hrsg.): Steuerungsfunktionen des Haftungsrechts im Gesellschafts- und Kapitalmarktrecht, 2007.

Illhardt, Daniel: Anrechnung von Gewinnen aus pflichtwidrigen Geschäften, DZWIR 2013, 512.

Jarass, Hans D./ Pieroth, Bodo: Grundgesetz Kommentar, 12. Auflage, 2012.

Jauernig, Othmar: Kommentar zum BGB, 15. Auflage, 2014.

Jensen, Michael C.: Organization Theory and Methodology, The Accounting Review 58 (1983) 319.

Jensen, Michael C./ Meckling, William H.: Theory of the Firm: Managerial Behavior, Agency Costs and Ownership Structure, Journal of Financial Economics (1967) 305–360.

Jepsen, Thomas: Die Entlohnung des Managements beim (Leveraged) Management Buy-Out – Gestaltung aus ökonomischer und steuerlicher Sicht, 2007.

Johnson, Lyman: The Modest Business Judgment Rule, 55 Business Lawyer 625 (1999–2000).

Johnston, Andrew M./ Simmermann, Amy L./ Gorris, Jeffrey M.: Recent Delaware Law Developments in Advancement and Indemnification: An Analytical Guide, 6 New York University Journal of Law & Business 81 2009–2010.

Kaulich, Matthias: Die Haftung von Vorstandsmitgliedern einer Aktiengesellschaft für Rechtsanwendungsfehler, 2011.

Klausing, Friedrich: Gesetz über Aktiengesellschaften und Kommanditgesellschaften auf Aktien (Aktien-Gesetz) nebst Einführungsgesetz und „Amtlicher Begründung", Berlin, Heymann, 1937.

Klein, William A./ Coffee, John C., Jr.: Business Organization and Finance – Legal and Economic Principles, 11th Edition, 2010.

Kling, Michael: Der besondere Vertreter im Aktienrecht, ZGR 38 (2009) 190.

Klöhn, Lars: Interessenkonflikte zwischen Aktionären und Gläubigern der Aktiengesellschaft im spiegel der Vorstandspflichten, Ein Beitrag zur Leitungsaufgabe des Vorstands gemäß § 76 AktG, ZGR 37 (2008) 110.

Koch, Jens: Das Gesetz zur Unternehmensintegrität und Modernisierung des Anfechtungsrechts (UMAG), ZGR 35 (2006) 769.

Koch, Jens: Beschränkungen des gesellschaftsrechtlichen Innenregresses bei Bußgeldzahlungen, Liber Amicorum Martin Winter, 2011, 327.

Koch, Jens: Beschränkung der Regressfolgen im Kapitalgesellschaftsrecht, AG 2012, 429.

Koch, Jens: Die schleichende Erosion der Verfolgungspflicht nach ARAG/Garmenbeck, NZG 2014, 934.

Koch, Jens: Regressreduzierung im Kapitalgesellschaftsrecht – eine Sammelreplik, AG 2014, 513.

Koch, Robert: Schiedsgerichtsvereinbarungen und Haftpflichtversicherungsschutz, SchiedsVZ 2007, 281.

Kölner Kommentar zum AktG: Band 1 (§§ 1–75), 3. Auflage, 2011;

Band 2/1 (§§ 76–94), 3. Auflage, 2010;

Band 2/2 (§§ 76–117), 2. Auflage, 1996.

Koller, Ingo/ Kindler, Peter/ Roth, Wulf-Henning/ Morck, Winfried: HGB Kommentar, 8. Auflage, 2015.

Krieger, Gerd: Beweislastumkehr und Informationsanspruch des Vorstandsmitglieds bei Schadensersatzforderungen nach § 93 Abs. 2 AktG, Festschrift für Uwe H. Schneider zum 70. Geburtstag, 2011, S. 717.

Kropff, Bruno: Aktiengesetz, Textausgabe des Aktiengesetzes vom 6.9.1965, neu aufgelegt von Ulrich Thölke, 2005.

Lachmann, Jens-Peter: Zur Bindung des Insolvenzverwalters an eine Schiedsrichterbenennung der Gemeinschuldnerin, SchiedsVZ 2005, 100.

Lachmann, Jens-Peter: Handbuch für die Schiedsgerichtspraxis, 3. Auflage, 2008.

Larenz, Karl: Lehrbuch des Schuldrechts, Band I, Allgemeiner Teil, 1982.

Larenz, Karl/ Canaris, Claus-Wilhelm: Methodenlehre, 3. Auflage, 1995.

Leuering, Dieter: Organhaftung und Schiedsverfahren, NJW 2014, 657.

Löbbe, Marc/ Fischbach, Jonas: Die Business Judgment Rule bei Kollegialentscheidungen des Vorstands, AG 2014, 717.

Lücke, Oliver/ Schaub, Bernhard: Beck'sches Mandatshandbuch – Vorstand der AG, 2. Auflage, 2010.

Lüke, Wolfgang/ Blenske, Holger: Die Schiedsfähigkeit von Beschlussmängelstreitigkeiten, ZGR 27 (1998) 253.

Luther, Martin: § 23 Abs. (5) im Spannungsfeld von Gesetz, Satzung und Einzelentscheidungen der Organe der Aktiengesellschaft, Freundesgabe für Hans Hengeler zum 70. Geburtstag, 1972, S. 167.

Lutter, Marcus: Haftung und Verantwortlichkeit – Verantwortung von Organen und Beratern, DZWIR 2011, 265.

Marsch-Barner, Reinhard/ Schäfer, Frank A.: Handbuch börsennotierte AG, Aktien- und Kapitalmarktrecht, 3. Auflage, 2014.

Martens, Klaus-Peter: Rechtsgeschäft und Drittinteressen, AcP 1977, 113.

Maunz, Theodor/ Dürig, Günter: Grundgesetz Kommentar, 67. Ergänzungslieferung, 2013.

Mayer, Bernd R.: Die aktienrechtliche Organhaftung – Reform durch juristische Methodik oder gesetzgeberisches Handeln?, NZG 2014, 1208.

Merkt, Hanno: Zum Verhältnis von Kapitalmarktrecht und Gesellschaftsrecht in der Diskussion um die Corporate Governance, AG 2003, 126.

Merkt, Hanno: Managerhaftung im Finanzsektor: Status Quo und Reformbedarf, Festschrift für Peter Hommelhoff zum 70. Geburtstag, 2012, S. 711.

Merkt, Hanno/Göthel, Stephan R.: US-amerikanisches Gesellschaftsrecht, 2. Aufl. 2006.

Mertens, Hans-Joachim: Die gesetzlichen Einschränkungen der Disposition über Ersatzansprüche der Gesellschaft durch Verzicht und Vergleicht in der aktien- und konzernrechtlichen Organhaftung, Festschrift für Hans-Joachim Fleck zum 70. Geburtstag, 1988, S. 209.

Mertens, Hans-Joachim: Satzungs- und Organisationsautonomie im Aktien- und Konzernrecht, ZGR 1994, 426.

Michalski, Lutz: Kommentar zum GmbHG, 2. Auflage, 2010.

Möller, Reinhard: Das Präventionsprinzip des Schadensrechts, 2006.

Mülbert, Peter O.: Aktiengesellschaft, Unternehmensgruppe und Kapitalmarkt, 2. Auflage, 1996.

Mülbert, Peter O.: Shareholder Value aus rechtlicher Sicht, ZGR 1997, 129.

Müller, Werner/ Keilmann, Annette: Beteiligung am Schiedsverfahren wider Willen?, SchiedsVZ 2007, 113.

Münchener Kommentar zum Aktiengesetz: Band 1 (§§ 1–75), 3. Auflage, 2008;

Band 2 (§§ 76–117, MitbestG, DrittelbG), 4. Auflage, 2014;

Band 3 (§§ 118–178), 3. Auflage, 2013;

Band 4 (§§ 179–277), 3. Auflage, 2011;

Band 6 (§§ 329–410 AktG, WpÜG), 3. Auflage, 2011.

Münchener Kommentar zum BGB: Band 1 (§§ 1–240 BGB, ProstG, AGG), 6. Auflage, 2012;

Band 2 (§§ 241–432 BGB), 6. Auflage, 2012;

Band 4 (§§ 611–704, EFZG, TzBfG, KSchG), 6. Auflage, 2012;

Band 5 (§§ 705–853 BGB, PartGG, ProdHaftG), 6. Auflage, 2013.

Münchener Kommentar zum GmbHG: Band 1 (§§ 1–34), 2. Auflage, 2015;

Band 2 (§§ 35–52), 1. Auflage, 2012.

Münchener Kommentar zum Handelsgesetzbuch: Band 2 (§§ 105–160), 3. Auflage, 2011.

Münchener Kommentar zur Insolvenzordnung: Band 2 (§§ 80–216), 3. Auflage, 2013.

Münchener Kommentar zum VVG: Band 2 (§§ 100–191), 1. Auflage, 2011.

Münchener Kommentar zur ZPO: Band 1 (§§ 1–354), 4. Auflage, 2013;

Band 2 (§§ 355–1024), 4. Auflage, 2012;

Band 3 (§§ 946–1086 ZPO, EGZPO, GVG, EGGVG, UKlaG, IZPR) 4. Auflage, 2013.

Musielak, Hans-Joachim: Kommentar zur ZPO, 11. Auflage, 2014.

Muthmann, Moritz: Vorstandsvertrag und Vertragsfreiheit im Lichte des VorstAG, 2012.

Nerlich, Jörg/ Römermann, Volker: Insolvenzordnung, 26. Ergänzungslieferung, 2014.

Nietsch, Michael: Klageinitiative und besondere Vertretung in der Aktiengesellschaft, ZGR 40 (2011) 589.

Niklas, Boris: Die subjektive Reichweite von Schiedsvereinbarungen, 2008.

Noack, Ulrich: Gesellschaftervereinbarungen bei Kapitalgesellschaften, 1994.

Nodoushani, Manuel: Weniger Satzungsstrenge für geschlossene Gesellschaften?, NZG 2008, 452.

Osterloh-Konrad, Christine: Der allgemeine vorbereitende Informationsanspruch, 2007.

Paefgen, Walter G.: Dogmatische Grundlagen, Anwendungsbereich und Formulierung eine Business Judgment Rule im künftigen UMAG, AG 2004, 245.

Paefgen, Walter G.: Die Darlegungs- und Beweislast bei der Business Judgment Rule, NZG 2009, 891.

Paefgen, Walter G.: Organhaftung: Bestandsaufnahme und Zukunftsperspektiven – ein kritischer Werkstattbericht vor dem Hintergrund der Beratungen des 70. Deutschen Juristentages 2014, AG 2014, 554.

Pammler, Sebastian: Pammler, Die gesellschaftsfinanzierte D&O-Versicherung im Spannungsfeld des Aktienrechts, 2006.

Peltzer, Martin: Verschärfung der Haftung von Vorstand und Aufsichtsrat und dadurch entstehende Zielkonflikte, in Festschrift für Walther Hadding zum 70. Geburtstag, 2004, S. 593.

Peltzer, Martin: Konstruktions- und Handhabungsschwierigkeiten bei der D&O Versicherung, NZG 2009, 970.

Peltzer, Martin: Mehr Ausgewogenheit bei der Vorstandshaftung, Festschrift für Michael Hoffmann-Becking zum 70. Geburtstag, 2013.

Petrikowski, Moritz: Satzungsstrenge contra Gestaltungsfreiheit im Recht der „Deutschen" AG und SE, 2009.

Pinto, Arthur R./Branson, Douglas M.: Understanding Corporate Law, Third Edition, 2009.

Pleßke, Claudia: Die Satzungsstrenge im Aktienrecht, 2007.

Raiser, Thomas/Veil, Rüdiger: Recht der Kapitalgesellschaften, 5. Auflage, 2010.

Reese, Jürgen: Die Haftung von „Managern" im Innenverhältnis, DStR 1995, 532.

Reichert, Jochem: Existenzgefährdung bei der Durchsetzung von Organhaftungsansprüchen, ZHR 177 (2013) 756.

Reichert, Jochem/ Harbarth, Stephan: Statutarische Schiedsklauseln – Einführung, Aufhebung und umwandlungsrechtliche Behandlung, NZG 2003, 379.

Reul, Adolf: Grundrechte und Vertragsfreiheit im Gesellschaftsrecht, DNotZ 2007, 184.

Richter, Rudolf/Furubotn, Eirik G.: Neue Institutionenökonomik, 4. Auflage, 2010.

Rieger, Harald: Gesetzeswortlaut und Rechtswirklichkeit im Aktiengesetz, Festschrift für Martin Peltzer zum 70. Geburtstag, 2001, S. 339.

Riegger, Bodo/ Wilske, Stephan: Auf dem Weg zu einer allgemeinen Schiedsfähigkeit von Beschlussmängelstreitigkeiten?, ZGR 39 (2010) 733.

Roth, Günther: Schiedsklauseln in Gesellschaftsverträgen, Festschrift Heinrich Nagel zum 75. Geburtstag, 1987, S. 318.

Ruffner, Markus: Die ökonomischen Grundlagen eines Rechts der Publikumsgesellschaft, 2000.

Saenger, Ingo: ZPO Kommentar, 6. Auflage, 2015.

Schäfer, Carsten: Besondere Regeln für börsennotierte und für nichtbörsennotierte Gesellschaften?, NJW 2008, 2536.

Schimansky, Herbert/ Bunte, Hermann-Josef/ Lwowski, Hans-Jürgen: Bankrechts-Handbuch, 4. Auflage, 2011.

Schmidt, Eike: Die Beweislast in Zivilsachen – Funktionen und Verteilungsregeln, JuS 2003, 1007.

Schmidt, Karsten: Insolvenzrisiko und gesellschaftsrechtliche Haftung, JZ 1985, 301.

Schmidt, Karsten: Schiedsfähigkeit von GmbH-Beschlüssen, ZGR 17 (1988) 523.

Schmidt, Karsten: Mehrheitsregelungen in GmbH & Co.-Verträgen, ZHR 158 (1994) 205.

Schmidt, Karsten: Schiedsklagen gegen Hauptversammlungsbeschlüsse?, AG 1995, 551.

Schmidt, Karsten: Neues Schiedsverfahrensrecht und Gesellschaftsrechtspraxis, ZHR 162 (1998) 265.

Schmidt, Karsten: Gesellschaftsrecht, 4. Auflage, 2002.

Schmidt, Karsten/ Lutter, Marcus: Aktiengesetz, 2. Auflage, 2010.

Schneider, Uwe H.: Haftungsmilderung für Vorstandsmitglieder und Geschäftsführer bei fehlerhafter Unternehmensleitung?, in Festschrift für Winfried Werner zum 65. Geburtstag, 1984, S. 795.

Schöne, Torsten/ Petersen, Sabrina: Regressansprüche gegen (ehemalige) Vorstandsmitglieder – quo vadis?, AG 2012, 700.

Schröer, Henning: Geltendmachung von Ersatzansprüchen gegen Organmitglieder nach UMAG, ZIP 2005, 2081.

Schubert, Werner/Hommelhoff, Peter: Hundert Jahre modernes Aktienrecht – ZGR Sonderheft 4, 1985.

Schubert, Werner/Hommelhoff, Peter: Die Aktienrechtsreform am Ende der Weimarer Republik – Die Protokolle der Verhandlungen im Aktienrechtsausschuß des Vorläufigen Reichswirtschaftsrats unter dem Vorsitz von Max Hachenburg, 1987.

Schug, Christoph: Risikoeinschränkung und –transfer in der Vorstandshaftung, 2009.

Schulze, Reiner/ u.a.: Bürgerliches Gesetzbuch, Handkommentar, 8. Auflage, 2014.

Schüppen, Matthias/ Schaub, Bernhard: Münchener Anwaltshandbuch Aktienrecht, 2. Auflage, 2010.

Schürnbrand, Jan: Organschaft im Recht der privaten Verbände, 2007.

Schwab, Karl Heinz/ Walter, Gerhard: Schiedsgerichtsbarkeit, 7. Auflage, 2005.

Schwartz, Bart/Goodman, Amy L.: Corporate Governance: Law and Practice, Loseblattsammlung, Stand März 2012.

Semler, Franz-Jörg: Schnelligkeit und Wirtschaftlichkeit in Schiedsverfahren, SchiedsVZ 2009, 149.

Semler, Johannes: Zur aktienrechtlichen Haftung der Organmitglieder einer Aktiengesellschaft, AG 2005, 321.

Seibl, Maximilian: Die Beweislast bei Kollisionsnormen, 2009.

Sieker, Susanne: Umgehungsgeschäfte, 2001.

Soergel: Kommentar zum BGB Band 5/3 (§§ 328–432), 13. Auflage, 2010.

Spindler, Gerald: Deregulierung des Aktienrechts?, AG 1998, 53.

Spindler, Gerald: Regeln für börsennotierte vs. Regeln für geschlossene Gesellschaften – Vollendung des Begonnenen?, AG 2008, 598.

Spindler, Gerald: Organhaftung in der AG – Reformbedarf aus wissenschaftlicher Perspektive, AG 2013, 889.

Spindler, Gerald/ Stilz, Eberhard: Kommentar zum Aktiengesetz, 2. Auflage, 2010.

Stadler, Wilfried: Der Markt hat nicht immer Recht, 2011.

Staudinger: Kommentar zum BGB, §§ 164–240, Neubearbeitung 2009;

Kommentar zum BGB, §§ 362–396, Neubearbeitung 2011;

Kommentar zum BGB, §§ 779–811, Neubearbeitung 2009.

Steffek, Felix: Die Innenhaftung von Vorständen und Geschäftsführern – Ökonomische Zusammenhänge und rechtliche Grundlagen, JuS 2010, 295.

Strine, Leo E.: Derivative Impact? Some Early Reflections on the Corporation Law Implications of the Enron Debacle, 57 The Business Lawyer 1371 (2001–2002).

Strohn, Lutz: Beratung der Geschäftsleitung durch Spezialisten als Ausweg aus der Haftung?, ZHR 176 (2012) 137.

Terbille, Michael: Münchener Anwaltshandbuch Versicherungsrecht, 2. Auflage, 2008.

The Telegraph: http://www.telegraph.co.uk/news/uknews/theroyalfamily/3386353/The-Queen-asks-why-no-one-saw-the-credit-crunch-coming.html.

Thomas, Stefan: Die Haftungsfreistellung von Organmitgliedern, 2010.

Thompson, Robert B.: Delaware, the FEDs, and the Stock Exchange: Challenges to the First State as First in Corporate Law, 29 The Delaware Journal of Corporate Law 779 2004.

Thompson, Robert B.: The short but interesting life of good faith as an independent liability rule, Georgetown Public Law and Legal Theory Research Paper No. 10–64.

Torggler, Hellwig: Schiedsgerichtsbarkeit, Praxishandbuch, 2007.

Ulmer, Peter: Begründung von Rechten für Dritte in der Satzung einer GmbH?, Festschrift für Winfried Werner zum 65. Geburtstag, 1984, S. 911.

Ulmer, Peter: Aktienrecht im Wandel, AcP 202 (2002), 143.

Ulmer, Peter: Haftungsfreistellung bis zur Grenze grober Fahrlässigkeit bei unternehmerischen Fehlentscheidungen von Vorstand und Aufsichtsrat?, DB 2004, 859.

Umbeck, Elke: Managerhaftung als Gegenstand schiedsgerichtlicher Verfahren, SchiedsVZ 2009, 143.

Veasey, E. Norman/Finkelstein, Jesse A./ Bigler C. Stephen: Delaware Supports Directors with a Three-Legged Stool of Liability, Indemnification, and Insurance, 42 The Business Lawyer 399 (1987).

Verhoeven, Thomas O.: Anmerkung zu LG Hamburg Urteil vom 12.06.2006, AZ 415 O 14/06, EWiR 2008, 353.

Vetter, Eberhard: Aktienrechtliche Probleme der D&O Versicherung, AG 2000, 453.

Vetter, Eberhard: Aktienrechtliche Organhaftung und Satzungsautonomie, NZG 2014, 921.

Vetter, Jochen: Schiedsklauseln in Satzungen von Publikumsgesellschaften, DB 2000, 705.

von Westphalen, Friedrich Graf: Unwirksame Schiedsvereinbarungen mit Verbrauchern – notwendiger Schutz von Vorständen und Geschäftsführern, ZIP 2013, 2184.

Wagner, Gerhard: Prävention und Verhaltenssteuerung im Privatrecht – Anmaßung oder legitime Aufgabe?, AcP 206 (2006) 352.

Wagner, Gerhard: Organhaftung im Interesse der Verhaltenssteuerung – Skizze eines Haftungsregimes, ZHR 178 (2014) 227.

Wandrey, Marcus: Materielle Beschlusskontrolle im Aktienrecht, 2012.

Wellhöfer, Werner/ Peltzer, Martin/ Müller, Welf: Die Haftung von Vorstand Aufsichtsrat Wirtschaftsprüfer, 2008.

Wendler, Jan- Sebastian: Die Justiziabilität ökonomischer Unternehmensentscheidungen im US-amerikanischen und deutschen Recht: Business Judgment Rule und UMAG, 2007.

Westermann, Harry: Gesellschaftsrechtliche Schiedsgerichte, in Festschrift für Robert Fischer, 1979, S. 853.

Westermann, Harm Peter: Kautelarjurisprudenz, Rechtsprechung und Gesetzgebung im Spannungsfeld zwischen Gesellschafts- und Wirtschaftsrecht, AcP 175 (1975) 375.

White, Lawrence J.: The Credit-Rating Agencies and the Subprime Debacle, in Friedman (Hrsg.), What caused the financial crisis, 2011, S. 228.

Wicke, Hartmut: GmbHG Kommentar, 2. Auflage, 2011.

Wiedemann, Herbert: Erfahrungen mit der Gestaltungsfreiheit im Gesellschaftsrecht, ZGR Sonderheft 13, 1998, S. 5.

Windbichler, Christine: Gesellschaftsrecht, 23. Auflage, 2013.

Winnen, Armin: Die Innenhaftung des Vorstandes nach dem UMAG, 2008.

Witte, Jürgen Johannes/ Hafner, Ralf: Schiedsfähigkeit von Beschlussmängelstreitigkeiten im Recht der GmbH am Maßstab der neuen BGH-Rechtsprechung und ihre Auswirkungen, DStR 2009, 2052.

Wolff, Reinmar: Beschlussmängelstreitigkeiten im Schiedsverfahren, NJW 2009, 2021.

Würdinger, Markus: Die Analogiefähigkeit von Normen, AcP 206 (2006) 946.

Zimmermann, Klaus: Vereinbarungen über die Erledigung von Ersatzansprüchen, in Festschrift für Konrad Duden zum 70. Geburtstag, 1977, S. 773.

Zimmermann, Martin: Aktienrechtliche Grenzen der Freistellung des Vorstands von kartellrechtlichen Bußgeldern, DB 2008, 687.

Zöller, Richard: ZPO Kommentar, 30. Auflage, 2014.

Zöllner, Wolfgang: Zur Problematik der aktienrechtlichen Anfechtungsklage, AG 2000, 145.